Alain ARTUS

MARC BERNARD
Tout est bien ainsi*

Suivi de
Jean PAULHAN et Marc BERNARD,
Nîmes, la littérature et l'amitié

Préface de Daniel-Jean Valade
Membre de l'Académie de Nîmes

© 2024 Alain Artus
Édition : BoD · Books on Demand GmbH,
In de Tarpen 42, 22848 Norderstedt (Allemagne)
Impression : Libri Plureos GmbH,
Friedensallee 273, 22763 Hamburg (Allemagne)
ISBN : 978-2-3225-5850-6
Dépôt légal : octobre 2024

Infographie : Pierre Mourlevat
epic3@wanadoo.fr – 06 62 83 41 13

© La Voix Domitienne
www.lavoixdomitienne.com – ed.lavoixdomitienne@orange.fr

Réédition de *Marc Bernard, Le goût de la vie*,
(Nouvelles Presses du Languedoc, 2013),
revue, augmentée et complétée.

Tout est bien ainsi, le sous-titre de cette biographie,
est le titre d'un livre de Marc Bernard (Gallimard, 1979)

Photo de Couverture : Marc Bernard - IZIS Paris

À Martine et Priscilla,

Bibliographie de l'auteur :

Marc Bernard, Le goût de la vie, Nouvelles Presses du Languedoc, 2013

Léo Larguier, La volupté du rêve, Éditions La Fenestrelle, 2017

Léo Larguier en quelques images, Éditions La Voix Domitienne, 2023

Toutes les photos figurant dans cet ouvrage (à l'exception de celles de l'auteur) ont été fournies par la Bibliothèque municipale de Nîmes – Carré d'Art. Sauf pour la photo de Jean Paulhan, elles proviennent de la donation de la famille de Christian Liger. Nous remercions Eddy Noblet et son équipe pour leurs recherches et pour avoir autorisé l'utilisation de ces photos.

La vraie vie, la vie enfin découverte et éclaircie,
la seule vie par conséquent pleinement vécue, c'est la littérature.
Cette vie qui, en un sens habite à chaque instant chez tous les hommes
aussi bien que chez l'artiste.

À la Recherche du temps perdu,
Le Temps retrouvé,
Marcel Proust.

J'écris ma vie, ne l'oublions pas ;
alors faisons en sorte qu'elle soit belle et curieuse.

Marthe Bibesco.

Sommaire

PRÉFACE

S'il fallait un archétype ou, mieux, une perfection à ce genre littéraire d'exceptionnel intérêt qu'est la biographie, celle qu'Alain Artus signe de Marc Bernard est exemplaire.

Elle retrace avec une précision absolue l'itinéraire de vie que seule permet l'étude du faisceau si multiple des sources, jusqu'aux événements les plus ténus et quelquefois les plus signifiants.

Elle prouve la connaissance des œuvres dans leur évolution chronologique qui construit l'édifice intellectuel de leur auteur. Les abondantes citations qui en sont proposées éclairent et étayent l'analyse, subtile. Ces commentaires nous guident et rendent l'écheveau captivant à développer.

Elle replace – et c'est essentiel – la vie et les textes dans leurs contextes sociologique, politique, culturel.

Tout, alors, se met en place comme les tesselles constituent les scènes d'une mosaïque précieuse.

Entrer dans la biographie que signe Alain Artus, c'est aller à la rencontre d'un homme dans toute sa complexité, ses théâtres si multiples de vie, ses rencontres qui, au long de ce Temps que Marcel Proust orthographie avec une majuscule, le livrent et le délivrent au fil de ses écrits.

Les romans, les pièces, les articles… de Marc Bernard témoignent d'une vie de conviction, droite.

Les personnalités du monde de la littérature et plus généralement de la Culture que l'ami de Jean Paulhan a rencontrées nous font fréquenter les plus forts esprits de la première moitié du XXᵉ siècle, étonnantes et fertiles décennies où l'intelligence n'était pas artificielle !

Soyons reconnaissants à Alain Artus pour cette Somme où « Nîmes, personnage de roman », terreau fertile, compte tant pour cet homme si sensible qu'était Marc Bernard.

Nous avons eu la chance de l'observer lorsqu'il était en promenade, seul ou avec ses amis, au long des boulevards de Nîmes. Nous étions à l'Hôtel de ville lorsqu'hommage lui fut rendu. Alors que les invités assaillaient le buffet, il fit si discrètement et si intensément durer un verre d'eau.

Marc Bernard, si modeste et si talentueux enfant de la Rome française, lauréat de ce prestigieux Prix Goncourt dont Alphonse Daudet fut membre de l'Académie (bien qu'hélas son décès l'ait empêché de siéger) tout comme le cévenol Léo Larguier, appartient au Panthéon universel des Lettres.

Son art d'écrire, au service d'une vie de passions, trouve en Alain Artus le plus compétent et sincère mémorialiste.

Daniel-Jean Valade,
Membre de l'Académie de Nîmes.

Chapitre 1
LA JEUNESSE

1
NANAY

La Croix-de-Fer est un quartier de Nîmes qui fait pénétrer la ville dans la garrigue. C'est encore la ville, dans ses étirements, mais c'est déjà la nature, cette nature sobre et sèche, arbustive et buissonnante, qui est celle des collines nîmoises. Dans ce faubourg, où la vie prend des allures de liberté, Marc Bernard vient au monde, au n° 3 de la rue Bonfa, le 6 septembre 1900.

« [...] par une nuit de septembre, écrira-t-il, alors que dans la plaine, le vin nouveau se soulevait à lourds bouillons dans les cuves de ciment, une autre vendange coulait dans la blancheur des draps. Et la chambre s'emplit des cris de l'enfant roux que mon père soulevait dans la lumière de la lampe à pétrole aux flancs de verre.[1] »

Sa mère, Marie-Louise, repose sur le lit, fatiguée et pâle. Son père, Juan, homme vif et fier, soulève ce « lapin écorché, gigotant et glaireux » qui est son fils et s'écrie, avec son accent catalan : « Je l'appellerai Léonard![2] ». Il avait une telle prédilection pour ce prénom qu'il le donna à ses trois fils et il le prononçait, paraît-il, de façon à lui donner une résonance italienne.

Marie-Louise, mise en émoi par la vibration de ce prénom ainsi lancé, réduit aussitôt ce choix à la forme diminutive et surtout plus discrète de Nanay. « Je devins donc Nanay pour de longues années[3] », dira Léonard Bernard, qui utilisera par la suite, de façon usuelle, son deuxième prénom, Marc.

Cet enfant dont les cheveux affirment, de plus en plus, une teinte roux cuivré – « Il fallut en prendre son parti et on le prit courageusement[4] » confiera-t-il plus tard – est ainsi lâché dans ce quartier de la Croix-de-Fer

---

[1] Marc Bernard, *Pareils à des enfants...*, Paris, Gallimard (« L'imaginaire »), 1994, p. 12.
[2] *Ibid.*, p. 12.
[3] *Ibid.*, p. 12.
[4] *Ibid.*, p. 12.

où il attire rapidement l'attention des habitants, tant il est « hardi, violent et joueur ». D'ailleurs, son trajet, chaque matin, vers l'école maternelle, ne passe pas inaperçu : sa mère doit l'y traîner par le bras tandis qu'il crie et se débat, alertant ainsi les ménagères qui viennent sur le seuil de leur porte pour le voir conduire à l'école. Nanay préfère la vadrouille aux bâtonnets de l'instituteur ; la proximité de la garrigue lui en donne la possibilité. Et il conservera de ce quartier un souvenir heureux, se rappelant longtemps après : « La rue Bonfa relie la Croix-de-Fer à la ville, dont nous n'étions qu'un faubourg, une sorte de village adjacent, qui avait ses mœurs propres, je dirai presque son autonomie. Chacun connaissait tout le monde, une grande solidarité régnait et les enfants y étaient partout chez eux, mangeant parfois chez l'un, parfois chez l'autre.[5] »

Parmi les distractions qu'offre ce quartier de Nîmes, il y a le café Corrozier où vient se produire un théâtre populaire bien connu des Nîmois du début du siècle, théâtre du nom de « Chichois ». Bien que son installation soit rudimentaire et ses bancs inconfortables, cette scène est très courue. Son répertoire privilégie les représentations héroïco-dramatiques où les miroitements d'armures et d'épées, le bruissement des longues robes pailletées, les allures aristocratiques des cols de dentelle et les tonalités pathétiques des répliques s'associent pour le meilleur effet. D'ailleurs, lorsque se produit une dispute de voisinage, il est habituel de dire : « Ils font Chichois ! ». Si les spectateurs vivent ces épopées avec émotion et passion, l'immuable beauté de la grande dame aux épaules nues et aux yeux agrandis par le maquillage, qui, à la fin du spectacle passe le long des rangées de bancs pour recueillir « l'obole des gens du peuple », ne manque pas de troubler le jeune Nanay...

Le lendemain, armé d'un bâton, l'enfant répète dans la rue les scènes les plus héroïques de ce théâtre. Le voisinage qui voit en lui un futur « dramiste » ne se trompe pas vraiment car Marc Bernard sera, plus tard, tenté par le théâtre.

De la fiction, Nanay va pénétrer rapidement dans les réalités de la vie. Son père démontre un penchant certain pour les femmes. Il va ainsi chez une « Dame », qui habite une villa dans la garrigue et offre parfois à Nanay d'excellents gâteaux... Un soir, son père s'étant absenté et sa mère soupçonnant l'infidélité de son mari, celle-ci emmène l'enfant jusqu'à la maison de la « Dame », le hisse sur le mur de clôture et lui demande ce

---

[5] Marc Bernard, *Magie du feu*, chronique, journal Midi Libre du 23/07/1978.

qu'il voit dans la clarté des fenêtres. Nanay aperçoit cette femme vêtue d'un simple peignoir et souriante, puis il distingue son père, vif, jeune, lui aussi souriant. Il ne peut donc s'empêcher de s'écrier : «Papa !».

Il n'en faut pas plus pour qu'il entende, dans la nuit, de rudes échanges verbaux entre ses parents et que, peu de temps après, son père abandonne le foyer pour aller en Amérique, où il mourra assassiné cinq ans plus tard. Il exerçait, là-bas, au Texas, l'activité de chercheur d'or...

Nanay a maintenant huit ans. Les désordres de l'existence ne sont plus, pour cet enfant, du seul domaine de la scène.

2
L'ENFANT DES RUES

La rue du Chapitre est une rue étroite du centre historique de Nîmes, au tracé incurvé, proche de la place aux Herbes où se dresse la massive cathédrale Saint Castor que Marc Bernard qualifiera de «Basilique-forteresse». Elle s'inscrit dans le cœur de la cité, quartier commerçant et animé. C'est dans cette rue que viennent habiter Marie-Louise Bernard et son enfant, Marc.

De la garrigue soleilleuse, la mère et l'enfant viennent prendre possession de leur appartement, logement modeste donnant sur une cour étroite et sombre où, écrira Marc Bernard, «ne tombait qu'une lumière grise qui me glaçait le cœur[6]».

Les gros barreaux de fer qui protègent les fenêtres ajoutent, au sentiment d'exil qu'éprouve Marc, une impression de réclusion. Le front appuyé contre le froid métal, il pense à cette lumière et à cette liberté dont il se gorgeait dans sa garrigue. «Liberté, chère, sainte Liberté, c'est là, dans ce logement humide, que j'ai appris à t'aimer ![7]», s'écriera-t-il dans le roman de son enfance, *Pareils à des enfants*...

Son mari étant parti en Amérique, Madame Bernard doit faire vivre son foyer. Elle va donc travailler et, à défaut de mieux, elle fera des lessives,

---

[6] Marc Bernard, *Pareils à des enfants...*, op. cit., p. 18.
[7] *Ibid.*, p. [18].

même si le métier de blanchisseuse demande une endurance physique qu'elle ne possède pas. Le soir, elle revient tard du lavoir de la rue du Puy-Couchoux, le visage marqué de fatigue. Rentré de l'école, Marc attend sa mère, assis sur l'une des bornes charretières de la porte cochère de la maison. Il l'attend dans la tristesse d'un crépuscule qui semble ne pas avoir de fin, dans cette fin de journée où passent des silhouettes qu'aucun lien ne rapproche. Sa pensée le reconduit toujours là-bas, vers la garrigue, son « paradis perdu » : « Je revoyais le blanc miroir de la carrière, les sentiers brodés d'herbe où nous courions vers des aventures prodigieuses, les cigales chanteuses, aux ailes de verre clair, au ventre frémissant, que nous capturions en avançant avec d'infinies précautions vers les troncs d'oliviers dont les feuillages rebroussés par le mistral, ou par le tiède vent du sud, remplissaient la garrigue d'éclairs, d'un embrasement de fournaise blanche qui me rappelait l'éclat des fours de boulangers.[8] »

Lorsqu'il aperçoit sa mère revenant du lavoir, tenant sa corbeille humide au creux de la hanche, ses yeux s'illuminent de joie. Marc Bernard confiera que partout où était sa mère, le monde « chantait ».

Marc s'installe donc peu à peu dans son nouveau territoire. Il découvre les petites boutiques d'artisans qui éveillent toujours sa curiosité : le cordonnier ou « bouif », comme l'on dit dans une langue plus populaire, qui prend d'une petite table compartimentée, un « veilladou », des clous de différentes tailles, pour les jeter par pincées dans sa bouche et les reprendre ensuite, un à un, pour les fixer dans le cuir, le rétameur de la place aux Herbes, qui plonge les casseroles dans le vif-argent de l'étain en fusion, l'accordeur de piano de la rue du Chapitre, dont l'activité derrière des « réseaux de fils » lui semble mystérieuse, ou encore l'ébéniste, lequel, « une cigarette toujours éteinte à la bouche, [rabote] à pleins bras[9] ». Certains soirs, sa mère l'envoie faire quelques achats à crédit, dans une épicerie qu'éclaire une suspension surmontée d'un abat-jour frangé de perles bleues. Il regarde avec intérêt les nombreux bocaux disposés sur les étagères de la boutique, surtout ceux aux couleurs acidulées… Parfois, il croise l'allumeur de réverbères : d'un jet de flamme bleue que libère sa longue perche, l'homme redonne vie aux lanternes. Et la marchande de journaux, qui annonce son passage du son d'une trompette, égaie l'enfant.

---

[8] *Ibid.*, p. 19.
[9] *Ibid.*, p. 23.

Marc pose sur son nouveau quartier un regard observateur. Ses errances citadines lui permettent de trouver une autre forme de liberté. De la sortie de l'école au retour de sa mère, il explore, à pas prudents, les méandres des rues. Il en pénètre l'intimité car il existe toujours, dans les quartiers anciens, un urbanisme irrégulier fait de passages voûtés, de renfoncements secrets, d'étranglements incertains. Ainsi, face à l'entrée de sa maison s'ouvre un passage, témoin des siècles passés. La configuration de cette venelle n'est pas sans intérêt pour un enfant curieux de tout, mais combien sa soif de découvertes est avivée lorsque ses camarades lui apprennent que des amoureux y viennent... Ainsi, un soir, il entre dans ce passage, sur la pointe des pieds, retenant son souffle, à la recherche de ces mystérieux amoureux. Il les aperçoit là où l'obscurité est la plus profonde et les bruits et les cris étouffés qu'il entend lui donnent l'impression qu'il s'agit d'une lutte entre deux êtres. Le lendemain, empruntant ce même passage pour aller à l'école, il découvre « une tache de sang dans la poussière[10] »...

La mère et son enfant vont rapidement déménager. Leur nouveau logement se situe deux cents mètres plus loin, au deuxième étage d'un immeuble de la rue des Marchands. Il se compose de deux grandes pièces et possède un balcon. Ils entrent dans un appartement plus clair, plus aéré, plus salubre.

En face de cet appartement, de l'autre côté de la cour, se dresse le couvent Sainte Eugénie. Marc écoute parfois les chants des religieuses, dont sa mère, qui s'use au travail de blanchisseuse, dit, avec humour, qu'elles n'ont rien d'autre à faire qu'à chanter. Il les imagine comme de « jolies sœurs à cornettes voletantes », jeunes et sveltes. Sa déception est grande lorsque, les apercevant à l'intérieur de l'église Sainte Eugénie, elles lui apparaissent comme des silhouettes ayant l'aspect « d'énormes scarabées » munis de « pesantes carapaces blanches et noires d'un aspect si triste » qu'il en a le « cœur glacé[11] ».

Quelques mois plus tard, un événement tragique place une fois encore l'enfant à l'école de la vie. Une jeune femme, qui habite à proximité de son logement et vient de se marier, est assassinée de plusieurs coups de couteaux par son mari. Celui-ci se suicide après le meurtre. Marc est impressionné par ce drame, cette femme lui ayant offert des dragées, le

---

[10] *Ibid.*, p. 27.
[11] *Ibid.*, p. 54.

jour de son mariage, un mois plus tôt. Au soir de cette tragédie, il voit, de son balcon, les deux cadavres qui reposent dans leur chambre. Cette vision demeurera dans sa mémoire et il l'évoquera encore, vers la fin de sa vie : « Je me souviens si nettement de ce soir terrible... Accroupi sous la petite tente, que je m'étais aménagé avec un vieux drap sur le balcon, je restai sans bouger longtemps... longtemps à regarder les deux visages de Julie et de son mari... Les deux visages de lait suspendus dans la nuit, l'un près de l'autre et si semblables que je ne les distinguais plus. C'était la première fois que je rencontrais la mort.[12] » L'enfant ressent en effet les fractures de l'existence avec une grande sensibilité : « Les pleurs, les drames, le tragique trouvaient en moi une résonance profonde ; j'étais passionnément attentif dès que je pressentais du singulier.[13] »

Si « sa rencontre avec la mort » l'a troublé, c'est la vie, simple, franche, jaillissante, qui recueille toute l'attention de Marc, par exemple celle de son quartier aux heures où l'animation s'élève. Mais il est un jour, comme dans toutes les villes, où Nîmes prend son repos : c'est le dimanche. Un vide existentiel vient alors suspendre l'agitation de la semaine. Ce jour sans vie ne peut que déplaire à l'enfant débordant d'énergie. Il le qualifie d'ailleurs « d'odieux », « d'interminable ». Ses camarades ne sont plus les mêmes : ils ne viennent pas le rejoindre dans la rue. Il les voit passer, le matin, avec leurs parents. « Raides et graves dans leurs habits de fête », ils vont à la cathédrale. Lui, n'a pas d'habit du dimanche, il porte tous les jours les mêmes vêtements... Après cette modeste animation matinale, il est seul, l'après-midi, dans sa rue, « seul en face de cette longue journée » qu'il doit « grignoter minute par minute[14] ».

Il arrive toutefois, dans cette ville, que de fortes clameurs déchirent soudain l'immobilité d'un dimanche ensoleillé. Marc quitte alors sa ruelle en toute hâte, s'engage dans la rue Régale, longe la mairie où une fontaine répand sa « chantante rumeur », traverse un quartier de notaires et d'huissiers jusqu'à ce qu'apparaisse, au débouché d'une rue, cet « énorme bloc de pierre élevant sa masse jusqu'au ciel » : les Arènes. Le grand amphithéâtre romain se dresse alors devant lui, avec « ses pierres aux grandes orbites bleues ». Levant la tête, il voit « une frange noire de spectateurs[15] ».

---

[12] Fonds de manuscrits de Marc Bernard, Réf. MS835/17.1, Bibliothèque Carré d'Art, Nîmes.
[13] Marc Bernard, *Pareils à des enfants...*, op. cit., p. 187.
[14] *Ibid.*, p. 120.
[15] *Ibid.*, p. 121.

L'enfant court vers les grilles qui barrent les entrées du monument, enfonce son visage entre deux barreaux, tend les mains vers le spectacle pour s'en approcher le plus possible. Une grande excitation pour ne percevoir, en définitive, que les bruits des jeux de l'arène, les «rafales de sifflets», «les hurlements», les ovations, les cris des marchands de limonade, et toutes ces clameurs qui s'élèvent «du sable saignant vers l'azur», et pour ressentir aussi ces grands silences, ces silences de mort comme ceux qui précèdent l'acte sacrificiel.

Marc ne voit évidemment que les aspects gratuits de la fête : les matadors faisant le tour des boulevards en calèche, les taureaux «tournant parfois vers la palissade du corral leurs gros yeux d'un noir luisant», les affiches «ornées de banderilles entrecroisées, montrant un torero tenant la muleta à deux mains, les bras allongés, raide, droit et mince, cependant que surgit de sous la tache rouge sang de l'étoffe une splendide tête de taureau avec des yeux d'enfant, aux cornes acérées, puissantes[16]». Des grilles où il guette des fragments de spectacle, il saisit parfois, dans les coulisses de la corrida, quelques images : les picadors qui font évoluer leurs chevaux dans la galerie du rez-de-chaussée, les hommes rouges, «exécuteurs des basses besognes du spectacle[17]», qui guident les attelages de lourds chevaux enrubannés traînant la dépouille du taureau, et parfois, au hasard d'une porte qui s'ouvre sur la piste, il aperçoit cet «ovale roux de l'arène», qu'il qualifiera plus tard «d'oasis brûlante de la mort», «d'ardent autel des bêtes expirantes».

L'enfant court ainsi autour du monument, tous les échos qui lui parviennent suffisant à l'exalter, à lui faire éprouver des «émotions d'une grande intensité». Il voudrait bien sauter la grille pour pénétrer dans les arènes mais des gardiens veillent et traitent les resquilleurs sans ménagement. Il doit donc se contenter de «l'écume de la fête». En fin d'après-midi, exténué de tant d'agitation, il retourne alors dans son quartier, les jambes tremblantes, la gorge sèche de fièvre et la tête bourdonnante de clameurs. «Aussi, retrouvais-je avec volupté mon quartier désert, sa fraîcheur de cave, je m'asseyais sur le trottoir, attendant que ma fièvre s'apaisât. Je revenais de la corrida ![18]»

---

[16] *Ibid.*, p. 122.
[17] *Ibid.*, p. 124.
[18] *Ibid.*, p. 124.

Les jeudis, jour de repos des écoliers, sont aussi à occuper. Pour varier les distractions, Marc et ses camarades vont au jardin de la Fontaine, pour y pratiquer un passe-temps pourtant illicite dans ce lieu, celui de la pêche.

Le jardin de la Fontaine est considéré comme l'une des plus belles promenades de France. Deux siècles l'ont façonné : les esplanades du rez-de-chaussée sont l'œuvre du XVIIIᵉ siècle, la partie à flanc de colline, celle du siècle suivant. La partie basse a été dessinée à la française. Deux escaliers monumentaux, des canaux aux profondes murailles, des balustrades de pierre, des statues de faunes et de satyres sous le regard d'un dieu Pan, de grands vases, des parterres de pelouses et de fleurs, des marronniers au feuillage généreux, l'ensemble organisé dans des perspectives classiques, ont remodelé, pendant le règne de Louis XV, les vestiges d'un sanctuaire romain. Son concepteur, Jacques-Philippe Maréchal, ingénieur et directeur des Fortifications de la province, a su allier l'esprit de l'architecture antique au raffinement esthétique de son siècle.

La partie haute du jardin, celle qui s'adosse au versant sud du mont Cavalier où se dresse la masse dominatrice de la Tour Magne, a été aménagée au XIXᵉ siècle. Revêtue d'une végétation vert sombre dense et persistante, elle ordonne ses étagements en allées, terrasses, bouquets sauvages et bosquets. Les jardiniers de l'époque romantique avaient une prédilection pour le style anglais qui cherche à rapprocher l'œuvre humaine de celle de la nature.

Après avoir longé le canal de la Fontaine, quais bordés de demeures bourgeoises et ombrés de platanes et d'ormeaux qui se reflètent nonchalamment dans des eaux le plus souvent calmes, Marc et ses camarades entrent dans le jardin par la grille centrale aux armes de la ville. Ils traversent une première esplanade plantée de marronniers ancestraux, contournent le nymphée où la pose alanguie d'une naïade au regard déluré représente la Source, se laissent pénétrer par les exhalaisons miellées des tilleuls et parviennent au bord de ce que les Nîmois appellent « le creux », c'est-à-dire le bassin. Cette source, discrètement lovée au pied de la colline avec ses eaux glauques et le plus souvent assoupies, demeure mystérieuse parce qu'elle est insondable, mythique parce qu'elle est à l'origine de la ville et sacrée parce qu'elle est dédiée au Dieu Nemausus.

Marc est un enfant toujours sensible à l'enchantement d'un lieu. Parvenu au bord du bassin, alors que ses camarades appâtent leurs lignes rudimentaires de boulettes de mie de pain, il s'accroupit et, racontera-t-il, « [...] je contemplais l'eau aux nuances vertes, depuis celles qui tiraient sur le bleu, à l'endroit même où jaillissait la source, jusqu'aux teintes plus légères du pourtour. À travers le cristal de l'eau, je découvrais le fond d'algues, de rochers recouverts d'une sorte de crème visqueuse, les buissons marins aux couleurs fraîches dans lesquels les poissons entraient et sortaient ainsi que dans un jardin merveilleux. [...] je trouvais plus amusant de regarder les poissons se laisser emporter mollement par le courant, nageoires repliées, immobiles, avec les deux petites gouttes de lumière qui brillaient avec des éclats de perle de chaque côté des ouïes. Tout cela me paraissait si frais, si paisible, qu'il me prenait des envies de descendre là-dedans, de me coucher dans cette eau si pure, de me laisser emporter par elle. [...] je m'enchantais durant des après-midi entières de ce tranquille spectacle des herbes lentement courbées par le courant, ou parfaitement immobiles sous le cristal, des ombres grises et tournoyantes des petits poissons avec leurs boucles scintillantes, de l'impression de légèreté qu'ils me donnaient comme s'ils avaient appartenu à un monde où les lois de la pesanteur cessaient, où le moindre mouvement m'aurait emporté, merveilleusement agile, sans effort.[19] ». Alors que ses camarades ne pensent, devant les eaux de cette source, qu'au jeu de la pêche, Marc se laisse aller à la douce jouissance de ce spectacle naturel.

Cette résurgence du jardin de la Fontaine offre aux enfants d'autres motifs d'excitation. Il arrive en effet, même si le fait n'est pas fréquent, qu'après une période de pluies, la rumeur répand : « Elle est arrivée ! ». Alors, dès la sortie de l'école, Marc et ses camarades, grisés par l'annonce de cet événement, pressent le pas vers le canal de la Fontaine et à son approche entendent un grondement qui leur confirme qu'elle est bien là : « Nous venions jusqu'au parapet, une eau jaune et blanche poussait vers nous son souffle puissant, humide. Nous ne reconnaissions plus notre tranquille canal dans ces flots pressés qui passaient presque à notre hauteur avec des bruits d'étoffe déchirée, de sourds grondements, dans un tourbillon bourbeux qui venait battre la masse du pont d'une poussée continue, se gonflant contre la pierre.[20] » Le garçon regarde, comme tant d'autres curieux, ce torrent qui semble contenir, dans le tumulte de ses eaux, la violence des pluies et des orages qui l'ont alimenté. « Si elle

[19] *Ibid.*, pp. 118-119.
[20] *Ibid.*, p. 120.

monte encore, elle débordera», pouvait-on entendre. Marc voyait alors «les flots laiteux franchir les parapets, s'étendre sur la ville, monter sans cesse [...].[21]» Est-ce la vision prémonitoire de l'inondation qui dévastera la ville de Nîmes le 3 octobre 1988 ?...

En 1909, le frère de Marc, Jean, revient d'Amérique, où il est allé, comme leur père, tenter sa chance... Il revient au pays pour accomplir ses obligations militaires. Un jour, en rentrant de l'école, Marc retrouve ce frère parti si loin : «Je découvrais ses yeux si bleus, ses cheveux blonds et bouclés, ses bras musclés, tant de santé, de jeunesse, tout me parut admirable. Il riait, il riait toujours. Il me semblait que j'avançais à grands pas dans un jardin plein de lumière, de fleurs, de chutes d'eau, que j'étais lancé dans un jardin merveilleux dans lequel mon frère et moi courions.[22]»

Le mot dollar revient souvent dans la conversation de Jean et celui-ci est stupéfait lorsqu'il apprend que leur mère fait des lessives tout un après-midi pour ne gagner que trente sous. En Amérique le travail est mieux rémunéré... Alors, il leur propose de les emmener dans ce pays lorsqu'il aura terminé son service militaire. Jean apporte le rêve...

Jean remarque, bien sûr, que l'éducation de son frère n'est pas toujours exemplaire. «Je ne veux pas, lui dit-il, que tu aies l'air d'un petit voyou.» Il est vrai que la véritable éducatrice de cet enfant est la rue. Il propose donc à sa mère de faire poursuivre la scolarité de son frère dans une école catholique où il devrait apprendre les bonnes manières.

L'enfant va donc continuer sa scolarité dans une école chrétienne. Il y trouvera une discipline plus rigide et une conception de la vie moins tolérante qu'à l'école laïque. Épris de liberté, il devra se soumettre à ce nouvel ordre.

En septembre 1911, Marc et sa mère déménagent «une fois encore» pour aller habiter rue Pavée, proche de l'église Saint Paul. C'est d'ailleurs dans cette église qu'il va faire sa première communion, dans l'oppressante crainte, entretenue par l'enseignant catholique, de recevoir l'Eucharistie en état de péché (surtout celui de luxure : «Mes éducateurs religieux en avaient fait à mes yeux le grand ulcère du

[21] *Ibid.*, p. 120.
[22] *Ibid.*, p. 202.

monde.[23] »). Et, autre événement, cette nouvelle année scolaire va le conduire à l'examen du certificat d'étude. « Il faut que vous réussissiez ! répète l'instituteur, je ne veux pas que les élèves d'une école chrétienne soient inférieurs à ceux de l'école laïque.[24] » C'est pourquoi celui-ci les fait travailler avec une « passion rageuse »… « Nous ayant donné, racontera Marc Bernard, une composition française où nous devions montrer le désespoir qui s'emparait d'un petit pâtissier à la vue de ses gâteaux répandus sur le sol, j'eus la chance de trouver un mot qui ravit mon maître. J'avais écrit que quelques-uns des gâteaux roulèrent dans « l'eau noirâtre du ruisseau ». M. Point [l'instituteur] fit miroiter longuement les beautés de cette expression devant mes condisciples médusés »… Après avoir fait l'éloge de ce « noirâtre », qualificatif juste et fort, l'instituteur, pointant l'index vers Marc, lance à l'enfant : « Tu seras écrivain ![25] »

Marc est reçu au certificat d'étude. L'instituteur propose alors à Madame Bernard de présenter son enfant au concours d'obtention d'une bourse d'études. La famille de Madame Bernard fait alors remarquer à celle-ci que les années d'études seraient longues et coûteuses, que son fils a maintenant l'âge de « rapporter un peu d'argent à la maison[26] »…

Quelques jours plus tard, il entre comme saute-ruisseau chez un commissionnaire en vins. Il n'a pas douze ans.

3
LA MÈRE ET L'APPRENTI

Marc va rapidement quitter le commissionnaire en vins chez lequel il a été placé, de sa propre volonté, après l'humiliation que lui a fait subir le fondé de pouvoir de l'entreprise, pour avoir dérobé une petite bouteille d'essence. Révolté par la délectation blessante dont a fait preuve le responsable à son égard, en dénonçant ce larcin d'enfant devant tous les employés, il décide de chercher une autre place sans en parler à sa mère. Peu importe s'il doit frapper à toutes les portes pour trouver un apprentissage. A douze ans, il n'est pas prêt à tout accepter…

[23] *Ibid.*, p. 256.
[24] *Ibid.*, p. 263.
[25] *Ibid.*, p. 263.
[26] *Ibid.*, p. 267.

Il s'accommode d'une embauche dans une fabrique de chaussures, dont les bâtiments se dressent aux portes de la ville, « en bordure des champs ». L'industrie de la chaussure, comme celle du textile, maintient à Nîmes, en ce début de siècle, une activité prospère. Marc Bernard restitue cette période de son existence dans un récit bouleversant, publié en 1931, *Au Secours !*

L'enfant est évidemment surpris par l'immensité de l'atelier où il va travailler. Cinq cents hommes, femmes, enfants y accomplissent « les gestes qu'exige l'effort collectif ». Les ouvriers apparaissent à son jeune regard comme de merveilleux automates : « Des hommes, vêtus de bleu, levaient le coude à la hauteur de leur tête comme un enfant qui s'apprête à parer une gifle, leurs voisins se serraient contre l'armature de fer qui se trouvait devant eux ; la tête inclinée contre la machine, leur joue la frôlant presque, ils avaient l'air de lui parler à l'oreille et l'on voyait les veines de leur cou et les muscles de leurs bras nus se gonfler sous l'effort ; d'autres se tenaient un peu à l'écart ; ils tendaient les bras en avant, puis brusquement, se courbaient en deux ; d'autres encore baissaient et relevaient la tête d'un mouvement saccadé.[27] »

Il est tout aussi étonné par le mouvement et le bruit des nombreuses machines : « [...], le ronronnement se ramifiait, se divisait en une multitude de sons. Il y avait des coups secs et réguliers, des cris aigus de machines, de longs sifflements, un halètement continu, sourd, profond, un bruit de lanières cinglantes. [...] Deux longues rangées de machines se faisaient face. Celles du premier plan apparaissaient nettement, dans leurs moindres détails. Il y avait des bras repliés, des anneaux de cuivre, des rouages qui tournaient, des machines grêles, élancées, d'autres massives et trapues, des engrenages qui broyaient on ne sait quelle invisible matière. Tout un amas de fer, de fonte, d'acier dressé en colonnades.[28] »

L'enfant commence son apprentissage. Son travail consiste à coller à la chaussure la pièce de cuir appelée « gravure ». Même si le travail à exécuter est simple, l'accomplir dans cet atelier vibrant de machines est plus valorisant, tout au moins plus virilisant, que faire des courses ou laver des bouteilles pour un commissionnaire en vins. Les tâches confiées à tous ces ouvriers sont faites pour de vrais hommes. Marc, qui a treize ans, prend peu à peu un air grave, afféré… Et à partir du jour où il endosse le

---

[27] Marc Bernard, *Au Secours !* Paris, Gallimard, 1946, pp. 46-47.
[28] *Ibid.*, pp. 44 à 46.

bleu de travail, avec la casquette inclinée sur l'oreille, il devient un véritable ouvrier, c'est-à-dire un homme…

Lorsqu'il revient de l'usine, le soir, sa mère l'attend. Il entre dans la cuisine qu'éclaire la faible lueur d'une lampe à pétrole. La pièce est modeste, les murs sont blanchis à la chaux. Un vieux buffet la meuble, avec une table que recouvre une toile cirée ornée de guirlandes de fleurs et quelques chaises qui perdent leur grosse paille. Le couvert est mis, la soupe fume. Sa mère est assise à côté du poêle où brûle un feu de mottes.

À l'entrée de son fils, Madame Bernard se lève. C'est une femme grande et maigre, avec des épaules étroites et cambrées. Son regard est doux mais voilé de mélancolie. Elle sourit à l'enfant mais ce n'est plus le sourire enjoué d'autrefois. D'un geste habituel, elle relève fréquemment une mèche de cheveux indisciplinée. Elle est habillée grossièrement. D'un naturel gai, moqueur, il lui arrive, bien sûr, de rire aux éclats, mais son caractère s'est tout de même assombri. À peine âgée de cinquante ans, son visage est déjà flétri. Sa démarche traînante traduit une lassitude physique. Ses mains, que l'eau, le savon et la brosse au poil dur ont abîmées, n'ont plus la douceur des mains d'une mère. « Des mains que le froid a fendues, avec de longues cicatrices d'où il semble que le sang va jaillir, des doigts que l'eau a creusés, aux phalanges bosselées, aux articulations lourdes, gonflées et craquantes, […]. » Des doigts « qui ont un goût de lessive et de noyade[29] ».

Sa mère s'avance vers lui et l'embrasse en l'appelant du nom de « petit homme ». « Son fils était le seul lien qui la rattachât au monde[30] » confiera Marc Bernard. Ils partagent le modeste dîner comme un moment privilégié de leur vie. Marc raconte sa journée à l'usine, sa mère l'écoute avec attention et curiosité. « Tout ce qu'il racontait lui [la mère] paraissait extraordinaire. Pendant qu'il parlait, elle avait ce visage rayonnant des femmes du peuple qui écoutent leur enfant réciter une fable devant un cercle de grandes personnes[31] »

Marc, l'enfant ouvrier, trouve dans son usine une « chaude intimité », des rapports humains directs et francs, un climat de camaraderie et de

[29] *Ibid.*, p. 35.
[30] *Ibid.*, p. 105.
[31] *Ibid.*, p. 108.

solidarité, un creuset de défense de la dignité humaine. Ces ouvriers sont jeunes et forts. Ils ont conscience de leur force de travail et ils peuvent facilement retrouver un emploi. Ils ne manquent donc pas de défendre leurs droits et rabrouent facilement le contremaître qui ne fait que «grommeler de vaines menaces»... Ce premier contact avec le monde du travail a peut-être donné à Marc le sens de la défense de la condition ouvrière qu'il démontrera plus tard dans ses actions militantes. Mais déjà il ne manque pas de maturité...

Ainsi va-t-il écouter la conférence que vient faire à Nîmes le célèbre anarchiste Sébastien Faure. La salle est comble. Après les débats animés qui suivent la conférence, quelques groupes d'adultes poursuivent la discussion. Parmi eux, le jeune Marc. André et Octave Nadal, étudiants nîmois promis à de brillantes carrières universitaires, présents dans la salle, s'approchent de ce garçon «ne payant pas de mine» et «habillé le plus humblement possible» mais qui cite Platon, Corneille, Hugo..., «tout naturellement, avec calme et modération[32] ». Ils lui parlent, apprennent qu'il est ouvrier et lui proposent de rejoindre une petite Société culturelle d'étudiants, les «Estrambords» (les «Enthousiastes») dont fait partie Edgar Tailhades, futur maire de Nîmes. Marc Bernard plaît, par sa réflexion et sa culture littéraire précoce, aux membres de cette jeune société.

Au fil des jours, l'apprenti ressent avec angoisse la transformation de sa mère. Au retour de l'usine, le soir, il la trouve recroquevillée devant le poêle, ses pieds chaussés de bas de grosse laine noire enfoncés dans le four, les mains tendues comme pour «repousser une terrible image». Avec son châle noir jeté sur les épaules et son regard éteint, Marc voit sa mère «sombre comme la mort».

Bien sûr, il y a le travail qui l'épuise, d'autant plus que, dans le lavoir qui s'ouvre à tous les vents, «comment n'attraperait-on pas le mal de la mort[33] », comme le dit sa mère. Mais il y a aussi les difficultés matérielles et surtout son état de santé, sa gorge qui la brûle toujours davantage, sa voix qui peu à peu s'altère, une voix qui devient «rauque comme celle d'une ivrognesse[34] »... Madame Bernard est atteinte d'une affection de la gorge d'origine tuberculeuse.

---

[32] André Nadal, *Jeunesse d'Edgar Tailhades*, Éditions Lacour, Nîmes, 1990, pp. 41-42.
[33] Marc Bernard, *Au Secours !* op. cit., p. 119.
[34] *Ibid.*, p. 126.

Un soir, lorsqu'il rentre de l'usine, sa mère lui apprend qu'elle doit être hospitalisée le lendemain et qu'elle va le confier à l'une de ses sœurs. Et elle ajoute : « [...] tu n'auras plus personne auprès de toi, tout près. Si tu étais plus âgé, j'aurais moins peur, mais c'est justement le moment où tu aurais le plus besoin de moi, [...]. Tu vas te trouver seul dans la vie. Tu es encore mal préparé pour la lutte de ceux qui n'ont rien d'autre sur la terre que leurs bras et leur courage[35] »

Après un séjour à l'hôpital, épuisée par la maladie et au terme de sa vie, Madame Bernard demande à revenir chez elle. Le retour dans son logement et les visites de son enfant sont ses dernières satisfactions. Marc vient la voir, mais ce corps décharné et brûlant l'épouvante et lui fait ressentir un sentiment de répulsion qu'il se reproche ensuite. Il a même envie de quitter la chambre où gît cette femme, où l'air est devenu « épais et gluant », d'aller dans la rue ensoleillée, de retrouver l'animation de son quartier, d'entendre le martèlement du trot des chevaux sur les pavés, le claquement des fouets, les cris des enfants qui jouent. Il a envie d'aller vers la vie, mais sa mère l'appelle, lui prend la main et pose sur sa joue ses lèvres chaudes et sèches. Bien sûr, il voudrait l'aider, mais à treize ans que peut-il faire ?

Un jour de mai 1914, à l'usine, le contremaître vient vers Marc et lui dit de s'habiller. Sa tante a demandé à l'un de ses voisins, un garçon de seize ans, d'aller le chercher. Ils partent donc ensemble. Les voici dans les rues de Nîmes : « Le soleil brûle les façades des maisons. La terre danse. Les deux garçons cherchent l'ombre au pied des murs. Un arroseur, au milieu de la chaussée lance son jet d'eau sur la poussière blanche, et une bonne odeur de terre mouillée monte autour de lui. [...] Cette liberté qui lui tombe dessus à l'improviste a une saveur que n'a pas celle du dimanche. Elle rafraîchit les yeux et le cœur, elle fait courir dans tout le corps une allégresse qui se renouvelle à chaque pas. Voici le boulevard et les cafés avec leurs tentes baissées, à raies rouges et jaunes. Ces couleurs sont fraîches par cette journée d'été, elles pénètrent dans les yeux, elles coulent dans la poitrine comme une source. Le ciel bleu et les feuilles des arbres donnent à cet après-midi un air de fête.[36] »...

Mais au fur et à mesure qu'il s'approche de la maison, il ressent une angoisse, un serrement de gorge. Il entre dans la cuisine, y trouve

[35] *Ibid.*, pp. 136-137.
[36] *Ibid.*, pp. 177-178.

plusieurs femmes qui entourent sa tante assise. Celle-ci lui tend les bras en pleurant. Marc comprend que ce sera désormais sa seconde mère.

Il va voir sa mère, une dernière fois. Elle avait cinquante ans. Il regarde avec effroi, pendant quelques secondes, le corps de cette femme et retourne en toute hâte dans la cuisine. «Tout cela lui semble une odieuse farce. Il lui semble qu'il n'y a rien de commun entre sa mère et ce cadavre grimaçant. Il n'arrive pas à relier entre elles ces deux images, il a l'impression que chacune d'elles appartient à un univers différent.[37] »

L'enfant s'est assis dans un coin de la cuisine, parmi toutes ces femmes qui prennent un air important et solennel. L'appartement, certes bien modeste, mais si riche d'amour maternel, lui est devenu tout à coup étranger.

L'une des femmes murmure à une autre : «Elle a appelé son fils, puis elle s'est éteinte». Marc lève les yeux. Et il pense... «Elle m'a appelé ?... J'étais à l'usine en train de passer la colle... ou de pousser un chariot... Elle avait peut-être quelque chose à me dire... ». L'enfant essaie alors d'imaginer ce que sa mère voulait lui dire mais il ne voit qu'un horizon sombre et il n'entend qu'un froissement de feuilles sous le souffle d'un léger mistral.

«L'enfant, confie Marc Bernard, regarde rêveusement ses mains pleines de colle : par endroits elle se détache un peu et elle pend comme des morceaux de peau, comme s'il se pelait. Avec son pouce, il essaie de repousser cette peau noire, tout en songeant qu'il sera seul au monde désormais, ainsi que le lui a dit sa mère.[38] »

Seul. À treize ans, le comprend-il vraiment ?

4

DE LA GRANDE GUERRE AU DEFI

Depuis la mort de sa mère, Marc vit chez sa cousine, dans une petite chambre installée dans les combles de la maison. Il y accède au moyen d'une échelle. Une lucarne, pour toute ouverture, lui permet de voir les étoiles et d'entendre le vent siffler sur les tuiles. Il a un petit lit en fer...

---

[37] *Ibid.*, p. 181.
[38] *Ibid.*, pp. 184-185.

Il est à présent livreur chez un droguiste. « On chargeait mon charreton de balais, de bidons, de boîtes et la bride à l'épaule, je démarrais sur les pavés de la place de la cathédrale dans un pétard de roues et de bidons secoués. Aussitôt je devenais cheval et cocher.[39] » Tirer un charreton sur une chaussée pavée de cailloux ronds n'est pas facile pour un enfant. Lorsqu'il livre aux épiceries des hauts quartiers de l'Enclos Rey, il doit fournir un effort démesuré. Il arrive qu'une petite vieille s'apitoie au passage du garçon : « Van lou creba aqueǔ drole ! » [On va le tuer cet enfant !][40]

Parfois Marc remet des colis aux cochers des diligences qui partent de la place des Arènes ou des Carmes. Ces voitures lui apparaissent comme « [...] d'énormes boîtes où grimpaient par de hauts marchepieds, des dames à ombrelles ou manchons, selon la saison, des messieurs à lévites, à souliers pointus, coiffés de panamas ou de melons[41] ».

Le 3 août 1914, l'Allemagne déclare la guerre à la France. « C'est alors, relatera Marc Bernard, que la folie s'empara de la ville, [...]. Sans savoir comment, je me trouvais au milieu de la foule. Un prêtre et un sous-officier me tenaient chacun par un bras. Nous chantions la Marseillaise. Une musique militaire, des soldats à cheval nous précédaient ; des pompiers porteurs de torches nous escortaient. Nous n'étions qu'un cri, marchant comme on danse, bras dessus, bras dessous, deux pas en avant, un en arrière, zigzaguant autour des boulevards, devant les monuments qui paraissaient en flamme. Tout avait la couleur du feu : arbres, visages suants, eau des fontaines. Tout en nous était rouge. Nous flambions. Parfois un cri courait de la tête à la queue : À Berlin ! À Berlin ! Un hurlement s'élevait du tas : À bas Guillaume ! [...] Nous avions déjà gagné la guerre en quelque sorte.[42] »

La guerre apporte d'abord le chômage. « La déclaration de la guerre de 1914 fut le signal des vacances pour les apprentis. Les usines, les fabriques fermèrent leurs portails. Guerre, chômage, nous débutions bien.[43] » Marc est donc chômeur. Comme tant d'autres jeunes apprentis à la recherche d'un emploi, il va à la « Bourse aux renseignements » qui se tient place du Chapitre, près de la cathédrale. Son chômage

---

[39] Marc Bernard, *Salut, camarades*, Paris, Gallimard, 1955, p. 7.
[40] *Ibid.*, p. 8.
[41] *Ibid.*, p. 9.
[42] *Ibid.*, pp. 16-18.
[43] Marc Bernard, *Vacances*, Paris, Grasset, 1953, p. 11.

est en effet mal perçu par sa cousine chez laquelle il vit : « […], à mesure que les semaines passaient, notre oisiveté devenait suspecte ; nous prenions figure de petites crapules aux heures des repas. Aussi mangions-nous du bout des dents ; ce pain on nous reprochait assez de ne pas l'avoir gagné.[44] »

Les Nîmois applaudissent le 40ème régiment d'infanterie qui part vers le front. La ville est quadrillée de postes militaires, les étrangers sont surveillés. Rapidement des civils réfugiés arrivent à Nîmes. De nombreux blessés vont y venir aussi, nécessitant l'installation de lits dans les établissements scolaires ou les bâtiments administratifs. Les entreprises nîmoises doivent orienter leur production vers l'industrie de guerre (habillement, munitions...). Les hommes étant partis, les femmes et les enfants prennent leur place dans les usines.

Marc trouve ainsi une place dans une fabrique de chaussures située près du jardin de la Fontaine. Il est immédiatement embauché comme fraiseur. C'est une promotion fulgurante par rapport à l'emploi de « colleur de gravures » qu'il occupait dans une autre usine. « Il ne fallait rien moins qu'une guerre pour permettre de pareilles promotions, précisera-t-il, […], c'est un peu comme si un caporal était nommé général de division.[45] » Les hommes étant au front, la majorité du personnel des entreprises est jeune. « Les plus âgés des ouvriers, à deux exceptions près, avaient dix-huit ans.[46] »

Des soldats viennent en permission. Ils parlent et ce qu'ils racontent de cette guerre est bien éloigné de l'euphorie des premiers jours : « À écouter les soldats en permission, je m'apercevais que la réalité ne ressemblait pas à ce que nous avions cru au cours de la nuit où nous dansions sur les boulevards. Ces bouches amères, l'horreur de retourner «là-haut», les récits des combats, rien ne ressemblait aux brillantes images du jour de la déclaration de guerre.[47] »

Dans ce contexte de guerre, les dirigeants d'usines demandent à leurs ouvriers de travailler plus et décident, en même temps de diminuer les salaires. Le personnel doit ainsi revenir travailler de 20 à 22 heures, y

---

[44] *Ibid.*, p. 12.
[45] Marc Bernard, *Salut, camarades*, op. cit., p. 21.
[46] *Ibid.*, p. 23.
[47] *Ibid.*, p. 27.

compris le samedi. Alors, la colère gronde et Marc, qui a seize ans, prend la parole devant la patronne de l'usine pour expliquer l'importance, pour les ouvriers, du samedi soir non travaillé et dénoncer les diminutions de salaire... Il obtient satisfaction sur le maintien du samedi soir libre. Il démontre déjà une combativité d'action syndicale... Il avait d'ailleurs rapidement pris conscience de sa condition prolétarienne : dès l'âge de quatorze ans, lorsqu'il entendait son cousin Eugène, lui aussi ouvrier, chez lequel il vit, lui faire remarquer : « Nous sommes des prolétaires », Marc Bernard nous confie : « Sans en comprendre le sens exact, j'imaginais que cela signifiait le fond du panier[48] ». Aussi, cherche-t-il à oublier un peu sa condition d'ouvrier en s'inscrivant au Conservatoire de Nîmes pour y suivre des cours d'art dramatique. De même, il lit beaucoup et se forge peu à peu, aidé d'une vive intelligence, une solide culture autodidacte. « La lecture a constitué mes Écoles et mes Universités » dira-t-il.

Le matin, en allant travailler, il voit les jeunes recrues qui s'exercent sur le boulevard de la République. « On les appelait les Bleuets. On leur apprenait en huit jours à marcher au pas, à faire demi-tour. J'entendais les cris des sous-officiers : « Baïonnette...on ! « Le boulevard se hérissait d'acier. « En avant... arche ! « Un long roulement de godillots retentissait.[49] » Ces « bleuets » allaient partir pour le front d'où ils ne reviendraient souvent pas... « La guerre avait perdu tout panache, on tuait en tas, en série. Cela se passait quelque part, dans des régions que nous ne connaissions pas : celles de la pluie, de la neige, de la boue.[50] »

En 1918, alors que ce conflit épuise la France, un autre fléau frappe le pays : l'épidémie de grippe espagnole. Marc Bernard évoque ainsi cette pandémie : « On se couchait avec de la fièvre, une envie de vomir ; quelques heures plus tard, c'était fini, on noircissait. Nous habitions sur le chemin qui mène au cimetière catholique ; du petit jour à la nuit, un seul cortège défilait sous la fenêtre, ininterrompu ; de loin en loin un corbillard, des gens derrière, ainsi jusqu'au bout de la rue d'Avignon et de la place des Carmes. On manquait de cercueils, on manquait de prêtres, de chevaux ; on manquait de tout, sauf de morts. Le lendemain on enterrait ceux qui, la veille, suivaient les corbillards. [...] Depuis trois ans, mourir me paraissait la règle ; [...].[51] »

---

[48] *Ibid.*, p. 63.
[49] *Ibid.*, p.39.
[50] *Ibid.*, p. 40.
[51] *Ibid.*, p. 47.

Cette même année, Marc passe le Conseil de Révision à la mairie. Mais quelques mois plus tard, alors qu'il travaille à l'usine, le patron fait arrêter les machines et annonce : «Nous avons gagné la guerre. Vous avez congé». Alors, se souviendra Marc Bernard, «[...] Un long cri s'éleva, nous sortîmes en courant. Toutes les cloches sonnaient, le ciel n'était qu'un tintement de bronze. Comme quatre ans auparavant, nous fîmes le tour des boulevards, bras dessus, bras dessous.[52]» Mais soudain, dans cette liesse, un soldat, près de lui, se met à crier : «À bas la guerre !». «Il me semblait n'avoir jamais entendu une voix pareille. Nous le regardions avec gêne, mais c'était un vrai soldat, à la manche couverte de brisques ; à les compter, on voyait qu'il avait fait toute la guerre «là-bas» ; nous devions bien lui reconnaître le droit de dire ce qu'il en pensait.[53]»...

La guerre est finie. Le jeune Nîmois, à la suite d'une déception sentimentale, part pour Lyon, pour oublier, changer d'air et tenter le travail ailleurs. Mais, posant le pied sur le quai de la gare, «il [plonge] dans une nappe de brouillard où il allait patauger six mois durant[54]». Ce séjour est de courte durée et quelque peu trouble. Il change alors de direction. Il va tenter sa chance à Marseille. Il trouve du travail dans un petit atelier. Il prend pension chez un ouvrier, derrière le Vieux-Port, «dans un quartier labyrinthe, pavoisé de linge, plein d'odeurs de fritures et de cris[55]».

«Je crus d'abord que tous les ouvriers maquereautaient. La plupart portaient des foulards de soie noire, des souliers voyants, des casquettes à carreaux d'où sortaient des accroche-cœurs ; d'autres un chapeau melon, une veste courte, cintrée, moulant les reins au-dessus des fesses serrées dans un pantalon bleu d'azur, soigneusement repassé. Oui, ils avaient de drôles de touche.[56]» Il va mener, selon son expression, «une vie double». Il est ouvrier, mais, trois fois par semaine il va au Conservatoire de Marseille pour y suivre les cours d'Art dramatique. Aucun ouvrier ne va au Conservatoire, Marc s'y sent donc «en terrain étranger». «Le jour de l'examen, quand j'annonçais Ruy Blas, se souviendra-t-il, les notables qui formaient le jury se mirent à bâiller. J'étais le huitième à leur souhaiter : «Bon appétit, messieurs». Ils en avaient soupé.[57]»

---

[52] *Ibid.*, p. 76.
[53] *Ibid.*, p. 76.
[54] Marc Bernard, *Zig-Zag*, Paris, Gallimard, 1929, p.54.
[55] Marc Bernard, *Salut, camarades*, op. cit., p. 54.
[56] *Ibid.*, p. 80.
[57] *Ibid.*, pp. 85-86.

Au printemps 1921, Marc Bernard reçoit sa feuille d'incorporation : il est envoyé en Allemagne, dans l'armée d'occupation, plus exactement, en Haute-Silésie, à Gleiwitz. Il y restera près de deux ans. Il est utilisé comme infirmier. «[...] ; ce fut l'un des meilleurs temps de ma vie, [...] Je faisais connaissance avec la *Gemütlichkeit*[58], les hauts poêles de faïence, l'étincelante propreté des maisons allemandes, les double-fenêtres, la neige et le froid. Tout cela était plein de charme pour un Méridional.[59]»

Il fait la connaissance d'une jeune fille allemande. Ils se montrent ensemble dans la petite ville, vont aux restaurants, indifférents aux réactions hostiles que peut leur montrer la population. Il rapportera de ce séjour en Allemagne, un récit plein d'humanité et de nostalgie :

« [...] Il nous arrivait de monter dans un traîneau et de filer vers une auberge. Je revois la vaste plaine sans un obstacle, sauf quelques arbres très espacés dans le lointain. Nous glissions au-dessus des champs et des ruisseaux gelés, sous un ciel immense et gris, sans un souffle. Les seuls grelots du cheval sonnaient dans le bloc d'acier du silence. Les mains serrées sous la couverture que le cocher avait déployée sur nos genoux, Adélaïde et moi étions emportés sur la blancheur mate de cette campagne sans fin. Quatre ans de guerre, des millions de morts pour en arriver à une Allemande et à un Français de vingt ans, heureux d'être ensemble, de sentir leur chaleur sous la laine, inventant une langue pour essayer de se comprendre : jamais la guerre ne m'avait paru plus absurde.[60]»

Son service militaire terminé, il quitte l'Allemagne, mais surtout la jeune polonaise, avec mélancolie :

«La veille de mon départ, mon amie et moi nous promenâmes comme chaque soir. Nous étions au milieu du printemps. Sur le chemin du retour, comme nous entrions sur la place de l'église, proche de l'hôpital, les doigts d'Adélaïde se refermèrent avec force sur mon bras. «C'est demain que tu pars, dit-elle.» Nous nous étions arrêtés sous un arbre dont les feuilles, éclairées par une lampe, étaient transparentes. Je restai silencieux. Alors elle eut un geste à quoi je ne m'attendais pas : du bout des doigts elle toucha ma joue, et ses larmes se mirent à couler. Puis elle secoua la tête

---

[58] Atmosphère de confort, de bien-être.
[59] Marc Bernard, *Vacances*, op. cit., pp. 39-40.
[60] *Ibid.*, p. 43.

plusieurs fois, de gauche à droite, brusquement, et partit en courant. Je la vis s'éloigner sous les arbres, passer devant le porche de l'église ; elle était près de disparaître quand elle fit soudain volte-face et, la main haut levée, me dit adieu avant de sortir de la place.

Je revins seul à l'hôpital, cela ne m'était pas arrivé depuis des mois.

Le lendemain à l'aube, dans un train bondé et hurlant, je me mettais en route pour la France. Mes vacances en Haute-Silésie étaient terminées.

Mais on n'en finit pas si aisément avec les souvenirs.[61] »...

Il revient à Nîmes, toujours hébergé par sa cousine Alice. Il est de nouveau ouvrier dans une fabrique de chaussures. Il devient syndicaliste et rêve d'une révolution qui abolirait les inégalités, les exclusions sociales, qui rendrait le monde plus juste, plus humain. Il rencontre les ouvriers à la sortie de leur usine :

« Grimpé sur une pierre, sur un mur ou sur un banc, je laissais venir. La première fois que je vis les visages curieux levés, je me demandais ce que j'allais dire. Ce n'était pas le moment de me poser des questions. « Camarades... « Je venais de trouver le ton : voix ronde qui partait des poumons, de temps à autre un geste, la tête chaude, le cœur battant avec force, aucune crainte. [...] La Révolution seule emplissait nos cœurs. Nous ne savions guère ce qu'elle pourrait être, mais il nous suffisait de la désirer passionnément ; nous ne doutions pas qu'elle aurait le visage que chacun de nous lui prêtait : rayonnant, pur et bon malgré sa dureté apparente.[62] »

Marc, comme tant d'autres ouvriers, a foi en la Révolution russe.

« Mais, confiera-t-il, bientôt je ne trouvai plus Nîmes à ma mesure ; de plus grands champs d'action m'attendaient. C'est à Paris que je devais vaincre. Comment ? C'est ce que j'ignorais encore ; l'essentiel était de partir. Le reste suivrait.[63] »

Ainsi, un soir, il met quelques habits dans une petite valise de carton et va à la gare pour prendre le train de Paris... Ce soir-là, défie-t-il le destin ?

[61] *Ibid.*, p. 57.
[62] Marc Bernard, *Salut, camarades*, op. cit., pp. 92-93.
[63] *Ibid.*, p. 101.

Chapitre 2

LA BOHÈME

1
LE RÉVOLUTIONNAIRE

Marc Bernard arrive à Paris. Il a vingt-trois ans. Il prend une chambre dans un hôtel de la rue Mazet. «[...] ; le nom était bien choisi, plaisantera-t-il, l'endroit beaucoup moins. Ma fenêtre s'ouvrait sur une cour sinistre.» Et il poursuit : «Assis sur le lit, ma petite valise à mes pieds, je crus être dans l'enfer. La pauvreté même avait une sorte de grâce au pays d'où je venais ; ici elle était désespérée. Jusque-là je n'avais été qu'un prolétaire amateur. Une peur me vint à songer que je devrais vivre désormais dans des conditions semblables.[64]»

Dans sa valise, il a deux livres : *La volonté de puissance* de Nietzsche et *L'impérialisme dernière étape du capitalisme* de Lénine. La pensée du premier souvent l'indigne, mais il y trouve une force utile à l'affirmation de soi : «J'enseigne, écrit Nietzsche dans ce livre, de dire non en face de tout ce qui rend faible – de tout ce qui épuise. J'enseigne de dire oui en face de tout ce qui fortifie, de ce qui accumule les forces, de ce qui justifie le sentiment de la vigueur.[65]» Un enseignement où Marc Bernard peut trouver la force de «vaincre». Quant à Lénine, l'honnêteté de son discours lui va «droit au cœur». «C'était l'homme que j'aimais le plus au monde[66]», ajoute-t-il. Si les œuvres de ces deux penseurs s'opposent, leur pouvoir sur Marc Bernard est comparable.

Il découvre avec curiosité la Capitale, les Grands Boulevards, les Champs-Élysées, le Bois de Boulogne..., mais il regrette son «tour de ville, les marronniers de l'Esplanade avec sa petite musique des soirs d'été[67]». Il découvre aussi les difficultés de la vie du Parisien, la presse du métro par exemple : «Dans le métro nous demeurions près de la portière, prêts à sauter sur le quai, craignant toujours d'être emportés au-delà de

---

[64] Marc Bernard, *Salut, camarades*, op. cit., p. 102.
[65] Friedrich Nietzsche, *La volonté de puissance*, Paris, Livre de poche n° 4608, 1991, p. 107.
[66] Marc Bernard, *Salut, camarades*, op. cit., p. 104,
[67] *Ibid.* p. 105.

notre station. Nous allions à notre pas de mazetier dans la foule qui courait dans des couloirs sans fin.[68] » Aussi, regrette-t-il les tramways nîmois, dont il donne ce cliché humoristique : «Ah ! Où était notre tramway du tour de ville [Nîmes], ou celui de Castanet, zigzaguant entre ses rails, s'arrêtant entre deux stations pour permettre au conducteur d'aller faire remplir sa bouteille d'un vin plus fruité, puis repartant à fond de train dans un cliquetis de vitres et de ferraille pour freiner net devant la gare, frémissant encore de sa course, à deux mètres de l'endroit où la voie se terminait ? «Deux mètres de plus et on déraillait» disait fièrement le conducteur.[69] »

Marc Bernard rencontre dans la capitale d'autres méridionaux, parmi lesquels des élèves de l'école des Beaux-Arts de Nîmes venus tenter leur chance « d'artistes » à Paris. Il retrouve ainsi son ami Lucien Coutaud, qui vient s'installer dans la capitale en octobre 1924 (il a vingt ans) et qui deviendra un peintre reconnu, accomplissant une œuvre variée et originale (dessins, gouaches, peintures, gravures, créations de décors de théâtre – pour Charles Dullin, pour la Comédie Française... –, réalisations de tapisseries, illustrations de livres...). On verra souvent Marc et Lucien ensemble, dans les musées, aux expositions, aux représentations des théâtres d'avant-garde, ou tout simplement prenant une consommation à la Closerie des Lilas. Il rencontrera, de même, un autre élève de l'École des Beaux-Arts de Nîmes, Lucien Lautrec, peintre dont l'œuvre sera remarquée.

La chambre de Marc Bernard est très modeste, les repas sont frugaux. Pour faire sa toilette, il va aux douches publiques. Paris, la ville-lumière, n'a guère d'éclat pour lui. Un soir, avec un ami, il passe devant l'Opéra. «[...] ; des femmes scintillantes, glacées, montaient les degrés d'une allure droite, découvrant des chaussures lamées, aux talons de verre. Elles montaient entre les lampadaires et les gardes, silencieuses sur le tapis rouge, et, bien que si proches, retranchées de nous par une distance stellaire. » Et il ajoute : «Cette même nuit, un copain et moi nous allions dormir dans un couloir, sur des journaux.[70] »...

« Las de traîner la savate, racontera-t-il, je décidai de me ranger : je devins cheminot.[71] » Il se fait embaucher, cette année 1924, au Triage

[68] *Ibid.*, p. 105.
[69] *Ibid.*, p. 106.
[70] *Ibid.*, pp. 110-111.
[71] *Ibid.*, p.112.

ferroviaire de Villeneuve-Saint-Georges (Villeneuve-Triage). Et il prend pension dans un bistrot : la chambre est minuscule et donne sur la Seine et sur « une plaine lugubre ». Il décrit ainsi son travail : « Un grand carnet à la main, j'allais le long des voies pour noter le poids, la tare des wagons, leur destination, etc. Rentré à la station je formais un train, mais on devait ne pas se tromper dans l'addition, connaître les gares par cœur, sinon les wagons s'égaraient, les locomotives trop chargées s'arrêtaient au milieu des montées. Les miennes n'arrivaient jamais en haut ; [...] On m'envoyait des questionnaires. Pourquoi le 468 avait-il trois cents tonnes de trop ? Pourquoi le wagon qui aurait dû être acheminé par Corbeil avait-il été envoyé à Vigneux ? C'est ce que je me demandais.[72] »...

Il adhère au Parti Communiste et à la CGTU. Il mène une action militante, prenant la parole dans des réunions de cellule ou dans des meetings. Il devient secrétaire de la cellule communiste de Villeneuve-Triage, l'une des plus importantes de la région parisienne. Son espoir en la Révolution russe est assuré. En effet, un jour d'octobre 1917, il avait appris que la révolution avait éclaté, que des ouvriers et des soldats avaient pris le pouvoir, mais que ces événements ne s'étaient pas produits en France, comme il l'espérait. Après tout peu importait qu'ils soient survenus dans un autre pays, en Russie… « Un espoir enfin était né, écrira Marc Bernard. Je venais de découvrir que j'étais pour la révolution ; celle des ouvriers et des soldats. La mienne.[73] »

« Ma Révolution », dit-il. Qu'est-ce exactement, pour lui, la Révolution ? C'est la venue d'un monde nouveau qui supprimerait les privilèges, unifierait les classes sociales, rendrait à l'ouvrier sa dignité, un monde où triompheraient la tolérance, la justice, la liberté. Un monde généreux et sans violence. Et ce monde nouveau, auquel il aspire, est-ce celui que va construire la Révolution russe ? En attendant, Marc Bernard éprouve de la sympathie pour Lénine. « J'aimais tout de lui, confiera-t-il, sa simplicité, son bon sens, son courage, son honnêteté, la façon dont il lui arrivait de commencer un discours par ces mots : «Camarades, nous nous sommes trompés. »[74] » Et il ressent un « amour égal » pour la révolutionnaire Rosa Luxembourg, dont il apprécie «[...], la générosité, la plus haute conception que l'on puisse avoir de la révolution : le pardon

---

[72] *Ibid.*, p.113.
[73] *Ibid.*, p. 56.
[74] *Ibid.*, p. 156.

aux vaincus, comptant uniquement sur la raison et l'expérience pour les rallier, le refus d'une dictature, une grande défiance à l'égard d'un État et d'un parti trop puissants ; [...].[75] »

Dans ce « bistrot » de Villeneuve-Triage, où il loue une chambre, des « débardeurs » viennent prendre leur déjeuner, des « costauds pleins de poils », précise-t-il. « Auprès d'eux, les plus mâles des cheminots devenaient fragiles.[76] » Ces débardeurs, dont il admire la force, lui inspirent le sujet de ce poème qu'il écrit et dédie à Jean Jaurès :

Les Débardeurs.

Dans les wagons avec leur toit blanc de givre,
Ils s'agitent dans l'ombre, les débardeurs robustes,
Muscles tendus, l'haleine courte, les reins ployés,
Ils transportent les blocs de fer, les roues de fonte,
Qui meurtrissent les doigts à force de peser,
Jusqu'aux lourds chariots qui roulent en crissant,
Parfois, l'un d'eux lève la tête vers le ciel,
En essuyant avec son bras la sueur chaude,
Et ses bons yeux, lourds de fatigue et de sommeil,
Cherchent à l'horizon, derrière les étoiles
Que l'aube bleuissante efface lentement,
Les rayons de soleil qui luiront au matin,
Pour annoncer la délivrance.

L. BERNARD

Ce poème est signé L. Bernard, c'est-à-dire Léonard, son premier prénom, qu'il abandonnera pour son second prénom, Marc. Il l'adresse à Marcel Martinet, alors directeur littéraire du journal *L'Humanité*. Ce quotidien publie *Les Débardeurs* dans son édition du 6 avril 1924. Le jeune poète en ressent une certaine fierté.

Six mois après son embauche aux Chemins de Fer, Marc Bernard, ne supportant plus les sifflets des locomotives, le bruit des trains et les sonneries du téléphone, envoie une lettre de démission à son responsable.

[75] *Ibid.*, p.157.
[76] *Ibid.*, p. 124.

Il prend sa valise de carton et revient à Paris. « Je ne regrettais rien, dira-t-il, hormis l'amitié de mes camarades.[77] »

À Paris, son changement de cellule communiste n'est pas fait, par omission administrative. Pour Marc Bernard, cela a peu d'importance : « [...] cartes, cotisations, c'étaient là, me semblait-il, des formalités bureaucratiques.[78] » S'il n'est donc plus adhérent, il conserve toutefois une « sensibilité communiste », mais avec une attitude quelque peu atypique. En effet, les comportements dogmatiques, la discipline idéologique, l'embrigadement, ce n'est pas pour un tempérament épris de liberté comme le sien. S'il faut aller manifester pour un motif légitime (le fascisme, la politique de Raymond Poincaré, les agissements des ligues d'extrême droite...), il y va. Mais il participe aux manifestations en solitaire. Il précisera à ce sujet : « [...] ; j'étais un coco qui n'aimait pas le tas. Je détestais la marche au pas. Si j'entendais : «Allons, pressons, camarades !» je me hérissais. Je préférais la débandade, la bonne franquette, le débraillé. [...] Tout ce qui ressemblait à un excès d'accord, de bonne volonté, à de la chaleur du troupeau au rabais, à de la satisfaction sans risque, à de l'Armée du Salut peinte en rouge, m'horripilait. Je me sentais changé en nougat devant ces troupes moutonnantes. J'aimais la révolution à l'état brut, rugueuse et vierge, avant que toutes les mouches intéressées viennent bourdonner autour, avant que la cohue se précipite par les portes ouvertes.[79] »

D'ailleurs, pour le prolétaire Marc Bernard, ce ne sont pas les mots d'ordre répétés indéfiniment et les « mornes défilés » qui l'enflamment, mais plutôt un sentiment de révolte devant une sombre réalité. « N'importe qui avec de l'argent, dénoncera-t-il, pouvait nous faire travailler n'importe où, dans n'importe quelles conditions. Il m'arrivait de fraiser dans d'anciens appartements de Belleville transformés en ateliers ; on voyait encore la tapisserie aux murs et l'emplacement du fourneau. Nous étions là une douzaine d'ouvriers, devant des machines achetées d'occasion qui menaçaient à chaque instant de nous couper les doigts, dans des couloirs éclairés par des lampes, fût-ce en juillet et à midi. La banlieue industrielle de Paris avec son amas d'horreurs m'angoissait. Immonde odeur des produits chimiques, des savonneries, des conserveries, prolétariat en haillons, palissades noires, vacarmes d'enfer ; c'est dans

---

[77] *Ibid.*, p. 134.
[78] *Ibid.*, p. 135.
[79] *Ibid.*, p. pp. 138-139.

ces quartiers, qui tenaient du bagne et de la cour des miracles, qu'on nous obligeait à vivre huit ou dix heures par jour.[80] »

Dans cette situation, d'où peut naître l'espoir, si ce n'est de la Révolution, mais d'une révolution humaine, qui réconcilie les hommes et redonne une dignité aux conditions les plus défavorisées. En attendant, il vit toujours dans des hôtels misérables et prend ses repas dans un restaurant végétalien, c'est-à-dire très bon marché, ainsi qu'il l'évoquera plus tard : « On se nourrissait là exclusivement de légumes crus ; le lait et le fromage n'en franchissait pas le seuil. Nous étions, j'étais (par force) devenu uniquement végétalien. Les œufs nous étaient également interdits, [...]. Verdure, pommes de terre bouillies et autres légumes emplissaient de grands plats de terre émaillés, rangés sur une longue table, et chacun pouvait y puiser à discrétion. [...] Il me fallait un certain temps pour habituer mon estomac à cette diète ; au début, une heure après m'être gavé, j'avais de nouveau faim. Pourtant, peu à peu, mon corps en prit son parti, comprenant sans doute que c'était ce qu'il avait de mieux à faire.[81] »

Le 21 janvier 1924, Lénine meurt. Dans les mois qui suivent, Joseph Djougachvili, surnommé Staline (« l'homme d'acier »), secrétaire général du parti communiste, accroît son influence au sein du parti et des administrations. Il impose rapidement son autorité et engage alors la Russie dans la voie d'un socialisme bureaucratique et totalitaire. Trotski est écarté du gouvernement dès 1925, exclu du parti en 1927 et expulsé d'U.R.S.S. en 1929. Avec Staline, la Russie entre dans une période d'épuration et de terreur.

Quelques mois après la mort de Lénine, Marc Bernard rencontre sur le boulevard Saint Michel un étudiant communiste qu'il connaît et qui revient d'un séjour en Russie. Il saisit cette occasion pour avoir des informations sur la situation politique de l'U.R.S.S. C'est alors que le visage de l'étudiant s'assombrit, celui-ci hésitant à parler. « Ce garçon, avait eu le privilège d'aller en U.R.S.S. et c'est avec cette mine qu'il en retournait ?[82] » Marc Bernard le presse de questions, mais l'étudiant répond de façon évasive, avec une certaine gêne, jusqu'au moment où il reconnaît que la situation russe n'est actuellement pas celle que l'on pouvait espérer. « [...] il me dit l'atmosphère de peur qu'il avait trouvée là-bas ; Staline s'emparait du

[80] *Ibid.*, pp. 139-140.
[81] Marc Bernard, *Question de régimes* (chronique), journal *Midi Libre* du 03/09/1978.
[82] Marc Bernard, *Salut, camarades*, op. cit., p. 158.

pouvoir et ce qu'il préparait n'avait rien de rassurant.[83] » Alors, commente Marc Bernard : « Que l'on pût avoir peur au pays du socialisme me semblait inconcevable, et plus encore que parmi ceux qui vivaient dans la crainte il y eût un grand nombre de vieux révolutionnaires.[84] »

Depuis une dizaine d'années, l'espoir que faisait naître, en Russie, l'émergence d'une nouvelle société, était, reconnaîtra Marc Bernard, « ma plus profonde raison de vivre ». C'était d'ailleurs l'espoir des intellectuels de sensibilité socialisante de cette époque. André Gide écrit, par exemple, de la Révolution russe, dans son avant-propos au *Retour de l'U.R.S.S.* : « Là-bas une expérience sans précédents était tentée qui nous gonflait le cœur d'espérance et d'où nous attendions un immense progrès, un élan capable d'entraîner l'humanité toute entière. [...] Ce que nous rêvions, que nous osions à peine espérer mais à quoi tendaient nos volontés, nos forces, avait eu lieu là-bas. Il était donc une terre où l'utopie était en passe de devenir réalité[85] ». Il est vrai que, jusqu'à la prise de pouvoir par Staline, les premières années de la Révolution russe ne manquaient pas d'aspects positifs : révolution des mœurs améliorant la situation des femmes dans la société, vie intellectuelle intense, artistes s'exprimant librement, mouvements avant-gardistes actifs…

Les révélations que reçoit Marc Bernard sur ce tournant de la Révolution russe semblent sincères, vraies, elles sont suffisamment édifiantes pour ne pas être fondées. Après le choc que lui inflige cette conversation, une question lui vient immédiatement à l'esprit, comme elle vient à l'esprit de l'étudiant communiste : qu'avons-nous maintenant à espérer ? Marc Bernard, abattu, quitte son interlocuteur et conclut : « [...] quand il me serra la main, j'eus l'impression que nous étions devenus des étrangers ; il redevenait celui qui prépare son agrégation de philosophie, moi un ouvrier. Désormais, me sembla-t-il, nous n'aurions plus grand chose à nous dire. Je ne savais pas alors quel lien puissant peuvent être entre les hommes une foi qu'ils ont partagée pendant des années et l'amertume que laisse un espoir déçu. [...] Il restait à l'étudiant ses études, ses livres, mais à quoi raccrocherais-je mon espérance de sortir du trou si le parti qui promettait de m'en tirer perdait ma confiance ?[86] »

---

[83] *Ibid.*, p. 159.
[84] *Ibid.*, p.160.
[85] André Gide, *Retour de l'URSS,* Paris, Gallimard (Folio n° 4984), 2009, pp. 15-18.
[86] Marc Bernard, *Salut, camarades,* op. cit., pp. 161-162.

MARC BERNARD Tout est bien ainsi

Toutefois, un doute vient troubler la pensée de Marc Bernard : doit-il vraiment renier cette révolution qui devait transformer le monde ? Mais explique-t-il, « [...], à mesure que le temps passait, je ne reconnaissais plus à mon tour le visage de la Révolution russe ; elle prenait les traits mêmes que dénonçaient nos adversaires ; manque de liberté, la peur, les policiers partout, la bureaucratie et la technique seules régnantes.[87] »

Il va donc s'éloigner du parti communiste. « On nous appelait les oppositionnels, nous n'avions de place nulle part.[88] » Cependant, comme d'autres qui ont aussi quitté ce parti, il va vivre pendant des années « dans sa marge, conservant les préoccupations, le vocabulaire de naguère[89] ». Il retourne aux meetings pour y entendre des orateurs. Il y retrouve ce public d'ouvriers dont il se sent, hélas, si proche. Certains discours le touchent, bien sûr, il est même presque d'accord sur tout ce qu'il entend, presque… car, comme les autres « oppositionnels », il ne peut tolérer que la classe qui avait la tâche historique de libérer le monde, se mette au service d'une nouvelle tyrannie. C'est ce que confirmera André Gide, dans son retentissant *Retour de l'U.R.S.S.* Celui-ci écrit en effet dans ce livre, au retour de son voyage en U.R.S.S. effectué du 17 juin au 22 août 1936 : « Dictature du prolétariat nous promettait-on. Nous sommes loin du compte. Oui, dictature, évidemment ; mais celle d'un homme, non plus celle des prolétaires unis, des Soviets. Il importe de ne point se leurrer, et force est de reconnaître tout net : ce n'est point là ce qu'on voulait. Un pas de plus et nous dirons même : c'est exactement ceci que l'on ne voulait pas.[90] »

« Qu'avions-nous à espérer ? dira Marc Bernard. Il ne nous restait plus que l'infime aventure personnelle.[91] ». La construction de son avenir est désormais entre ses seules mains.

2
MONTPARNASSE, ANNEES FOLLES

Au lendemain de la folie meurtrière de la première Guerre Mondiale, une période d'euphorie touchant autant les mœurs que la création

---

[87] *Ibid.*, p. 162.
[88] *Ibid.*, p. 162.
[89] *Ibid.*, p. 162.
[90] André Gide, *Retour de l'URSS*, op. cit., p. 68.
[91] Marc Bernard, *Salut, camarades*, op. cit., p. 163.

artistique, s'empare de Paris qui va devenir la capitale de la littérature occidentale, des beaux-arts, de l'architecture et de la mode. Par son attraction sur de nombreux artistes étrangers, Paris, en particulier le quartier de Montparnasse, sera, dans les années 1920, l'un des centres les plus cosmopolites du monde.

Certes, avant la Grande Guerre, Paris est déjà un centre intellectuel et artistique actif. Le refuge des peintres et des poètes est alors Montmartre. Dès 1904, Pablo Picasso vient travailler au Bateau-lavoir. Avec les *Demoiselles d'Avignon*, œuvre réalisée en 1906, il révolutionne la peinture occidentale en ouvrant la voie aux recherches cubistes. D'autres artistes s'affirment dans cette avant-garde : Braque qui impose la peinture cubiste avec Maisons *à l'Estaque* (1908) et Matisse qui introduit l'art qualifié de « fauve » avec *La femme au chapeau* (1905), peinture où il exalte la couleur pure.

D'autre part, dès le début du siècle, une bohème artiste d'avant-garde s'est déjà installée à Montparnasse : Modigliani, Chagall, Soutine, Van Dongen, Derain, Zadkine, Archipenko, Fernand Léger, le Douanier Rousseau, pour ne citer que quelques noms, auxquels se sont joints des poètes, Guillaume Apollinaire, Blaise Cendrars, Jean Cocteau, Max Jacob… Ces artistes et poètes ont lancé le quartier de Montparnasse avant la première guerre mondiale.

À l'automne 1912, Picasso quitte définitivement Montmartre pour s'installer à Montparnasse, boulevard Raspail. Il faut dire que ce quartier, encore rural jusqu'à l'aube du XXe siècle, s'urbanise et offre aux artistes des possibilités d'installation peu onéreuses. Par exemple, les écuries des entreprises de transport, devenues disponibles, se transforment en ateliers d'artistes. Fascinés par Paris (« Le soleil des arts ne brillait alors qu'à Paris » dira Marc Chagall), des artistes de toutes nationalités font de Montparnasse l'ultime port de leurs errances. Pour accueillir cette nouvelle population, ce quartier se construit, mais il se construit pour apporter aux nouveaux occupants ce désir de vie excessive, de frénésie de plaisirs, de liberté débridée, de brassage d'idées, de créativité intense qui les animent. C'est pourquoi se créent de nombreux hôtels, bars, cafés, restaurants (La Closerie des Lilas, Le Dôme, la Coupole…), dancings, boîtes de nuit, salles de spectacles (le Théâtre Montparnasse, la Gaîté Montparnasse, Bobino…). Dans ce nouveau quartier, propice à la fête mais aussi à la création artistique, on va donc rencontrer des artistes venus des quatre coins du monde : des peintres, Braque, Fernand Léger, Pierre Bonnard, André Derain, Marc Chagall, Chaïm Soutine, Giorgio De Chirico, Juan Miro, Diego Rivera, Max Ernst, Foujita, Jules Pascin…, des sculpteurs, Ossip Zadkine, Constantin Brancusi…, un photographe américain qui deviendra célèbre, Man Ray. On rencontre aussi à Montparnasse de nombreux poètes et écrivains : Jean Cocteau, Paul Morand, Blaise Cendrars, Jacques Prévert, André Gide…, des « surréalistes », André Breton, Paul Éluard, Philippe Soupault, Aragon, Max Jacob…, des écrivains et poètes de nationalité américaine, Ernest Hemingway, Scott Fitzgerald, Ezra Pound, Henry Miller… Ces derniers ont fui l'Amérique puritaine et la prohibition. À Paris ils trouvent une totale liberté. Montparnasse devient ainsi le creuset international des arts et de la littérature.

Les artistes nîmois, peintres, sculpteurs…, auxquels s'est lié Marc Bernard suivent eux aussi ce flux migratoire vers le 14e arrondissement. Marc Bernard les accompagne. « La bohème nîmoise, qui m'avait adopté dès mon arrivée à Paris, émigra à Montparnasse. Je la suivis. Le gros du clan s'installa à l'hôtel Jules César ; pour des demi-romains, on ne pouvait trouver mieux. Le buste du dictateur, logé dans une niche au-dessus de la porte, veillait sur ses demi-fils. Les autres essaimèrent dans les ateliers environnants.[92] »

Dans ce quartier, où il occupe une petite chambre d'hôtel mansardée, Marc Bernard poursuit son existence d'ouvrier précaire, parfois proche du dénuement. « Être démuni à ce point, confiera-t-il, donne une sorte d'ivresse ; on ne tient plus à rien, un souffle vous emporterait. Où ? On ne sait pas. La faim, les pieds nus sur le trottoir, le manque de sommeil produisent des sensations bizarres. Jamais de colère. On est trop bas, trop près des nécessités immédiates pour imaginer autre chose que leur satisfaction ; la part animale tient toute la place.[93] » Un jour il entre chez un brocanteur pour acheter une paire de chaussures d'occasion, n'ayant pas assez d'argent pour en acheter une paire neuve. Marc Bernard, l'optimiste, est alors satisfait de son achat : « En somme il me parut que ma situation s'améliorait. Il faisait beau, j'étais libre jusqu'au lundi matin, et je n'avais plus besoin de regarder sur quoi je posais mes pieds.[94] »

---

[92] Marc Bernard, *Salut, camarades*, op. cit., p. 141.
[93] *Ibid.*, p. 184.
[94] *Ibid.* p. 188.

Toutefois, dans ce Montparnasse des années 1920, il n'est pas le seul à côtoyer la misère. Nombreux sont les artistes ou écrivains, souvent promis à la notoriété, qui vivent dans de minuscules chambres d'hôtels et qui connaissent les mêmes difficultés matérielles. Et le bouillonnement culturel, le dynamisme artistique, l'atmosphère festive, insouciante, l'allure bohème de ce quartier ne peuvent être pour lui, qui cherche à sortir de sa condition prolétarienne, qui veut se réaliser dans le domaine de la culture, qu'un efficace stimulant.

Tout en travaillant, bien que de façon irrégulière (on le trouve ouvrier fraiseur dans un atelier de Belleville, ensuite dans une fabrique de la Porte d'Italie), il pense à sa première tentation : le théâtre. Il prend rendez-vous avec le grand acteur et metteur en scène André Antoine. Pour cela il demande une demi-journée de congé, le sacrifice de quinze francs, c'est-à-dire l'équivalent de trois repas. Antoine le reçoit, l'écoute en le fixant de « son regard bleu », mais sa réponse n'est pas celle qu'attendait le Nîmois. Il lui dit que la carrière théâtrale est difficile, encombrée, qu'il faut avoir des relations… En ce qui le concerne, il n'a plus de théâtre et n'engage donc plus de comédiens. Antoine n'est plus qu' « un retraité de la gloire », comme le qualifie Marc Bernard, qui ne peut rien pour lui. L'aspirant comédien ne se décourage pas. Il apprend qu'un autre grand acteur et metteur en scène, Charles Dullin, auditionne des candidats comédiens. Il se présente donc au théâtre de l'Atelier et joue devant Dullin et « son état-major » une scène du Misanthrope. À la fin de l'audition, Marc Bernard descend de scène et s'approche de Dullin pour connaître son jugement. Celui-ci lui dit alors : « Monsieur, vous manquez de naturel. [...] Vous avez choisi un rôle qui n'est pas de votre emploi. Vous devriez jouer les valets. Je ne peux pas vous juger là-dessus.[95] » Pour faire du théâtre, il ne lui reste donc plus que les « groupements d'amateurs » : « [...] ; l'un d'eux, me parut avoir un nom sympathique : La Roulotte. Je montai dedans.[96] » Ainsi, le samedi soir, ces comédiens vont déclamer de la poésie dans de petites salles, devant un auditoire ouvrier. « Quel démon me poussait par-là ? », c'est-à-dire vers le théâtre, s'interrogera Marc Bernard. « Il me semblait que c'était là ma vocation, mais dont le moins que l'on pût dire c'est qu'elle était contrariée.[97] »…

[95] *Ibid.*, p. 192.
[96] *Ibid.*, p. 192.
[97] *Ibid.*, p. 195.

Dans l'attente d'un autre épanouissement, de l'apparition d'une autre « vocation » – pourquoi pas l'écriture ? – Marc Bernard s'attache à Paris. Mais aux Grands Boulevards, aux Champs- Élysées, à Montmartre, il préfère « une ville plus sourde, plus ancienne », celle qui a « ses quartiers de noblesse », c'est-à-dire Notre-Dame, l'Île Saint Louis, le Marais. Dans le quartier du Temple, il côtoie la communauté juive, ces hommes « [...], avec leurs papillotes sur les oreilles, serrés dans leurs lévites, [...]. Mains rapides, barbes noires, visages de cire, boucles aux tempes, le peuple élu battait la semelle sur les trottoirs étroits de la rue des Rosiers. » Et il précise : « Je m'attardais auprès d'Israël. Ce peuple a toujours exercé sur moi une sorte de fascination.[98] » Il aime aussi, dans le quartier de Montparnasse où il habite, cette imprégnation bretonne qui en fait son originalité : « J'aimais ce quartier breton parfumé de l'odeur des crêpes, où l'on grignotait le tourteau aux pattes poilues. Têtes rondes, aux joues roses ; de temps à autre une coiffe frémissante, ayant gardé dans ses tuyaux un peu de l'air du large ; marins aux gestes brusques, sac sur l'épaule : j'entendais la rumeur de l'Océan, je respirais l'odeur du varech. Quand il pleuvait, l'illusion devenait complète ; les lumières des enseignes prenaient des allures de phares. Je me croyais à Douarnenez et me sentais devenir breton bretonnant.[99] »

Il aime, bien sûr, cette atmosphère de totale liberté, d'anticonformisme, d'optimisme, de rêverie, d'insouciance qui est celle du Montparnasse de toutes les folies. Dans ce milieu cosmopolite, le spectacle est tout d'abord dans la rue où l'on peut s'égayer des comportements les plus insolites, et lui, l'observateur au regard vif, ne manque pas de se distraire de tous ces excentriques qu'il croise, par exemple dans les cafés. Ainsi, en allant boire à la Coupole, avec son ami le sculpteur Langlade, le traditionnel café crème servi dans un grand verre, il aperçoit, au fond de la salle, le peintre Tsugouharu Foujita, avec sa frange noire, ses petites lunettes cerclées d'écaille, ses chemises imprimées, son pantalon bouffant, son veston aux manches kimono, serré à la taille par une écharpe, personnage qui est une sorte d'hippy avant l'heure. Une petite blonde aux yeux noisette accompagne cet artiste pittoresque, sa femme, à laquelle il a donné le nom japonais de Youki, qui signifie « neige rose ». Un autre jour, au café du Dôme, Marc Bernard observe le dessinateur Jules Pascin, un autre personnage singulier avec son costume élégant, agrémenté d'une longue écharpe de soie blanche, son chapeau melon incliné sur le devant de la tête, sa cigarette au coin des lèvres et son regard noir, profond, traversé

---

[98] *Ibid.*, p. 200.
[99] *Ibid.*, p. 177.

d'instants de mélancolie. Il dessine la jeune fille aux allures très libres, assise à ses côtés. Il dilue les traits de son dessin au marc de café... Il lui arrive aussi de voir, dans la salle de café du Dôme, ce poète qui vient de lancer une révolution dite «surréaliste», André Breton, avec sa silhouette massive, raide dans son costume sombre, ses lèvres épaisses et son regard de jade. Il est attablé, entouré de compagnons fidèles, Louis Aragon, Philippe Soupault, René Crevel, Benjamin Péret, Robert Desnos... Marc Bernard les voit jouer à un jeu curieux : ils se passent de petits papiers sur lesquels ils écrivent en se cachant, pour les résultats, paraît-il, les plus étranges. Ils appellent ce divertissement le jeu du «cadavre exquis»... L'exubérance que démontrent ces jeunes écrivains ne passe pas inaperçue et Marc Bernard prête attention à leur révolte intellectuelle qui n'est pas pour lui déplaire.

Il y a aussi cette effervescence festive, débridée, que rencontre Marc Bernard dans ce quartier de Montparnasse. Un jour, ce sont les étudiants des Beaux-Arts se rendant au bal des Quat'z'Arts, dont il retient : «[...], l'orgie impériale, les hordes lâchées en peau de bête, sifflant des pots aux terrasses des cafés chic, pelotant les femmes des bourgeois, arrêtant les bagnoles ; Huns, Romains, Carthaginois, selon l'année, peints en rouge ou en jaune, [...].[100]» Le quartier latin fait un prétexte de ce bal pour adopter des attitudes extravagantes. Un autre jour il croise des artistes et des mondains travestis qui vont à un bal costumé qu'offre le comte Etienne de Beaumont...

Marc Bernard ne fait pas (encore) partie de la coterie littéraire, même pauvre, pour approcher un mécène des Lettres, tel que le couturier Jacques Doucet qui, selon Dan Franck, «entretenait la moitié des hommes de plume de Paris». Il n'a pas ses entrées dans ce mécénat aristocratique qui ouvre ses portes, pour faire la fête, à tant d'artistes d'avant-garde. Il doit se contenter des aspects bon marché de cette explosion de vie. Avec ses «amis de la bohème», il va écouter Mayol, à Bobino, aux places les moins chères, que l'on nomme «poulailler». L'époque est aux chansons légères, aux chansons d'amour parfois un peu lestes : Mayol est l'une des idoles de ce temps. Marc Bernard nous en donne ce portrait :

«[...] Mayol dans tout son jus malgré ses soixante-cinq piges et son toupet branlant, s'échauffait au point de retrouver le rayonnement, la joie de ses vingt-cinq ans. [...] Roulant les *r*, selon la vieille école du music-hall

---

[100] *Ibid.*, pp. 207-208.

d'avant 14, sa petite bouche montrant son dentier de jeune premier, les bras battant en ailes de pigeon de chaque côté de ses hanches épaisses, un peu asthmatique, perdant de temps à autre le souffle pour le retrouver à la fin d'une phrase, lâchant l'orchestre, le rattrapant, il nous enchantait, nous emplissait la tête de chansons.[101] ».

Ce Montparnasse de toutes les frénésies offre un autre divertissement, et non des moindres : aller dans les galeries d'art et aux expositions. Car l'art est l'élément capital de la Fête. Au contact de ses amis artistes, Marc Bernard s'initie à la peinture, prend de l'intérêt aux discussions sur le devenir de l'art. «Au début, je trouvais oiseux que l'on puisse passer des soirées entières à discuter des mérites de tel ou tel peintre ; il me semblait qu'il y avait mieux à faire : la Révolution, par exemple. [...] Pourtant, peu à peu, je pris goût à ces bavardages. Bien encadré, je commençais à m'orienter dans l'art moderne.[102] » Et il poursuit : «À mon arrivée à Paris, je n'admirais que les dames sur canapés, dans le plus simple appareil, blanches et roses ; mais on ne tarda pas à me faire comprendre que ces crèmes fouettées étaient sans valeur, [...].[103] » Il va donc orienter son sens esthétique vers un art moins académique en allant, avec ses amis, aux expositions d'art contemporain : «Nous montions, descendions la rue La Boétie pour admirer les noirs profonds de Braque, de Rouault, les feux d'artifice de Matisse et de Dufy, les plagiats de Picasso, les papiers collés, les combats de fauves, les poules de Pascin sur canapés, cuisses ouvertes, aux lignes molles, plus putains que nature. Bref, nous étions des esthètes ; [...].[104] » Il ressent ces années 1920 comme une période exceptionnelle dans le domaine artistique : «Nous avions le sentiment exaltant de vivre dans une époque prodigieuse où chaque semaine on inventait de nouvelles formes d'art, qui faisait table rase du passé, et que nous aurions eu besoin de mille yeux pour voir tant de merveilles.[105] »

Dans ce tourbillon artistique, il s'initie donc à l'esthétisme, mais il poursuit son éducation littéraire, se nourrissant de nombreuses lectures, parmi lesquelles des classiques, Villon, Montaigne, Pascal, Voltaire, Rousseau, Racine... Dostoïevski aussi le passionne. Ce vif intérêt pour la littérature lui insuffle le désir d'écrire. À défaut d'une carrière de comédien, dont il

---

[101] *Ibid.*, p. 236.
[102] *Ibid.*, p. 238.
[103] *Ibid.*, p. 29.
[104] *Ibid.*, p. 205.
[105] *Ibid.*, p. 205.

ressentait la vocation, il pourrait tenter l'écriture, pour laquelle il éprouve aussi une inclination. Il va d'abord s'essayer à de courts textes, dans le genre de la nouvelle. Il en écrit deux, *Bandiera Rossa*, et *Chômeur*, textes d'inspiration prolétarienne. Dans le premier récit, Marc Bernard relate une scène à laquelle il a assisté : un soir, dans un bar, des immigrés italiens chantent, accompagnés d'un accordéon et avec beaucoup de nostalgie, des chants populaires de leur pays, jusqu'à ce qu'ils entonnent le chant révolutionnaire *Bandiera Rossa*, avec une ferveur qui peu à peu atteint à l'exaltation. C'est un récit aux allures de conte, tant le climat y est empreint de merveilleux. Dans *Chômeur*, il évoque avec humour son apprentissage (de courte durée) dans une pâtisserie, à quatorze ans. Il les envoie à Henri Barbusse, alors directeur littéraire du journal *L'Humanité*, pour lequel il a de l'admiration. Il reçoit une réponse favorable de celui-ci, qui publie les deux textes dans ce quotidien, en août 1926. «Avec l'exaltation de cet âge, il me parut que la gloire me tendait la main[106] » dira Marc Bernard. Et si, en effet, le destin défiait son désir de réussite ? D'ailleurs, à Montparnasse, cette terre de légende, n'y a-t-il pas parfois des miracles ? Il pense à ce peintre lituanien, Chaïm Soutine, si longtemps méconnu, vivant dans la misère, dont la peinture enthousiasma, un jour de 1923, un riche collectionneur américain, Albert Barnes, lequel acheta la quasi-totalité de l'œuvre de l'artiste, le faisant ainsi accéder à la notoriété et à l'aisance. Et s'il avait du talent, lui aussi, Marc Bernard, et qu'un homme influent des Lettres le reconnaisse et lui tende la main ?

Il va donc continuer à écrire, pendant son temps libre ou à la faveur de périodes chômées. Mais après ces deux nouvelles de veine prolétarienne, il subit l'envoûtement du courant que l'on appelle surréaliste et qui occupe le champ culturel des années 1920 par ses déclarations, ses manifestations, ses revues, ses insolences et ses attaques envers les institutions bourgeoises, la religion, la morale, la culture officielle. Ses adeptes sont de jeunes écrivains, dont les provocations et les coups d'éclat ne passent pas inaperçus. En 1924 André Breton a publié le *Manifeste* de ce mouvement, qui affirme la puissance du rêve et de l'imagination et qui veut contribuer à une libération totale de l'être humain. Ce merveilleux, qu'ils trouvent dans le quotidien, cet univers irrationnel et poétique dans lequel ils évoluent (« La fréquentation des surréalistes vous plongeait dans un bain de poésie » a écrit Youki Desnos), de même que leur esprit de révolte et leur rejet de tout conformisme, sont autant d'aspects qui ne peuvent que séduire le

---

[106] Marc Bernard, *À Hauteur d'homme*, (Recueil d'articles de Marc Bernard), Bordeaux, Éditions Finitude, 2007, p. 48.

jeune Marc. Ainsi que cette passion de vivre, cette vitalité existentielle que démontrent les surréalistes et que ressent profondément le Nîmois.

Ces années montparnassiennes ne sont pas seulement celles d'une explosion de la création artistique, ce sont aussi celles d'une liberté totale des mœurs qui se prolonge souvent en licence. On trouve cette évolution des consciences dans un certain nombre de livres, au parfum de scandale, qui connaissent le succès. Par exemple, en 1923, le roman de Raymond Radiguet, *Le Diable au corps*, histoire d'un amour adultère dont l'héroïne est la femme d'un soldat de 14-18. André Gide publie en 1924 des dialogues, *Corydon*, dans lesquels il parle de son homosexualité, et en 1926, *Si le grain ne meurt*. À cette même époque, Victor Margueritte connaît un grand succès avec *La Garçonne*, évocation de la femme émancipée des années 1920. Colette avec *Le Blé en herbe* soulève l'indignation de certains lecteurs. Marc Bernard qui a reçu comme « seul héritage paternel », ainsi qu'il le dit, une grande sensualité, est enclin, dans cette atmosphère de libertinage, aux amours faciles. Mais pour lui, l'ouvrier, les aventures sentimentales demeurent des liaisons plébéiennes. Il lui arrive, bien sûr, de rencontrer des modèles, telle cette Evelyne, dont le corps est « admirable » : « C'est à la Grande Chaumière que je l'avais connue ; habillée elle paraissait quelconque, mais debout sur l'estrade, bras pendants, une jambe en avant, les seins dressés, avec sa toison fauve qui brûlait sous le ventre plat, musclé, et dans l'éclat de sa peau si blanche, elle était émouvante.[107] »

Mais son aventure la plus « émouvante », restera celle qu'il va vivre, dans un hôtel de la rue Froidevaux où il demeure, avec la bonne de cet établissement qui se prénomme Marie. Marc occupe une chambre « de la dimension d'un placard » précise-t-il, au troisième étage de cet hôtel. « [...], mais la vue en était gaie. Elle donnait sur le cimetière Montparnasse. Depuis quelques années je tournais autour, cette fois je le dominais du troisième étage : allées, tombes, moulin (car il s'y trouve un vieux moulin). On se croyait à la campagne, avec des oiseaux, le bruit du vent dans les arbres et un grand ciel qui emplissait la fenêtre.[108] » La patronne, le garçon et la bonne, Marie, sont des Auvergnats, ainsi que la clientèle de l'hôtel. « Des Auvergnats n'ayant renoncé ni à leur accent, ni à la *choupe* aux choux, ni à la bourrée qu'ils dansaient une fois par mois,

[107] Marc Bernard, *Salut, camarades*, op. cit., p. 259.
[108] *Ibid.*, p. 265.

avec un élan qui nous empêchait de dormir.[109] » Dans cet hôtel Marc Bernard croise de temps en temps Marie dont il nous donne ce portrait : « Marie était pur-sang, mais dans le genre mineur : mince, le sein petit, ballant un peu, à la pointe retroussée, le cheveu droit, brune avec des yeux bleus. Elle souriait volontiers, et plus encore quand je la rencontrais dans l'escalier.[110] » Marie et Marc vont vivre un amour simple, insouciant, heureux, sans lendemain, un amour comme tant d'autres dans ce climat des années folles. « Dans cette ville énorme nous étions seuls, aussi pauvres que des souris d'église, sans autre avenir que nos rêves.[111] » confiera-t-il.

« Un beau jour, racontera Marc Bernard, j'entrai dans une fête : j'étais chômeur, avec un capital de mille francs, grâce à Marie ; [...][112] » En effet, chaque jour Marie lui apporte les restes des repas de ses patrons, des reliefs suffisants pour se nourrir tout le jour. Il peut donc se permettre de moins travailler et en conséquence de consacrer davantage de temps à l'écriture. Il écrit ainsi un conte surréaliste, *Insomnie*, qui tient du rêve et de l'hallucination. Cette séquence, par exemple, où le narrateur et quelques comparses prennent place sur un manège de foire :

« Après un démarrage banal, la vitesse s'accentua au point de devenir insoutenable. Elle nous arrachait dans une lente mais progressive pression de nos sièges, menaçant de nous envoyer promener bras et jambes écartés, grenouilles aériennes, au-dessus de la foule ; elle serrait notre thorax dans ses doigts de vent et les vertèbres cédant à la pression s'allongeaient en forme d'ellipse. Les battements de mon cœur roulaient de la chute des grêlons aux coups longuement espacés d'une rame qui frappe l'eau à distances régulières. Des lacs s'éclairaient subitement pour subitement s'éteindre dans l'écroulement de leurs torsades liquides bleues et rouges. Toute une floraison d'images surgissaient sous la calotte de mon crâne dans une gerbe d'éclatements multicolores, une alchimie magique décrochait à coups de vitesse des larves d'étoiles, des poussées de soleil, des sanglots argentés de lune. Le brouillard ramenait ses ailes de chauve-souris ornées de nervures de feuilles pour les secouer sur les toits tranchants d'une petite ville endormie. [...]

---

[109] *Ibid.*, p. 266.
[110] *Ibid.*, p. 266.
[111] *Ibid.*, p. 267.
[112] *Ibid.*, p.268.

Les lampes du manège, pétries par la vitesse, ne forment plus qu'une barre crayeuse qui nous force à fermer les yeux, à retourner à l'éblouissement du feu d'artifice intérieur.

Une épée se décroche de la panoplie de nuages et descend se ficher dans la terre qui se fend en deux, laissant pleuvoir dans l'univers sa brûlante semence, fécondatrice de mondes déserts.

Pépins de lave incandescente, comme vous craquez sous la dent avec un délicieux parfum de noisette.

Vous formez dans l'éther de sinueuses routes que les lois d'attraction appellent et rejettent.

Amantes, routes célestes, laissez-moi vous accompagner vers les mondes inconnus, vers les planètes qui sortent du four, enveloppées dans leur croûte dorée. [...]

La plaque tourne, tourne si vite que les reflets électriques ne peuvent s'y cramponner. Ils sautent, le dos hérissé, chats sauvages, fulgurants éclairs, sur les toits des maisons voisines, balles rebondissantes, bulles prêtes à crever la dentelle bleue du savon, feu grégeois incendieur de villes lacustres et d'océans ; ils essaient de s'accrocher aux arêtes aiguës des tuiles, mais ne pouvant y parvenir, ils glissent en traînées de lumière le long des gouttières de zinc. [...][113] »

Marc Bernard montre ce conte à l'écrivain surréaliste Philippe Soupault, qu'il a rencontré à Paris. Ce dernier apprécie cette œuvre et se charge d'envoyer le manuscrit à Gabriel d'Aubarède, directeur de la revue *Les Cahiers du Sud*, à Marseille, qui va publier *Insomnie* en trois livraisons, pendant l'été 1928. « Tous les débuts de mois, racontera Marc Bernard, dès la sortie de l'usine, je courrai chez les libraires pour voir si la revue avait paru et surtout si *Insomnie* figurait au sommaire. Ce grand jour enfin arriva.[114] » Il écrit un deuxième conte surréaliste, *Nuages*.

Avec Marie, Marc Bernard connaît une période heureuse. « Oui, quel bonheur, confiera-t-il, un bonheur fou. Sans argent, logés dans une chambre placard, sans avenir ni projets, tout simplement parce que je

---

[113] Marc Bernard, *Insomnie*, Le Puy-en-Velay, Éditions de l'Épervier, 1943, pp. 76 à 78.
[114] Christian Estèbe, *Petit exercice d'admiration*, Bordeaux, Finitude, 2007, p. 16.

n'étais plus obligé d'aller à l'usine, Marie et moi en perdions la tête ; elle parce que j'étais là et que la joie me sortait des yeux, moi parce que j'étais enfin libre.[115] » La publication d'*Insomnie* l'encourage à persévérer dans cette voie. Il va essayer d'écrire un texte plus long, un roman, pourquoi pas, puisqu'il en a maintenant le temps. Quant à sa liaison amoureuse avec Marie, ce ne sera pour lui, qu'une aventure sans lendemain, comme il s'en nouait et dénouait tant, dans ces années qualifiées de « folles ». Un jour, il va donc la quitter, pour une autre femme. Le drame est que Marie s'était attachée à lui, au point que cette rupture lui serait fatale...

Marc Bernard évoque cette liaison sentimentale dans le dernier chapitre de *Salut, camarades*. François Mauriac qui avait lu ce chapitre, publié dans une revue sous le titre de *Marie*, jugeait celui-ci « en terme de sensualité », comme un « chef-d'œuvre. »[116]

3
PREMIER AMOUR, PREMIER ROMAN

À 28 ans, Marc Bernard se lance donc dans l'écriture d'un roman. Ce sera un roman surréaliste, ce courant littéraire l'ayant enthousiasmé. Il se détache ainsi de ses premiers écrits, poèmes et nouvelles, qui étaient d'inspiration purement prolétarienne, dans la droite ligne de sa condition ouvrière. Les deux récents textes qu'il vient d'écrire, *Insomnie* et *Nuages* sont déjà le fruit de son adhésion au surréalisme. Quel sujet va-t-il utiliser pour la construction de cette œuvre ?

L'écriture surréaliste est une quête d'identité. L'écrivain cherche à se révéler dans son œuvre. « Qui suis-je ? » est la première question que se pose André Breton dans *Nadja*. Les deux œuvres surréalistes qui sont publiées au moment où Marc Bernard va commencer son roman, *Le Paysan de Paris* d'Aragon (1926) et *Nadja* (1928) sont des récits autobiographiques. Marc Bernard qui éprouve déjà une propension à l'écriture du moi sera lui aussi le sujet de son livre. D'autre part, n'a-t-il pas eu, jusqu'à présent, l'allure d'un être errant, enclin à la rêverie, à la captation du merveilleux que peuvent receler les choses les plus simples, autant de traits propres au surréalisme. Un autre aspect de ce

---

[115] Marc Bernard, *Salut, camarades*, op. cit., p. 270.
[116] *Marc Bernard & Jean Paulhan, Correspondance 1928...1968,* op. cit., p. 330, note 3.

mouvement intellectuel est la place primordiale qu'y occupent la femme et l'amour. Marc, jeune homme sensuel, y est évidemment sensible. Son livre racontera donc aussi une histoire d'amour, une histoire qu'il a vécue et qui demeure dans son cœur, ineffaçable.

Revenons quelques années en arrière, un après-midi de l'automne 1917. Marc Bernard a dix-sept ans. La guerre se poursuit et il doit faire partie des prochaines recrues. Pour se détacher de ces sombres événements, il va goûter la douceur de cette saison au jardin de la Fontaine. Le mot «goûter» est d'ailleurs juste pour ce jeune homme dont l'un des plaisirs est en effet de savourer la vie, dans ses aspects les plus simples, les plus secrets, les plus subtils. «Tous les marronniers flambaient, les statues étaient plus dorées que de coutume ; le ciel bleu s'arrondissait au-dessus du Mont Cavalier, et la cascade pour une fois coulait. Chaque détail du paysage devenait signe et charme. Je venais d'entrer dans un monde enchanté.[117] »

Marc vient à croiser, dans les allées de ce jardin, une jeune fille. Aussitôt celle-ci lui plaît et il en tombe amoureux, à la manière qui sera celle des surréalistes : « […] je vis une fille de mon âge que je reconnus à l'instant. À n'en pas douter c'était elle : tout m'en avertissait. Mon cœur se mit à battre chaudement, […]. C'était elle, la réplique exacte de celle que je portais en moi depuis toujours ; c'est-à-dire depuis près de dix-sept ans.[118] » Une gouvernante accompagne cette fille à la démarche altière. Ce qui frappe Marc, en effet, c'est son expression orgueilleuse, mais un orgueil, nous précise-t-il, «sans y songer, tout naturellement, comme une rose est rose[119] ». Il s'agit d'une distinction de classe. Le jeune ouvrier suit donc cette demoiselle et sa gouvernante : «Nous allions dans le jardin, franchissant les ponts du canal, passant devant les statues, longeant les balustrades, nous réfléchissant dans l'eau couleur de rouille, nous arrêtant soudain, puis repartant, tournant autour des massifs de fleurs, prenant une allée, puis une autre, ainsi qu'une reine et son écuyer.[120] » La jeune personne s'aperçoit de la présence de Marc, elle remarque que ce garçon la suit, mais son regard reste distant. Heureusement, ce jour là – c'est dimanche – il s'est bien habillé et a de l'allure : « […] ; chapeau mou, gants de cuir, souliers étincelants, manteau demi-saison.

---

[117] Marc Bernard, *Salut, camarades*, op. cit., p.' 41.

[118] *Ibid.*, p. 40.

[119] *Ibid.*, p. 42.

[120] *Ibid.*, p. 42.

Plus la nostalgie, la tristesse douce qui faisaient tout à coup de moi un être délicat, aussi fragile que si j'eusse été de cristal.[121] »...

Sa promenade terminée, la jeune fille quitte le jardin pour regagner son domicile. Marc la suit toujours et, stupéfaction, il la voit entrer dans l'une des plus belles maisons du quai de la Fontaine : « Je vis la porte de chêne, au fermoir brillant, se refermer, et je demeurai à contempler la façade de pierre de taille, les fenêtres scintillantes, tous les signes de la richesse qui se dressaient ainsi qu'une barricade immense, infranchissable.[122] » Cette fille appartient en effet à la Haute Société Protestante, ses parents ont une dizaine de domestiques à leur service. Lui, le jeune ouvrier, regagne sa chambre située dans le grenier de la modeste habitation de sa cousine chez qui il vit.

Marc ne désarme pas. Le soir, il vient devant la belle demeure et il envoie sur le balcon poèmes – il est déjà un peu poète – et bouquets de roses. Un bouquet de roses lui coûte cinq heures de travail à l'usine ; peu importe, il est prêt à tous les sacrifices. Un soir, il leste son bouquet d'un caillou car un violent mistral rabat les fleurs vers le sol : le bouquet parvient sur le balcon mais le caillou casse une vitre. Un autre soir, les domestiques le mettent en fuite. La romance tourne à la parodie de Roméo et Juliette, jusqu'au jour où le père de la jeune fille, irrité par le comportement du jeune ouvrier, éloigne sa fille de Nîmes. Cet amour teinté de romantisme semble s'arrêter là, dans une grande déception… Pas tout à fait puisqu'il devient, en 1928, le sujet du premier roman de Marc Bernard : *Zig-Zag*.

Dans ce roman, un premier épisode décrit la naissance et l'enfance de celui qui en sera le héros. Cette naissance se produit dans un climat de conte : un soir de Noël, un mystérieux messager rend visite à une femme qui vit pauvrement avec ses deux enfants. Ce messager apporte un colis recommandé qui s'avère être un œuf de grande taille. De cet œuf sort un enfant qui va se nommer Sostène-Marie-Ladislas. Ce personnage fictif est en réalité Marc Bernard à sa naissance, la pauvre femme, sa mère et les deux enfants, sa sœur et son frère. Le lecteur ne doit pas perdre de vue le caractère autobiographique de ce récit auquel la tonalité peut donner une nature totalement imaginaire.

[121] *Ibid.*, p. 42.
[122] *Ibid.*, p. 43.

L'enfance de Sostène est rapidement évoquée : il déteste aller à l'école, il est turbulent, casse-cou. A treize ans, il va travailler à l'usine. Ses révoltes démontrent déjà qu'il n'est pas dépourvu de caractère. Nous le suivons, jeune ouvrier, jusqu'à sa dix-septième année, moment où survient le coup de foudre relaté plus haut : « Sostène en compagnie de deux amis se promenait dans un jardin public qui est l'un des endroits les plus beaux du monde [le jardin de la Fontaine à Nîmes], il se promenait les mains dans les poches de son costume du dimanche, paisible, insoucieux, tout à la joie de vivre cette journée ensoleillée.[123] » Apparaît alors une jeune fille dont il va tomber amoureux : « Voici le destin au fond de l'allée qui vient lentement à sa rencontre sous la forme d'une jeune fille. [...] Cette jeune fille de dix-sept ans qu'il n'a jamais vue, comment se fait-il qu'il la reconnaisse et se sente projeté vers elle par une force irrésistible ?[124] » La prédestination amoureuse est un thème surréaliste. Surréelle est aussi la joie que démontre Sostène à la suite de cette rencontre : « Sostène détend les jarrets et d'un bond s'élance au sommet d'un platane, il court dans les branches, chante à tue-tête devant les oiseaux amusés, se laisse glisser le long du tronc, bondit encore vers de plus hautes cimes et de là-haut, bien d'aplomb, emportant entre ses bras réunis au-dessus de sa tête un triangle de lumière, il plonge dans la molle chevelure de la rivière, joue avec les poissons, se mesure de vitesse avec eux, fait voler des gerbes d'écume, insensible au froid, à la fatigue, à la mort.[125] » Sostène devine même, par intuition, le prénom de la fille : Yvonne.

Mais, précise Marc Bernard : « Un grave obstacle s'élevait entre le jeune Ladislas et sa bien-aimée, une montagne d'or si pesante qu'il avait le vertige en y songeant. » Et il poursuit : « Pour parer au danger il [Sostène] devint partisan de la confiscation des fortunes. Il parla dans des meetings s'élevant avec violence contre l'accaparement des richesses. Les orateurs bourgeois le virent surgir devant eux telle une hydre à l'heure de la contradiction. Il martelait la tribune de son poing, renversait le verre d'eau sucrée comme un symbole, écorchait la syntaxe, dédaignait les plus élémentaires règles discursives, lisait et rédigeait après son travail des brochures incendiaires, bâtissait des plans de société parfaite d'où l'argent était ostracisé, s'occupait de syndicalisme et de franc-maçonnerie.[126] » Sostène, le révolté, va donc chercher la voie

---

[123] Marc Bernard, *Zig-Zag*, Paris, Gallimard, 1929, p. 21.
[124] *Ibid.*, pp. 23-24.
[125] *Ibid.*, p. 26.
[126] *Ibid.*, p. 28.

de son engagement : il se rapproche des socialistes mais les trouve insuffisamment révolutionnaires, il côtoie alors les milieux anarchistes mais trouve leurs discussions vétilleuses. Cet aspect de Sostène correspond à la période des années 1920 où Marc Bernard suit, avec hésitations et désillusions, un parcours militant.

Sostène va éprouver une double déception : celle d'un amour malheureux et celle d'un engagement idéologique insatisfait. Il en vient donc à cette conclusion : « Je vois que la politique ne me mènera pas au but. D'ailleurs je n'aurais jamais le temps d'imposer la confiscation avant qu'il ne soit trop tard. L'heure de l'action est passée. Place au rêve ! Il devint poète […].[127] » Sostène choisit donc le rêve, c'est-à-dire la poésie (l'écriture) et la passion amoureuse (Yvonne). C'est là le choix de Marc Bernard. Mais le rêve signifie, pour l'instant, conquérir la jeune fille. Il n'a donc de cesse d'y arriver, avec des moments d'espoir et des périodes de découragement, jusqu'au jour où Yvonne quitte Nîmes. Sostène en est moralement abattu. Ce désarroi l'amène à la fréquentation de mauvais garçons avec lesquels il se livre à toutes sortes d'excès. Prenant peu à peu conscience de cette déchéance, il part à Lyon, sur un coup de tête, pour essayer de sortir de ce mauvais chemin à la faveur d'un nouvel environnement. L'expérience lyonnaise n'est pas plus convaincante : temps maussade et humide, travail à l'usine, solitude, existence morne et sans éclaircie. Au découragement s'associe l'idée de la mort : Sostène pense au suicide. C'est alors qu'une voix intérieure vient dialoguer avec lui. Et il comprend peu à peu que la vraie vie n'est pas celle qui a fait son quotidien, celle que tant d'hommes acceptent dans une attitude conformiste. Non, pense Sostène : « Nous devons considérer la vie comme une aventure merveilleuse. […], une aventure merveilleuse dans un monde inconnu et par cela même merveilleux. Le merveilleux ! C'est-à-dire le mystère, l'inexplicable, le non-sens apparent, la fantaisie la plus folle mêlée aux lois les plus pesantes, est logé en nous, […].[128] » Sostène cherche à percer ce mystère, il cherche « le sens de sa place sur terre », il cherche « une route droite ou tordue, peu importe, mais qui mène quelque part[129] ». C'est bien là l'esprit du jeune Marc Bernard, au moment où il écrit ce roman.

---

[127] *Ibid.*, p. 34.
[128] *Ibid.*, pp. 82-83.
[129] *Ibid.*, p. 84.

Pour essayer de comprendre, il va dialoguer avec le Doute, c'est-à-dire avec lui-même. Il réfléchit sur son existence, sur les années passées, il fait un bilan de sa vie. Bien sûr, il pourrait continuer à « [...] Marcher avec la foule, s'ensevelir dans son ventre tiède, se laisser emporter par le chant de révolte qui l'anime, enfermer en soi tout l'espoir des autres et y joindre le sien, ne voir que l'objectif immédiat, Révolution, [...].[130] » Non, Sostène (Marc) veut une autre vie, une vie où il trouve la volonté de réaliser ses rêves. « Vivre ! Vivre ! Avoir la joie et l'orgueil de vivre, d'être une matière pensante, avoir l'orgueil de ses désirs et tout mettre en œuvre pour les réaliser, se réjouir de rencontrer des obstacles pour essayer sur eux sa force en s'efforçant de les briser, [...].[131] » Pour cela il doit devenir un autre, quitter l'être qu'il a été jusqu'à présent, dont le chemin n'a fait que zigzaguer, sans atteindre un but. Sostène doit renaître. Il va donc vivre une suite d'épreuves qui formeront un parcours initiatique au bout duquel un nouveau départ sera peut-être possible.

Il va tout d'abord rencontrer un personnage mystérieux : au cours de la discussion qu'il engage avec cet inconnu, il s'aperçoit que l'histoire de cet homme n'est autre que la sienne, qu'ils ont vécu tous les deux les mêmes événements, connu les mêmes états d'âme, ressenti les mêmes émotions. Cet inconnu, c'est son double, celui qui incarne sa propre vie, cette vie qu'il veut définitivement quitter. L'inconnu (son double) lui explique comment il est venu au monde :

« Vous souvenez-vous de cette nuit à Lyon [séjour de Marc Bernard dans cette ville] où vous vous êtes penché sur l'eau du miroir pour vous regarder vivre ? Vous avez voulu si intensément sortir de vous-même, ce soir-là, que votre vœu s'est réalisé et que vous m'avez lâché par le monde – moi qui ne guettais qu'une occasion favorable pour poser mes pieds sur la terre –, en emportant une part de vos souvenirs, la moitié de vos rêves. Depuis, bien que la distance nous ait séparés, un lien invisible nous unissait l'un et l'autre et, ainsi que dans deux vases communicants l'eau ne se perd pas mais passe de l'un des récipients dans l'autre pour demeurer horizontale, toute déperdition de force chez vous se traduisait par une augmentation des miennes, nous avons ainsi lutté à distance pendant des années mais cette nuit la poésie à qui vous avez demandé du secours est accourue à votre appel et elle vous a permis de vaincre, de faire passer le rêve dans la réalité, d'accoupler, d'unir, de fondre en un

---

[130] *Ibid.*, p. 92.
[131] *Ibid.*, p. 93.

même bloc le rêve et l'action, de détruire la barrière qui sépare le monde intérieur du monde extérieur, de rendre visible des états d'âme ». Et il poursuit : « Avec moi disparaîtront vos faiblesses, vos détresses d'âme et de corps, vous ne vous allongerez plus en plein jour sur un lit pour vous éviter la fastidieuse obligation de vivre toutes les minutes qui passent, vous ne remuerez plus l'eau corrompue du passé, vous marcherez enfin droit sur vos jambes et vous pourrez lutter victorieusement, si cela vous plaît, contre les forts gaillards qui étalent leurs larges épaules devant les tables de café, à force de santé et de joie.[132]

Le double tient toutefois à préciser : « Oh ! je ne vous prédis pas de glorieuses aventures, le domaine où vous vous complaisez est trop spécial pour vous donner quelque autorité sur les autres hommes, mais en revanche il est vôtre, vous l'avez créé de vos mains [...]. [...] peu d'hommes pourront se flatter d'avoir créé le monde à leur image comme vous.[133] » En effet, comme le lui prédit son double, Marc Bernard s'affirmera dans le domaine de l'esprit, plus précisément de l'écriture : ce n'est pas une situation de pouvoir, mais comme tous les écrivains, comme tous les artistes, il créera un monde qui lui sera propre.

Sostène fait alors disparaître ce double par la seule force de sa volonté et « se jette résolument dans le vide »... Autrement dit, il rompt définitivement avec son passé. Et il poursuit son initiation à sa vie future par un parcours jalonné d'épreuves qui vont lui permettre de mesurer ses forces physique, morale et psychique, forces dont il a besoin pour un nouveau départ. « Il ne cherche, écrit Marc Bernard dans ce roman, qu'à mettre l'étendue de sa puissance à l'épreuve. » Ces épreuves sont difficiles à vaincre ou à supporter (leur récit a une force et une beauté d'évocation saisissantes, en particulier lorsqu'il pénètre dans la cité des Suicidés), mais Sostène parvient à les surmonter. À l'issue de ce parcours, éprouvé par ce qu'il vient de vivre, il pénètre « [...] dans un étroit chemin de campagne, serré entre deux murs de pierres sèches, grossièrement posées les unes sur les autres. Des herbes poussaient librement entre les rocs qui affleuraient de terre, des cyprès et des pins escaladaient le ciel rose, une paix majestueuse s'exhalait de ces collines recouvertes d'une maigre toison de chênes verts, le vent caressait avec nonchalance la cime effilée des arbres qui s'inclinaient avec grâce. En se voyant au sein de cette nature amie, Sostène respira librement, ses

---

[132] *Ibid.*, pp. 150-152.
[133] *Ibid.*, p. 152.

poumons s'emplirent avec délice de cet air vivifiant[134] ». Ce paysage rappelle celui de la garrigue nîmoise, lieu de la première enfance de Sostène (Marc). Celui-ci y trouve donc le charme d'un « Paradis » perdu. Un groupe de colombes viennent alors à lui. L'une d'elle, qui se pose sur sa main lui dit de les suivre, elles le conduiront vers une personne qui lui est chère. Les colombes amènent Sostène jusqu'à une jeune femme qu'il reconnaît : c'est celle dont il était tombé amoureux à l'âge de dix-sept ans, Yvonne. Sostène ressent alors « une tempête de bonheur ».

Une immense émotion secoue la jeune femme, de nombreux souvenirs de cet amour de jeunesse surgissent en elle, une ivresse, même un délire la gagne, « [...] elle comprend qu'il lui sera désormais impossible de reprendre sa vie calme, ordonnée, familiale[135] », une vie confortable, certes, mais sans relief. « Qu'avez-vous fait depuis mon départ ? lui demande Sostène. Vous avez ajouté des jours aux jours, des années aux années. À quoi cela vous a-t-il avancée ? Vous vous êtes contentée de durer et cela n'est pas suffisant, j'en ai acquis la certitude.[136] » En ce qui le concerne, ces années passées lui apparaissent « chargées d'événements », « pleines d'imprévu », « fantasques et incohérentes ». « J'ignorais, dit-il, le but vers lequel je me dirigeais – [...] une foule d'obstacles l'avaient jusqu'à ce jour dissimulé à mes yeux et cette part de mystère fut peut-être le motif le plus puissant pour m'attacher à la vie. Marcher les yeux bandés, en zigzaguant, n'est-ce pas une aventure passionnante ? À mesure que j'avançais vers ma fin je découvrais mille routes, qui toutes, selon l'heure et mon humeur versatile, me paraissaient également dignes qu'on les explore.[137] » Une vie « zigzagante », mais dans laquelle « un homme animé par un tempérament enthousiaste se suffit à lui-même[138] ». Comment ne pas reconnaître Marc Bernard dans le personnage de Sostène ?

Reprochant alors à Yvonne son existence bourgeoise, d'un conformisme monotone, Sostène déclare gravement : « Il y a quelque chose d'infiniment plus précieux que la durée. [...] La flamme dévoratrice, la victoire de l'amour sur la mort.[139] »

---

[134] *Ibid.*, pp. 221-222.
[135] *Ibid.*, p. 229.
[136] *Ibid.*, p. 230.
[137] *Ibid.*, p. 234.
[138] *Ibid.*, p. 239.
[139] *Ibid.*, p, 230.

Sostène et Yvonne vont alors s'unir dans un délire mystique qui les conduit, dans un sacrifice purificateur par le feu, vers des espaces célestes :

« [...] Sostène s'élance sous les pins pour en ramener des brassées d'aiguilles sèches qu'il enflamme.

Le brasier crépite, une épaisse fumée qui porte tous les parfums de la forêt dans sa blancheur laiteuse, s'élève toute droite [...].

Sostène prend Yvonne par la main et tous deux pénètrent au cœur saignant des flammes.

Quelques instants plus tard, un nuage de cendre grise tournoya dans l'air. Ainsi qu'une troupe d'hirondelles qui émigrent, il plana un moment, indécis, puis, ayant trouvé sa route, il s'élança vers le soleil couchant.[140] »

Cette fusion de Sostène dans l'univers, cette élévation de l'esprit, accomplies avec Yvonne, n'ont été possible que par l'amour idéal que celle-ci a suscité en lui. C'est cette idée de salut par la femme, d'ailleurs chère aux surréalistes, qui permet à Sostène, c'est-à-dire à Marc Bernard, de se réconcilier avec le monde et avec lui-même pour amorcer une renaissance.

À ce sujet, rappelons-nous le voyage dans l'au-delà, du grand poète italien Dante Alighieri, dans son œuvre, *La Divine Comédie*, qui a passionné Marc Bernard. Dante, après avoir parcouru l'Enfer et le Purgatoire, c'est-à-dire avoir fait l'expérience de la vie (Sostène fait aussi l'expérience de la vie), doit, pour pénétrer dans le Paradis et y retrouver sa « Béatrice », se purifier en traversant une muraille de feu. Cette élévation spirituelle se réalise sous l'intercession de la femme aimée (Béatrice) et de l'amour absolu, et elle n'est pas, pour Dante, un aboutissement ultime mais un point de départ. Il en est de même pour Sostène (Marc Bernard) dont la purification par le feu et l'ascension de l'âme, qui « trouve sa route », marquent un nouveau départ.

D'ailleurs, Marc Bernard dira plus tard que cette jeune fille, Yvonne, a été toute sa vie sa « Béatrice ». Il y a en effet une analogie entre Yvonne et la Béatrice de la *Divine Comédie* : une jeune personne au port aristocratique, rencontrée dans la jeunesse, qui déclenche un

---

[140] *Ibid.*, pp. 242-243.

amour passion, mais un amour qui demeure platonique, la sublimation de cet amour qui devient sujet littéraire, la beauté physique et spirituelle de la femme qui élève l'homme à une existence plus noble. Ce récit d'une exaltation de la vie, celle de Marc Bernard vers l'âge de vingt-huit ans, donne à ce premier roman, *Zig-Zag*, toute son importance. Cette œuvre nous charme aussi par sa fantaisie, sa poésie, son humour et ses nombreuses images surréalistes.

Chapitre 3
L' ENVOL

1
RENCONTRE DE DEUX NÎMOIS

Au début de l'été 1928, le manuscrit de ce roman, *Zig-Zag*, est terminé. Il pourrait former un livre de plus de deux cents pages, constate Marc Bernard. Le peu d'argent qu'il avait économisé, pour ne pas travailler et écrire ce livre, est parvenu lui aussi à son terme... De plus, la patronne de l'hôtel a découvert que Marie nourrissait ce locataire des restes de ses repas. Elle le prend plutôt mal et ordonne à la bonne de mettre fin à ce manège. Le Nîmois ne peut donc faire autrement que de reprendre le chemin de l'usine... Mais que va-t-il faire de son manuscrit ? Il est lui-même «épaté» «[...], par cet amoncellement de feuilles couvertes d'une écriture droite, serrée, et de pas mal de fautes d'orthographe, syntaxe et autres broutilles, [...][141] »

Marc Bernard qui a retrouvé du travail, ce qui occupe sa journée, charge «un copain sûr» – il s'agit de René Rouveret, un ami nîmois[142] – d'apporter le manuscrit à la *Nouvelle Revue Française*, c'est-à-dire chez Gallimard. Huit jours plus tard, il reçoit un courrier d'un autre Nîmois, Jean Paulhan, directeur de cette *N.R.F.* et personnage influent des Lettres françaises. Il lit dans ce courrier : «J'ai lu votre manuscrit. Considérez à ce jour cette maison [la *N.R.F.*] comme la vôtre.[143] », avec la date d'un rendez-vous.

Comme Marc Bernard, Jean Paulhan est né à Nîmes, mais seize ans plus tôt, en 1884. Fils du philosophe Frédéric Paulhan, il fait des études de lettres et de philosophie à Paris où ses parents sont venus s'installer en 1896. À l'issue de ces études, il est nommé, en 1907, professeur de Lettres au Collège Européen de Tananarive. À son retour à Paris,

---

[141] Marc Bernard, *À Hauteur d'homme*, op. cit., pp. 23-24.
[142] René Rouveret : cet ami de Marc Bernard fut élève de l'école des Beaux-Arts de Nîmes. Il fut graveur de marines et illustrateur de livres. Il illustra, entre autres, *Jacques Cartier navigateur* d'Édouard Peisson et *Le vieux port de Marseille* de Blaise Cendrars. Son livre *Si les fleuves parlaient* a été publié chez Gallimard en 1959.
[143] Roger Grenier, *Instantanés*, Paris, Gallimard, 2007, p. 22.

en 1911, on le trouve professeur de malgache à l'École des Langues orientales. Dès cette époque commence sa réflexion sur les rapports entre le langage et l'esprit. En 1920, à la demande de Jacques Rivière, directeur de la *Nouvelle Revue Française*, il devient secrétaire de cette revue. À la mort de celui-ci (février 1925), il en devient rédacteur en chef, puis en prend la direction. Depuis 1922, Jean Paulhan faisait partie du Comité de lecture de la maison d'édition Gallimard et dirigeait des collections. Avec la direction de la *N.R.F.*, Paulhan va devenir rapidement l'acteur dominant des Éditions Gallimard et se placer au centre de la vie littéraire et intellectuelle française. Outre ses activités soutenues dans l'édition (livres et revues), il poursuivra toute sa vie des recherches sur le langage comme projection de l'esprit. Le langage révèle une part de la pensée, il permet donc d'étudier la pensée. Il s'interrogera sans cesse sur le sens, la fonction et l'usage de la langue, sur les rapports entre la chose, l'idée et le mot. Ainsi, remarque-t-il, « il n'est pas de mot qui ne désigne à notre gré une chose, l'idée que nous en avons, le mot qui la désigne. Comme si le langage venait d'un pays magique où la chose, la pensée, le mot ne fissent qu'un[144] ». Le langage et la littérature sont, pour Jean Paulhan, du domaine du sacré. On peut même dire que ce domaine est sa religion.

C'est donc ce Nîmois, collaborateur influent de Gaston Gallimard et personnage central des Lettres françaises, qui a lu le premier roman de Marc Bernard et qui a donné rendez-vous à celui-ci. Au jour de cette rencontre, à la sortie de l'usine, « rasé de frais », Marc Bernard se rend à la *N.R.F.*, rue de Grenelle. On l'introduit dans le bureau de Jean Paulhan. « Un long, large garçon dansant vint vers moi. Je n'arrivais pas à le fixer : il était ici, puis là-bas ; assis, debout, virevoltant ; fort attentif et soudain distrait ; me lâchant, revenant, faisant le tour de ma «personne», me mesurant de l'œil, avec un petit air de se dire : « Tiens ! tiens ! c'est cela !» Repartant sur nouveaux frais pour me cribler de questions où les pertinentes alternaient avec les saugrenues – du moins me paraissaient-elles telles.[145] » En effet, selon son habitude, qui est souvent un jeu, le directeur de la *N.R.F.* questionne Marc Bernard de façon inattendue, déconcertante si ce n'est provocante. Mais s'il aime surprendre son interlocuteur, c'est aussi par souci d'en éveiller la conscience. Il parle d'une voix flûtée, il a tantôt un regard étonné, tantôt un sourire énigmatique, parfois une lueur ironique. Il se déplace

---

[144] Frédéric Badré, *Paulhan le juste*, Paris, Grasset, 1996, p. 302.
[145] Marc Bernard, *À Hauteur d'homme*, op. cit., p. 25.

avec des gestes et des jeux de jambes qui font penser aux évolutions gracieuses d'une danseuse. Il s'approche du jeune écrivain sur la pointe des pieds, pivote sur lui-même et repart de façon aussi légère. Il s'exprime en jonglant avec les mots, les paradoxes, les subtilités de l'esprit, parfois avec des silences interrogateurs. Il est sérieux au moment où il plaisante et inversement. Il bouscule les jugements les plus évidents. Marc Bernard trouve le personnage singulier et surtout difficile à saisir.

Paulhan semble prendre de l'intérêt aux réponses du jeune Nîmois et puis, à brûle-pourpoint, lui demande : « Permettez-vous que je vous présente Gide ? » (et non « à Gide », car Paulhan est toujours malicieux). « Oui, je vous le permets » répond Marc Bernard avec son sens de l'humour.[146] Comment un jeune écrivain ne le permettrait-il pas ? Alors, racontera Marc Bernard après cette rencontre avec Gide, « [...], un vieux monsieur s'avança sous la coupole étincelante de son crâne. Il me jaugea avec l'œil du tailleur qui suppute s'il aura assez de la pièce entamée. Et, derechef, nouvel interrogatoire [...]. [Il] examinait ; les yeux brûlants et noirs derrière le verre. Sa voix montait parfois dans l'aigu entre les dents serrées – je me demandais où était la fin du registre – ou devenait caverneuse et lente.[147] »

Gide paraît intéressé par ce jeune ouvrier qui écrit. Il lui pose de nombreuses questions sur son parcours, jusqu'à l'écriture de ce premier roman. Il lui demande aussi :

- Avez-vous lu mes livres ?
- Tous, répond Marc Bernard avec fierté. Ce qui est la vérité.
- Et dans votre usine, combien d'ouvriers ont lu mes livres ?
  s'enquiert Gide.
- Aucun, répond Marc Bernard, avec cette franchise qui lui est
  coutumière…

À la fin de cet « examen de passage »,
- Revenez me voir , lui dit Paulhan.

Jean Paulhan apprécie chez l'écrivain la modestie, la passion d'écrire sans arrière-pensée de succès, de gloire, de profit. Bien sûr, le succès peut

---

[146] Scène rapportée par Roger Grenier dans *Instantanés*, op. cit. , p. 23.
[147] Mar Bernard, *Á Hauteur d'homme*, op. cit., pp. 26-27.

venir, mais ce ne doit pas être la seule motivation de celui qui commence à écrire. L'écriture doit être une vocation : il s'assure donc toujours de l'authenticité d'un écrivain. Aussi démontre-t-il beaucoup de sollicitude à ceux qui, en dépit de difficultés matérielles, persévèrent dans leur vocation. Mais il faut que la volonté d'écrire s'accompagne d'un certain talent, car Paulhan ne porte pas d'intérêt aux écrivains qu'il juge médiocres. Quant au fond, il a un penchant pour les écrivains qui, à partir des choses les plus simples, expriment l'essentiel, l'universel, pour ceux dont la magie transfigure les plus humbles aspects de la vie. Pour toutes ces raisons, on comprend que « l'éminence grise de la littérature française » ait pris en considération ce jeune auteur, Marc Bernard.

Celui-ci revient donc rue de Grenelle et poursuit sa discussion avec Paulhan. « Paulhan m'apprivoisait peu à peu[148] » dira-t-il. Et il est impressionné par l'acuité et la subtilité d'esprit, ainsi que par l'indépendance de Paulhan. Le directeur de la *N.R.F.* exerce en effet, sur ses interlocuteurs, une grande séduction spirituelle. D'autre part, Marc Bernard va rencontrer, dans son bureau, les grandes plumes de la Maison Gallimard : Valéry, Alain, Supervielle, Arland, Michaux, Malraux…l'ouvrier se plaît dans cette coterie littéraire.

Lorsque Paulhan découvre un écrivain, il ne ménage pas ses efforts. Il le suit pas à pas, le conseille, en perfectionne la langue. C'est ce qu'il fait avec Marc Bernard : « Il me semblait que sa main glissait doucement sur la page comme une main de bon sculpteur sur la pierre et qu'aucune imperfection ne lui échappait[149] » Si Paulhan porte de l'intérêt au jeune Nîmois, ce dernier ressent rapidement une grande admiration pour son aîné. Ainsi les deux hommes s'attachent l'un à l'autre jusqu'à entretenir une amitié profonde qui ne se déliera jamais. Dans un article du 22 décembre 1941, paru dans *Le Petit Méridional*, Marc Bernard exprime un sentiment de gratitude envers Jean Paulhan : « Paulhan est un des directeurs de la jeune génération littéraire. Depuis plus de quinze ans, il conseille, guide, inspire à peu près tout ce que la France compte de jeunes écrivains de talent.[150] »

Nous avons vu que le texte surréaliste *Insomnie* avait été publié, dans la revue *Les Cahiers du Sud*, pendant l'été 1928.

---

[148] *Ibid.*, p. 27.
[149] *Ibid.*, p. 29.
[150] Laurence Brisset, *La NRF de Paulhan*, Paris, Gallimard, 2003,

S'agissant de *Zig-Zag*, un extrait sera tout d'abord publié dans la *Nouvelle Revue Française*, mais seulement en août 1929. En effet, la *N.R.F.* est en général le préambule de la publication d'un livre chez Gallimard. Ce roman sera publié peu de temps après, en octobre 1929, dans la collection blanche. L'attente est souvent longue, pour un jeune écrivain. Avant la parution du roman, qui lui apportera peut-être quelques droits d'auteur, Marc Bernard doit encore rechercher des petits boulots à Belleville ou, pourquoi pas à Nîmes, où il vient faire les vendanges :

« […], je faisais les vendanges ; non pas les virgiliennes, pampre sur la tête, au son du flutiau, mais les modernes, sac de jute sur la nuque, portant les cornues, grimpant à l'échelle qui menait au haut de la pastière où je faisais tomber ma charge de raisins blancs ou noirs.

L'équipe de coupeurs, conduite par la famille du bayle, arrachait grappes et feuilles à pleines mains, comme on trait, et zou ! dans les seaux. Je n'avais que le temps d'aller bon train jusqu'à la charrette pour m'alléger de mes cinquante kilos d'aramon.

Le matin, cela allait encore, mais, à mesure que l'après-midi avançait, l'échelle prenait les proportions de celle de Jacob ; je n'en atteignais jamais le bout. Mollets noueux, jambes tremblantes, le souffle court, je chancelais sur les barreaux comme un canari, mais sans chanter. Et, de temps à autre, j'allais tordre ma chemise sous un olivier[151] »

Il lui fallait donc mouiller encore un peu sa chemise, avant d'entrer réellement dans les sphères de la littérature.

Dans cette attente, Jean Paulhan va toutefois aider Marc Bernard à trouver quelques ressources financières, pour vivre, en le mettant en contact avec des personnes pouvant lui offrir une activité rémunérée (collaboration à des journaux et revues, correction d'épreuves d'imprimerie, ou encore un poste d'enseignant de français ou d'histoire dans un établissement scolaire...) ou avec des mécènes qui offrent des aides financières aux jeunes écrivains...

---

[151] Marc Bernard, *Salut, camarades*, op. cit., pp. 211-212.

2
LA PLUME POUR SE BATTRE

En 1917, Henri Barbusse reçut le prix Goncourt pour son roman *Le Feu*, qui fit sensation pour sa peinture réaliste de la Guerre de 14-18. Cette guerre était en train de briser toute une génération, dans son corps mais peut-être plus encore dans son âme. Les jeunes hommes qui survécurent à ce conflit eurent alors un espoir : la construction d'un monde nouveau fait de paix et de fraternité, mais aussi de justice sociale. Barbusse, comme d'autres, porta alors son espoir sur la révolution russe qui pouvait marquer l'avènement d'une ère nouvelle qui apporterait cette paix et une société plus juste. Il soutint donc cette révolution avec exaltation. Mais tout en adhérant, en 1923, au Parti Communiste, il voulut conserver sa liberté de pensée et d'action. Il rejetait le fait d'être assujetti à un parti, quel qu'il fût. Sa volonté était de préserver sa conscience, son intégrité intellectuelle, son sens critique. Il aurait donc à faire face aux attaques de l'orthodoxie communiste. Mais la célébrité qu'il avait acquise à la suite de son roman sur la Grande Guerre, la figure emblématique qu'il devenait pour de nombreux combattants, la dimension internationale qu'il endossait peu à peu par son pacifisme et son humanisme, faisaient de lui un acteur indispensable du paysage politique et social, que ses détracteurs ne pouvaient écarter. Il faudrait compter avec ce « vieil emmerdeur » comme le qualifie André Breton en 1926, alors que celui-ci allait rejoindre le Parti Communiste avec d'autres membres du groupe surréaliste.

Ainsi apparaît Henri Barbusse en 1926 : un homme d'une autorité morale reconnue, toujours dans l'action pour préserver la paix, pour donner aux plus humbles une dignité, pour faciliter l'émancipation culturelle des classes laborieuses, pour rassembler toutes les forces progressistes, pour inciter à la vigilance face à la montée des dictatures en Italie et en Allemagne. Son désir est aussi de provoquer l'éclosion d'un art prolétarien, en particulier en littérature.

En avril 1926, Barbusse devient directeur littéraire du journal *L'Humanité*. Il est décidé à faire connaître les jeunes écrivains d'humble origine. Pour cela il va ouvrir les pages littéraires de ce journal aux jeunes talents issus des milieux les moins favorisés. Il se propose d'aider ces jeunes à s'affirmer dans l'art d'écrire afin que naisse une littérature vraiment ouverte sur la vie, susceptible de s'imposer sur la littérature bourgeoise du moment. C'est à cette époque-là, nous l'avons vu, que Marc Bernard envoie à Barbusse ses deux nouvelles, *Bandiera rossa* et *Chômeurs*, qui sont peu après publiées dans *L'Humanité*. Barbusse a donc remarqué l'ouvrier Marc Bernard et, dans sa démarche d'éclosion d'une littérature prolétarienne, il pense que ce jeune écrivain mérite une attention particulière.

En 1927, Barbusse publie un livre : *Jésus*. Ce livre suscite bien des réactions. Ce « Jésus » est en effet un être en révolte contre sa société, qui exhorte l'homme à s'émanciper, à s'affranchir de tout asservissement, un homme qui se dresse contre les puissants et les riches, qui prêche l'égalité, mais aussi qui incite l'homme à prendre sa destinée en main, à se tourner vers l'avenir. *Jésus* séduit Marc Bernard. Et peut-être plus encore, ce message optimiste de foi en soi, de maîtrise de la destinée, de vie choisie et réalisée (« Croyez pleinement à vous-même », « Il n'y a d'espérance que pour ceux qui vivent », « Tout ce que vous demandez, si vous y croyez, sera accompli »…) touche Marc Bernard. Celui-ci envoie donc une lettre vibrante d'enthousiasme à Barbusse.

Dans cette période, Barbusse pense à la création d'un grand organe de presse. Une revue qui rassemblerait toutes les sensibilités de gauche, qui rapprocherait les intellectuels du prolétariat, qui créerait les conditions d'une renaissance de la littérature et de l'art populaires. Il avait déjà créé un journal, en 1919, dont le titre était *Clarté*, mais il en avait abandonné la direction car le ton en était devenu, sur le plan idéologique et du fait des collaborateurs, excessif, imprécatoire. En effet, bien qu'ayant soutenu Lénine et la révolution russe, Barbusse ne conçoit l'engagement d'un intellectuel qu'à la condition d'une totale indépendance d'esprit à l'égard de tout système de pensée, de tout dogmatisme. Il veut donc que cette nouvelle revue soit indépendante de tout parti, donc du Parti Communiste. Mais elle ne sera pas moins située à gauche et elle devra servir de voix au Comité antifasciste qu'il envisage de créer.

Cette revue prend le nom de *Monde*. Elle s'annonce comme impartiale, juste, sérieuse dans ses sources d'information, indiscutable dans sa documentation, autorisée dans ses critiques, mais non dénuée de combativité. Le premier numéro paraît le 9 juin 1928.

Le comité de *Monde*, qui veille à son orientation, comprend une élite d'hommes libres : Albert Einstein, Maxime Gorki, le polémiste américain Upton Sinclair, le philosophe espagnol Miguel de Unamuno (l'un des inspirateurs de la République espagnole)... On trouve, parmi les collaborateurs, des personnalités du milieu culturel : le philosophe Emmanuel Berl, Louis Jouvet et Charles Vildrac pour le théâtre, Darius Milhaud et Arthur Honegger pour la musique, André Lurçat pour l'architecture, les cinéastes Sergheï Eisenstein, Abel Gance et Louis Delluc, Elie Faure pour les arts, Marie Curie pour les sciences, des écrivains talentueux (Ramuz, John Dos Passos, Heinrich Mann...).

Barbusse confie le poste de rédacteur en chef à Augustin Habaru, ancien rédacteur du quotidien communiste belge *Le Drapeau rouge* mais communiste qui s'est éloigné de la ligne dirigeante du parti. C'est un homme d'une grande rigueur morale et un excellent journaliste. Sur le souhait de Barbusse, il embauche Marc Bernard, tout d'abord comme secrétaire de rédaction. Celui-ci accepte mais avec l'intention de ne pas se contenter de cette simple fonction...

En effet, même si la déviation stalinienne de la révolution russe l'a moralement affecté, Marc Bernard reste un révolté qui veut défendre sa classe sociale. Mais comment se battre en dehors de l'engagement politique ? Il y a le combat par la plume et précisément, cette revue, *Monde*, s'il en devenait un collaborateur actif, pourrait lui offrir une tribune où exprimer sa révolte. Et à ce sujet il est entièrement en accord avec la volonté de Barbusse : «Notre action critique sera rude, parce que nette et réaliste, parce que nous projetterons sur les œuvres de l'esprit la même clarté directe que celle qui va déterrer les figures des martyrs et des exploités, ou détacher aux yeux du public les rouages des grandes machinations économiques ou politiques.[152]»

Le rédacteur en chef de *Monde*, Augustin Habaru, offre à Marc Bernard son premier essai de critique dans la rubrique «Les livres» de cette revue, à la date du 7 juillet 1928. Il y fait la critique d'un livre d'Henri Drouin, *Service de jour*. C'est la critique d'un journaliste débutant, c'est-à-dire un peu maladroite.

Dans *Monde* du 21 juillet 1928, il présente trois critiques de livres, dont *La Beauté sur la terre* de Charles Ferdinand Ramuz. Marc Bernard

[152] Revue *Monde*, du 9 juin 1928.

apprécie le style de l'écrivain suisse, un style riche, vivant, réaliste, qui restitue avec charme le parler populaire et qui, de ce fait, bouscule les règles traditionnelles de la langue. Il est sensible au climat poétique de la vie simple de ce petit peuple vaudois, mais il fait un reproche à Ramuz, celui de ne rien mettre dans la tête de ses humbles personnages : « Rarement il prend la peine de soulever leurs boîtes crâniennes pour nous montrer la gravitation des pensées, aussi, malgré la sympathie que nous avons pour ces gens simples, nous demeurent-ils un peu étrangers.[153] » La sensibilité prolétarienne de Marc Bernard reste toujours en éveil...

En 1928, les Éditions Gallimard publient un pamphlet de Louis Aragon : *Traité du Style*. Dans une prose étourdissante, pleine de démesure et d'outrances, Aragon fait voler en éclats les valeurs bourgeoises dans leur ensemble. Il se livre à un véritable jeu de massacre contre tous les édifices de la société, qu'ils appartiennent à la culture, à la politique, à la religion, à la morale, y compris à la langue : « Je piétine la syntaxe parce qu'elle doit être piétinée. C'est du raisin. Vous saisissez. Les phrases fautives ou vicieuses, les inadaptations de leurs parties entre elles, l'oubli de ce qui a été dit, le manque de prévoyance à l'égard de ce qu'on va dire, le désaccord, l'inattention à la règle, les cascades, les incorrections, le volant faussé, les périodes à dormir debout boiteuses, les confusions de temps, l'image qui consiste à remplacer une préposition par une conjonction sans rien changer de son régime, tous les procédés similaires, analogues à la vieille plaisanterie d'allumer sans qu'il s'en rende compte le journal que lit votre voisin, prendre l'intransitif pour le transitif et réciproquement, conjuguer avec être ce dont avoir est l'auxiliaire, mettre les coudes sur la table, faire à tout bout de champ se réfléchir les verbes, puis casser le miroir, ne pas essuyer ses pieds, voilà mon caractère.[154] » Et il piétine pareillement toute la société, à commencer par le monde littéraire. Il est vrai que les surréalistes se plaisent à choquer...

Dans *Monde* du 11 août 1928, Marc Bernard fait la critique de ce texte iconoclaste, dans un article intitulé *Aragon nihiliste*. Il reproche à Aragon un pessimisme dans lequel celui-ci s'abandonne avec une certaine volupté, trouble moral qu'il constate d'ailleurs chez de nombreux jeunes gens. « Car nous voici arrivés, écrit Marc Bernard, à cette période tragique du nihilisme que Nietzsche avait prévue d'une façon prophétique (1- les

---

[153] Marc Bernard, *À l'attaque !* (recueil d'articles de Marc Bernard), Paris, Le Dilettante, 2004, p. 17.
[154] Aragon, *Traité du style*, Paris, Gallimard (« L'Imaginaire »), 1996, pp. 28-29.

faibles s'y brisent ; 2- les forts détruisent ce qui ne se brise pas ; 3- les plus forts surmontent les valeurs qui jugent). Aragon paraît appartenir à la première catégorie. Son instinct étant trop faible pour le jeter vers un but qui lui paraisse valoir la peine d'agir, il se contente de tourner sans arrêt autour des mêmes questions, insolubles actuellement ; lorsqu'il agit c'est d'une façon purement négative – à la manière nihiliste – il détruit sans avoir la force et le courage de reconstruire. Il voit bien ce qui le meurtrit, mais il est incapable de se soustraire à cette souffrance en s'assignant une tâche qui l'oblige à la surmonter, à se vaincre lui-même.[155] » Il est vrai que *Traité du style* amoncelle des décombres sans laisser entrevoir d'issue.

Marc Bernard élargit alors sa critique au surréalisme : « Le surréalisme qui pouvait être une source d'énergie est devenu, par la faiblesse congé-nitale de la plupart de ses adeptes, une rêverie morbide. Désagrégeant l'univers au profit du monde intérieur, exagérant encore le déséquilibre énorme qui existe entre le moi et le reste du monde, il était bien fait, on le conçoit, pour ruiner des santés chancelantes. Il exigeait de la part de ses adhérents une grande force morale qui puisse leur permettre d'envisager sans terreur la part d'incertitude que comporte la destinée humaine, une sorte de dédain pour le néant, une façon de voir la vie sous un angle de merveilleux qui pouvait donner à tous les mouvements une très grande légèreté. Peu d'entre eux ont été à la hauteur de la tâche. Aragon moins que tout autre.[156] »

Au « nihilisme » d'Aragon tranche la volonté de Marc Bernard d'assumer pleinement sa vie : « […], si nous nous décidons à poursuivre l'expérience [de la vie], que ce ne soit pas par lâcheté, ne passons pas notre existence à nous lamenter sur la situation qui nous est faite, à gémir inutilement sur notre sort d'hommes auquel, en définitive, notre volonté seule nous rattache, n'essayons pas de briser, à force de pessimisme, les jeunes énergies. Qu'on le veuille ou non, consentir à vivre alors que personne ne vous demande de rester, alors qu'il est si facile de disparaître, c'est se ranger du côté de la vie, c'est l'approuver et la justifier triomphalement.[157] »

Au « désespoir enragé », au « verbiage » du *Traité du style*, Marc Bernard préfère l'espoir et la volonté d'agir : « Les buts à poursuivre dans le domaine social sont assez importants, assez nombreux, la lutte de

---

[155] Marc Bernard, *À l'attaque !* op. cit., pp. 29-30.
[156] *Ibid.*, pp. 30-31.
[157] *Ibid.*, pp. 31-32.

classes est assez violente, elle exige de la part de ceux qui l'admettent une dépense d'énergie, de volonté, de courage assez grande pour qu'on puisse y déverser toute sa colère plutôt que de perdre du temps à pisser sur les nuages. » Et il conclut : «Aragon, lui, mêle trop de dilettantisme à ses tendances révolutionnaires pour cogner avec méthode. On a l'impression qu'il frappe un peu au hasard, selon son humeur de l'heure. […] Il s'efforce moins de convaincre que de ridiculiser. Visiblement, il prend un plaisir sans borne à frapper dans le tas. […] Cela sonne terriblement le creux, mais pour ceux qui aiment le genre pamphlétaire et le gueulement des baraques de lutteur, le *Traité du style* ne manque pas d'intérêt.[158] »

Il faut rappeler qu'un peu avant 1927, Marc Bernard s'est écarté du Parti Communiste, pour cause de stalinisme, alors qu'Aragon, cette année-là, y adhérait. Cet intellectuel bourgeois ralliant le PC était suspect aux yeux du Nîmois. Au-delà de la critique de *Traité du style*, il y avait déjà une hostilité de celui-ci envers Aragon. Précisons que, publié en 1928, *Traité du style* ne devait être réédité que plus de 50 ans après, Aragon s'étant longtemps opposé à cette réédition, avouant : « Il y avait là un goût de l'excès poussé si loin, qu'il me devint difficile d'aller plus avant dans ce sens[159] »

Dans l'édition de *Monde* du 22 juin 1929, Marc Bernard renouvelle ses attaques contre les surréalistes : «Nous sommes quelques-uns qui reconnaissons devoir beaucoup à Lautréamont, Rimbaud, Apollinaire, et absolument que notre mépris à ces littérateurs infatués d'eux-mêmes qu'on appelle Aragon et Breton[160] ». Il faut bien sûr situer l'antagonisme qui oppose Marc Bernard à certains surréalistes dans celui qui oppose Henri Barbusse et sa revue *Monde* à ces derniers. Ainsi, dans la revue *La Révolution surréaliste* du 15 décembre 1929, Aragon qualifie *Monde* «d'ordre confusionnelle[161] ». Dans ce même numéro, Aragon écrit à propos d'une enquête de *Monde* sur «Émile Zola et la nouvelle génération » : «Zola dont M. Barbusse se croit propriétaire, sans doute pour ce qu'il y a de parfaitement contre-révolutionnaire chez l'auteur de *Paris*, ennemi de la violence, comme le pacifiste Barbusse et ses collaborateurs, comme ce Bernard [Marc Bernard], que j'ai déjà entendu plusieurs fois bourdonner.[162] » Les échanges de mots ne manquent pas d'acidité. Si le

---

[158] *Ibid.*, pp. 32-34.
[159] Cité par Dominique Rabourdin dans *Le Traité du style : au-delà du scandale*, *Magazine littéraire*, n°322 de juin 1994.
[160] Marc Bernard, *À l'attaque !* op. cit., p. 27.
[161] Cité par Jean-Pierre Morel dans *Le roman insupportable*, Paris, Gallimard, 1985, p. 292.
[162] *Ibid.*, p. 293.

conflit entre Barbusse et certains surréalistes a commencé à propos d'un débat sur la littérature prolétarienne, cette forte animosité s'est amplifiée pour des raisons idéologiques, la revue *Monde* et ses collaborateurs, dont Marc Bernard, étant taxés (à tort puisque de sensibilité très nettement à gauche) par Aragon et Breton de contre-révolutionnaires.

En 1928, Jean Guéhenno, brillant universitaire et écrivain, issu d'un milieu ouvrier pauvre, publie un livre, *Caliban parle*, dans lequel il interpelle la classe ouvrière. Le personnage de Caliban apparaît dans une pièce de Shakespeare, *La Tempête*. C'est une sorte de monstre, borné et naïf, contraint à l'obéissance à son maître, Prospero, mais contre lequel il finit par se révolter. Dans le livre de Guéhenno, Caliban représente le peuple dans son aliénation, auquel cet écrivain s'adresse, pour l'éveiller et l'aider à se libérer. Guéhenno montre à Caliban (le peuple) comment il a été trompé, soumis, humilié. Il lui prodigue des conseils pour mener à bien sa lutte, il le flatte (« La révolte, c'est la noblesse du pauvre », « On a vu des Calibans devenir des princes de l'Esprit »), il revendique pour lui le droit à la dignité, à la culture, au bonheur, il lui enseigne l'espérance non sans un certain lyrisme : « [...] je voudrais que tu ailles par le monde d'une démarche si naturellement noble, qu'il y ait dans tes regards tant d'assurance, tant de clarté, tant de gaieté, qu'on ne reconnaisse plus en toi, en tes désirs et en ta ferveur que l'homme même.[163] »

Marc Bernard présente une critique de ce livre dans *Monde* du 29 décembre 1928. Il reproche à Guéhenno un certain sentimentalisme. Les intellectuels qui se rangent aux côtés du peuple lui inspirent un doute : qu'ils n'aient pas suffisamment de force pour accompagner ce peuple, dans sa lutte, jusqu'au bout. « La vague qui porte Guéhenno vers le roc où se tient Caliban, écrit Marc Bernard, est puissante et pourtant malgré sa fureur on redoute de la voir retomber en écume.[164] » Certes, Guéhenno a eu le courage d'écrire un livre qui parle au peuple dans un but émancipateur, mais, « [...], tout en accueillant avec joie des déclarations aussi vigoureuses, [Caliban] ne s'abandonne pourtant pas complètement encore. C'est qu'il se méfie, pour avoir été échaudé, du sentiment comme de la peste, [...]. Il souhaite, il exige plus encore de la part des intellectuels qui veulent être ses alliés. Il n'entend pas que l'on se défile au moment du péril. Il faut aller jusqu'au bout avec lui (et Jean Guéhenno n'ignore pas le but dont il s'agit) ou ne pas se mettre en

---

[163] Jean Guéhenno, *Caliban parle*, Paris, Grasset, 1928, p. 200.
[164] Marc Bernard, *À l'attaque !* op. cit., p. 51.

route.[165] » Marc Bernard reste donc vigilant vis-à-vis des intellectuels. Les bons sentiments, les élans du cœur, les paroles vibrantes ne suffisent pas, l'intellectuel qui s'allie au peuple doit rester à ses côtés dans toutes les situations, y compris les plus périlleuses. Il conclut tout de même son article avec un sourire bienveillant : « Jean Guéhenno n'ignore sans doute pas les termes du contrat puisqu'il est fils d'ouvrier, qu'il a failli le devenir lui-même. Cela se sent d'ailleurs dans bien des pages de *Caliban parle* et c'est sans doute le plus bel éloge qu'on puisse lui adresser étant donné le sujet qu'il a choisi et les idées qu'il a voulu défendre.[166] »

Cette critique déplaît à Louis Guilloux, écrivain issu lui aussi du peuple et ami de Guéhenno. Guilloux écrit son indignation à Henri Barbusse : « Il est stupéfiant qu'on puisse reprocher à Guéhenno son «sentimentalisme», [...] le livre [*Caliban parle*] paraît chargé d'autre chose que de « sympathie », de quelque chose de plus chaud, de plus ardent, de plus dangereux peut-être que la tiède effusion que laisse supposer votre collaborateur [Marc Bernard][167] ». *Monde* publie, le 28 janvier 1929, la lettre de Louis Guilloux à Barbusse et la réponse de Marc Bernard : « Je ne reproche nullement à Guéhenno son sentimentalisme, je sais qu'il peut être en certains cas un facteur révolutionnaire important ; [...] pour l'immense majorité des intellectuels [...], l'esprit révolutionnaire n'apparaît que comme une infâme bouillie composée de toutes les mollesses du cœur, de tous les avachissements de la raison, comme une sorte de fragile château de cartes où chaque individu s'écroule sur son voisin pour une accolade visqueuse.[168] » Pour Marc Bernard, un intellectuel qui s'allie au peuple doit montrer « [...] une dialectique plus tranchante, un raisonnement plus incisif, une vue d'ensemble plus objective, des arguments moins basés sur le cœur et davantage sur la raison critique[169] ». Il reste intransigeant dans sa conception de l'intellectuel de gauche.

En avril 1929, Emmanuel Berl publie un pamphlet qui va rencontrer un large écho parmi ses contemporains : *Mort de la pensée bourgeoise*. Dans ce texte, Berl reproche aux intellectuels de ne pas avoir le courage de prendre parti, de rester conformistes pour ne pas déplaire au pouvoir en place, d'être du côté de ce pouvoir non par opinion mais par absence

---

[165] *Ibid.*, p. 52.
[166] *Ibid.*, p. 53.
[167] Cité par S. Bonnefoi dans *À l'attaque !* op. cit;, p. 54.
[168] Marc Bernard, *À l'attaque !* op. cit., pp. 54 à 56.
[169] *Ibid.*, p. 56.

d'opinion. Ainsi la plupart des écrivains écrivent «avec le souci et le sens du moindre risque». En résumé, Berl pense que pour ne pas avoir à prendre de position idéologique, le littérateur évoque surtout ce qui n'existe plus ou bien se complaît dans le débat formel, l'analyse psychologique, l'introspection, le pittoresque régionaliste, l'exotisme symbolisé par Paul Morand. Il n'est d'ailleurs pas étonnant que le romancier de cette époque soit tributaire de la bourgeoisie, car c'est elle qui le lit et donc le fait vivre et non la classe prolétarienne qui, dans son ensemble, ne lit pas. *Mort de la pensée bourgeoise*, qui éreinte la littérature bourgeoise, place Berl sur le devant de la scène médiatique.

Dans la critique qu'il fait de ce livre, dans *Monde* du 25 mai 1929, Marc Bernard salue immédiatement le courage d'Emmanuel Berl vis-à-vis du comportement de nombreux intellectuels : «Son livre est animé d'une grande violence mais cette vigueur d'expression vient toujours renforcer une argumentation sérieuse. Quand il lui arrive d'attaquer certains hommes ou certaines doctrines avec véhémence c'est qu'une conviction profonde l'anime.[170]» Toutefois, sur l'explication du comportement pusillanime des intellectuels, son appréciation diverge de celle de Berl : «Berl a l'air de considérer la pensée comme une chose en soi, comme une émanation divine qui plane au-dessus de toutes les contingences sociales et économiques : nous pensons, nous [les écrivains prolétariens], qu'elle est étroitement déterminée par certains facteurs beaucoup plus terre à terre. Les intellectuels, attachés à une classe par la naissance, par d'innombrables avantages matériels et honorifiques doivent fournir un très gros effort pour secouer le penchant paresseux qui nous pousse vers la moindre peine. Or la graine de héros, surtout dans ce domaine-là, est plus rare qu'on ne pense. […] ; la bourgeoisie étant au pouvoir, il est naturel que les écrivains, les philosophes, les savants, qui tous sont issus de son sein, soient avec le pouvoir bourgeois. La chose ne saurait nous étonner et nous trouvons normal que le conformisme intellectuel n'ait jamais été plus florissant que maintenant. Nous ne pouvons espérer grouper autour de nous, dans la période prérévolutionnaire, qu'une rare élite intellectuelle.[171]». Marc Bernard relève même, dans l'argumentation de Berl, des hésitations : «Et lui-même, Berl, dans la mesure où il avoue sa fatigue, sa crainte des lendemains de lutte, son peu de foi dans la classe ouvrière, il sert, qu'il le veuille ou non, les intérêts de la

---

[170] *Ibid.*, pp. 63-64.
[171] *Ibid.*, pp. 67-69.

classe qu'il entend combattre.[172] » Là encore, la méfiance de l'écrivain prolétarien s'impose.

La position du Nîmois, sur la lutte du prolétariat, demeure en effet inébranlable : « Cette lutte, nous entendons, pour le salut de notre classe et le salut commun, la poursuivre jusqu'à sa conclusion logique, jusqu'à l'anéantissement des forces qui nous barrent la route, et pour la mener à bien il n'est pas trente-six solutions, il n'en est qu'une : épouser la cause du prolétariat, champion actuel de la civilisation et de la pensée.[173] » Comme pour le livre de Jean Guéhenno, Marc Bernard termine tout de même sa critique sur un jugement global positif de *Mort de la pensée bourgeoise.* Mais il fait preuve, envers les écrivains avec lesquels il partage une même sensibilité d'idées, d'une grande liberté d'expression, n'hésitant pas à montrer leurs ambiguïtés, leurs contradictions, leur inefficacité dans leur soutien à la classe ouvrière. Il a le courage de prendre le risque, de leur part, d'une certaine hostilité.

Ses critiques envers les écrivains d'idéologie bourgeoise seront, bien sûr, plus incisives. Ainsi, dans *Monde* du 12 juillet 1930, Marc Bernard analyse le roman de François Mauriac, *Ce qui était perdu*. Il reproche im-médiatement aux écrivains catholiques « [...] de jeter le discrédit sur la vie, de la peindre sous les couleurs les plus sombres[174] ». Avec ces écrivains, écrit-il, « le péché nous environne, coincés entre lui et nos aspirations, nos désirs impérieux, nous sommes acculés dans une impasse sans is-sue ». Et il poursuit : « Que ce soit Bernanos, Mauriac dans le domaine du roman ou Maritain et Massis dans celui de l'essai, les mêmes menaces, les mêmes imprécations nous poursuivent. De toute part le mal, les plus complètes raisons de désespérer, le ciel le plus noir avec sa seule étoile divine. La santé, la force, la plénitude d'une âme qui se consacre à un but et s'y tient fermement, l'exaltante joie de vivre que nous ressentons à certaines heures, ils les passent sous silence.[175] » Pour Marc Bernard, qu'un optimisme raisonné place toujours du côté de la vie, assombrir sys-tématiquement le comportement de l'homme n'a pas de sens.

En effet, dans ce roman, *Ce qui était perdu*, la noirceur est sans appel : « Deux couples tourbillonnent follement dans ces pages : dans l'un, une femme malade et un mari qui est le dernier représentant d'une race

---

[172] *Ibid.*, p. 69.
[173] *Ibid.*, p. 70.
[174] *Ibid.*, p. 94.
[175] *Ibid.* pp. 94-95.

décadente ; le père s'est suicidé, le fils use sa vie et son argent dans de mystérieux plaisirs après avoir, guidé en cela par sa pieuse mère, épousé la fortune de sa femme. Dans l'autre un homme qui soupçonne sa jeune épouse de nourrir pour son frère un sentiment qui n'est pas tout à fait fraternel. Inceste, noce, suicide, dancing, alcool, perversion à tous les étages, décidément M. Mauriac nous comble. Nous n'eussions jamais espéré tant.[176] » Mais ce qui irrite peut-être plus encore Marc Bernard, c'est cette issue infaillible qui vient miraculeusement sauver le personnage de sa déchéance : la Grâce : « [...] un écrivain catholique peut se permettre d'aborder de pareils sujets, car tout le monde sait que ces sombres peintures ne sont que trompe-l'œil, repoussoirs destinés à mettre en évidence la valeur de la Grâce. Il suffit qu'un seul des personnages soit touché par elle pour que l'horreur de toute cette misère disparaisse. À côté du mal, l'auteur a soin de placer le remède. Faisant abstraction de la volonté humaine, de la magnifique résistance que certains opposent à eux-mêmes pour recouvrer l'équilibre, l'écrivain catholique fait tenir toute la lutte dans une intervention divine, ce qui lui ôte, à nos yeux, tout intérêt.[177] » L'humanisme de Marc Bernard apparaît ici, dans son affirmation de la capacité de l'homme à agir sur sa destinée. Au-delà de ces considérations, ce roman, dans sa forme, déçoit Marc Bernard : « Ce livre est certainement l'un des moins bons du père de *Thérèse Desqueyroux* : il donne l'impression d'avoir été bâclé. Visiblement l'auteur ne savait comment se dépêtrer de son récit ; ces personnages qu'il avait créés, il les lâche sans élégance, au petit bonheur. Ils s'échappent d'une main trop faible et se dispersent comme poignée de poussière emportée par le vent, ils retombent en cendre avant que de mourir.[178] »

La plume de Marc Bernard sera plus mordante encore lorsqu'elle attaque Léon Daudet, violent polémiste de l'Action Française. Il dit de lui, dans *Monde* du 15 juin 1929 : « Il ne restera pas grand-chose, dans vingt ans, de cet homme qui aura eu, de son vivant, une personnalité démesurément boursouflée. Ce ne sont pas ses stupides romans, *Suzanne*, *L'Entremetteuse*... – qui sont loin de nous montrer Daudet, en dépit des « prière d'insérer », comme le plus sain des écrivains français – qui le sauveront de l'oubli.[179] » Marc Bernard n'hésite pas à défier un personnage aussi virulent que celui-ci.

[176] *Ibid.*, pp. 96-97.
[177] *Ibid.*, p. 97.
[178] *Ibid.*, p.96.
[179] *Ibid.*, p. 73.

Il peut même aller jusqu'à contredire les partis communistes français et...russe. Alexandre Fadeïev est un des écrivains «phare» du régime soviétique. En 1927, il publie un roman historique, *La Défaite*, qui retrace un épisode de la guerre des partisans en Sibérie extrême orientale. La critique russe y voit «le poème de la naissance de l'homme nouveau». Le quotidien français *L'Humanité* couvre d'éloges ce livre. Marc Bernard en fait la critique dans *Monde* du 13 juillet 1929. Il reproche à Fadeïev «un manque de clarté, de composition presque absolu». Il dit encore que Fadeïev a rencontré «l'écueil le plus dangereux pour les écrivains russes : la confusion», précisant : «Rejeter impitoyablement les redites, les détails inutiles, élaguer sans cesse, ne prendre que l'essentiel devrait être une règle absolue. [...] c'est pour cette raison que le livre de Fadeïev est si souvent terriblement indigeste[180]». Cet éreintement n'est pas passé inaperçu, même à Moscou...

Par contre, Marc Bernard, qui a le goût de la vie sous tous ses aspects, exprime cette fois son admiration pour un autre écrivain russe : Maxime Gorki. Il écrit, dans un portrait de Gorki publié dans le numéro de *Monde* du 22 septembre 1932 : «Il est des écrivains botanistes, minéralogistes, peintres, savants, mathématiciens, musiciens, philosophes ; Gorki est un écrivain. Il ne tire sa grandeur que de là. Il crée de la vie. Ce qu'il a vu, connu, ne meurt pas ; s'il s'avise de le recréer, tout cela devient impérissable. Les maisons qui lui ont servi de modèle se sont écroulées, ses vagabonds se sont couchés pour la dernière fois au bord d'une route, ses paysans sont morts aussi pour la plupart, mais la part d'eux-mêmes la plus précieuse est contenue à l'état pur dans ses œuvres. [...] Il a suffi pour eux [les êtres que l'écrivain russe a croisés] de passer auprès de Gorki, à portée de sa main, pour qu'ils gagnent soudain en relief, en densité, qu'ils s'éclairent par le dedans d'une lumière splendide; il a suffi que le regard du démiurge tombe sur eux pour que leur vie intérieure se mette à bouillonner comme une source claire, qu'elle ruisselle et se répande dans l'âme de millions d'hommes, pour que son éclat poétique se réfléchisse à l'infini sur des millions de facettes. [...] Et si l'on cherche la raison de cette éternelle jeunesse [des œuvres de Gorki], on s'aperçoit qu'elle tient toute dans ce mot : la vie ; dans ce qu'elle a de plus universel, de plus primitif, ce qui ne veut pas dire de naïvement simpliste; [...].[181]» Aucun auteur, souligne-t-il encore, n'a «possédé mieux que lui ce prestigieux pouvoir de

---

[180] Cité par Jean-Pierre Morel dans *Le roman insupportable*, op. cit., p. 186.
[181] Marc Bernard, *À l'attaque !* op. cit., pp. 121 à 123.

faire vivre des êtres avec des mots[182]». C'est d'ailleurs ce que cherche à faire Marc Bernard, créer de la vie avec des mots, lui qui, comme l'écrivain russe, a reçu sa formation de la vie, a côtoyé les pauvres, a dû travailler dès l'enfance tout en se passionnant rapidement pour les livres. Il ne lui déplairait pas de devenir le «Gorki» de la littérature française…

Marc Bernard éprouvera donc toujours la plus grande sympathie pour les écrivains qui exaltent la vie avec un regard libre, humaniste, passionné : Gide en fait partie. Il rapporte cette anecdote, dans un article sur Gide, publié dans *Monde* du 10 septembre 1932 : «[…] Un jeune écrivain, au lendemain de la représentation de son *Œdipe* [pièce de Gide] au théâtre des Arts, disait à André Gide ses raisons d'admirer cette pièce et Gide l'écoutait avec un air maussade, les sourcils froncés, allant et venant dans le bureau de Jean Paulhan d'un pas impatient, soufflant avec fureur. Mais soudain cet écrivain lui confia qu'à la sortie de cette représentation, il s'était senti plus vivant qu'avant d'y entrer. Cet aveu lui était venu spontanément aux lèvres ; sans réfléchir une seconde, il jeta cette phrase dans la conversation car elle lui paraissait résumer le mieux, expliquer le plus clairement ses sentiments. Et Gide fit une brusque volte-face, planta son regard lumineux dans les yeux de son interlocuteur un peu étonné de ce changement soudain. – *Plus vivant, dites-vous ? Voilà le mot qui pouvait me faire le plus plaisir !* Cette scène me paraît éclairer avec intensité la personnalité d'André Gide. Cet homme a brisé successivement tous les obstacles qui tentaient de lui interdire de joindre la vie.[183]»

Marc Bernard publie aussi, dans *Monde*, des articles d'intérêts divers. L'un de ces articles, publié le 15 décembre 1928, a pour titre *Conceptions du bonheur*. Il part du constat que les jeunes écrivains contemporains prennent pour thème littéraire la recherche du bonheur :

«Généraliser une petite théorie que l'on a trouvé soi-même, essayer d'y faire pénétrer l'univers, appliquer à son aventure quelque système sorti tout armé du cerveau d'un penseur, tenter de justifier sa vie et de lui donner un sens en la modelant selon quelques données philosophiques, en se tenant volontairement hors de toutes les contingences de la réalité, voilà la plus grande ambition de la plupart de nos jeunes écrivains et ils s'évertuent à la réaliser avec une constance et une ingénuité sans égales.[184]»

---

[182] *Ibid.*, p. 121.
[183] *Ibid.*, pp.114-115.
[184] *Ibid.*, p. 46.

D'autres, dit alors Marc Bernard, qui ont été confronté, dès leur enfance, à une dure réalité, ne peuvent pas avoir la même perception du bonheur. Et il cite son vécu :

« Lorsqu'on a vu sa mère, comme j'ai vu la mienne, s'abattre entre les brancards ainsi qu'un vieux cheval, lorsqu'on l'a vue agoniser lentement dans une chambre qui puisait une grise lumière dans une cour dont on touchait les limites en écartant les bras, toujours empuantie par l'ordure envahissante du cabinet voisin, lorsqu'on l'a vue regarder le mur qui barrait l'horizon et le ciel, et tout ce qui peut adoucir un peu l'amertume du départ et le souvenir d'une vie perdue dans une tâche exténuante, lorsqu'on a vu cette femme, d'où l'on est sorti, secouer tristement la tête devant tant de laideur dernière, en laissant retomber sur les draps, dans un geste d'impuissance, son bras décharné, lorsqu'on a vu sa mère, en un mot, obligé de quitter l'univers dans cet horrible étouffement de la gorge et du cœur, on est loin de songer uniquement à «son bonheur» ou plutôt ce bonheur on le place ailleurs que ceux dont nous parlions [celui dont parlent les jeunes écrivains]. Ce bonheur est plus âpre que le leur. Il consiste avant tout à venger quelqu'un, à sauver certains autres. Il ne tient ni dans un pays, ni dans un ventre de femme, quelle qu'en soit la beauté. Il se fout royalement du Parthénon et de ses colonnes de marbre, il ne tombe pas en extase devant un distique particulièrement harmonieux. Sa réalisation est d'un autre ordre. Elle est faite de coups donnés et reçus, elle est faite, malgré tout, d'un espoir immense en l'avenir humain, elle est faite de songer que dans le monde entier des dizaines de milliers de femmes désespérées agonisent entre quatre murs, à toute heure de la journée, en regardant une cour débordante de fiente et en se demandant «si vraiment c'est ça la vie» et qu'il faut, nom de Dieu, que cela cesse un jour ou l'autre, en y mettant le prix qu'il faudra. Voilà ce qui nous sépare de ces jeunes écrivains et ce fossé n'est pas près d'être comblé [...].[185] »

Lorsque cet article est publié, Marc Bernard a vingt-huit ans. Il est encore ouvrier et attaché à sa condition prolétarienne. Le souvenir de sa mère, morte d'épuisement dans un horizon lépreux, n'est pas très éloigné. Et pour lui, dont la révolte demeure vigoureuse et offensive, le bonheur ne peut naître que du «sentiment de la solidarité humaine», du «sens du collectif». «On nous présente aujourd'hui, ajoute-t-il, l'effort de dizaines, de centaines de milliers d'hommes, comme étant l'œuvre d'un seul. Celui qui péniblement coltine la pierre est perdu dans

---

[185] *Ibid.*, pp. 47-48.

l'ombre. Personne ou presque ne s'avise de songer que sans le maçon, l'architecte n'existerait pas.[186] »

Ces quelques extraits d'articles démontrent la combativité que porte l'expression journalistique de cet entre-deux-guerres. Marc Bernard n'attaque pas seulement l'écrivain de pensée bourgeoise, il enjoint aussi l'intellectuel « progressiste » à s'engager davantage avec le peuple. Il crie la révolte de sa classe sociale et défend la légitime revendication de celle-ci à la reconnaissance et au mieux-être qu'elle espère.

Les partis communistes russe et français sont de plus en plus critiques envers la revue *Monde*, tout en essayant de ramener Barbusse dans leur dogme. Celui-ci réaffirme, en novembre 1929, que *Monde* restera un journal indépendant, tout en demeurant un organe de rassemblement de toutes les forces progressistes, jusqu'à celle de sensibilité communiste.

Le 6 novembre 1930, le Parti Communiste russe réunit à Kharkov une conférence internationale des écrivains communistes ou sympathisants, qui est l'aboutissement des efforts entrepris par l'Union Soviétique, depuis plusieurs années, pour créer une internationale d'écrivains révolutionnaires. Barbusse, comme Marc Bernard, Henry Poulaille et d'autres écrivains d'origine prolétarienne, ne se rendent pas à cette conférence qui va mettre en œuvre la création d'une littérature prolétarienne internationale, alimentée par des correspondants ouvriers, sur la base philosophique du matérialisme dialectique et en communauté d'action avec les partis communistes. La conférence de Kharkov condamne *Monde* comme « le promoteur des idéologies hostiles au prolétariat » et Barbusse pour « déviation de droite[187] » !

En mars 1931, Barbusse, tout en continuant à revendiquer l'indépendance de sa revue, accepte une participation communiste élargie. Ainsi, Paul Nizan entre au comité de rédaction de *Monde*.

Le 17 mars 1932, Paul Vaillant-Couturier crée une section française de l'Union Internationale des Écrivains Révolutionnaires (organe soviétique) : l'Association des Écrivains et Artistes Révolutionnaires (AEAR). Cette association a une direction communiste.

---

[186] *Ibid.*, pp. 45-46.
[187] Cité par Jean-Pierre Morel dans *Le roman insupportable,* op. cit., pp. 376-377.

Dans cette même période, *L'Humanité* poursuit ses attaques contre *Monde*. En mars 1932, elle accuse cette revue de position contre-révolutionnaire. Les proches collaborateurs de *Monde*, Augustin Habaru, Marc Bernard, Stefan Priacel, Magdeleine Marx-Paz, Lucien Laurat, font bloc autour de Barbusse pour défendre l'indépendance de la rédaction.

Monde, qui était jusqu'à présent l'une des plus riches revues culturelles de l'entre-deux-guerres, voit son influence diminuer au profit de l'AEAR qui, par son évolution vers plus d'indépendance idéologique vis-à-vis du parti communiste (fin 1932) et la lutte contre le fascisme qu'elle développe, attire de nombreux écrivains de sensibilité progressiste. D'autant plus que l'AEAR lance un hebdomadaire à partir de juillet 1933, *Commune*, dont le Comité directeur s'honore des noms d'André Gide, Romain Rolland et même Barbusse qui rejoint cette association fin 1932, comme, ensuite, de nombreux autres écrivains (Louis Aragon, André Breton, Paul Éluard, Paul Nizan, André Malraux, Jean Giono, Julien Benda, Jean Guéhenno, Charles Vildrac, Eugène Dabit, Louis Guilloux, André Chamson...).

La revue *Monde* souffre des tensions idéologiques qui opposent ses rédacteurs au Parti Communiste et à *L'Humanité*. Elle souffre aussi de difficultés financières. Son lectorat diminue. Une affaire va aggraver cette situation : l'arrestation, en U.R.S.S., de Victor Serge. En mars 1933, Vladimir Kibaltchich, dit Victor Serge, écrivain belge de langue française qui vit à Moscou et qui exprime maintenant un jugement critique envers le Parti Communiste russe, après avoir fait partie des instances du nouveau pouvoir, est arrêté et déporté à Orenbourg, ville de l'Oural, pour opposition trotskiste. Même s'il est en désaccord avec le stalinisme, il n'a participé à aucun complot. Il s'est seulement comporté en écrivain communiste utilisant sa liberté d'expression. Un comité d'intellectuels en faveur de Victor Serge, dont Marc Bernard, se crée alors en France, sous la conduite de Magdeleine Marx-Paz, membre du comité de rédaction de *Monde* et proche de Barbusse. Ce dernier refuse d'associer cette initiative à sa revue, pour ne pas porter tort à l'Union Soviétique. De même, en mai 1933, André Gide s'oppose à l'insertion, dans la *N.R.F.*, de l'appel d'intellectuels français pour la libération de Victor Serge, malgré l'insistance de Marc Bernard, mais il accepte d'intervenir auprès de l'ambassadeur russe à ce sujet. Romain Rolland, de son côté, profite d'une entrevue avec Staline pour intervenir en faveur de Victor Serge. Staline finit par autoriser l'écrivain belge à quitter l'Union Soviétique. Ce dénouement apaise Marc Bernard.

En juillet 1933, à la suite de l'affaire « Victor Serge », Magdeleine Marx-Paz démissionne de *Monde* pour protester contre la soumission de cette revue au Parti Communiste français. Devant le net affaiblissement du prestige de sa revue, les attaques dont elle est toujours l'objet de la part des communistes, la primauté que prennent l'AEAR et sa revue *Commune* dans le rassemblement de la gauche intellectuelle au détriment de *Monde*, Barbusse décide de se séparer de ses cinq plus proches rédacteurs avec lesquels il se sent désormais en désaccord : Augustin Habaru, Marc Bernard, Georges Altman, Augusto Rossi et Paul Louis. Le départ de ces collaborateurs de qualité marque la fin de « l'esprit » de *Monde*, celui de sa création en 1928. De nouveaux collaborateurs de qualité eux aussi, mais de sensibilité purement communiste, vont redorer pour quelque temps la notoriété qu'avait *Monde* : Louis Aragon, Paul Nizan, Jean Fréville (critique littéraire à *L'Humanité*). La mainmise du Parti Communiste sur *Monde* est alors accomplie.

Marc Bernard signera un dernier article, dans *Monde*, le 8 juillet 1933, sur… « deux jeunes chanteurs, anciens élèves de Jacques Copeau[188] »… *Monde* se maintiendra difficilement compte tenu d'une situation financière toujours plus préoccupante, jusqu'à la disparition de son fondateur, Henri Barbusse, à Moscou, le 30 août 1935. La revue cessera en effet de paraître le 10 octobre 1935.

Pendant ces cinq ans de collaboration à *Monde*, Marc Bernard a fait la critique de quelques cent cinquante livres. Il savait que son passage dans cette revue, compte tenu du climat passionnel dans lequel elle se situait et de son devenir, ne serait pas de longue durée. Mais il avait saisi une opportunité, celle de collaborer à un organe de presse prestigieux pour se faire connaître, pour imposer son nom. Il faut rappeler que nous sommes dans une période, l'entre-deux-guerres, où la création littéraire connaît une floraison abondante et de qualité et où la presse est le seul média vraiment utilisable et donc largement utilisé par la population. Les journaux et revues fournissent aux lecteurs une part importante de leurs nourritures intellectuelles (articles de fond, critiques, œuvres publiées en feuilleton…). Marc Bernard s'est lancé dans ce journalisme littéraire avec, ainsi qu'il l'a dit, « exaltation ». Il y a mis toute son énergie, tout son esprit combatif, tout son humanisme. En cet été 1933, Marc Bernard tourne la page de *Monde*, mais avec la réputation d'un solide et redoutable homme de plume.

---

[188] Cité par S. Bonnefoi dans *À l'attaque !* op cit., p. 25.

Chapitre 4
ANNÉES 1930 :
UNE DÉCENNIE PASSIONNÉE

1
L' ÉCRIVAIN PROLÉTARIEN

Dans les années 1920, des écrivains issus du peuple (ouvriers, petits employés, salariés de l'agriculture...) sont révélés par quelques personnalités du monde littéraire telles que Marcel Martinet, directeur littéraire de *L'Humanité* jusqu'en 1924, Henri Barbusse, Romain Rolland... Ainsi, pour citer quelques exemples, sont publiés : en 1920, *L'Atelier de Marie-Claire* de Marguerite Audoux (ouvrière dans un atelier de couture) ; en 1921, *L'Ascension*, de Lucien Bourgeois (ouvrier d'usine) ; en 1923, *Kyra Kyralina*, du roumain Panaït Istrati (petits métiers) ; en 1925, *Ils étaient quatre*, d'Henry Poulaille (petits métiers) ; en 1927, *La Maison du peuple*, de Louis Guilloux (petits métiers) ; en 1928, *Porte Clignancourt* de Tristan Rémy (employé aux Chemins de Fer) ; en 1929, *Hôtel du Nord*, d'Eugène Dabit (petits métiers)... Comme Marc Bernard, tous ces écrivains ont connu la vie difficile du prolétariat et ont eu une formation autodidacte. Certains facteurs ont favorisé cet élan créatif au sein de la classe ouvrière : l'école primaire obligatoire depuis 1882, l'émancipation intellectuelle des ouvriers impulsée par le socialisme, la création d'universités populaires... Le domaine culturel s'est peu à peu ouvert aux couches populaires.

Dès 1920, en Union Soviétique, un projet de culture prolétarienne internationale, lié à la Révolution d'octobre 1917, s'est mis en œuvre. Dans cette démarche, en 1927, le Parti Communiste français demande à Henri Barbusse, alors directeur littéraire de *L'Humanité*, de susciter une littérature prolétarienne nationale. Mais il faut que cette littérature soit de propagande, c'est-à-dire qu'elle milite en faveur du Parti Communiste.

Dans ce prolongement, en août 1928, la revue *Monde* de Barbusse, lance une enquête sur la littérature prolétarienne, la question centrale étant : « Croyez-vous à l'existence d'une littérature et d'un art exprimant les aspirations de la classe ouvrière ?[189] » *Monde* reçoit de nombreuses réponses. Marc Bernard s'y associe avec un propos qui ne manque pas d'aplomb : « Ce qui caractérisera notre époque sera l'ascension de la classe prolétarienne vers la prise du pouvoir. [...] La production artistique

[189] Revue *Monde* n° 9 du 04/08/1928.

ne saurait échapper à cette loi.[190] » Ce sujet alimente de nombreux débats, tel que celui qui a lieu dans les locaux du Grand Orient, le 7 décembre 1931, et auquel participent, entre autres, Henri Barbusse, Marc Bernard, André Chamson, Jean Guéhenno, Louis Guilloux, Paul Adolphe Loffler, Henry Poulaille, Tristan Rémy… «Après ce débat, qui avait comme but d'éclaircir la situation, de donner une définition claire de la littérature prolétarienne, écrit P.A. Loffler, tout devenait encore plus confus. Chacun parlait un langage différent, on n'arrivait même pas à savoir ce qu'était le prolétariat.[191] »

En juillet 1930, Henry Poulaille qui, après de nombreux petits emplois, occupera à partir de 1925 la fonction de directeur du service de presse aux Éditions Bernard Grasset, va devenir le chef de file des « écrivains prolétariens » en publiant un livre manifeste : *Nouvel Âge littéraire*. Pour Henry Poulaille, « la littérature n'est nullement de commande, elle est l'expression instinctive d'une classe qui jusqu'ici avait été tenue en dehors des sphères intellectuelles ». Et il précise à propos de ce « romantisme de la misère » que l'on trouve sous la plume de certains écrivains non « prolétariens », populistes par exemple : « […] en général le peuple ne marche pas, s'étant aperçu vite qu'il n'y avait que la mise en vue du pittoresque dans ces pseudo études de mœurs. Le ton manquait. Le ton. Un ouvrier qui sait lire ne s'y trompe jamais. Pour parler de la misère, il faut l'avoir connue.[192] »

Marc Bernard connaît ce « ton » dont parle Henry Poulaille, qui est celui de la pauvreté, des privations, de la souffrance morale. Celui des existences difficiles. Il a déjà écrit quelques textes d'inspiration prolétarienne, nous les avons évoqués. Il a crié la souffrance des plus humbles dans certains articles de *Monde*. Après *Zig-Zag*, roman de veine surréaliste mais non dépourvu de conscience de classe, Marc Bernard s'inscrit entièrement dans cette « littérature prolétarienne » en écrivant un récit autobiographique, *Au secours !* qui est publié aux Éditions de la *N.R.F.* en 1931. C'est le récit bouleversant de son enfance ouvrière (il travaille dans une fabrique de chaussures) et la mort de sa mère qui le laisse seul, à treize ans et demi. C'est un livre émouvant autant par l'authenticité et la simplicité du ton que par l'intensité dramatique de la situation. J'ai évoqué ce récit au

---

[190] Paul Adolphe Loffler, *Chronique de la littérature prolétarienne française de 1930 à 1939*, Bassac (Charente), Plein Chant, 1975, p. 17.
[191] *Ibid.*, p. 30.
[192] Henry Poulaille, *Nouvel Âge Littéraire*, Paris, Librairie Valois, 1930.

chapitre I, 4 (*La mère et l'apprenti*). *Au Secours !* fait l'objet d'une critique de Marcel Arland dans la *N.R.F.* : « Le récit des rapports entre cette mère et cet enfant frappe d'abord par une rare décence. Point de grossièreté ni de réticence ; tout est dit de ce qu'il fallait dire et comme il fallait le dire. Pas d'extrême habileté non plus ; il semble que l'auteur ait estimé assez haut son sujet et son inspiration pour s'y livrer sans artifices. Son livre y a gagné un bel accent : d'une émotion contenue, grave sans lourdeur, jeune sans naïveté, d'une fière et courageuse modestie. C'est cet accent qui me semble l'essentiel de Marc Bernard, et que je souhaite d'entendre encore aussi pur. » Marcel Arland apporte aussi ces précisions capitales : « Ce récit d'une enfance d'ouvrier est à l'opposé de la littérature populiste. Il est délivré de cette curiosité toujours un peu basse, même quand elle est mêlée d'apitoiement, pour la «classe ouvrière». Il ne prétend à être ni un document, ni une œuvre de parti. Le narrateur parle de soi et de ses compagnons sans honte ni arrogance, attentif seulement à ne rien perdre de ce qui est humain.[193] »

Au secours ! s'inscrit en effet parfaitement dans cette littérature qualifiée de « prolétarienne ». Elle diffère, par l'authenticité du ton, de la littérature « populiste », dont le manifeste a été publié en 1929, sous l'autorité de Léon Lemonnier et qui regroupe des écrivains « bourgeois » qui prennent le peuple pour sujet. Les « populistes » ont voulu réagir contre l'excès d'intellectualisme et la mondanité de la littérature des années 1920. Cette littérature « prolétarienne » s'oppose, d'autre part, à la littérature de parti, dont le but est de faire la propagande d'une idéologie en utilisant des écrivains issus du peuple. Il ne s'agit pas, non plus, d'une littérature de document, s'apparentant à l'école naturaliste. Les « prolétariens », comme Marc Bernard, sont tout simplement des écrivains d'humble origine qui racontent leur vécu. Ils estiment que la sincérité et la force de leurs récits suffiront à servir la cause de leur classe. Chez eux, il n'y a aucune basse manœuvre, aucune allégeance à une organisation politique, aucune doctrine littéraire. Ils sont libres. Ils écrivent ce qu'ils ont vécu, avec un réalisme mesuré de dignité. Et qui, mieux qu'eux, peut connaître la réalité de leurs existences ? « Pour parler de la mine, écrit Tristan Rémy dans *Le Peuple* (1933), il fallait être mineur ; avoir connu la boue pour évaluer sa viscosité. »

Au Secours ! paraît aux Éditions de la *N.R.F.*, le 31 octobre 1931. Malgré ses qualités, ce deuxième roman de Marc Bernard n'obtient pas le

---

[193] Marcel Arland, critique de *Au Secours ! NRF* de décembre 1931, pp. 955 à 957.

succès espéré, ni le Prix « Populiste » 1932, auquel il pouvait prétendre. Le jury de ce prix, qui a donné 5 voix à Marc Bernard contre 6 à Jean Pallu pour *Port d'escale* (et 1 à Tristan Rémy), a écarté l'écrivain nîmois, celui-ci étant considéré comme un écrivain de veine « prolétarienne » et non « populiste »[194].

En janvier 1931, Henry Poulaille fonde le mensuel *Nouvel Âge*, qui va paraître jusqu'à la fin de l'année. On y trouve des textes d'ouvriers mais aussi de Giono, Ramuz, Malraux, Stefan Zweig, Boris Pasternak... Marc Bernard écrit dans cette revue qui sert d'expression aux écrivains prolétariens. Mais l'indépendance d'esprit que veulent conserver ces écrivains suscite dans le Parti Communiste français, à leur égard, une incompréhension hostile. Le PCF reproche aux « prolétariens » de cacher la réalité de la lutte des classes, de ne pas être des écrivains militants, révolutionnaires. Il reproche ainsi aux écrivains de *Nouvel Âge,* sous la plume de Jean Fréville, directeur littéraire de *L'Humanité*, de faire une littérature de soumission, d'être « des ouvriers qui acceptent leur sort, [...] qui y trouvent des motifs de contentement et de fierté...[195] ». Le PCF veut en effet développer une littérature prolétarienne marxiste.

Au début de l'année 1932, le groupe d'écrivains prolétariens, auquel se rattache Marc Bernard, se réunit chez Tristan Rémy pour envisager la création d'une association. Si ces écrivains sont d'accord sur la formation d'un groupe, nombreux sont ceux qui rejettent l'élaboration de statuts, voulant écarter le formalisme d'une règle. D'autant plus qu'au sein de ces écrivains les idées libertaires sont courantes. Restant sur le principe un peu flou d'une association « d'écrivains prolétariens », ils décident de se rencontrer, une fois par mois, au restaurant « La Grille », rue Montorgueil. Ainsi, le 4 mars 1932, ces écrivains se réunissent dans cet établissement, en présence d'Henri Barbusse et d'Ilia Ehrenbourg journaliste et écrivain russe très connu. Ils décident de lancer une publication : le *Bulletin des Écrivains Prolétariens*. Le premier Bulletin présente un texte aux allures de manifeste, *Notre Position*, rédigé principalement par Marc Bernard. Ce manifeste se termine ainsi :

« Lorsque nous prononçons ou écrivons le mot : prolétariat, il ne s'agit pas pour nous d'une notion vague ou abstraite, d'une foule de meeting, d'une documentation facile, d'une conception unilatérale, d'une formule

[194] Cf. *Marc Bernard & Jean Paulhan, Correspondance 1928... 1968*, op. cit., p. 88.
[195] Jean Fréville, *L'Humanité* du 02/03/1932.

n'ayant qu'un sens politique, mais bien d'une image vivante, humaine, de centaines d'yeux qui nous observent et nous ordonnent de ne pas trahir.

Lorsqu'on a vécu ainsi [au sein du prolétariat], et que l'on a quelque chose dans le ventre, il est impossible de ne pas vouloir que « l'ordre » actuel du monde soit changé. Il nous suffit de puiser dans nos souvenirs, de montrer, sans y rien changer, la réalité telle qu'elle nous est apparue à notre entrée dans le monde pour faire œuvre révolutionnaire. Nous devons revenir sans cesse aux causes premières qui justifient et exigent une transformation du monde. Nous n'ignorons pas qu'il en est d'autres moins sentimentales, plus scientifiques. C'est le travail qui incombe aux théoriciens. Le nôtre, qui est du domaine de l'art, c'est-à-dire de la vie, de la souffrance et de la joie des hommes, est à peu près circonscrit dans ces limites. Il n'y aura que les imbéciles et les sectaires pour leur reprocher d'être trop étroites.[196] » Cette conclusion résume bien la démarche des écrivains prolétariens, pour lesquels, restituer avec vérité le vécu de leur classe par l'écriture, est faire preuve d'esprit de révolte.

Dans le n° 2 du *Bulletin des Écrivains Prolétariens,* Marc Bernard apporte quelques précisions, dans un article intitulé *Au-dessus des partis,* sur la position des écrivains prolétariens à l'égard des partis politiques :

« Nous avons déclaré dans notre premier numéro, et nous avons répété dans *Monde*, que nous ne voulons pas être sous la dépendance d'un parti et devenir exclusivement ses porteurs de mots d'ordre. Il n'en faudrait pas conclure, naturellement, que nous professons un hautain mépris pour la politique. […] Le prolétariat est divisé en France, dans son énorme majorité, non encore organisé. Nous n'entendons pas rejeter de nos rangs certains ouvriers parce qu'ils sont trotskistes, anarchistes, socialistes, sans parti ou syndicalistes purs. Quelle que soit la conviction politique qui les anime, leurs témoignages font partie intégrante d'une littérature prolétarienne digne de ce nom.[197] » Peut-être est-ce déjà là une union prolétarienne de la littérature annonciatrice du grand mouvement populaire de 1936…

Le *Bulletin des Écrivains Prolétariens* étant de dimension modeste, Henri Barbusse offre à ces écrivains une page dans sa revue (*Monde*). Cet espace s'intitule *Pages et documents de la vie populaire*. Une rédaction réalise

---

[196] Paul A. Loffler, *Chronique de la littérature prolétarienne française de 1930 à 1939*, op. cit., pp. 37-38.
[197] *Ibid.*, pp. 40-41.

cette page, dans laquelle l'on trouve, aux côtés d'Henry Poulaille, Tristan Rémy, Augustin Habaru, Marc Bernard... Celui-ci lance, dans cette page, un *Appel aux ouvriers* : « Nous adressons un appel à tous ceux : ouvriers, paysans, employés, intellectuels révolutionnaires qui s'intéressent à notre mouvement, et qui éprouvent le besoin d'écrire, pour qu'ils n'hésitent pas à nous envoyer des poèmes, nouvelles, essais, documentaires. Nous les lirons attentivement et publierons les plus intéressants. [...] Il faut que l'on sache que la littérature, qui peut devenir une arme précieuse entre les mains du prolétariat, n'est plus le privilège exclusif d'une classe.[...][198] » À la suite de cet appel, *Monde* reçoit de nombreux textes. Ce sont souvent des récits autobiographiques sans autre prétention que le témoignage d'un vécu. Quelques-uns sont publiés mais l'expérience ne dure pas.

Le 3 juin 1932, les écrivains prolétariens, réunis chez Tristan Rémy, fondent officiellement le Groupe des Écrivains Prolétariens. Rémy en est le secrétaire, Marc Bernard assumant la fonction de secrétaire du Bulletin. Mais cette association d'écrivains n'est pas une école, chacun de ses membres donne le sens qu'il veut au concept de « littérature prolétarienne », chacun écrit en toute indépendance. L'une des raisons de cette union d'écrivains est aussi de mieux répondre aux attaques auxquelles ses membres sont régulièrement exposés. Mais il n'y a pas d'unité créatrice et l'excès de liberté dilue peu à peu la cohésion du groupe. Le Bulletin interrompt sa parution après le quatrième numéro, en juin 1932. Barbusse met alors à la disposition de ces écrivains, dans *Monde*, quatre pages au lieu d'une, mais leur collaboration cessera en octobre 1932. À partir de cette date, les écrivains du peuple vont prendre des orientations personnelles, chacun traçant son propre chemin. Il en est ainsi de Marc Bernard qui, peu à peu, doute de la nécessité de donner à une littérature le qualificatif de « prolétarienne ». Peu avant l'émiettement du groupe, il avait écrit à Jean Paulhan : « À vrai dire je n'arrive pas beaucoup à croire à cette question de littérature prolétarienne. C'est plus par devoir que je m'en occupe que par conviction profonde. Peut-être y a-t-il à l'origine de chaque découverte un acte de foi, l'ennuyeux c'est que j'ai beau me battre les flancs, la foi n'y est guère.[199] » Il précisera encore, dans un article, publié dans la revue *Comœdia* du 25 juillet 1942 : « [...] Certes, la seule fidélité que l'on soit en droit d'exiger d'un écrivain, c'est de rester attentif à son chant profond ; pourtant il est probable que la plupart des auteurs prolétariens demeureront, sans effort, sans préoccupation utilitaire, fidèles

---

[198] *Ibid.*, pp. 42-43.
[199] Cité par S. Bonnefoi, dans *À l'attaque !* op. cit., p. 24.

au monde dont ils sont issus, et qui a marqué leur enfance, leur adolescence d'une empreinte ineffaçable. Pour les plus grands d'entre eux, l'essentiel du message sera sans doute ailleurs, au cœur de ce carrefour royal où, par-delà le pittoresque social, les différences s'exténuent pour atteindre à l'humanisme ; [...][200] » L'Humanisme, c'est-à-dire l'Homme comme centre d'intérêt. C'est cette voie que se fixe Marc Bernard.

2
AMOUR FOU ET ÉCRITURE

En ce début des années 1930, Marc Bernard traverse une période incertaine. À l'insuccès de librairie de son récit, *Au secours !,* et aux interrogations, qui en découlent, sur la portée d'une littérature d'inspiration strictement prolétarienne, à ses difficultés matérielles, s'ajoute une aventure sentimentale tourmentée qui va placer l'écrivain, pendant quelques mois, en retrait de la vie parisienne.

Augustin Habaru, collaborateur d'Henri Barbusse à *Monde* et ami de Marc Bernard, a une femme jeune, belle, sensuelle, coquette. Auprès des hommes, elle aime à plaire. Son côté femme-fleur séduit. Lorsqu'elle rencontre Marc Bernard, un désir physique partagé les enflamme. Elle aime son mari mais elle ne peut résister à cet appel charnel qui la pousse vers Marc. Augustin Habaru, blessé mais résigné, laisse sa femme faire son choix. Elle hésite. C'est alors que, voulant fuir cette situation éprouvante pour tous les trois, Marc décide de partir à Nîmes, seul. Lorsque Marc Bernard doit faire face à une crise morale, ici sentimentale, ou à des difficultés matérielles, il revient à Nîmes, ville qu'il ressent comme un refuge. Il y retrouve en effet des amis prêts à l'aider et le soleil et la proximité de la mer, pour apaiser ses tourments. À l'instant où il va prendre le train, la femme le rejoint sur le quai de la gare et tombe dans ses bras. Marc Bernard comprend alors qu'elle l'accompagnera à Nîmes.

Les voici tous les deux dans ce train qui descend vers le sud :

« La cadence régulière du martèlement des roues sur les rails, l'arrachement brusque des tournants nous berçaient, nous serraient plus étroitement.

---

[200] Marc Bernard, *À l'attaque !* op. cit., pp149-150.

Anny avait appuyé sa tête contre mon épaule, fermant des yeux cernés par les tourments des semaines que nous venions de vivre, mais nos mains qui se serraient nous disaient combien nous étions près l'un de l'autre. Ne laissions-nous pas derrière nous un homme désespéré ; quelle allait être pour lui cette première nuit dans cette maison où il se retrouverait seul ? […]

Notre bonheur s'est tracé un chemin à travers un monceau de ruines et cela lui donne une gravité, une profondeur de mort.[201] »

Marc Bernard va écrire le journal de cette aventure dans une forme romancée. Dans ce récit, il donne à la femme aimée le prénom fictif d'Anny.

À son arrivée à Nîmes, le couple prend une chambre dans un hôtel avec vue sur les Arènes. L'amour qu'ils vont vivre est immédiatement passionnel, même insane par sa violence.

« Je me souviens de l'espèce de fureur avec laquelle nous nous sommes étreints la première fois. C'était un accouplement barbare, une lutte dure d'où toute tendresse était exclue, sans l'ombre d'un attendrissement, où nous sentions qu'il n'y avait pas à attendre de pitié ; chacun puisant dans le corps de l'autre sa propre volupté ; [...][202] »

La contemplation du corps d'Anny est toujours, pour Marc, un émerveillement :

«Anny vient de s'endormir sitôt couchée, en me donnant la main comme une enfant, le visage tourné vers moi. [...]

Assis au chevet du lit j'ai regardé longuement ce corps qui m'était abandonné dans l'innocence du sommeil, son front rond et pur, ses lèvres un peu épaisses que la volupté gonfle et rougit alors que la souffrance les rend pâles et minces, la masse blonde de ses cheveux qui avaient des miroitements de paille mûre sur l'oreiller, ses tempes creuses veinées de bleu, ses longues mains au bout de ses bras nus, sa poitrine qui soulevait sa chemise légère.

Et je songeais que j'avais le privilège de la contempler aussi longtemps qu'il me plairait, d'appuyer mes lèvres sur sa joue et que, chaque fois, un

---

[201] Marc Bernard, *Anny,* Paris, Gallimard, p. 21.
[202] *Ibid.*, p. 22.

sourire heureux m'accueillerait, que ce visage rose et blanc je pouvais le caresser à mon gré. Il avait pris ce soir une perfection surhumaine.[203] »

Le couple commence sa vie nîmoise. Marc présente Anny à sa famille, à ses amis. Ils sont invités à des repas. Anny semble se plaire à Nîmes, ce qui étonne un peu Marc. Il est surpris qu'une femme aussi imprégnée de vie parisienne se satisfasse d'une ville de province aussi calme, parfois même un peu triste, au point de donner une impression de solitude. Il est vrai que la jeune femme aime flâner dans les ruelles de la vieille ville, musarder dans les allées du jardin de la Fontaine, goûter aux senteurs de la garrigue. Mais l'amour explique bien des situations, un amour qui trouble de plus en plus Marc :

« Notre sensualité, malgré tous mes beaux projets, tient toujours en nous une place trop grande. Je sens bien qu'il y a là une force qui nous échappe et ne se laissera pas aisément maîtriser. Pourtant il le faudrait. Je voudrais que déjà commençât à naître un sentiment plus paisible et plus durable que cette faim vorace dont je sais trop ce qu'elle a d'éphémère. Mais ne suis-je pas aussi faible qu'Anny, aussi impuissant qu'elle à vaincre mon désir ? Cette violence m'effraie. Que deviendrons-nous le jour où elle nous abandonnera ?[204] »

Ils prennent un meublé, dans le centre-ville. Marc écrit car il doit poursuivre sa carrière d'écrivain, mais une inquiétude occupe de plus en plus son esprit. Anny parle peu, reste secrète, ne livre pas facilement sa pensée. Elle est souvent fermée, lointaine, impénétrable. Auprès des hommes elle montre toujours qu'elle aime susciter le désir, ce qui provoque, chez Marc, des crises de jalousie parfois violentes. Ses craintes deviennent même si fortes qu'il cherche à l'isoler de toute présence masculine… Ils poursuivent ainsi leur liaison, entre sensualité et déchirements, entre volupté et souffrance. Mais l'angoisse la plus oppressante, pour Marc, est le risque de la perdre, car il pressent que cette aventure ne durera pas. Cet amour passionnel est en effet devenu, pour lui, « une dure dépendance » :

« […] ; elle [Anny] devient l'image même de ma faiblesse, […] ; si elle vient s'asseoir sur mes genoux, que je sente ce jeune corps entre mes bras, l'odeur de sa bouche, le parfum qui s'élève d'elle ; si je vois tout près de moi cette goutte de clarté qui brille et roule dans le vert

---

[203] *Ibid.*, pp. 26-27.
[204] *Ibid.*, pp. 34-35.

d'eau de ses yeux, ce cou long, qui soutient l'ovale parfait du visage ; si je sens la fraîcheur de ses mains contre mes joues, la courbe pleine et ferme de ses seins qui s'agitent avec douceur sous mes doigts, aucune force ne peut m'empêcher de revenir à ce tumulte des sens, à cette bourdonnante passion qui s'élève aussitôt dans ma poitrine ainsi qu'un essaim d'abeilles qui sortent de leur ruche à la recherche de leur exquise nourriture.

C'est ici la ligne tracée par je ne sais quelle épée, où mon pouvoir expire, où ma volonté se dissout. Il faut courber la tête, se soumettre, se laisser emporter par l'élan qui nous entraîne avec autant de puissance qu'une branche morte dans un torrent.

Faiblesse humaine… pleine d'un charme empoisonné.[205] »

Le couple continue cette existence chaotique, lui toujours plus méfiant à l'égard des hommes qui approchent Anny, elle excédée par ce climat de suspicion continuelle qu'elle qualifie «d'odieux». Mais Anny connaît bien l'attraction irrépressible qu'elle exerce sur son amant et elle joue, non sans un peu de perversité, sur cette faiblesse qui fragilise toujours plus Marc :

«Après une dispute, elle est là devant la fenêtre, muette, farouche, le front dur, évitant de me regarder, alors que seul un mot me ferait me jeter dans ses bras. C'est ce que je ne puis supporter, ce qui me remplit d'une fureur aveugle, me poussant à dépasser alors ce que je voudrais dire.

Si je veux la serrer contre moi, ces soirs-là, elle s'abandonne passivement, mais, au-delà de cette dure enveloppe, je la sens lointaine, pleine d'hostilité, remâchant je ne sais quelles pensées amères, tandis qu'elle éprouve une sorte de plaisir à demeurer dans cette atmosphère épaisse et noire durant des heures. J'étouffe dans le silence et la nuit de notre chambre, de la sentir si fermée, si haineuse. [...]

Tristes, tristes journées que celles-là, où tout est gris, lourd, maussade ; je regarde Anny avec crainte : peut-être me méprise-t-elle ? Le pouvoir qu'elle a sur moi m'effraie.[206] »

Mais à ces moments de tension succèdent des instants passionnés tout aussi déséquilibrants pour Marc :

«[...] Anny brusquement retournée me prend dans ses bras avec une sorte de fureur, [...] sa bouche s'empare de la mienne pour un baiser sans

[205] *Ibid.*, pp. 162-163.
[206] *Ibid.*, pp. 159-161.

fin ; il me semble qu'elle aspire ainsi tout ce qu'il y a de puissant en moi, qu'elle s'abreuve, prend de nouvelles forces dans ma faiblesse ; trop lâche à cette minute pour garder quelques pudeurs, je me laisse aller sur son épaule à ma détresse.[207] » Anny aime soumettre les hommes : avec Marc elle y est aussi parvenue…

Une fin d'après-midi, alors qu'il revient chez lui, il constate l'absence de son amante. Elle est partie.

« Je coulai brusquement à pic au fond de ma solitude, écrit Marc Bernard. […] Il me fallait aussitôt poursuivre Anny, la rejoindre, enjamber tous les obstacles, les abattre, parvenir jusqu'à elle pour me remettre à vivre. Rien désormais ne pouvait m'arrêter dans cette poursuite, car chaque seconde passée hors de sa présence, entraînait une telle somme de douleur, que c'était véritablement après moi-même que j'allais courir.[208] »

Marc pense qu'elle a quitté Nîmes sans toutefois aller très loin. Il va immédiatement à la gare, prend le premier train en direction de Tarascon, où elle a pu, dans un premier temps, se rendre car c'est un croisement de lignes ferroviaires. Le train s'arrête à Beaucaire. Il descend, à tout hasard, il ne veut rien négliger. Il fait nuit, il pleut et un vent froid souffle. Il entre dans un hôtel, demande si l'on a vu une jeune femme blonde et « habillée de vert ». La réponse est négative. Il est d'ailleurs plus probable qu'elle soit à Tarascon. Il traverse le Rhône sur le pont qui relie les deux villes. La pluie est glaciale. « […] ; le vent sifflait en se brisant sur l'armature de fer dans un hululement qui n'en finissait plus ; le métal vibrait sous mes pas ; je devais lutter, plié en deux parfois pour avancer ; ma tête seule brûlait sur mon corps ruisselant.[209] » Il ne la trouve pas à la gare de Tarascon. Il entre dans un hôtel, près de cette gare. La patronne n'a pas vu Anny. C'est alors que, poursuivant sa course sous une pluie qui le transit et une angoisse qui le tenaille, il aperçoit sous l'auvent d'une porte, assise sur les marches, la silhouette d'une femme :

« […], un instinct plus fort que les sens, m'avertit brusquement que c'était elle. Et, en effet, contre mes vêtements mouillés une enfant, qui ressemblait à une vagabonde avec son chapeau rejeté de travers sur la nuque, les mèches de ses cheveux trempés qui pendaient sur son

[207] *Ibid.*, p. 160.
[208] *Ibid.*, pp. 179-180.
[209] *Ibid.*, pp. 186-187.

front, son manteau ruisselant, ses chaussures et ses bas mouillés, se mit à trembler, tandis que ses mains se pressaient sur mon visage, le serraient à me faire crier, que ses dents claquantes venaient s'écraser sur mes lèvres.[210] »

Ils reviennent aussitôt à Nîmes, fatigués par ces événements, lui heureux de l'avoir retrouvée, mais pour combien de temps encore ? Ils regagnent leur appartement et s'unissent, charnellement, dans un amour qui parvient à une intensité qu'ils n'avaient peut-être jamais connue. Réconciliation amoureuse qui donnera naissance à un enfant, une fille qui se prénommera Annie...

De cette aventure romanesque vécue à Nîmes, Marc Bernard fera bientôt la matière d'un livre. Et Anny (qui se prénomme dans la réalité Zulma, avec toutefois l'appellatif affectueux de « *Snoes* »[211], qu'utilisent couramment ses proches), retournera vivre à Paris, auprès de son mari Augustin Habaru, avec son enfant dont le père est Marc Bernard. Mais on ne joue pas aussi facilement avec les sentiments : Marc et Snoes continueront à se voir à Paris, retrouveront même, par moments, une vie commune...

Pour oublier un peu ce difficile début des années 1930 (accueil modeste de son deuxième livre, *Au secours !*, attaques nourries contre les « écrivains prolétariens », conditions matérielles toujours précaires, mais surtout cet « amour fou » qu'il vient de vivre...), Marc Bernard va passer l'hiver 1932-1933 en Espagne. Il nous explique ainsi cette décision :

« Cela me vint d'un coup, alors que je mangeais dans une gargote de Montparnasse. Je voulais fuir une femme parce que je l'aimais trop, ou plutôt parce que je redoutais le pire et que le moindre lien me faisait frissonner. Où aller ? Tout naturellement je me tournais vers l'Espagne. Était-ce la moitié de mon «sang» espagnol qui s'échauffait soudain ? [Son père était d'origine majorquine.] Je n'y crois guère. Mais comme pour les êtres, nous devons ressentir des affinités électives avec les nations, des sympathies diffuses dont nous n'avons pas conscience et qui soudain nous emportent. Au fond, j'aimais l'Espagne avant de la connaître, comme il arrive que nous aimions une femme avant de la voir :

---

[210] *Ibid.*, pp. 192-193.
[211] « *Snoes* » : cet appellatif néerlandais correspond aux termes français « chérie », « mignonne », « ma jolie »...

dès le premier regard nous avons la certitude que c'est elle que nous attendions depuis toujours.[212] »

Il découvre l'Espagne et c'est le coup de foudre.

« Tant d'images foisonnent en moi au seul nom d'Espagne, que je suis comme accablé par mes richesses. Je revois dans l'encadrement de la fenêtre d'un bistrot de Segovia une colline vert et or, cependant que le bruit d'ossements des dominos claque sur les tables de marbre ; je revois la noble Salamanca, cuite comme une poterie ; sur les portes de ses collèges de fins ornements sont sculptés auxquels l'ardente lumière donne l'apparence de lézards géants ; je revois Avila la Sainte, entourée de tours énormes et de murailles, où l'air a la pureté d'une eau glacée ; et Cordoba la Blanche, avec ses ruelles aveuglantes, ses patios toujours ouverts, ses maisons fleuries, les gitans [...], coiffés du chapeau cordobais ou sévillan, tenant en main, comme un sceptre léger, une canne de jonc, et se mettant soudain à chanter, à heurter les pavés du talon, à battre des mains, tant ils ont de joie à se sentir gitans et libres.[213] »

De retour à Paris, après la découverte de cette Espagne avec laquelle il va entretenir une relation intime, Marc Bernard reprend la plume mais dans un contexte d'indépendance créatrice. Il continue à écrire pour des revues, car il a besoin de ressources financières (critiques, textes divers), dont la *Nouvelle Revue Française* que lui a ouverte Jean Paulhan, dès 1931, avec la critique du livre de Jean Guéhenno, *Conversion à l'humain*. Mais cette revue de haute tenue exige une forme plutôt classique, une expression sans outrance. L'ancien critique de *Monde* devra donc modérer ses accès de véhémence. Le directeur de la *N.R.F.* utilisera souvent Marc Bernard dans la critique d'auteurs « sociaux ». Ainsi, dans la *N.R.F.* d'août 1933, Marc Bernard fait une présentation élogieuse de *Faubourg de Paris*, d'Eugène Dabit. Ce livre est une peinture de la population ouvrière des faubourgs de la capitale, population que connaît bien Marc Bernard pour « avoir partagé avec elle le pain aigre de la misère ».

« Il faut du courage, commente Marc Bernard, pour traiter un sujet comme *Faubourgs de Paris*. Eugène Dabit nous fait pénétrer parmi les hommes qui vivent là ; il nous décrit ce qu'est leur existence avec une

---

[212] Marc Bernard / Bernard Rouget, *Espagne*, Lausanne, La Guilde du Livre et Éditions Clairefontaine, 1958, pp. 8-9.
[213] *Ibid.*, pp. 11-12.

fidélité, une honnêteté, une absence d'orgueil, un refus des effets faciles, qui forment les remarquables qualités de son livre. On ne trouvera dans ces pages aucun romantisme de la pègre, Eugène Dabit s'attachant uniquement à nous montrer ces fourmis laborieuses que l'on voit défiler en rangs serrés, quatre fois par jour, aux mêmes heures, au flanc des collines où ne demeurent plus, de loin en loin, que quelques carrés de verdure serrés entre les maisons hautes et noires.[214] »

Ou bien fait-il, dans la *N.R.F.* de novembre 1934, la critique de deux livres de Baptiste Bonnet, *Ma vie d'enfant* et *Le Valet de Ferme*, qu'il considère comme deux des plus beaux livres de la littérature provençale (Ces deux livres ont été traduits du provençal par Alphonse Daudet).

« L'originalité de Baptiste Bonnet, écrit Marc Bernard, est faite de ce mélange de réalisme et de lyrisme que l'on retrouve dans chacune de ses pages. Il garde de son origine de paysan pauvre le sens du concret, le souvenir des misères qu'il a souffertes, qu'il a vues autour de lui. Il connaît le poids de la réalité. Il ne se laisse pas prendre aux mythes d'un monde qui se meurt ; on le sent de cœur et d'âme avec ces vieux paysans qui traversent son œuvre, graves, éloquents, amers, montrant une noblesse et une véhémence de prophètes.[215] »

Et s'il compare, dans cet article, Baptiste Bonnet à Mistral, de façon plutôt critiquable pour le second, c'est avec la retenue qu'exige la *N.R.F.* : « Mistral s'est servi de la même population paysanne pour faire œuvre poétique ; rejetant tout ce qu'il ne pouvait élever jusqu'à la poésie, il a volontairement laissé dans l'ombre une réalité qui l'aurait gêné, qui aurait assombri son œuvre ; il n'a pris de la vie des paysans que ce qui lui plaisait ; il en parle en fils de baïle, qui a fait des études à l'université de Montpellier ; pour lui comme pour Virgile, les travaux champêtres sont des thèmes poétiques.[216] »

Marc Bernard peut aussi nous parler peinture, surtout lorsqu'il s'agit d'un ami comme le peintre nîmois Lucien Coutaud. Ainsi, dans la *N.R.F.* de juin 1934, il fait un article sur une exposition de gouaches de cet artiste à la galerie Vignon, à Paris, insistant sur ce « bleu Coutaud » (bleu laiteux) :

---

[214] Marc Bernard, critique de *Faubourg de Paris* d'Eugène Dabit, NRF d'août 1933, p. 288.
[215] Marc Bernard, critique de *Le Valet de ferme* de Baptiste Bonnet, NRF de novembre 1934, p. 612.
[216] *Ibid.*, pp. 612-613.

« Tout est silencieux, et le ciel immuablement bleu. De quelque côté que l'on tourne ses regards on ne rencontre au-dessus des maisons, des paysages, que ce bleu de ciel, sans un nuage. [...]

La sensualité passe dans les teintes tendres, monde plein de douceur. Point de chair torturée, ni d'horreur. Les gestes les plus violents, ralentis par cette épaisseur liquide de bleu, ont perdu toute brutalité quand ils touchent au but. Car, même quand les tableaux sont souterrains, le ciel filtre à travers l'épaisseur des murs, des toits, coule dans le théâtre et s'élève dans un coin de la scène, au-dessus des acteurs occupés à répéter.

Mais on sent que le moindre heurt ferait tinter ce monde clair. Déjà les verts pâles, épuisés, résonnent longuement quand une goutte de rouge les touche, et leurs remous n'en finissent plus de frémir. Ce n'est qu'une femme qui marche sous un hangar, ou un pourpoint qui moule le torse puissant d'un homme, mais il n'en faut pas davantage à cet univers léger pour vibrer à l'infini.[217] »

Cette collaboration, d'ailleurs intermittente, à la *N.R.F.* ou à d'autres revues, n'est évidemment pas l'activité que privilégie maintenant Marc Bernard. Celui-ci cherche surtout à poursuivre sa carrière d'écrivain. Nous savons qu'il avait l'intention de donner une suite littéraire à son aventure amoureuse vécue à Nîmes avec Snoes. C'est ce qu'il a fait, sous la forme d'un journal, la femme aimée prenant le prénom fictif d'Anny, héroïne éponyme de ce récit. *Anny* devient donc, sous la plume de Marc Bernard, l'étude psychologique de deux amants qui se désirent et se déchirent sous la violence d'une passion charnelle exacerbée. J'en ai cité précédemment quelques passages. Le livre paraît en 1934. Il est dédié à l'écrivain Jacques Chardonne, ami de Marc Bernard et l'un de nos meilleurs peintres du couple...

Marcel Arland, dans la *N.R.F.* de novembre 1934, fait une bonne critique de ce livre : « [...] ce n'est pas Anny, si réelle qu'elle soit, ce n'est ni le caractère, ni l'histoire d'Anny qui nous touchent le plus, mais cet homme tendre et violent, sensuel, faible, avide, injuste et passionné de justice ; et tout ce qui remue autour de lui et prend les couleurs de sa fièvre ; et cette fièvre surtout, cette profusion d'appels, de désirs, de gestes, ce goût d'étreindre le monde, cette vie, cette chaude humanité. C'est cela qui donne au drame où il s'engage son véritable sens. [...] Pour de tels

---

[217] Marc Bernard, *Gouaches de Lucien Coutaud à la Galerie Vignon*, NRF de juin 1934, p. 901.

hommes [Marc Bernard], le drame commence où il finit chez les autres : à la possession. Loin de les assouvir, elle les exaspère. Nous voilà loin d'une littérature de canapé. Il faut voir en Marc Bernard un des esprits les plus généreux qui soient.[218] »

Par contre, certains « écrivains prolétariens » ou intellectuels de sensibilité communiste ont une autre perception de ce roman : « Avec *Anny*, écrit Paul Adolphe Loffler, Marc Bernard fait un grand virage en s'éloignant de la littérature prolétarienne [...].[219] » En effet, pour certains d'entre eux, dont le chef de file Henry Poulaille, Marc Bernard est devenu un écrivain « bourgeois », sous prétexte que ce roman parle essentiellement d'amour et non de prolétariat, comme si un écrivain issu de la classe ouvrière ne pouvait pas parler de l'amour, ou comme si l'amour était une particularité bourgeoise... Et, facteur aggravant, *Anny* reçoit le prix Interallié ! Les écrivains prolétariens « purs » ne sont pas les seuls à brocarder le Nîmois : Gérard Walter, critique de *Monde* ayant succédé à Marc Bernard, écrit dans cette revue : « [...] l'écrivain « prolétarien » Marc Bernard a résolument emboîté le pas aux écrivains « bourgeois » les plus avérés.[220] »... Jean Fréville, critique littéraire de *L'Humanité*, n'économise pas, lui non plus, ses quolibets. Il écrit dans ce journal, à propos d'*Anny* : « La vie [...] est ramenée aux seuls appétits et aux seuls drames de la chair. Marc Bernard abandonne le terrain des réalités sociales que sa vie de prolétaire lui avait fait connaître, il s'évade dans l'introspection, l'analyse psychologique, le cas individuel, l'érotisme. L'auteur accède à la notoriété bourgeoise en même temps qu'il abandonne toute prétention à la littérature prolétarienne et il gagne les sphères des romanciers à la mode, où l'attend sans doute un beau destin »[221].

Marc Bernard voulait tout simplement être un écrivain libre.

---

[218] Marcel Arland, critique d'*Anny* de Marc Bernard, NRF, 2e semestre 1934, tome XLIII, pp. 764-765. (Carré d'Art Bibliothèque, Nîmes.)
[219] Paul A. Loffler, *Chronique de la littérature prolétarienne française de 1930 à 1933*, op. cit., p. 72.
[220] Gérard Walter, Revue *Monde* du 19/10/1934, p. 10.
[221] Jean Fréville, journal *L'Humanité* du 17/12/1934, p. 4.

3
DU FRONT POPULAIRE
À LA GUERRE D'ESPAGNE

La décennie 1930-1940 dévoile, au fil des ans, un ciel toujours plus sombre. Le suicide, le 2 juin 1930, du dessinateur et peintre Jules Pascin, prince des Années Folles, marquait déjà la fin de ces années d'insouciance et d'excès. À partir de l'automne 1931, la crise financière qui a secoué les États-Unis en 1929 touche notre pays. La France entre à son tour dans une période de dépression : ralentissement de l'activité industrielle, chute des exportations, faillites, chômage, insécurité de l'emploi, difficultés matérielles des familles... À cette fragilisation économique des classes laborieuses s'ajoute une détérioration des conditions de travail : avec la mécanisation de l'industrie, un nouveau type de prolétaire a vu le jour, l'ouvrier spécialisé. La cadence de la chaîne sur laquelle travaille l'ouvrier sans vraie qualification génère lassitude et fatigue physique. À la sortie de l'usine, l'ouvrier revient dans la grisaille de sa banlieue. Marc Bernard a pu observer la tristesse de ces faubourgs lorsqu'il travaillait comme fraiseur dans une fabrique, près de la porte d'Italie : « La banlieue industrielle de Paris avec son amas d'horreurs m'angoissait. Immonde odeur des produits chimiques, des savonneries, des conserveries, prolétariat en haillons, palissades noires, vacarme d'enfer ; c'est dans ces quartiers, qui tenaient du bagne et de la cour des miracles, qu'on nous obligeait à vivre huit ou dix heures par jour.[222] »

À ces difficultés de la vie se greffent une crise intellectuelle et morale (mise en cause de la valeur du progrès, de la confiance en l'homme) et une perte de confiance dans la classe politique. S'agissant de l'idée de faillite des valeurs humanistes, lisons l'ouvrage de Paul Valéry, *Regards sur le monde actuel*, publié en 1931, selon lequel l'homme a créé des instruments (monnaie, technologies, machines...) qu'il ne parvient plus à maîtriser. L'intelligence a failli en développant un progrès dont certains effets pervers échappent à son pouvoir. C'est cet écart entre l'intelligence de l'homme et la démesure de ses inventions qui, selon Valéry, explique la crise de notre civilisation. Dans cette même période, une instabilité ministérielle permanente (la durée moyenne d'un gouvernement est de six mois) entraîne un immobilisme et une impuissance politiques mal ressentis par une population qui attend de ses dirigeants des solutions à ses problèmes quotidiens. Cette incapacité du politique provoque un

---

[222] Marc Bernard, *Salut, camarades*, op. cit., pp. 139-140.

courant d'antiparlementarisme. L'hostilité envers le régime parlementaire auquel on reproche son inefficacité politique est activée par une extrême droite dont les ligues sont devenues particulièrement offensives (« Croix de feu » du colonel de La Roque, « Jeunesses patriotes » de l'Action Française, « Francisme » de Marcel Bucard, « Solidarité française » de Jean Renaud…). Certaines de ces ligues ne cachent pas leur sympathie pour l'Italie de Mussolini.

Un scandale politico-financier va devenir le détonateur d'un mouvement insurrectionnel : l'affaire Stavisky. À la suite d'un détournement de fonds important dont Alexandre Stavisky s'était rendu coupable, il est apparu que celui-ci avait bénéficié, dans cette affaire, de la complaisance de quelques politiciens. Pour les ligues d'extrême droite, qui entretiennent un climat d'agitation, c'est le prétexte pour organiser une manifestation contre la Chambre des députés, accusant les parlementaires de corruption. Le 6 février 1934, alors que le nouveau Président du Conseil, Édouard Daladier, présente son gouvernement à la Chambre et qu'il obtient le vote de confiance à une large majorité, une foule d'environ trente mille personnes envahit la place de la Concorde et cherche à s'approcher du Palais Bourbon. Pour repousser les manifestants, les forces de l'ordre, qui ont essuyé des coups de feu, font usage de leurs armes. Le bilan de cette soirée d'émeute est sévère : une vingtaine de morts et de nombreux blessés. Le lendemain Daladier démissionne ; il est remplacé par Gaston Doumergue qui apaise cet accès de violence en formant un gouvernement d'union nationale, en réalité plutôt orienté à droite. Pour la gauche et les démocrates, il est certain que les ligueurs ont eu des intentions factieuses envers les institutions républicaines. C'est ce que pense André Chamson qui travaillait dans le Cabinet de Daladier. Aussi, dès le lendemain, les syndicats et les forces progressistes et républicaines organisent une riposte au 6 février. Ce sont les grèves et manifestations des 9 et 12 février 1934. Marc Bernard participe à ces journées et va les décrire et les expliquer dans une publication qui paraîtra chez Bernard Grasset en mars 1934 : *Les journées ouvrières des 9 et 12 février*.

La classe ouvrière et tous les démocrates, explique Marc Bernard, ont immédiatement compris la menace que présentaient les événements violents du 6 février :

« [...] tout ce que la France compte d'hommes attachés à un certain idéal démocratique, d'ouvriers attachés à leurs organisations politiques ou syndicales, et qui savent par une longue et douloureuse expérience quelle sorte de gens se sont toujours dressés contre eux avec une haine de classe qui ne désarme jamais, toujours prêts à leur reprendre les quelques avantages, les quelques libertés conquises de haute lutte – ces hommes virent, en apprenant les émeutes de la nuit du 6 février, se préciser une menace qui, ne visant plus le scandale Stavisky lui-même, cherchait à canaliser cette colère pour essayer d'atteindre des buts politiques bien nets. [...] car les hommes d'Action Française [...] ne dissimulaient pas que, derrière cette action immédiate [contre le scandale Stavisky], ce qu'ils visaient c'était le régime républicain lui-même, [...].[223] »

Paris se réveille donc, le 7 février 1934, dans une atmosphère insurrectionnelle. Les partis politiques de gauche et les syndicats lancent des appels à la mobilisation républicaine. « Les journées qui suivent la nuit du 6 février, écrit Marc Bernard, marquent un rassemblement sans cesse plus puissant, qui gagne sans arrêt en profondeur, touchant des masses ouvrières et populaires toujours plus élargies, et qui atteindra à son maximum d'ampleur dans la journée du 12 février dans l'ordre de grève à peu près unanimement suivi, lançant dans la lutte des millions de travailleurs dans la France entière.[224] »

Le Parti Communiste appelle à manifester, place de la République, dans la soirée du 9 février. Marc Bernard nous restitue les affrontements qui opposent manifestants et forces de l'ordre :

« Des abords de la place de la République jusqu'au-delà de la gare de l'Est et du Nord, le long du canal Saint-Martin, boulevard du Temple, boulevard de Strasbourg, rue Saint-Maur où ont été dressées des barricades, c'est une suite d'escarmouches, de corps à corps où souvent des agents durement touchés s'écroulent à côté des manifestants, de charges d'une violence inouïe à quoi les ouvriers répondent avec acharnement. On découvre l'un d'eux tué au bas d'une barricade, la nuque trouée. Un autre piétiné par une charge à cheval, ne parvient plus à se relever.
Sans sommation, à bout portant, les agents tirent dans le tas, sans même descendre de leurs camions parfois. [...]

---

[223] Marc Bernard, *Les journées ouvrières des 9 et 12 février*, Paris, Grasset, 1934, pp. 7-27.
[224] *Ibid.*, p. 26.

Près de la gare de l'Est, où le combat fait rage, les manifestants tiennent pendant longtemps la police en échec, les pavés, les grilles de fonte qui entourent les arbres, leur servant de projectiles, ainsi que la grille de la gare elle-même qui a été arrachée.

La police exaspérée par cette résistance qui ne faiblit pas, lance alors ses gros camions en plein cœur de la foule : des ouvriers roulent sous le choc et l'un d'eux demeure immobile, tandis que le sang s'étend autour de lui. […]

Les brutalités des agents dépassent toute imagination ; ils tombent à une demi-douzaine sur des hommes et même des femmes abattus à coup de matraque et les martèlent de coups de talon.[225] » Le bilan est de 6 manifestants tués et de centaines de blessés.

La CGT prend la décision d'une grève générale, pour 24 heures, à la date du 12 février. Le Parti Socialiste s'associe à cette grève et appelle à manifester, ce jour-là, sur le Cours de Vincennes. « Il entendit répliquer aux désordres du lundi précédent par une manifestation disciplinée qui, par son ampleur, donnerait aux travailleurs réunis sur le Cours de Vincennes le sentiment de leur force et à leurs adversaires cette crainte qui est le commencement, dit-on, de la sagesse.[226] »

Ce 12 février 1934, dès le début de l'après-midi, les manifestants arrivent, nombreux, sur le Cours de Vincennes, « formant d'instant en instant une étendue toujours plus longue, toujours plus large ; on ne tarde pas à s'apercevoir que ce magnifique réveil populaire va dépasser les espoirs les plus favorables, […].[227] ». Le peuple de gauche est présent, dans toutes ses sensibilités, souvent antagonistes ; sont aussi venus des adhérents de la Ligue des Droits de l'Homme, des Radicaux, de simples républicains, des « sans-parti »… Mais ce que l'on ressent, surtout chez les jeunes, c'est un désir de fraternité, d'unité, au-delà des dissensions, souvent violentes, qui opposent par exemple socialistes et communistes. Le cortège socialiste s'avance donc sur le Cours de Vincennes, précédé de ses élus, auxquels se sont joints aussi des communistes et des oppositionnels. Et soudain, relate Marc Bernard présent dans ce cortège :

[225] *Ibid.*, pp. 67-68.
[226] *Ibid.*, p. 72.
[227] *Ibid.*, p.80.

«[…], venant de la place de la Nation, une foule imposante monte le Cours de Vincennes en chantant l'Internationale, précédée de drapeaux rouges.» Comment vont se comporter les deux cortèges ? Vont-ils s'affronter ? «Allons-nous voir, poursuit Marc Bernard, dans des circonstances d'une pareille importance pour notre avenir, des ouvriers socialistes et communistes s'aborder en s'injuriant et en venir aux mains, ainsi que cela s'est produit si fréquemment, hélas ! durant ces dernières années ?» L'écrivain nous fait alors vivre ce moment déterminant pour la suite de ce mouvement populaire : «[...] voici que, rompant enfin cette angoisse, un poing se dresse, non pas pour frapper mais pour saluer par ce geste de volonté de lutte contre l'ennemi commun ; en voici aussitôt dix, cent, mille, des milliers, une forêt de bras qui s'élève, rapide, touffue; entre le vide qui sépare encore les deux groupes – et qui garde encore une valeur de symbole – une formidable clameur monte, monte sans arrêt, arrachée aux entrailles mêmes de ceux qui scandent avec une sorte de foi sauvage, farouche :

- Unité ! Unité d'action !

Elle gronde dans l'avenue qu'elle remplit jusqu'au ciel d'une rumeur d'océan ; elle remonte de rang en rang jusqu'à la fin du cortège, elle s'étend et gagne avec une rapidité de flamme la porte de Vincennes.

C'est fini. Les uns et les autres se précipitent dans l'espace resté vide, roulent en avalanche, se mêlent, et bientôt il n'y a plus là qu'une seule masse confondue.

Un vieil homme, quand le calme est revenu, me dit :

- Ah ! si nous savions continuer dans cette voie !

Je le regarde. Il a un gilet de laine noire, des yeux bleu pâle, sa moustache tremble.

- Oui, camarade, que ne pourrions-nous pas ![228]»

On évalue le nombre de manifestants à cent cinquante mille. «Foule chaude, foule ardente, fraternelle, s'enthousiasme Marc Bernard, qui porte tous les espoirs des meilleurs esprits de cette nation, de ceux qui se refusent à accepter la faillite de l'homme, sa noyade dans les torrents de sang d'une nouvelle guerre plus affreuse encore que tout ce que l'on peut imaginer de plus atroce, ou la détresse incommensurable qui naît de l'excès même des richesses amoncelées autour des usines.[229]» «Une nouvelle guerre plus affreuse encore»... Marc Bernard a ici le pressentiment d'un horizon inquiétant…

[228] *Ibid.*, pp. 86 à 90.
[229] *Ibid.*, p. 92.

Bien que s'étant éloigné du Parti Communiste pour raison de stalinisme, Marc Bernard qui est devenu un « oppositionnel », souhaite, comme l'ensemble des manifestants du 12 février, une unité entre toutes les composantes de la gauche. « Il n'est plus qu'une chance de salut pour nous, écrit-il : c'est celle de l'unité d'action des diverses fractions du prolétariat de ce pays. Jamais cette entente n'avait été d'une urgence aussi dramatique, aussi pressante.[230] » Et, il conclut : « Il [le peuple] a superbement démontré le 12 février que sa foi demeurait intacte, que si ses chefs savaient s'élever jusqu'à lui, le comprendre, le guider dans la voie où il veut s'engager, il n'était aucun renversement de situation dont il n'était capable.[231] » Marc Bernard, à la vue de cet « élan d'énergie » de la classe ouvrière, espère encore en l'accès de celle-ci au pouvoir. Et il semble avoir l'intuition d'un possible gouvernement de gauche dans un proche avenir… Ce 12 février 1934, les masses populaires ont donc jeté les bases d'un mouvement de Front Populaire et le livre de Marc Bernard qui retrace et commente ces événements a pu être considéré comme le premier livre que l'on puisse rattacher à la « littérature du Front Populaire ».

Dans ce climat politique, en mars 1934, sur l'initiative de François Walter, jeune auditeur à la Cour des Comptes et collaborateur de la revue *Europe*, est créé le Comité de Vigilance des Intellectuels Antifascistes (C.V.I.A.). Dans ce comité, qui se met « à la disposition des organisations ouvrières », se retrouvent des intellectuels de gauche de tous bords. Nombreux sont ceux qui y adhèrent (on dénombre 7500 signataires) dont Marc Bernard. En effet, pour de nombreux intellectuels républicains, la menace fasciste, confortée par l'Italie mussolinienne et surtout par l'accession d'Hitler, en janvier 1933, à la Chancellerie allemande, devenait une priorité. Les premières orientations du régime hitlérien étaient préoccupantes et les intellectuels démocrates, auxquels se rattache Marc Bernard, étaient indignés par les atteintes graves aux libertés individuelles et par l'étouffement rapide de la vie intellectuelle et culturelle allemande, dont ces autodafés de livres que le ministre de la Propagande, Joseph Goebbels, avait organisés le 10 mai 1933 dans les villes universitaires allemandes. Des milliers de livres jugés « non conformes à l'esprit allemand », avaient été brûlés ce jour-là. Le C.V.I.A., dans sa volonté de rassemblement, va jouer un rôle actif dans le processus de constitution du Front Populaire.

---

[230] *Ibid.*, p. 120.
[231] *Ibid.*, p. 122.

Ainsi, le 27 juillet 1934, un pacte d'unité d'action est signé entre socialistes et communistes et en octobre le Parti Communiste propose un front commun des forces de gauche, y compris avec les Radicaux...

Un an plus tard, le 14 juillet 1935, la fête de la nation donne lieu à un grand rassemblement populaire, au vélodrome Buffalo, à Paris, au cours de laquelle le parti Radical rejoint les socialistes et les communistes. Dix mille délégués sont venus de toute la France. Les dirigeants des partis politiques de gauche, du parti Radical, des syndicats, de la Ligue des Droits de l'Homme, du Comité de Vigilance des Intellectuels Antifascistes, du Comité pour la paix Amsterdam-Pleyel... y prennent la parole. La foule en liesse scande : « Front populaire ! ». Marc Bernard est dans cette foule où sont présents Henri Barbusse, André Malraux, Jean Guéhenno, Jules Romains... Tous les participants se rallient au discours de clôture qui prend l'aspect d'un serment : « Au nom de tous les partis et groupements de liberté, et des organisations ouvrières et paysannes, au nom du peuple de France, rassemblé aujourd'hui sur toute l'étendue du territoire, nous, représentants mandatés, membres du rassemblement populaire du 14 juillet 1935, animés par la même volonté de donner du pain aux travailleurs, du travail à la jeunesse, et la paix au monde, faisons le serment solennel de rester unis pour désarmer et dissoudre les ligues factieuses, défendre et développer les libertés démocratiques et pour assurer la paix humaine. – Nous le jurons ![232] » « Nous le jurons ! » répond l'ensemble des participants.

« C'est la première fois que le Front populaire montre d'un coup toute sa puissance.[233] » remarque Henri Barbusse. Quelques jours plus tard, celui-ci part à Moscou où il est invité pour le 7e Congrès du Kominterm (Internationale communiste). Mais, amaigri et fatigué par tous les combats qu'il mène pour la paix, la fraternité et la cause de la classe ouvrière, il meurt dans la capitale soviétique, le 30 août 1935. Après les honneurs grandioses que lui rend la Russie, ses obsèques, tout aussi imposantes par la foule qui y assiste, ont lieu, à Paris, le 7 septembre. C'est là aussi l'un des moments solennels qui préludent à l'avènement du Front populaire. Et Marc Bernard pense à ce jour de 1926 où, ayant envoyé deux textes à Barbusse, il avait reçu de celui-ci « une longue et déjà amicale réponse » qui tendait la main au jeune écrivain...

---

[232] Philippe Baudorre, *Barbusse*, Paris, Flammarion, 1995, pp. 385-386.
[233] *Ibid.*, p. 387.

Marc Bernard, toujours en lien très amical avec Jean Paulhan, félicite celui-ci, par un courrier de mai 1935, pour son élection en qualité de conseiller municipal, à Châtenay-Malabry (Hauts-de-Seine), sur la liste S.F.I.O. de Jean Longuet. Chargé des bibliothèques et des questions d'enseignement au conseil municipal, Jean Paulhan « met gracieusement à la disposition de tous les habitants de la commune les dernières revues, les derniers livres parus, et organise chaque mois une conférence suivie de discussion[234] ». Marc Bernard est alors à Nîmes où il passe l'été 1935, en compagnie de son amante, Snoes [Zulma] et de leur fille, Annie. Tout en se gorgeant des plaisirs de la mer, aux Saintes Maries de la Mer, par exemple, il travaille à un prochain livre, peut-être *Rencontres*, un recueil de nouvelles, genre littéraire dans lequel il montre du talent...

Si Marc Bernard poursuit ses travaux d'écriture, il reste présent dans les débats d'idées et les passions idéologiques des années 1930. Il reçoit souvent la visite de ses amis car il a le sens de l'amitié, la vraie, simple, sincère, désintéressée. Jacques Chardonne, qui va s'imposer comme un grand styliste de la langue française, vient le voir dans sa chambre, et il en ressort toujours radieux : « [...], je vais voir Marc Bernard, écrit-il dans *Vivre à Madère* ; il est un des heureux de ce monde, une bonne fée lui a donné un gentil esprit plein de joie et de lumière, comme disait Apollinaire de l'un de ses amis moins fortuné. Il n'est jamais pressé, jamais soucieux ; il loge sous les toits dans une chambre silencieuse ouvrant sur le ciel par une grande lucarne. Cet homme délicieux a quelque chose d'ensoleillé.[235] » Il entretient des liens cordiaux avec Eugène Dabit, dont le premier roman, *L'Hôtel du Nord* (1929), couronné par le prix Populiste, a été remarqué. Il est vrai que des points communs les rapprochent : origine ouvrière, adhésion au groupe des écrivains prolétariens, fidélité à leur classe sociale mais aussi indépendance d'esprit... Voici Eugène Dabit rendant visite à Marc Bernard, rue Campagne-Première :

« Une main légère heurtait doucement la porte. J'allais ouvrir. Je le revois entrer, avec sa frange de cheveux bruns sur le front ; je le revois s'asseoir sur un tabouret, devant la grande baie vitrée qui s'ouvrait sur une cour silencieuse. [...]

---

[234] Extrait d'une lettre de Jean Paulhan, cité dans *Marc Bernard & Jean Paulhan, Correspondance 1928... 1968*, op. cit., p. 117.
[235] Jacques Chardonne, *Vivre à Madère*, Paris, Grasset, 1953, pp. 123-124.

Souvent, un lainage dépassait de sa poche : c'était son maillot de bain. Avant d'aller se jeter dans l'eau de la piscine, Dabit venait me serrer la main.

Il entrait chez moi sans rien heurter, sans changer de place le moindre objet. Et dès qu'il était là vous vous sentiez exactement à sa hauteur. Il est des gens qu'on voit d'en bas, ou d'en haut ; on a l'impression qu'il faudra crier pour qu'ils vous entendent, ou parler à mi-voix, bref, qu'on ne pourra pas être en face d'eux tout à fait naturel. Avec Eugène Dabit, rien de pareil ; il était juste à hauteur d'homme, à votre hauteur. […]

J'avais l'impression […] qu'il était merveilleusement à l'aise dans la vie. […]

Et cette aisance n'était pas le fruit d'un effort, une conquête, mais un don magnifique, qui venait de la légèreté de son sang, d'un équilibre, d'une prudence naturelle, d'un instinct très sûr qui lui faisait éviter tout ce à quoi il aurait pu se déchirer, s'affaiblir. Il glissait.[236] »

Ils parlent littérature, littérature prolétarienne, mais Eugène Dabit évoque souvent les îles Baléares où il aime séjourner. Il vante la beauté de ces lieux, la douceur du climat, la pureté de l'eau et, ce qui n'est pas négligeable pour des écrivains aux revenus modestes, le faible coût de la vie… « - Comment ! dit-il à Marc Bernard, votre père était de Majorque et vous ne connaissez pas les Îles ![237] » C'est ainsi qu'au mois de mars 1936 Marc Bernard se rend aux Baléares. Après un arrêt à Ibiza, « dont les maisons blanches et carrées couvrent la colline », il va à Palma de Mallorca, « la ville aux palmiers ». De là il se hâte vers Soller qu'il découvre « au fond d'une crique, serré entre de hautes montagnes »[238]. En effet, le père de Marc Bernard était originaire de ce petit port majorquin. Dans le cimetière de la commune, il trouve la tombe de ses ancêtres et leurs noms : Bernat-Ferrer. Bernat et non Bernard… « Je ne dois qu'à l'erreur d'un scribe de m'appeler Bernard[239] », précise-t-il. L'erreur d'un employé de l'État Civil aurait ainsi modifié son patronyme… Outre ce lien familial qui le lie à Majorque, cette île séduit Marc Bernard et va devenir, pour lui, un lieu de vacances privilégié.

---

[236] Marc Bernard, *À hauteur d'homme*, op. cit., pp. 34-35-40-41.
[237] *Ibid.*, p. 39.
[238] Marc Bernard, *La conquête de la Méditerranée*, Paris, Gallimard, 1939, p. 7.
[239] *Ibid.*, p. 8.

À cette même époque, Marc Bernard se lie d'amitié avec un écrivain qui vient de publier son premier roman, *La belle lurette* : Henri Calet. Des similitudes rapprochent ces deux jeunes auteurs : une jeunesse chaotique, hasardeuse, la volupté de la rêverie, la passion de l'écriture, une inclination à l'autobiographie, un regard humaniste, le goût de la vie… et leur adhésion au Front populaire. Une amitié profonde et assidue que seule la mort de Calet, en 1956, portera à son terme.

Les élections législatives d'avril-mai 1936 donnent une nette victoire aux partis du Front populaire. Le 4 juin, Léon Blum constitue un ministère socialo-radical comprenant, pour la première fois, un Secrétariat d'État aux Loisirs et aux Sports. Le 7 juin les Accords de Matignon sont signés par les représentants patronaux et ouvriers. Les salariés obtiennent d'importantes avancées sociales : reconnaissance du droit syndical, conventions collectives garantissant les conditions de travail, augmentations de salaire… mais aussi la durée hebdomadaire du travail portée à 40 heures ainsi que deux semaines de congés payés, c'est-à-dire la possibilité pour la classe ouvrière d'accéder au repos, à la détente, au bonheur de partir en vacances. Vacances, terme auquel Marc Bernard donne tant de prix. Ce sera le titre d'une nouvelle qui sera publiée en 1937 dans l'hebdomadaire *Vendredi*, revue de tendance « Front populaire » dont l'un des fondateurs est André Chamson. Dans l'introduction d'un recueil de textes autobiographiques, intitulé lui aussi *Vacances*, qui sera publié chez Grasset en 1953, Marc Bernard nous livre « une affirmation courageuse » :

« Je suis l'homme des vacances. Au stakhanovisme, à la rage de production, à l'engagement, à l'efficacité, j'oppose ma conviction et ma philosophie qu'un seul mot exprime : vacances. Vacances longues, pour tous ; que la terre ne soit plus qu'un lieu de vacances ; que nous revenions à la sagesse des primitifs qui ne se soucient de rien d'autre que de pêche, de chasse et d'amour, à quoi les vacances sont particulièrement propices.[240] »

Et il glisse dans cette introduction quelques réflexions malicieuses : « Quand on voit à quoi mène l'activité des hommes, on se dit que moins ils en feront mieux cela vaudra », ou encore : « Le seul homme d'État qui m'ait jamais été sympathique était le ministre des Loisirs. On n'a pas tardé à le supprimer[241] » (Il s'agit de Léo Lagrange, Secrétaire d'État aux Loisirs et

---

[240] Marc Bernard, *Vacances*, op. cit., p. 7.
[241] *Ibid.*, p. 8.

aux Sports du gouvernement de Front populaire). Il nous précise aussi, se rappelant ses années ouvrières : « Quand nous pensions à l'avenir c'était en termes de vacances ; notre cœur allait à celui qui nous en promettait le plus. Ce que nous voulions trouver au bout de notre route c'était la liberté, le plus de liberté possible.[242] » Il est exact qu'au moment de la formation du gouvernement Blum, l'une des aspirations de la classe ouvrière était le droit au congé. Marc Bernard nous confie, en conclusion : « J'abandonne gloire, puissance et fortune à qui les veut ; je leur préfère la liberté, c'est-à-dire les vacances.[243] »

C'est ce que pense aussi le Comité central de la Ligue des droits de l'homme, lorsqu'il propose, le 10 juin 1936, un « complément à la déclaration des droits de l'homme ». Dans l'article 7 de ce projet, qui en comprend quinze, il affirme : « Le droit à la vie comporte le droit à un travail assez réduit pour laisser des loisirs [...], le droit à la pleine culture intellectuelle, artistique et technique des facultés de chacun.[244] » Marc Bernard, qui milite à la Ligue des droits de l'homme, a-t-il suggéré cet article ?...

Dans le même esprit, André Gide écrivait, en 1935, dans les *Nouvelles Nourritures* : « Je songe à ce que vous pourriez être, loisirs ! Ô jeux spirituels dans la bénédiction de la joie ! Et le travail, le travail même, racheté, réchappé d'une malédiction impie.[245] »

Marc Bernard rejoint alors une organisation culturelle populaire issue du Parti Socialiste : « Mai 36 ». C'est un mouvement dont le but est de permettre à tous, en particulier à la classe ouvrière, d'accéder à la culture. Magdeleine Paz, journaliste à *Vendredi* et responsable de la rubrique littéraire et artistique du *Populaire* en est la cheville ouvrière. Cette association comprend diverses sections : littérature, histoire, arts plastiques, musique, théâtre, cinéma, architecture, urbanisme, sciences... Elle organise des manifestations dans les différents domaines artistiques. Marc Bernard retrouve à la section littéraire de « Mai 36 » des écrivains prolétariens tels que Léon Gerbe, responsable de celle-ci et Édouard Peisson. L'action de « Mai 36 Littéraire » s'est d'ailleurs rattachée à celle du chef de file de la littérature prolétarienne, Henry Poulaille. En effet, en

---

[242] *Ibid.*, p. 9.
[243] *Ibid.*, p. 10.
[244] Pascal Ory, *La belle illusion. Culture et politique sous le signe du Front populaire, 1935-1938*, Paris, Plon, 1994, p. 59.
[245] André Gide, *Les nouvelles nourritures*, Paris, Gallimard, Édit. 1969, p. 254.

mars 1935, celui-ci, avec quelques fidèles disciples, avait créé le « Musée du Soir ». Il s'agit d'une bibliothèque qui sert aussi de salle de réunion pour la tenue de conférences, d'expositions, de rencontres et de débats entre écrivains et lecteurs. C'est un lieu convivial où de nombreux ouvriers et employés viennent prendre goût à la lecture, à la culture. La section littérature de « Mai 36 » s'inscrit donc dans ce sillage.

Maxime Gorki meurt le 18 juin 1936. André Gide, qui vient d'arriver en Russie, invité par les autorités soviétiques, prononce sur la place Rouge l'oraison funèbre du grand écrivain russe, en présence de Staline et du Comité Central du Parti Communiste d'U.R.S.S. Marc Bernard rend un court hommage à Gorki, dans la *N.R.F.* de juillet 1936. Il souligne la force d'écriture que cet écrivain a montrée dans ses premières œuvres, celles où il a mis en scène des « vies perdues » (vagabonds, déclassés sociaux, marginaux…) : « Gorki l'amer ! [Gorki signifie «L'amer» en russe], écrit Marc Bernard. Étrange amertume où tout un peuple est venu boire, puiser des forces, prendre confiance dans l'homme. Ce sens de l'humain ruisselle dans son œuvre, lui donne sa véritable grandeur, où la vie afflue de toute part sous les apparences les plus humbles. Le chantre des vies perdues, […]. Il prend cet homme dans le ruisseau, l'ordure au milieu de ses vomissements, il appuie son oreille contre sa poitrine : son visage s'éclaire ; rien n'est perdu, la seule vie qui soit remue encore là-dedans. Un de plus de sauvé ! C'est ainsi qu'il va, enfoncé jusqu'aux genoux dans ce terreau, prenant son bien autour de lui, ramassant à droite et à gauche pour l'une des plus belles récoltes qu'on ait jamais faites. Maxime Gorki parvint très tôt à une plénitude qui ne pouvait plus être dépassée.[246] » Par contre, le « Gorki » qui, à partir de 1931, devient compagnon de route du régime stalinien et s'oriente vers le roman social officiel pour lequel il démontre beaucoup moins de talent, ne peut que décevoir Marc Bernard…

En juillet 1936, Marc Bernard publie aux Éditions de la *N.R.F.*, sous le titre de *Rencontres*, un recueil de cinq nouvelles. Le livre est dédié à Gaston Gallimard « en témoignage de ma reconnaissante amitié ». La première nouvelle s'intitule d'ailleurs *Amitié*. Deux jeunes hommes, Étienne et Jacques, que lie une amitié profonde, se retrouvent chaque année à Nîmes, au moment de la vendange, pour y participer. Cette année ils viennent travailler dans une cave viticole gardoise. C'est alors que la présence d'une jeune femme, travaillant elle aussi dans cet établissement,

---

[246] Marc Bernard, *Maxime Gorki*, NRF de juillet 1936, pp. 233-234.

vient troubler les deux hommes au point de fragiliser leur amitié. Dans ce texte, Marc Bernard peint avec réalisme et pittoresque quelques scènes de la vie d'une cave. Il nous restitue, par exemple, la force de la fermentation du raisin dans les cuves :

« Les cuves, l'une après l'autre, entrèrent en fermentation. Elles se mirent à bouillonner monstrueusement, brassant une écume rouge, chaude, qui éclatait en grosses bulles à la surface du moût. Derrière les parois de ciment s'élevèrent de grandes rumeurs coupées par de brusques silences ; mais elles reprenaient des profondeurs des cuves où l'on entendait le liquide se soulever, monter en tournoyant, avec des plaintes de vent, des remous de vagues, des explosions de geyser, tout un vacarme puissant et sourd qui retombait sur lui-même pour recommencer à l'infini.

La cave s'emplit d'émanations d'alcool. Bien que l'air pût circuler librement d'une cour dans l'autre, les vapeurs flottaient, chaque jour plus denses, dans l'immense cube de pierre ; leur odeur violente prenait à la gorge, causant aux poumons une espèce de brûlure.[247] »

Marc Bernard est toujours fasciné par le dynamisme de la vie. Mais, dans cette campagne viticole, il est tout autant fasciné par l'alchimie d'une atmosphère :

« De hauts chênes-verts formaient des buissons argentés dans la nuit, séparés par des clairières où poussaient une herbe rase et, çà et là, dans le roc, des touffes serrées de thym. Les ombres, les lumières jouaient dans les feuillages, frontières sans cesse en mouvement.

Les deux amis marchèrent un instant en silence, le front levé : la lune était prise dans un nuage, le seul qu'il y eût, creusé en forme de grotte ; sa lumière frappant les parois flottantes leur donnait l'éclat de la neige, l'apparence d'un marbre pur. Des vapeurs bleues, pareilles à de lentes fumées, passaient devant la lune, ternissant son éclat, comme une haleine chaude éteint le miroitement d'une lame d'acier. Jamais le ciel n'avait été plus près des hommes, et si familier qu'Étienne et Jacques sentirent une grande douceur les gagner ; l'impression qu'ils étaient seuls à jouir de ce spectacle le leur rendait plus cher encore. La rumeur de la journée peu à peu s'apaisa en eux ; il ne restait que cette

---

[247] Marc Bernard, *Rencontres*, Paris, Gallimard, 1936, p. 78.

route libre, cette campagne sauvage, d'où s'élevait parfois le glissement rapide, léger, de la fuite d'un lièvre.

Jacques sauta un étroit ravin, cueillit une touffe de thym et revint sur la route ; portant la plante vers son visage il la respira longuement.[248] »

À la fin de la vendange, après trois semaines d'activité fiévreuse, de chaleur humaine et d'amitié retrouvée, les deux jeunes hommes se quittent, chacun reprenant le chemin de sa vie, mais avec un sentiment de solitude, de vide, ressenti toutefois comme une douce mélancolie. Alors que son ami, Jacques, vient de partir, Étienne « attendait sans espoir qu'un pas, qu'une voix retentît dans le pur silence de ce matin d'automne. […], pour la première fois de sa vie il sentit que son énergie ne lui servait de rien, qu'une part en lui le trahissait, cédait lentement devant la tristesse qui le gagnait, s'abandonnait à cette faiblesse avec délices.[249] » Chez Marc Bernard, les sensations de tristesse distillent parfois un vague d'une certaine douceur.

Les nouvelles suivantes ont des sujets divers : dans *Vacances*, un jeune homme et une jeune femme un soir, sur une plage, vivent un rapport étrange et distant ; la nouvelle *Aux mille couleurs* (nom d'une droguerie de Nîmes), est le récit de l'apprentissage de Marc enfant dans ce commerce ; dans *Découverte* (récit prolétarien), un autre enfant (mais c'est encore Marc Bernard) découvre la misère, l'alcoolisme, la maladie, la démence en compagnie de son oncle, charretier éboueur, qui l'a emmené avec lui pendant son travail ; dans *Crépuscules,* un jeune homme et une jeune fille, tous les deux ouvriers, découvrent l'amour dans la pureté de leurs sentiments et de leur jeunesse, mais leurs collègues d'usine se plairont à détruire cet amour naissant. Ce que l'on retient surtout de chacun de ces récits, au-delà de la richesse humaine qu'ils contiennent, c'est le sentiment de solitude, d'exil intérieur, que ressent le personnage central. Celui-ci se trouve placé dans une tranche de vie où il saisit son risque d'enfermement dans une vie stérilisante. Il en résulte, pour ce personnage, un désir d'évasion, fût-il dans la rêverie…

Alors que le gouvernement de Front populaire engage ses réformes sociales, un autre gouvernement, républicain et lui aussi de rassemblement populaire, celui de l'Espagne, connaît un commencement de soulèvement

---

[248] *Ibid.*, pp. 90-91.
[249] *Ibid.*, p. 122.

militaire déterminé à renverser la République et le gouvernement démocratiquement élu aux élections de février 1936. En effet, le 18 juillet de cette même année, le général Franco prend la tête d'un *pronunciamiento* lancé à partir du Maroc espagnol. Une guerre civile impitoyable va alors déchirer l'Espagne jusqu'en avril 1939. Aux premiers jours de cette guerre, le grand poète et dramaturge espagnol Federico Garcia Lorca est arrêté par des éléments franquistes et fusillé. Il n'avait pourtant jamais participé à la moindre action politique. Nombreux sont alors les écrivains et artistes qui vont s'engager aux côtés des républicains espagnols, les aider, les soutenir intellectuellement et souvent combattre avec eux. Marc Bernard qui a été récemment séduit par l'Espagne, qui a une origine paternelle majorquine et qui est profondément démocrate se positionne lui aussi dans le camp républicain.

Le 22 août 1936, Marc Bernard est bouleversé par la nouvelle de la mort brutale de son ami Eugène Dabit. Celui-ci accompagnait André Gide, avec quelques autres compagnons dont Louis Guilloux, dans ce fameux voyage de Russie où l'auteur des *Nourritures terrestres* avait été invité, avec tous les honneurs, par les autorités soviétiques. Ayant contracté la scarlatine, Eugène Dabit meurt à l'hôpital de Sébastopol, en Crimée, le 21 août 1936. André Gide revient à Paris rapidement, sous le choc lui aussi de cette disparition. Mais au-delà de cette tristesse, l'impression qu'il rapporte de la Russie de Staline le plonge dans un autre désarroi. Il venait de constater, pendant son voyage, que cette révolution d'un peuple, pour laquelle il nourrissait tant d'espoir, était devenue la dictature d'un seul homme, avec l'étouffement social, l'esprit de soumission, le conformisme que ce type de pouvoir génère. Son *Retour de l'U.R.S.S.*, qu'il va publier rapidement dans un souci de vérité, dénonce le régime stalinien. Marc Bernard avait manifesté son rejet du stalinisme, exprimé sa désillusion devant le dévoiement d'une révolution qui avait suscité tant d'espoir, dès 1927 (cf. chapitre II, 1). Les critiques de Gide sont d'ailleurs rapidement confirmées par le « Procès des seize » au cours duquel des bolcheviques de la première heure, dont Zinoviev, Kamenev et quatorze autres compagnons de Lénine, sont jugés pour trahison de façon injustifiée et fusillés. Cette purge se poursuivra jusqu'en 1938, c'est-à-dire jusqu'à l'élimination totale des opposants au dictateur. Cette situation conforte Marc Bernard dans son refus du totalitarisme imposé par le nouveau maître du Kremlin.

À l'automne 1936, Marc Bernard, qui poursuivait sa liaison avec Snoes (Zulma) rompt subitement avec celle-ci, parce qu'elle lui reproche de « vouloir ne rien faire », c'est-à-dire de ne pas vouloir travailler pour gagner sa vie. Alors, écrira Marc Bernard en 1977, « [...] c'était la confirmation, plus nette que jamais, que cette femme ne me comprenait pas, qu'elle était aveugle aux difficultés matérielles auxquelles me condamnait mon goût d'écrire. Dans cet art, tel que je le concevais, il n'y avait aucune place pour la vénalité ; je ne pouvais compter que sur le hasard d'une rencontre avec un public assez nombreux pour me permettre de vivre. Et tout jouait contre moi : l'espacement de mes livres, mon inhabileté à me faire valoir, mon ennui à m'occuper des questions dites matérielles, et un insurmontable malaise dans les rapports humains dès que l'on pourrait croire que j'en veux tirer parti. J'avançais donc au hasard dans une « carrière » qui paraissait ne pouvoir me mener au mieux qu'à une notoriété discrète, non monnayable, peut-être posthume. Je devais me résigner à aller souterrainement durant longtemps.[250] » La rupture est cependant difficilement vécue par Marc Bernard qui était attaché à cette femme « sensuellement et sentimentalement ». Et n'aimait-il pas « son élégance, sa féminité, la grâce avec laquelle elle s'habillait, ses enfantillages, ses étonnements, ses peurs ?[251] » Mais il reste de cet amour-passion la présence d'une enfant, Annie.

En 1936, la radiodiffusion comprend une radio d'État, Paris-P.T.T., et quelques stations émettrices privées dont le nombre est limité par des règlements internationaux. Les postes privés sont souvent liés à la presse écrite : Radio-Cité fonctionne, par exemple, en liaison avec l'équipe dirigeante du journal *L'Intransigeant*.

Ainsi, en septembre 1936, Jean Prouvost, patron de Paris-Soir, demande à Fernand Pouey, l'un de ses journalistes, de travailler à la création d'une station radiophonique qui pourrait commencer à émettre au cours du deuxième semestre 1937. À ce moment-là, dans la radio, dit Fernand Pouey, « tout était à faire ». Celui-ci se lance donc dans l'aventure : il commence par constituer une équipe en faisant appel à des amis des milieux journalistique, artistique, culturel, intellectuel..., ainsi qu'à des hommes « dotés d'une voix agréable et promis à la cabine des speakers[252] ». Il précise qu'à cause de ces derniers « la courbe de

[250] Marc Bernard, *Tout est bien ainsi*, Paris, Gallimard, 1979, p. 91.
[251] *Ibid.*, p. 92.
[252] Fernand Pouey, *Un Ingénu à la Radio*, Paris, Édit. Domat, 1949, p. 27.

vente des bonbons et pâtes pour la gorge monta à la verticale dans les confiseries et pharmacies du quartier[253] ». Parmi ces hommes et femmes qui vont constituer l'équipe de la station de radio, Marc Bernard. «Lorsque j'invitai Bernard à se joindre à nous, écrit Fernand Pouey, j'étais tiraillé par des sentiments contradictoires. Sans doute ne possédait-il pas la fameuse «technique» de la radio, mais il l'acquerrait rapidement et deviendrait un collaborateur de qualité. De cela, j'étais assuré par avance. Un administrateur, pourtant, s'inquiéta : - Vous engagez des poètes ? Ça ne lui semblait pas sérieux. Je le rassurai en lui jurant que Bernard chantait aussi l'opérette. Oui, c'était une recrue de choix. Au surplus, mon amitié se réjouissait d'un coude à coude avec un compagnon cher entre tous.[254] » Fernand Pouey ne regrettera pas d'avoir engagé Marc Bernard.

L'équipe constituée par Fernand Pouey dispose de plusieurs mois pour se former au travail de la radio. Les recrues s'exercent, entre autres, à simuler des interventions radiophoniques :

« - Vous avez lu que le pompier faussement accusé d'avoir empoisonné sa femme avait bénéficié ce matin d'un non-lieu et aussitôt rejoint sa caserne pour reprendre son service. Racontez ça comme si vous y étiez. Allez, à toi, Marc ! [Marc Bernard].
- Quoi ! protestait Marc. Tu voudrais que sur un canevas pareil…
- Mais oui. Ne réfléchis pas. Au micro ! Raconte…[255] »
Marc Bernard doit donc raconter…

La formation est intensive, l'équipe ne connaît pas de répit. Au bout d'une quinzaine de jours, Marc Bernard a déjà perdu deux kilos, d'autres sont fatigués, déprimés, malades,… mais, plus tard, le Nîmois considérera «cette performance comme la plus sensationnelle de sa carrière radiophonique[256] ».

Radio-37 (c'est le nom donné à cet émetteur) est inaugurée le 4 septembre 1937, au 35 de la rue François 1er, par Maurice Chevalier qui fait un discours «rempli de gentillesse et émaillé de chansons». L'illustre chanteur embrasse alors le micro et déclare : «Micro, ô mon filleul, je voudrais que tu ne nous dises jamais que des choses jolies ou des choses

[253] *Ibid.*, p. 26.
[254] *Ibid.*, pp. 44-45.
[255] *Ibid.*, pp. 69-70.
[256] *Ibid.*, p. 70.

agréables.[257] » Les choses ne seront pas toujours ensoleillées, surtout au journal parlé qui s'intitule « *Journal parlé de Paris-Soir* », Radio-37 étant le prolongement de ce quotidien. En effet, à partir de l'automne 1937, l'actualité s'accélère : « Les crises ministérielles se succédaient, écrit Fernand Pouey : ministère Chautemps, deuxième cabinet Léon Blum, ministère Daladier. Hitler annexait l'Autriche. Mussolini, menton en avant, posait pour l'Histoire. Tous deux hurlaient devant le micro des discours de déments.[258] »

Cette expérience de journaliste de radio est pour Marc Bernard agréable et enrichissante. Agréable, parce que l'atmosphère y est amicale et enjouée. Enrichissante, parce que nombreuses seront les personnalités des milieux intellectuel, culturel, artistique (dont la chanson et le music-hall : Maurice Chevalier, Mistinguett…), politique, sportif… qui viendront dans les studios de Radio-37, sans omettre les interviews réalisées en extérieurs, comme celle de Joséphine Baker.

Fin novembre 1937, Marc Bernard sait par le journal *Paris Soir*, dont Radio 37 est l'émanation, que Joséphine Baker va se marier mais que la star de music-hall a choisi, pour cet événement, un village des environs de Paris tenu secret, voulant éviter la présence de nombreux admirateurs et de… journalistes. Le Nîmois possède quelques indices sur le lieu du mariage. Le jour venu, il prend le camion d'enregistrement et part avec l'équipe de techniciens. En cours de route, il demande à quelques personnes des renseignements sur l'endroit où peut avoir lieu le repas de noce. En ajoutant l'intuition qu'il possède, Marc Bernard trouve l'auberge, dans l'Oise, où se déroule le banquet et y entre. Bien des années après, il nous racontera, dans une chronique, comment il a fait l'interview :

« Au fond de la salle, une cinquantaine de convives me regardèrent m'avancer avec une certaine curiosité et un peu de crainte, comme s'ils avaient dit : ça y est, les ennuis commencent. J'allai droit à Joséphine, qui m'examina comme quelqu'un qui pressent qu'il y a de l'entourloupette. Je lui souris, elle me sourit ; je lui dis ce que j'espérais d'elle, qu'elle veuille bien consentir à faire quelques déclarations sur ce qu'elle ressentait en un jour aussi solennel. Pas tellement à vrai dire, car c'était son deuxième ou troisième mariage, mais enfin celui-ci avait l'éclat du neuf.

---

[257] *Ibid.*, p. 71.
[258] *Ibid.*, p. 78.

Joséphine, toujours souriante, se leva, suivie de son mari, qui lui ne me regardait pas avec autant de sympathie, et tous trois nous entrâmes dans le car. Tout de go, je demandai à la star si elle continuerait à faire du music-hall. Sans la moindre hésitation elle me répondit qu'elle y était bien décidée. Son mari était agent de change, qui n'a jamais été un métier de miséreux, et il lui déplaisait profondément que d'autres que lui aient le privilège d'admirer les admirables jambes de Joséphine, et le reste, qui n'était pas moins agréable à détailler d'un fauteuil de premier rang d'orchestre. Une discussion s'engagea et la prise de bec dura deux ou trois minutes. Quand elle fut calmée, montrant le disque qui tournait encore, je demandai : « Je peux ? » Joséphine se mit à rire (si les oiseaux riaient c'est ainsi qu'ils le feraient) et elle me dit « Pourquoi pas ? » avec son accent mi-créole, mi-américain.

C'est ainsi que ce même soir, on put entendre la première scène de ménage de Joséphine. Elle y était aussi bonne que dans ses meilleures chansons, sans fausse note ; sa voix chaude, roulante, faisait tout passer admirablement.[259] »

Le travail à la radio est d'autant plus plaisant que, précise Fernand Pouey : « À la fin de 1937 et au commencement de 1938, on respirait encore cet air de liberté sans lequel il ne saurait y avoir de véritable journalisme, écrit ou parlé. La radio restait libre, hors de la censure ou d'un contrôle quelconque du gouvernement.[260] »

Marc Bernard anime aussi, à Radio-37, avec Henri Calet, une émission littéraire appelée *Le quart d'heure de la Nouvelle Revue Française* et diffusée tous les mardis, à 20 h 45. On y donne des interviews de grands écrivains (Paul Valéry, André Suarès, Paul Claudel...). André Gide et Marc Bernard y évoquent ensemble, en 1938, le souvenir d'Eugène Dabit. Marc Bernard réalise ainsi plusieurs entretiens, dont un avec Paul Claudel, au château de Brangues dans l'Isère, qui s'amorce ainsi :

« M. Bernard : - Maître de quoi voulez-vous que nous parlions ?
P. Claudel : - Mais de ce que vous voudrez mon jeune ami.
M. B. :   - Voulez-vous que nous évoquions la situation politique ?
P. C. :   - Ça ne m'intéresse pas.

---

[259] Marc Bernard, *Deux interviews* (chronique), journal Midi Libre du 02/01/1977.
[260] Fernand Pouey, *Un ingénu à la radio,* op cit,, p. 78.

M. B. :   - De la jeunesse actuelle ?
P. C. :   - C'est un sujet bien rebattu.
M. B. :   - De religion ?
P. C. :   - Tout ce que j'ai à en dire est dans mon œuvre.

Marc Bernard essaie encore deux ou trois échappées, toutes repoussées. Alors, à bout de souffle, il propose : - Eh bien, Maître, voulez-vous me parler de vous ?

En levant haut les bras, Claudel [crie] presque : - Voilà !... Et pendant plus d'une heure, il égrène des souvenirs entrecoupés d'affirmations péremptoires.[261] »...

Parmi les informations internationales que donne Radio-37, il y a celles, préoccupantes, provenant d'Espagne. Le martyre de la ville basque de Guernica en avril 1937, sous les bombes incendiaires, y a été largement commenté. À partir de l'été 1937, la supériorité des franquistes en aviation et en artillerie entraîne, pour les républicains, des défaites successives. En octobre, le nord du pays, avec les villes de Bilbao et Santander, tombe aux mains des « nationaux ». Madrid et la Nouvelle-Castille, l'Aragon, la Catalogne sont les prochaines et ultimes étapes de la prise de pouvoir par celui qui prendra le nom de Caudillo.

Marc Bernard, fervent défenseur des libertés et de la classe ouvrière mais aussi profondément attaché à l'Espagne républicaine, s'émeut, comme tant d'autres intellectuels, du danger totalitaire qui menace ce pays. De nombreux écrivains, journalistes, photographes…, de diverses nationalités, sont ou arrivent en Espagne, pour aider les Républicains : André Malraux, avec sa fameuse escadrille España, Antoine de Saint-Exupéry, Jean Cassou, Louis Aragon, Jean Malaquais, Ilya Ehrenbourg, Arthur Koestler, Ernest Hemingway, John Dos Passos, George Orwell, Gustav Regler (poète allemand), Robert Capa (photographe)…, pour ne citer que quelques-uns. Certains sont correspondants de presse, d'autres servent dans les services d'infirmerie ou sont combattants dans les Brigades internationales. Chacun vient aider la république espagnole, selon ses capacités et son tempérament. Marc Bernard y séjourne lui aussi, à plusieurs reprises, en cette année 1937. Il y est en qualité de journaliste, pour témoigner, mais il prête aussi son concours au camp républicain en

---

[261] Scène rapportée par le Docteur Jean Paradis dans son discours du 23/12/1980, à l'occasion du Jubilé littéraire de Marc Bernard à Nîmes.

parlant le soir à la radio madrilène, pour soutenir le moral des combattants français (environ 9000 hommes).

À Madrid, il fréquente l'hôtel Florida sur la Gran Via, lieu où se rencontrent journalistes, écrivains, poètes, baroudeurs au service de la cause républicaine, de toutes nationalités. C'est un quartier général où l'on parle stratégie, opérations militaires, succès et revers, mais les discussions entre écrivains en font parfois un salon littéraire : dans les deux cas, André Malraux ne manque pas de briller.

Pendant ce séjour espagnol, Marc Bernard reste en relations épistolaires régulières avec Jean Paulhan. Il lui écrit de Barcelone, le 17 mars 1937 : « Me voici installé à Barcelone pour quelques semaines [...]. La vie est extrêmement bon marché ici. Si les avions rebelles ne venaient de temps à autre jeter des bombes, on ne se croirait pas dans un pays en guerre.[...][262] »

De cette guerre, Marc Bernard rapporte des articles ou des instantanés que publient des journaux et revues. À Madrid, il rencontre le général Miaja dans le sous-sol d'un ancien ministère. Cet officier supérieur a la responsabilité de la défense de Madrid alors que des forces franquistes sont positionnées dans sa banlieue. « C'est là, écrit Marc Bernard, dans une espèce de cave transformée en bureau, qu'il reçoit deux fois par jour les journalistes madrilènes. L'un d'eux me présente, et l'entretien paraît devoir être très cordial. Mais je ne sais quel démon me pousse à prononcer le nom de Léon Blum. Aussitôt Miaja se lève, furieux : «Sans Blum nous aurions vaincu depuis longtemps. Mais, tant qu'il restera une poignée de républicains espagnols, nous ne cesserons de combattre. Dites-le-lui de ma part». Et il me marque qu'il considère notre entretien comme terminé.[263] »

De Valence, il écrit : « La ville, dès neuf heures du soir, est plongée dans l'obscurité ; de loin en loin une lampe éclaire faiblement les maisons noires. Des rideaux épais aveuglent les fenêtres. Les tramways, stores baissés, promènent en zigzag des lumières bleues d'hôpital. Mais il arrive, comme ce soir, que le ciel rend inutiles les ruses de l'homme. Une femme et sa fille marchent devant moi. - Quel beau clair de lune ! dit l'enfant. Mais la mère, la tirant par la main contre elle, répond à voix

---

[262] *Marc Bernard & Jean Paulhan, Correspondance 1928...1968*, op. cit., p. 130.
[263] Marc Bernard, *Images d'Espagne, N.R.F.* de décembre 1937, p. 970.

basse : - Chut, tais-toi ![264]» Ou cette autre scène : «Les blessés sont nombreux que l'on rencontre dans la journée, appuyés sur une canne, ou le bras en écharpe. L'un d'eux monte dans le tramway, son pied gauche a été coupé au ras de la cheville. Il ramène avec soin sa jambe blessée sur l'autre où il la tient serrée à deux mains. - Sur le front demande un de mes voisins. ? Le jeune homme hoche la tête ; puis, gêné par le silence des voyageurs qui le regardent, il se met à siffler doucement, les yeux levés au plafond [265]»

En février 1937, Marc Bernard écrit un article sur Barcelone, pour le journal *Vendredi.* En voici deux extraits :

«La population de Barcelone n'a senti les premières atteintes de la guerre que depuis peu, avec les premières cartes de pain et de viande. Les vitrines des magasins sont pleines d'excellentes marchandises et les acheteurs sont nombreux. La semaine dernière, pour la première fois, le canon a tonné au-dessus de Barcelone. Avant-hier, vers dix heures. Nous étions au cinéma quand, derrière la scène, des coups sourds retentirent. - Non, non, me dit mon voisin, la lumière va s'éteindre. Je croyais qu'il plaisantait, quand, en effet, les guirlandes d'ampoules se mirent à trembler, puis elles s'éteignirent. Les spectateurs qui se trouvaient sous la coupole vinrent s'asseoir sous la partie de la salle protégée par le balcon et, durant une heure, nous attendîmes que la lumière revint. Un milicien français de vingt-deux ans, qui serrait contre lui une Espagnole, se mit à chanter des airs de Paris (d'une voix fausse, d'ailleurs). - Pourquoi es-tu venu ici ? demanda la jeune femme, entre deux chansons. - Parce que je suis antifasciste et que c'est mon devoir, répondit le garçon avec un peu d'emphase. - Ces lâches ne viendraient pas durant la journée, face à face (*cara a cara*). Ils attendent la nuit, le moment où les gens dorment, dit son amie. Mais la plupart des spectateurs parlaient d'autre chose, comme s'il se fût agi d'une simple panne d'électricité. De brusques faisceaux de lumière jaillissaient dans la salle, des allumettes flambaient, le ton des conversations montait, tandis qu'au-dessus de nous retentissait le lourd martèlement des canons. [...] Quand la lumière revint, les gens se mirent à applaudir comme des enfants, ils s'interpellaient joyeusement. Un bébé, tout près de moi, dormait dans les bras de sa mère.[266]» La fin de cette scène sur l'image d'un bébé montre que Marc Bernard, même

[264] *Ibid.*, p. 968.
[265] *Ibid.*, p. 969.
[266] Marc Bernard, *Barcelone*, journal *Vendredi* du 26/02/1937.

dans une situation de risques et d'inquiétude, se tourne avec sérénité vers la vie.

« [...], l'hôtel est plein de miliciens, des paysans aragonais pour la plupart, logés aux frais de leur parti : le P.S.U.C. [Parti Socialiste Unifié de Catalogne]. Ils mangent, comme tous les paysans du monde, sans doute, en taillant avec leur couteau des quartiers de pain qu'ils portent lentement à leur bouche. Ils sont là de passage ; les uns partent, d'autres viennent. Ils sont sobres, quand ils quittent la table, les bouteilles de vin ne sont pas vidées, ils sont lourds et calmes. Je suis allé avec l'un d'eux me promener sur le port. Deux bateaux de guerre, battant l'un pavillon français, l'autre pavillon anglais, sont ancrés à un kilomètre ou deux de la plage. Mon milicien a été blessé sur le front de Madrid ; il porte, appuyé sur la hanche, un appareil rond, fait de fil de fer, sur lequel repose sa main prise dans un pansement. Il a des yeux candides et rusés. Il hoche la tête en regardant les deux contre-torpilleurs. «Quand les pirates viennent tirer sur nous, la nuit, ils devraient les chasser. Mais non, ils restent là, où ils ne servent à rien. Eh quoi ! La France n'a pas de cœur, alors ? Qu'est-ce que vous en dites ? Nous nous battons pour elle et elle ne nous aide pas. Quel malheur !» Il me regarde en souriant, un peu inquiet, dirait-on. Il s'explique longuement. Puis : « Voilà ce que nous ferons. Mais la France devrait nous aider un peu. Les autres, en face, veulent la zigouiller. Pendant la guerre, j'ai récolté du blé pour elle. Et maintenant… » De temps à autre, il soulève un peu sa main et fait une grimace. Il a de beaux yeux marron pleins de lumière. Le vent venu du large fait flotter les pans de sa vareuse tandis qu'il marche lentement dans le sable, tête baissée.[267] » La politique de non-intervention de la France, motivée par des considérations de politique intérieure et internationale, déçoit l'Espagne républicaine et ses amis.

Dans cette Barcelone à présent sous la pression des forces allemandes, italiennes et franquistes, c'est-à-dire de tous les dangers, Marc Bernard est mis à l'épreuve des bombardements alors qu'il marche « [...] follement au hasard dans les rues de la ville bombardée, négligeant les abris [...][268] ». Un jour, alors qu'il se promène au bord de la mer, s'enivrant d'une brise légère, son comportement semble suspect à un groupe de miliciens passant à proximité. Ne serait-il pas un espion envoyant des signaux à une présence ennemie venant de la mer ? Dans ce cas il risque d'être fusillé.

---

[267] *Ibid.*
[268] Marc Bernard, *Au fil des jours*, Paris, Gallimard, 1984, p. 128.

Ils le font aussitôt monter dans leur voiture et prennent une direction qui peut annoncer une exécution sommaire. Alors, écrira Marc Bernard plus tard : « Il nous arrive de marcher vers la mort comme si cette fin ne nous concernait pas ; simplement les sons sont devenus plus aigus, les couleurs plus intenses, le temps change de rythme ; les hommes armés, assis à côté de moi en Espagne, sur la banquette de la voiture, fusil à l'épaule, me semblaient irréels.[269] » Au cours des propos échangés, les miliciens comprennent que Marc Bernard n'est pas un agent de la cinquième colonne mais un soutien du camp républicain. Aussi, le libèrent-ils…

En décembre 1938, Franco déclenche une offensive finale en Catalogne, prenant Barcelone fin janvier 1939. Les troupes franquistes remontent vers le nord, poussant devant eux de nombreux fugitifs, dont les autorités républicaines, qui passent la frontière. Le 1er avril 1939, le Caudillo est maître de l'Espagne. Il engage alors une répression brutale contre ceux, hommes et femmes (et leurs enfants) qui étaient aux côtés de la République. Ceux qui ont pu franchir la frontière – environ un demi-million – sont d'abord internés dans des camps, clos de barbelés, installés sur les plages des Pyrénées-Orientales, où certains vont mourir de faim, de froid ou de maladie. D'autres camps s'organisent ensuite dans tout le sud-ouest de la France, puis sur tout le territoire, mais les conditions de vie y demeurent précaires. La misère physique et morale de ces hommes et femmes, dont la seule faute est de s'être battus pour la démocratie, émeut de nombreux Français dont Marc Bernard. La mort du poète espagnol Antonio Machado le 22 février 1939, dans un modeste hôtel de Collioure où il est venu se réfugier, épuisé de fatigue et de désespoir, devient d'ailleurs le symbole de ces républicains exilés.

En 1938, Marc Bernard s'était associé au Comité d'Aide aux Intellectuels Catalans. Avec l'exode massif d'Espagnols fuyant le franquisme, cette organisation se transforme en Centre d'Aide aux Intellectuels d'Espagne. On trouve dans cet organisme, outre Marc Bernard, des écrivains tels qu'André Gide, Henri Calet, Jean Blanzat, Marcel Arland, François Mauriac… La préoccupation première des Espagnols retenus dans les camps est évidemment d'en sortir, pour retrouver non seulement la liberté, mais aussi la famille qui a souvent été dispersée. Mais pour sortir d'un camp, des conditions sont exigées, par exemple s'engager dans l'armée ou trouver du travail. C'est dans ce but qu'intervient ce Centre. Ainsi Marc Bernard parvient à faire sortir d'un camp Joseph Tarradellas,

---

[269] *Ibid.*

député et conseiller de la Généralité de Catalogne. Celui-ci deviendra en 1954 Président de cette Généralité. La victoire de Franco, avec le soutien déterminant de l'Allemagne nazie et de l'Italie fasciste attriste profondément Marc Bernard, ainsi que ces fortes dissensions politiques entre anarchistes, trotskystes et communistes soutenus par Staline, qui n'ont pu que fragiliser le camp républicain.

Dans ces années 1937/1938, nombreuses sont les préoccupations qui interrogent Marc Bernard : sentimentale (sa rupture avec Snoes), professionnelle (trouver le temps d'écrire en dehors des « stupides besognes » auxquelles il doit se résigner pour survivre, telles que des corrections d'épreuves pour des éditeurs), politique (l'échec du Front populaire et ses conséquences idéologiques, peut-être la remise en question de ses propres idéaux, la montée des fascismes, les risques de guerre), matérielle (existence toujours difficile dans une chambre d'hôtel de Montparnasse)...

Poursuivre une carrière d'écrivain, dût-elle ne le conduire qu'à une « notoriété discrète », demeure toujours le but de sa vie. Il écrit des nouvelles, celle que publie par exemple la *N.R.F.* d'août 1937, sous le titre *Les* Étrennes. C'est un vécu familial, restitué dans une veine prolétarienne. Son oncle, éboueur et alcoolique, revient chez lui, un soir de décembre, après sa tournée des foyers pour ses étrennes. Sa femme qui habituellement le méprise et le rudoie, certainement à cause de son éthylisme, démontre, lorsqu'il rapporte de l'argent (son salaire ou dans le cas présent, ses étrennes) beaucoup de gentillesse, même d'affection. Ce soir-là, l'oncle, qui n'est pas dupe du comportement de sa femme, jette sur le sol toutes les pièces de monnaie qu'il a reçues en étrennes, obligeant celle-ci à s'accroupir pour les ramasser une à une. L'enfant (Marc Bernard), qui assiste à cette scène, ressent toute la haine que se portent les deux époux.

En janvier 1939, un essai de Marc Bernard est publié dans la collection « Les Tracts de la *NRF* » de Gallimard : *La Conquête de la Méditerranée*. L'écrivain change de registre : il s'agit d'une étude géopolitique dans laquelle il montre l'importance stratégique qu'accorde l'Allemagne nazie à la Méditerranée occidentale. En approuvant les vues hégémoniques de l'Italie fasciste sur cette mer, des Baléares jusqu'à la Corse et Nice, sans oublier les prétentions de ce pays sur la Tunisie, l'Allemagne vise à un encerclement économique, politique et militaire de la France dans cette région. De l'Espagne de Franco à l'Italie de Mussolini, la France, sur sa façade méditerranéenne, pourrait être isolée et surtout, dans la perspective d'une guerre, gênée dans ses relations maritimes avec ses colonies. Marc Bernard nous expose aussi l'intérêt stratégique que représente, pour les Allemands, la Catalogne : voie importante de communication vers la France, région méditerranéenne la plus occidentale pouvant permettre d'entraver les communications maritimes de la France... Et dans son analyse, le catalan Marc Bernard (par son père) ne manque pas de flatteries pour cette région espagnole :

« [...] Quant à l'art roman, si unanimement répandu en Europe, on peut le considérer comme l'art national de la Catalogne, tant il s'y épanouit avec richesse.

Et c'est au moyen, par le truchement des types spéciaux élaborés en Catalogne, que l'architecture gothique, profane et religieuse, se répandit dans tout le bassin méditerranéen.

Mais il me faudrait parler également des magnifiques sculptures du IVe siècle, des riches retables, des peintures murales qui constituent l'une des plus incomparables richesses de l'art catalan.

Nous n'en finirions pas d'énumérer l'apport catalan au patrimoine artistique européen, à la grange mystique de l'art occidental.[270] »

Après la parenthèse « géopolitique » Marc Bernard revient à ses goûts purement littéraires. Ce même mois de janvier 1939, Radio Paris diffuse une tragédie en trois actes de l'écrivain, *La Puissance*. L'action se déroule en Espagne au XVIe siècle. Le monarque, Philippe, est victime d'une conspiration, qui échouera, fomentée par son secrétaire, Lorenzo, et sa maîtresse, la comtesse Jeanne. Ce texte est intéressant, car il comporte en filigrane le contexte politico-social d'avant- guerre :

• la soif de puissance et de domination (dirigeants de partis et de factions, dictateurs...),

• l'utilisation de la force ; la comtesse Jeanne : « Nous frapperons avec tant de force et de sûreté que pas un n'osera relever la tête. Ce troupeau brillant [la noblesse] n'en est pas moins un troupeau ; que lui importe de paître sous tel ou tel berger si l'herbe est abondante et grasse .[271] »

• le mépris pour le peuple ; Lorenzo : « [...] le peuple ? Je le crois attaché

---

[270] Marc Bernard, *La conquête de la Méditerranée*, op. cit., p. 35.
[271] Marc Bernard, *La Puissance*, Fonds de manuscrits de l'écrivain, Ms 835 / 18.5, Bibliothèque Carré d'Art, Nîmes.

à son roi. » La comtesse Jeanne : « Le peuple n'a pas d'autre volonté que celle qu'on lui forge.[272] »

• une délitescence politique ; Lorenzo : « Ce prince dégénéré les a abâtardis, leur a retiré le goût âpre du risque. Tout traîne mollement en discussions et en querelles stériles.[273] »

• l'écœurement du roi devant cette avidité de pouvoir qui corrompt tant d'hommes, dans cette réplique à son confident, Pierre :

« La lutte se poursuit jusque dans mes appartements. Chacun avec ses armes ; l'un sa bassesse rampante, reptile qui se nourrit de mépris ; l'autre sa beauté, sa douceur pleine d'épines, pareil à ces fleurs vers lesquelles l'enfant avance joyeusement la main et qu'il retire pleine de sang ; celui-ci avec sa droiture et sa noblesse feinte, jeté sur ses calculs et son hypocrisie comme un voile d'or et de pourpre sur la bosse d'un roi ; et cet autre encore, habile à essayer tous les masques, mais son odeur monte, terrible et le dénonce. Je suis entouré de haines. On s'égorge, on se dévore sur chacune de ces marches. Plus près, toujours plus près du pouvoir. L'homme est une bête immonde. Il est des combats qui durent des années, des vies entières, et le vaincu disparaît lentement sous mes yeux dans la gueule du vainqueur. Cette puissance, dont le seul nom les fait trembler d'espoir, comme elle me pèse parfois. Tout ce qui m'approche est corrompu par elle. Que l'on me craigne au moins si l'on ne m'aime pas [...]. Je me sens parfois découragé, Pierre, si... écœuré par ce spectacle. Toutes les valeurs auxquelles j'avais cru, quand nous étions jeunes gens encore, s'effondrent l'une après l'autre. Il m'arrive d'envier la pureté, la sagesse des bêtes.[274] »

Ce sentiment pessimiste de Philippe sur l'homme est bien proche de celui de Marc Bernard, en ce début 1939... Remarquons aussi la fin de cette tragédie : Jeanne, la conspiratrice, meurt frappée par le roi. Philippe libère alors ainsi sa conscience : « Le miroir est brisé qui n'a jamais reflété que ma faiblesse. Déjà ce corps inerte retourne au néant. Jeanne ! Jeanne ! Ce n'est plus qu'un écho lointain. Le charme s'éloigne. Il ne fallait que franchir ce pas. La paix est venue, par des voies à elle, mais la voici. Tout tenait à la chair et s'en va avec elle. Comme je dormirai bien cette nuit.[275] » La mort de Jeanne, héroïne de cette pièce, symbolise-t-elle la rupture définitive de Marc avec Snoes ?

[272] *Ibid.*
[273] *Ibid.*
[274] *Ibid.*
[275] *Ibid.*

Marc Bernard est toujours un grand lecteur, nourri d'œuvres classiques mais qui accorde beaucoup d'attention aux écritures nouvelles. Dans la période de l'entre-deux-guerres, l'œuvre de l'écrivain irlandais James Joyce suscite dans les milieux littéraires, surtout à partir d'*Ulysse* (1929 pour la traduction française), des réactions contrastées, allant de l'exaltation au rejet. Il s'agit, il est vrai, d'une double révolution dans la création littéraire : celle de la donnée romanesque, l'écrivain cherchant la richesse dans l'insignifiance et non dans la présentation de héros et celle du langage, car l'écriture devient une lecture intérieure, une incursion dans le champ de l'inconscient.

L'écrivain nîmois fait partie des admirateurs de Joyce, appréciant les différents aspects de l'œuvre de cet écrivain : une vision mystique de l'homme (tout est dans tout, l'insignifiant révèle le conséquent) ; un réalisme qui jamais ne déprécie ni ne blâme l'homme ; la peinture de tranches de vie, moments forts que l'écrivain restitue par la magie de son art ; l'art qui prend pour matière l'existence, dans son inéluctable quotidienneté... Marc Bernard aime aussi cette technique du monologue intérieur où la pensée du personnage se substitue à la narration, où le personnage se construit en parlant, dévoilant lui-même sa personnalité et ses actes. Il n'est pas non plus insensible à l'abandon, par Joyce, de la narration du roman traditionnel, ainsi qu'à la sobriété du style. Il ressent d'ailleurs, dans cette période, une « haine » pour le « roman conventionnel avec son inévitable couple et son intrigue, son nœud de ficelle[276] ». Et il affirme : « Que Joyce soit l'écrivain le plus important – de loin – de notre époque, voilà à mon sens qui ne fait aucun doute. Son œuvre dépasse de haut les chevaleries de carton, les grâces efficientes ou non, les prêches sociaux, les bergeries, les coucheries. L'Irlandais m'a mené à cette désespérance d'expression d'où sont nés *Les Exilés*, [...].[277] »

Ainsi, Marc Bernard écrit son quatrième roman, *Les Exilés*, sous l'influence de l'œuvre de James Joyce. Il y met en scène de jeunes artistes nîmois qui sont allés tenter leur chance à Paris et qui, après l'échec de leurs espoirs, sont revenus dans leur ville natale. C'est alors qu'ils vivent un drame, celui de ne pas parvenir à s'engager dans une nouvelle existence, provinciale, restant prisonniers de leurs illusions passées. L'un d'eux, William Roustan, artiste peintre, vit, comme d'autres, dans un mazet des collines nîmoises qui porte à juste titre le nom de « Les Exilés ». Cette

---

[276] Cité par Christian Estèbe dans *Petit exercice d'admiration*, op. cit., p. 74.
[277] *Ibid.*

garrigue, brûlée par un soleil d'été, a bien l'aspect d'une terre d'exil. Dans ce paysage de pierres et de lumière blanche, William laisse s'écouler une vie à laquelle il semble ne pas appartenir, d'ailleurs peut-on vivre à la fois dans le passé et dans ce qui est. « Emmuré dans cette forteresse, basse-fosse, dit-il. Si loin de tout. Et de ce monde brûlant même que j'ai choisi. Que j'ai cru choisir. Car, en vérité… Pas de doute. Trahi, certes. La pire des trahisons. La mienne. » Et, poursuit Marc Bernard : « La nudité des murs lui parut tout à coup si misérable que son cœur se mit à battre à grands coups dans sa gorge : cette patiente poursuite de lui-même, l'accord qu'il tentait d'établir avec le monde, sa volonté attentive menaient à cette pièce désolée, à ces murs nus, à ce sol résonnant sur une nappe d'eau corrompue, à ce grand vide tournant, à cette colline brûlée, à ce ciel de nacre. À ce néant.[278] »

C'est alors que William rassemble tous ses dessins et toutes ses toiles et va les déposer dans le jardin, et là :

« […] il entra au milieu des hautes herbes qu'il se mit à arracher à poignées ; les coquelicots s'effeuillaient en larges gouttes brillantes, les pavots venaient avec leurs racines ruisselantes de terre. William joignit au tas d'herbes sèches une branche d'olivier puis, frottant une allumette contre une pierre, il mit le feu. Dans le grand soleil les flammes furent d'abord invisibles ; l'air se mit à trembler autour du brasier, cependant qu'une fumée blanche, épaisse, qui paraissait sortir de la terre même, montait toute droite au centre de l'allée. […]

Alors un à un, comme il eût alimenté de branches mortes un foyer, William jeta dans le brasier fumant les dessins d'abord, les toiles ensuite : les grandes feuilles frémissaient au centre de la colonne laiteuse, puis une tache charbonneuse les attaquait rapidement, s'élargissait et il ne restait bientôt plus que des plaques légères et noires qui, avec des sonorités de métal, se soulevaient dans les flammes.

Immobile, à deux pas du foyer, où se mêlaient l'odeur âpre de l'olivier à celle plus douce de la menthe, Will [William] regardait se changer en fumée et en cendres les plantes et l'œuvre ébauchée, depuis les premiers dessins au trait maladroit jusqu'à la dernière toile. Et jamais sans doute comme à cet instant il n'avait ressenti à quel point il pouvait être étranger à une action qu'il accomplissait avec le plus grand calme apparent, car il y avait des épaisseurs de silence et d'étonnement entre lui et cet acte.[279] »

---

[278] Marc Bernard, *Les Exilés*, Paris, Gallimard, 1939, pp. 199-200.
[279] *Ibid.*, pp. 202-203.

William ressent alors un soulagement, celui de se détacher d'un passé qui avait été un échec. Il semble même se réconcilier avec ce présent qu'il ne parvenait pas à accepter, lui trouver même du goût :

« Quand il tourna son regard vers la vallée, il eut l'impression que rien désormais ne le retranchait du monde qui s'étalait sous ses yeux, […].

Il demeura là à contempler le paysage et, peu à peu, le monde allégé de son manteau de feu se remit à vivre : les cigales, les oiseaux reprirent leurs chants, les collines les plus lointaines apparurent avec une netteté qui tenait du prodige. Le soleil descendit dans la vallée et toutes les couleurs dévorées par la lumière ressurgirent. Will vit alors de longues bandes de ciel d'un bleu pur ou tirant sur le vert se tendre, brillantes et souples, d'une cime à l'autre, et à mesure que le crépuscule avançait, chacune passait par une infinité de perfections, de nuances adorables.

William n'épuisait pas le ravissement que lui donnait ce ciel enchanteur. Pour la première fois il s'abandonna d'un plein consentement à cette oisiveté qui le comblait de tant de richesses que le seul remords qu'il éprouvât était que cet élargissement de lui-même ne fût point assez vaste pour contenir tant de grâces, une telle profusion de magnificences ; mais par un prodige qu'il acceptait avec émerveillement, son pouvoir d'admirer grandissait avec la beauté même du spectacle. De temps à autre pourtant, de crainte de rompre l'accord, il détournait son regard pour l'attacher à des objets plus humbles : la marche d'une fourmi, la palpitation d'un ventre de lézard, étalé sur une brique rouge, le vol tournoyant d'un essaim de guêpes suspendu au cep d'une vigne sauvage.[280] »

Mais cette réconciliation avec sa terre n'est que le présage de sa proche disparition. Dans une dernière angoisse, avant que la mort ne le saisisse, William invoque la vie qui ne lui a servi à rien. Et il appelle aussi, dans un cri qui se perd dans la nuit, cette femme, Edith, qui éprouve de l'amour pour lui et qu'il n'a pas su, non plus, aimer. Ce personnage, qui se révèle par ses monologues intérieurs, qui a une conscience tragique de l'échec de sa vie, qui comprend son risque de réclusion dans un milieu stérilisant et qui erre dans un exil introspectif, est profondément joycien. Le style de l'écriture l'est aussi. Le philosophe Bernard Groethuysen écrit, dans la *N.R.F* d'octobre 1939, donnant une portée plus universelle à cette œuvre : « Le roman de Marc Bernard nous retrace la tragédie de l'existence humaine. Exister, c'est être exilé. Le tragique est au plus profond de nous-mêmes ; il se confond avec notre

---

[280] *Ibid.*, pp. 204-205.

existence.[281] ». Remarquons enfin que le thème du sentiment tragique d'une vie injustifiée – pour William, la création artistique était aussi une façon de « justifier » son existence, son échec dans cette voie privant sa vie de sens – se retrouve dans bien d'autres œuvres contemporaines, dont la plus célèbre est *La Nausée* de Jean-Paul Sartre. *Les Exilés* paraissent au printemps 1939.

---

[281] Bernard Groethuysen, critique de *Les Exilés* de Marc Bernard, N.R.F. d'octobre 1939, p. 642.

Chapitre 5

LES ANNÉES SOMBRES

1
VERS LA GUERRE

Le 12 mars 1938, les troupes allemandes occupent l'Autriche. Le lendemain ce pays devient province allemande. Le 10 avril, l'Anschluss (union austro-allemande) est proclamé. De nombreux autrichiens, hostiles au régime hitlérien ou menacés par celui-ci, vont s'expatrier, surtout, s'agissant des personnes juives, après le pogrom de la Nuit de cristal, survenu en novembre 1938.

C'est ainsi qu'à l'automne 1938, une autrichienne juive âgée de 35 ans, Else Reichmann, docteur ès lettres de l'Université de Vienne, quitte son pays pour aller se réfugier aux États-Unis. Elle passe la frontière en Alsace, illégalement, emportant quelques biens dans une valise. Elle arrive à Paris où elle dispose de quelques heures avant de se diriger vers Le Havre pour embarquer à destination de l'Amérique. Elle met à profit ce temps pour aller au Louvre, passage obligé des esprits cultivés. La voici dans ce musée, admirative devant l'une des magnifiques sculptures hellénistiques : la *Vénus de Milo*. Peut-être ressent-elle devant le parfait équilibre formel de la statue un apaisement au drame de son exil. Peut-être aussi voit-elle, dans l'expression énigmatique du visage de la Vénus, le mystère de cette nouvelle voie que va emprunter sa vie. Car un homme est là, qui va tracer cette voie…

En effet, ce même jour, Marc Bernard a la fantaisie d'aller au Louvre, pour trouver, dans cette période d'assombrissement de la situation internationale, un moment d'évasion esthétique. Et, fruit du hasard, il se trouve devant la statue grecque au même instant que la jeune femme, mais c'est celle-ci qu'il voit, qui l'attire. Leurs regards se croisent, s'attardent l'un dans l'autre. Il est conquis par ses yeux : « [...] ; je n'en avais jamais vu d'un bleu aussi lumineux, d'une telle douceur. Je ne pouvais me résigner à ne plus les voir.[282] » Et il la reconnaît comme la Femme qu'il attend. Comme les surréalistes, qu'il a suivis à ses débuts, Marc Bernard croit en la prédestination amoureuse. André Breton, dans *Arcane 17*, dit à la femme aimée, Elisa : « Tu sais bien

---

[282] Marc Bernard, *La mort de la bien-aimée*, Paris, Gallimard, 1972, p. 10.

qu'en te voyant pour la première fois, c'est sans hésitation que je t'ai reconnue.[283] » Marc Bernard est dans ce même état d'âme, aussi s'efforce-t-il de lui parler et elle lui répond aimablement, mais ils sont hésitants, peut-être même vont-ils poursuivre chacun leur chemin... Au dernier moment une force les pousse l'un vers l'autre, le destin semble les décider : il l'invite à prendre un repas, à se promener dans Paris. Elle accepte, elle retarde son départ pour les États-Unis. Mais lui, il hésite encore, il a peur de « retomber sous le joug » d'une femme comme cela s'était produit avec Snoes... « Et enfin, confiera Marc Bernard, un beau jour, un grand jour, nous avons été amants. Ce fut une fête qui devait durer trente et un ans. Je la désirais comme jamais je n'avais désiré une femme ; [...].[284] » En effet le destin les unit et elle reste en France pour vivre avec lui, malgré le danger antisémite que fait peser l'Allemagne sur l'Europe. Marc et Else commencent leur liaison sentimentale sous des auspices exceptionnels... Et dans l'immédiat, ils vivent à l'hôtel.

Le 3 septembre 1939, après l'entrée des armées allemandes en Pologne, l'Angleterre et la France déclarent la guerre à l'Allemagne. Marc Bernard étant mobilisable, il doit rejoindre, dans les 25 jours, un Service d'infirmerie militaire à Marseille. Dans ce délai, Marc et Else viennent à Nîmes et s'installent dans un mazet familial où ils vivent de façon très simple, même primitive :

« Nous faisions la cuisine en plein air, sur un feu de bois. Puisque le monde allait vers une ère primitive, nous prenions les devants. Accroupis devant les pierres du foyer, soufflants, suants, noirs de fumée, vêtus d'un pagne, nous redevenions sans effort le premier couple.

Nous couchions dans un lit si étroit, si court, que nous ne pouvions y trouver place que sur le flanc, en chien de fusil : tout mouvement nous était interdit. Le matin, pour m'assouplir, je grimpais sur les figuiers des voisins et j'en ramenais des paniers pleins de fruits violets, sucrés, que nous mangions farcis d'amandes.

De l'aube à la nuit chaque jour se déployait, se refermait sur les collines ; ma réserve de liberté s'épuisait rapidement. Au-delà des bois de pins la caserne m'attendait, [...].[285] »

---

[283] André Breton, *Arcane 17*, Paris, Le Livre de Poche n°3123, 2004, pp. 24-25.
[284] Marc Bernard, *La mort de la bien-aimée*, op. cit., p. 12.
[285] Marc Bernard, *Vacances*, op. cit., pp 79-80.

Fin septembre, Marc part pour Marseille où il est incorporé dans la 15e Section d'infirmerie, à la Caserne Percy-au-Rouet, tandis qu'Else reste à Nîmes, dans un mazet, le temps de la «drôle de guerre».

Arrivé à Marseille, Marc Bernard écrit à Jean Paulhan, le 29 septembre 1939 : «Me voici à Marseille pour quelques jours. J'appartiens à un train sanitaire. [...] J'ai passé 25 jours délicieux au mazet [le mois de septembre qu'il vient de passer à Nîmes avec Else]. Comme cette campagne est belle. Nous faisions la cuisine en plein air sous la tonnelle, nus comme des «sauvages». Et que de figues nous avons mangées, des rougettes, les meilleures. C'était moi qui allais les voler au lever du jour, toute glacées, pétant de sucre[286]».

La vie de la caserne, la discipline, les réveils matinaux ne sont pas faits pour lui, qui n'a que la liberté en haute estime. Il préfère aller à la bibliothèque où il lit *L'Histoire de la Révolution* de Michelet, flâner «dans le tumulte du Vieux-Port», dîner dans une gargote grecque «où l'on servait du mouton lauré et des vins violets», guigner «les femmes nues sur le seuil des portes», coucher en ville, parfois faire un saut à Nîmes pour voir Else… Bref, dit Marc Bernard en parlant de soi : «Ce soldat finit par scandaliser». Ses chefs immédiats sont d'ailleurs prêts à en informer leur hiérarchie et, dans la situation de conflit où se trouve la France, une insubordination peut être passible du conseil de guerre.

Marc Bernard a alors une idée qui ne manque pas d'audace : il demande à parler au général. «Ici, précise-t-il, je demande qu'on soupèse le terme : «général». C'est un grade assez élevé dans les corps ordinaires, et l'on sait la distance stellaire qui le sépare du troubade. Multipliez cette distance par cent, et vous aurez à peu de chose près la dimension exacte de l'écart que représentent ces deux termes dans le Service de Santé. Car un général du Service de Santé, permettez-moi de vous dire que ça ne court pas les rues ; ça ne se déplace qu'avec une cour flamboyante, et dans des autos qui ne le sont pas moins ; c'est une sorte de hiérarque, de proconsul de la médecine militaire. Un infirmier [le soldat Marc Bernard en est un] a autant de chance d'apercevoir son général qu'un marchand de quatre-saisons en avait de rencontrer Louis XIV dans les rues de Paris[287].»

Marc Bernard veut donc rencontrer le général. D'antichambres en bureaux, de sous-officiers en officiers, il remonte toute la hiérarchie du

---

[286] *Marc Bernard & Jean Paulhan, Correspondance 1928…1968*, op. cit., p. 148.
[287] *Ibid.*, pp. 85-86.

Service de Santé et parvient jusqu'aux adjoints du général (un groupe de colonels) et au général lui-même auquel il tient à peu près ces propos : - Que sait la nation du Service de Santé ? Rien. Qu'a-t-elle à en apprendre ? Tout. Les Français doivent mieux connaître ce service de l'armée, savoir qu'il sauve des peuples entiers des épidémies en Afrique, qu'il veille à la santé de millions d'hommes mobilisés, etc... Il propose donc au général d'utiliser ses compétences de journaliste (de la presse écrite et parlée) et d'écrivain, ses relations dans ce milieu, pour que les Français aient une meilleure connaissance de ce corps d'armée... «Eh bien alors, qu'il nous apporte un projet écrit», dit le général à ses subordonnés. Marc Bernard confiera que le général paraissait «pris par des soucis plus vastes[288] »... Finalement, le véritable intérêt de cette entrevue avec la plus haute autorité de son corps d'armée est l'ascendant qu'elle lui donne, au point qu'il peut poursuivre une existence de soldat indiscipliné en toute impunité... Quelques mois après, il remet son projet aux adjoints du général mais n'en entendra jamais parler.

Dans cette période de la «Drôle de guerre», Marc Bernard ne manque pas de s'interroger sur la situation politique et morale de notre pays. Il écrit de Marseille, à Jean Paulhan, le 18 décembre 1939 : «À quoi bon faire part à nos amis de nos inquiétudes, de nos faiblesses, je préfère en effet, les instants de bonheur. [...] J'ai toujours souhaité que ma vie soit mêlée à un grand moment de pureté morale. Mais où est la foi ici ? Les valeurs révolutionnaires ou patriotiques paraissent épuisées ; on ne les ranime pas seulement de sa propre volonté.[...] Je crois, je crois en la résurrection. Mais d'où viendra-t-elle ? Rien, à mon sens, ne l'indique. Nous sommes, me semble-t-il, dans une période d'attente. Les événements actuels me paraissent voiler une réalité plus dense, dans quoi nous sommes entrés sans le savoir, et sans le vouloir. Elle seule m'intéresse. Mais il faut mettre en échec à quelque prix que ce soit l'hitlérisme. Sois assuré que, partout où on voudra me placer, je ferai comme on dit en provençal «barri de car[289]». »

Cette lettre révèle les interrogations de Marc Bernard sur les valeurs humaines et sociales qu'il a, jusqu'alors, vivement défendues mais qui lui paraissent, à présent, défaites. Ces doutes ne l'empêchent pas, toutefois, de rejeter sans hésitation l'hitlérisme.

---

[288] *Ibid.*, p. 90.
[289] *Marc Bernard & Jean Paulhan, Correspondance 1928... 1968*, op. cit., p. 151. Expression provençale «Barri de car» : «Rempart de [ma] chair» (p. 152 de cette Correspondance.)

2
UN « GONCOURT »
DANS LA TOURMENTE

Le 13 mai 1940, les Allemands franchissent la Meuse à Sedan. « Tout à partir de là alla très vite, écrira Marc Bernard. Il y eut un énorme craquement dans le Nord, et les garçons blonds coururent dans la France à pas de géants, tandis que villes et villages tombaient comme des pommes.[290] » Un mois plus tard l'armée allemande entre à Paris et le 22 juin le maréchal Pétain accepte les conditions d'armistice imposées par l'Allemagne.

De nombreux écrivains quittent Paris précipitamment pour s'installer dans la zone sud, non occupée, ou à l'étranger. Gide, Aragon, Elsa Triolet, Malraux, Roger Martin du Gard, par exemple, se réfugient sur la Côte-d'Azur. Jules Romain, Maurois, Breton, Soupault, Julien Green, Saint-John Perse vont aux États-Unis... L'intelligentsia parisienne dans son ensemble, à l'exception évidemment des sympathisants avec l'idéologie hitlérienne, fuit l'arrivée de l'armée allemande.

Démobilisé, Marc Bernard revient à Nîmes. Avec Else et sa fille Annie, dont la mère lui a confié la garde, il prend demeure dans un petit appartement d'une vieille maison, au n° 3 de la rue Rangueil, près du boulevard Gambetta. « [...] ; dans les faubourgs industriels de Paris c'eût été un taudis, à Nîmes le soleil, le mistral et l'azur sauvaient tout. Rien de plus joli que la terrassette de briques rouges d'où l'on voyait la garrigue, les greniers pavoisés de linge. Dans l'éclat de la lumière et le frémissement du vent, tout le paysage prenait une allure de guinguette.[291] » C'est en effet un « deux pièces » qui donne sur une cour, mais au-dessus une terrasse offre une vue sur la garrigue nîmoise avec ses pins et ses cyprès. Dans l'immédiat, Nîmes, après le choc de la défaite, semble reprendre vie : « Terrasses des cafés pleines, une excitation partout, un prodigieux pique-nique, un enchevêtrement affolant d'autos autour des Arènes, et le ciel d'un bleu à chanter dans les rues ; une atmosphère de vacances, de fausse sécurité ; la joie de gens qui ont traversé un champ de mines. Pour l'instant l'essentiel était d'être sauf, fût-ce dans une maison en ruines.[292] »

---

[290] *Ibid.*, p. 97.
[291] Marc Bernard, *Vacances*, op. cit., p. 99.
[292] *Ibid.*,

Cependant, pour lui, comme pour tant d'autres intellectuels, comme pour tant de Français, la défaite aussi brutale de la France est un choc. Un traumatisme qui va provoquer chez lui un examen de conscience sévère à l'égard des valeurs humanistes, progressistes et démocratiques. Que sont devenus ses espoirs en une société égalitaire, sociale ? Staline a anéanti son espérance en la révolution russe. Le Front populaire, auquel il avait pleinement adhéré, n'a pas eu le prolongement qu'il attendait. Pendant la guerre d'Espagne, les graves luttes d'influence au sein du camp républicain, la non intervention des démocraties l'avaient profondément déçu. Et qu'avait-il trouvé dans les organisations politiques dont il partageait les idées ? Il l'écrit dans un article courageux publié dans la *N.R.F.* d'octobre 1941 :

« Je me souviens de mon étonnement de découvrir dans les partis révolutionnaires ce à quoi je croyais tourner le dos en les rejoignant. Pas davantage de pureté, de désintéressement, d'altruisme ici qu'ailleurs, mais à coup sûr une volonté de puissance plus hâtive et plus âpre, une fringale terrible, ce qui se conçoit aisément. Je croyais entrer en eau bleue, je trouvais un bouillonnement tumultueux, de gros poissons qui allaient et venaient furieusement, particulièrement avides de se dévorer entre eux. [...] C'est alors que me vinrent mes premiers doutes, que je commençais à pas lents, avec des hésitations, des arrêts, des repentirs, mais d'une démarche qui me paraît sûre aujourd'hui, vers l'homme réel.[293] »

« L'homme réel » ? Autrement dit l'homme politiquement machiavélique, pour lequel le désir de pouvoir est le principal ressort, l'homme égoïste, envieux, opportuniste... Une vision de l'homme particulièrement pessimiste. Devant tant de faiblesse morale, il affirme même que « tout ce qui va dans le sens de la dureté est aujourd'hui hautement souhaitable.[294] » Cette perte de confiance dans les institutions démocratiques montre l'extrême désarroi moral de Marc Bernard qui n'est pourtant pas sans ressentir « l'horreur de l'hitlérisme[295] ». Dans cette vision pessimiste de l'homme, il n'y a que l'amour auquel il accorde encore un peu d'absolu, mais précise-t-il, « sans doute ma dernière illusion[296] ».

---

[293] Marc Bernard, *De l'inégalité*, NRF d'octobre 1941 (tome LV), Bibliothèque Carré d'Art, Nîmes, pp. 417 à 419.
[294] *Ibid.*
[295] *Marc Bernard & Jean Paulhan, Correspondance 1928...1968*, Éditions Claire Paulhan, op. cit., Lettre 128, p. 164.
[296] Marc Bernard, *Vacances*, op. cit., p. 97.

Marc Bernard ne croit donc plus au paradis collectif, mais plutôt à la volonté individuelle. C'est pourquoi il se réfugie dans un individualisme qui lui fait considérer les inégalités comme naturelles, chaque individu pouvant s'affirmer, s'il en a les possibilités et la volonté. « Je n'ai jamais cru une seconde d'ailleurs, écrit-il, que les êtres d'exception fussent jamais empêchés d'atteindre leur but par des difficultés extérieures ; c'est notre faiblesse que nous condamnons lorsque nous accusons les hommes ou le monde.[297] » Ce rejet de l'égalitarisme social que revendiquent les idéologies révolutionnaires, son retournement vers l'homme volontaire, seul artisan de sa réussite, le rapprochent de l'esprit de la Révolution nationale du maréchal Pétain. La pensée du régime de Vichy avait aussi, à ses débuts, quelques aspects pouvant accrocher le « révolté » que demeurait Marc Bernard : l'éloge des humbles, la contestation du capitalisme privé et de la société bourgeoise par exemple. Il voit même un capitalisme d'état se substituer aux entreprises privées. Bien d'autres, tel que le philosophe Alain, humaniste, promoteur en 1934 du Comité des intellectuels contre le fascisme, grand défenseur des libertés et maître à penser de plusieurs générations, ne sont pas insensibles à certaines idées du maréchal... Gide lui-même ne choque-t-il pas lorsqu'il écrit dans son journal de 1940, citant Goethe : « Composer avec l'ennemi d'hier, ce n'est pas lâcheté mais sagesse ».

Marc Bernard, sa fille et Else commencent cette période de la guerre dans une situation matérielle difficile. Dans la désorganisation des médias et de la culture que vient de provoquer l'occupation allemande, il se trouve, comme d'autres hommes de plume, privé des ressources que pourrait lui apporter l'écriture (articles, publications...).

Pendant l'été 1940, Jean Paulhan essaie de convaincre Gaston Gallimard de faire reparaître la *N.R.F.* dans le sud de la France. Le sort de cette revue se réglera, en réalité, au cours de la rencontre, le 20 août 1940, de Drieu La Rochelle avec l'ambassadeur d'Allemagne Otto Abetz, celui-ci souhaitant que cet écrivain, qui est un ami de l'Allemagne hitlérienne, prenne la direction de la *N.R.F.* Otto Abetz veut utiliser l'influence intellectuelle de cette revue pour en faire un organe prestigieux de la collaboration culturelle entre la France et l'Allemagne. En contrepartie d'une *N.R.F.* « germanisée », l'occupant laisse à Gaston Gallimard la direction de sa maison d'édition. Marc Bernard, qui recherche une activité pouvant lui apporter quelques subsides, a l'idée de créer un hebdomadaire

---

[297] Marc Bernard, *De l'inégalité,* NRF, op. cit., p. 414.

dont le titre serait *Renaissance* et que les Éditions Gallimard pourraient publier en zone libre. Ce projet n'a pas l'assentiment de Gaston Gallimard. De son côté, Jean Paulhan envisage de faire reparaître la revue *Mesures*, dont il s'occupait. C'était une publication de littérature pure, qui accordait une large place aux Lettres étrangères, dont la littérature allemande. L'occupant devrait donc l'autoriser. Pour faire reparaître *Mesures*, Jean Paulhan pense à Nîmes ou Carcassonne. Marc Bernard, qui essaie de le décider pour Nîmes, lui écrit, le 31 juillet 1940 : «Pourquoi ne venez-vous pas ici ? Il y a d'excellentes imprimeries. La ville [Nîmes] est adorable. Nous pouvons en faire un centre intellectuel. Je me charge des locaux, appartements, imprimeurs, etc.[298]» Le mécène américain Henry Church soutient ce projet. Mais la difficulté de faire venir des fonds américains à l'insu des autorités vichyssoises (une aide financière américaine serait suspecte à leurs yeux) fait abandonner ce projet.

Privé d'activité, Marc Bernard se trouve sans ressources, c'est-à-dire dans une situation de pauvreté. «Nous vivions [...] comme des naufragés ; de temps à autre, nous jetions quelques frusques à la mer, ou une broche. Les reconnaissances du Mont-de-piété avaient l'épaisseur d'un livre.[299]» Par chance, l'épicière du quartier, qui a de l'admiration pour l'écrivain, lui accorde un crédit illimité. Et la vieille dame qui leur loue le «deux pièces» n'est pas trop exigeante sur la régularité du paiement des termes, même si, un jour, venant réclamer son loyer, Else a cette audacieuse parade : «Et moi qui voulais vous emprunter de l'argent». La vieille dame, déconcertée, se laisse tomber sur une chaise, puis se relève et part en proférant : «Eh ben, par exemple ! Si je m'attendais à celle-là ! Vous en avez du toupet ! [...] Eh ben, eh ben...[300]» Pour avoir quelques ressources, Marc Bernard rejoint à Cannes son ami René Rouveret pour le seconder dans l'organisation de promenades ou de parties de pêche en mer à bord du voilier «Le Muscadet». Il fait aussi les vendanges dans les vignobles gardois.

À ce dénuement s'ajoutent les privations, qu'impose la guerre à tous les citadins : le rationnement et la cherté des denrées alimentaires, la pénurie des produits de base, les longues queues devant les magasins pour de maigres achats. Marc Bernard assiste parfois aux ventes en gros

---

[298] *Marc Bernard & Jean Paulhan, Correspondance 1928... 1968*, Éditions Claire Paulhan, op. cit., Lettre 129, p. 167.
[299] Marc Bernard, *Vacances*, op. cit., p. 99.
[300] *Ibid.*, pp. 102-103.

du marché Saint-Charles : « Là où les corbeilles couvraient jadis le carreau entier de leurs fruits et de leurs légumes, il n'y avait plus que quelques salades flétries ou le pâle rutabaga. Un pied sur le trottoir, pareils à des coureurs, les épiciers attendaient le coup de cloche ; à peine avait-il retenti, qu'ils se jetaient en avant, le bras tendu vers une corbeille que les plus vifs atteignaient d'abord et sur laquelle ils se couchaient pour la protéger de leur corps. Un moine, rond et court, économe du couvent des Bénédictins, retroussait son froc et filait comme une balle, gagnant à tous coups. Que de fois les ai-je vus, ces héroïques épiciers, passer dans la rue avec leur veste ou leur chemise en lambeaux, tels des corsaires rentrant d'un abordage[301] »

Dans cette chute, il y a des moments d'évasion et de bonheur. Dans une situation incommode Marc Bernard sait toujours cueillir les douceurs de la vie. À Nîmes, il y a la garrigue, cette nature parfois un peu âpre, mais qui a toujours été, pour lui, source de plaisirs et de liberté. Il suffit de remonter la rue Rangueil pour y pénétrer :

« Entre deux alertes nous allions dans la garrigue ; partis dès après déjeuner, nous ne rentrions qu'à la tombée de la nuit. [...] les collines avaient une lumière plus fraîche que celle qui sépara pour la première fois le jour d'avec la nuit ; les cyprès ployaient dans le vent avec une grâce que je ne leur avais jamais connue. La liberté était partout, dans la source et le vent, sur la route et dans l'hermas où, à l'abri d'une murette, nous nous reposions au cagnard, tandis que des nuages blancs passaient tout près de nous, emportés dans un ciel immense et bleu.

Tout demeurait incertain, menaçant, mais le paysage qui descendait vers la plaine, avec sa végétation serrée de chênes-verts, guère plus haut que des broussailles et que dominaient çà et là la cime arrondie d'un pin ou la pointe dure d'un cyprès, et ce grand vide au-dessus de nous, et la blancheur des carrières, tout cela nous était donné une fois encore dans une pureté de création du monde.[302] »

Et lui, l'amoureux de la vie, de la vie simple, ne peut, dans ce contexte de guerre, que penser à la génération sacrifiée de 14-18 : « Ma joie ne m'appartenait pas seulement ; des millions d'hommes jeunes, et qui ne souhaitaient que de vivre, trente ans plus tôt, la partageaient ; ils l'eussent ressentie avec le même élan si on leur avait dit soudain, jadis : allez et

---

[301] *Ibid.*, pp. 100-101.
[302] *Ibid.*, pp. 103-104.

vivez. Ils auraient eu même légèreté pour courir dans la garrigue, et même bonheur à poser leurs mains sur un mur de pierres sèches chaudes de soleil, quand ils se seraient allongés sur la source et qu'ils auraient vu leur image et quand ils auraient approché leurs lèvres de la surface glacée. Tout aurait été pour eux aussi étonnements et merveilles : le lapin qui trotte dans un clair, le merle qui siffle dans un amandier et les canards sauvages qui, en formation de triangle, retournaient d'un vol rapide vers leurs marais de Camargue.[303] » Marc Bernard exalte toujours la vie, peut-être même à n'importe quel prix.

Outre ces difficultés matérielles, la compagne de Marc Bernard, Else Reichmann, est menacée par les mesures antisémites. Comme partout en France, un recensement des membres de la communauté juive, ainsi que des réfugiés juifs, à Nîmes et dans le Gard, est réalisé par les services préfectoraux. Le préfet du Gard, Angelo Chiappe, qui a pris son poste en septembre 1940, est un zélé serviteur de Vichy. Il va appliquer sans aucun scrupule la politique de collaboration avec l'Allemagne. Nîmes est donc une ville très surveillée.

Dans ce climat d'insécurité, Marc et Else se marient, à la mairie de Nîmes, le 18 juillet 1940, Julien Benda étant personnellement intervenu auprès du Ministère de l'Intérieur pour régulariser la situation administrative de la mariée[304]. Les deux futurs époux y viennent à bicyclette, elle en amazone sur le cadre, accompagnés de leur chienne Niquette qui leur sert de « premier témoin ». Ils prennent l'apéritif avec leurs deux témoins et retournent chez eux comme ils sont venus. Else a maintenant le nom de Bernard. C'est plus prudent. Mais une épreuve attend le couple : peu après leur mariage, Else va perdre à la naissance l'enfant qu'elle attendait.

Il existe à Nîmes, pendant ces années de guerre, un cercle d'hommes de lettres qui se rencontrent régulièrement dans certains cafés, parmi lesquels le Café de Paris, près de la Maison Carrée, ou le Grand Café, devant l'Esplanade. On y voit Maurice Noël, directeur du *Figaro Littéraire*, Henri Mazel, romancier, et Marcel Coulon, écrivain et critique littéraire, tous les deux collaborateurs au *Mercure de France*, Pourtal de la Devèze, un jeune poète, Léo Larguier, poète, dramaturge et mémorialiste, membre

---

[303] *Ibid.*, p. 104.
[304] Julien Benda (1867-1956), écrivain, essayiste et polémiste français, interviendra auprès du Ministère de l'Intérieur en faveur du mariage de Marc et d'Else. En effet, la situation administrative de celle-ci n'était pas encore régularisée. (Source : *Marc Bernard & Jean Paulhan, Correspondance 1928... 1968*, op. cit., p. 157.)

de l'Académie Goncourt, François de Roux, romancier qui avait manqué de peu le prix Goncourt en 1938, Georges Martin, poète et majoral du Félibrige... Marc Bernard se joint souvent à ces écrivains. Il rencontre aussi des personnages troubles, tel ce mystérieux « Monsieur Denis », qui, selon son souvenir, avait été rédacteur en chef d'un hebdomadaire parisien. Allemand mais Français de cœur, agent double condamné à mort par son pays, cet homme à la fois secret et extravagant exerce une étrange fascination sur Marc Bernard dont il se fait l'ami et le confident. Arrêté par la Gestapo qui le recherchait, « Monsieur Denis » se suicide dans sa cellule de la Maison d'Arrêt de Nîmes. Dans le portrait saisissant qu'il fait de cet homme, daté du 16 décembre 1943, Marc Bernard restitue avec réalisme toute l'ambiguïté du comportement des hommes de l'ombre.[305]

Dans ce quotidien inquiétant, un jour de 1941, Else reçoit une carte de sa mère restée à Vienne. La vieille dame, invalide, pensait qu'elle n'avait rien à craindre de quelque régime que ce fût. Sa carte finissait par ces mots : « On frappe à la porte. On vient me chercher[306] ». Elle avait pu envoyer ce dernier message et Else ne reverra plus sa mère. « Rien ne témoigna du trouble d'Else, écrira Marc Bernard, sinon une espèce de nuit qui tomba sur son visage.[307] » Cet événement douloureux ne manque pas d'interroger la tendance maréchaliste de Marc Bernard.

Ainsi, pris dans les passions idéologiques de la guerre, se posant des questions de conscience sur sa sympathie envers le régime de Vichy, sur son reniement des valeurs humaines qu'il a si longtemps défendues mais qui lui paraissent maintenant « infectées de mollesse, d'irréalité, sans aucun rapport avec l'homme véritable[308] », Marc Bernard essaie d'apaiser cette agitation de l'âme par la lecture et, bien sûr, l'écriture. Remarquons que ses choix ne sont pas toujours sans lien avec ses pensées présentes. Il lit ainsi la *Divine Comédie* de Dante Alighieri. « C'est dur mais quelle joie parfois », écrit-il à Jean Paulhan en octobre 1941[309]. La puissance d'évocation que contient *L'Enfer* le fascine. Mais c'est « l'Enfer », qui montre l'homme dans ses faiblesses, ses cruautés, ses perfidies, ses appétits égoïstes... N'est-ce pas là le regard pessimiste qu'il porte à présent sur l'homme ?

---

[305] Marc Bernard, *Portrait de M. Denis* dans *Vert-et-argent*, Paris, Gallimard, 1945, pp. 181 et suivantes.

[306] Marc Bernard, *La mort de la bien-aimée*, op. cit., p. 18.

[307] I*bid.*

[308] Marc Bernard, *Vacances*, op. cit., p. 108.

[309] *Marc Bernard & Jean Paulhan, Correspondance 1928... 1968*, op. cit., Lettre 137, p. 176.

Bien sûr, au-delà de l'Enfer, il y a *Le Paradis*, message d'espoir et d'amour, et chez Marc Bernard il y a aussi la force de l'espérance. Il travaille donc à une adaptation (pour la radio ?) de quelques chants de *L'Enfer* et du *Paradis*. Les damnés de l'enfer, qu'il met en scène, sont des hommes qui ont montré, au cours de leur vie, de la lâcheté, de la faiblesse, du manque de volonté et de courage... Ils sont le contraire de l'homme volontaire, déterminé, qui a actuellement la faveur de Marc Bernard. La séquence concernant *Le Paradis* ne manque pas, non plus, d'intérêt : lorsque Dante parcours les sphères de cet empyrée, il rencontre un vieillard d'allure noble, du nom de Cacciaguida, qui se présente comme son trisaïeul. Les âmes du Paradis ayant le don de prescience, Dante demande à son ancêtre de lui dévoiler les épreuves à venir, qu'il redoute. Cacciaguida lui révèle alors son exil prochain de Florence : « Voici ce que je puis te dire : tu quitteras Florence, poursuivi par tes ennemis, et tu devras abandonner dans ta fuite ce que tu as de plus cher. » « Oui, répond alors Dante, je vois maintenant, ô mon père, combien l'avenir qui m'attend sera douloureux. Mais ne l'aurait-il pas été plus encore si j'en avais été dans l'ignorance. Aussi je vais faire provision de prévoyance, afin que, puisque j'ai perdu ma patrie, la violence et la franchise de mes poèmes ne me ferment point les portes de lieux où je pourrai, exilé, trouver refuge. Car dans le fabuleux voyage que j'ai entrepris, et qui m'a conduit de l'Enfer jusqu'à cet univers de vives et chantantes lumières, j'ai appris bien des choses qui blesseront bien des gens si j'ose les redire. Mais d'autre part, si mes vers n'ont pas la hardiesse ni la vigueur que je souhaite de leur donner, je crains de ne pas prendre place parmi ceux dont le nom est immortel. » Propos que confirme Cacciaguida : « Sans doute, toute conscience coupable sera atteinte par la violence de ton langage ; n'en montre pas moins ta vision en toute clarté. Tes cris seront pareils au vent quand il frappe les hautes montagnes.[310] » Marc Bernard a certainement écrit ce dialogue, adaptation fidèle d'un passage du dix-septième chant du *Paradis*, en correspondance avec son vécu et peut-être avec le sens de la prémonition.

Pour sortir de ces sombres pensées, il y a mieux encore : s'abandonner à la flânerie dans le cœur de cette ville de Nîmes où il vivait avec sa mère, il y a une trentaine d'années. Cette immersion dans le monde de son enfance, fait de pureté, de spontanéité, de joies simples, de découverte de la vie et surtout d'amour maternel, lui apporte rapidement l'apaisement moral dont il avait besoin. Et, au hasard de ses promenades dans ce

---

[310] Marc Bernard, adaptation de quelques chants de la *Divine Comédie* de Dante Alighieri, Fonds de manuscrits de l'écrivain, Ms 835/11.1, Bibliothèque Carré d'Art, Nîmes.

quartier de la cathédrale, tout un petit peuple de boutiquiers, d'artisans, d'hommes et de femmes maintenant disparus, reprend vie, s'approche de lui, s'adresse à lui, et l'écrivain prolétarien qu'il a été ressent alors comme un devoir d'écrire ces existences simples, « de tenter de montrer que toute vie, fût-ce la plus humble, comme disent certains, est aussi complexe, aussi riche que celles de ceux qui paradent sous des feux plus vifs ; que le derrière de la scène est plein d'une foule qui, vue de loin, paraît n'avoir qu'un seul masque énorme et grossier, mais si l'on s'en rapproche, si l'on sait regarder, tout devient aussi fin dans chacun de ces êtres que chez les acteurs les plus brillants.[311] »

Et sur le devant de la scène, bien sûr, sa mère, morte à 51 ans alors qu'il n'en avait pas encore 14, épuisée par son travail de lavandière, cette mère dont il a reçu tant de chaleur et d'amour, c'est-à-dire tant de richesses : « [...] soudain je n'entendais, je ne voyais qu'elle, avec sa mèche qui lui descendait obstinément sur le front, ses grandes enjambées quand elle était en colère, ses rires qui éclataient au milieu d'une phrase commencée avec humeur, et si vivante, si diverse que j'avais peine à la suivre parfois. » Et l'écrivain conclut : « J'étais à l'aise et heureux parmi les miens, ceux qui parlaient ma langue.[312] »

C'est ainsi que Marc Bernard écrit, dès l'automne 1940, l'histoire de son enfance nîmoise, jusqu'à l'âge d'environ 12 ans. Nous avons vu vivre cet enfant au chapitre I. Il donne à ce livre le titre de *Pareils à des enfants...* Le roman est dédié à « Barbara et Henry Church, qui servent avec tant de noblesse les lettres françaises ». Ces mécènes américains soutenaient en effet la vie littéraire française (financement de la revue *Mesures*) et aidaient matériellement des écrivains en difficulté, dont Marc Bernard. Ce récit plaît à Jean Paulhan et Gallimard le publie fin 1941.

Dans le numéro du 7 mars 1942 de la revue *Comœdia*, Marcel Arland fait une critique élogieuse de *Pareils à des enfants...*, dans laquelle on peut lire : « [...] C'est, et de beaucoup, le meilleur livre de Marc Bernard, et c'est un des plus beaux qui aient paru au cours de ces dernières années. Il s'agit là de souvenirs d'enfance. On connaît du reste les écueils du genre : la facilité, la complaisance, la transfiguration poétique. Que de tentations pour l'auteur ! Celle de porter dans le passé sa figure présente et d'y poser les assises de sa légende, celle de s'attarder aux mille riens

[311] Marc Bernard, *Vacances*, op. cit., pp. 110 à 112.
[312] *Ibid.*

qui l'attendrissent et n'ont de prix qu'à ses yeux. Mais ces dangers, il me semble bien que Marc Bernard a su les éviter ; rien ne lasse, rien n'agace ni ne choque dans son livre. Ce qu'il dit a l'accent du vrai. Et certes, il a dû faire un choix parmi ses souvenirs ; tout semble dit pourtant, et le plus difficile. C'est qu'il n'y a pas d'attitude plus simple que la sienne ; nul parti pris, nulle gloriole, mais nulle honte. […] Mais pas un instant, l'auteur cède au romantisme de la misère ; il n'y a dans sa voix ni déclamation ni complainte ; on ne sent en lui pas la moindre trace d'amertume. Qu'il peigne un cordonnier, un garçon de ferme, un ivrogne, qu'il retrace une scène de rue ou de ménage, il y apporte un sûr réalisme mais aussi tant de tendresse que ses traits les plus nets et les plus audacieux gardent encore je ne sais quelle chaude innocence. […] Je ne sais si un fils a mieux parlé de sa mère que ne fait ici Marc Bernard ; et je ne crois pas que l'on puisse se montrer en même temps plus lucide et plus aimant. C'est une belle histoire d'amour que celle de cette mère et de cet enfant. […][313] »

Fin décembre 1942, un jeune poète nîmois, Georges Martin, entre tout essoufflé au domicile de Marc Bernard, et annonce à celui-ci qu'il est lauréat du prix Goncourt, nouvelle qu'il vient d'apprendre à la radio... « Je n'avais aucun espoir raisonné d'être lauréat, confiera plus tard Marc Bernard au journal *Midi Libre*. Aussi ma première réaction fût-elle l'étonnement, puis, bien entendu, le plaisir.[314] » *Pareils à des enfants...* remporte le Goncourt par 7 voix, celles de Rosny Jeune, Benjamin, Guitry, La Varende, Carco, Dorgelès et Larguier (1 voix va à Germaine Beaumont pour *Du côté d'où viendra le jour* et 2 à Lucien Rebatet pour *Les Décombres*). Le jury du Goncourt était partagé en deux camps, l'un pro-collaborationniste avec le clan Benjamin-Guitry, l'autre plutôt républicain avec Larguier et Dorgelès. Il a pu y avoir un échange de bons procédés entre ces deux camps : le candidat du clan Benjamin-Guitry, Jean Tharaud, auquel se ralliaient Dorgelès et Larguier, ayant exprimé son souhait de ne pas être lauréat, Léo Larguier a alors proposé le nom de Marc Bernard. D'autre part, outre la qualité de l'écriture de *Pareils à des enfants...*, l'esprit du livre (enfance pauvre mais ensoleillée d'amour maternel et de bonne humeur, années 1910 et non période contemporaine) a pu aussi contribuer à rassembler les deux camps.

---

[313] Marcel Arland, critique de *Pareils à des enfants...* de Marc Bernard, Revue *Comœdia* n° 37, du 7 mars 1942, p. 2.

[314] Journal *Midi Libre* du 15/11/1975, *Le Goncourt vécu et raconté par trois lauréats langue-dociens.*

Pour Marc Bernard, c'est une consécration. Malheureusement la guerre n'est pas propice à l'édition, le papier étant contingenté de façon contraignante. L'Académie Goncourt, en la personne de son président, Rosny Jeune, intervient auprès des autorités françaises pour obtenir une attribution spéciale de papier pour la réimpression du livre qu'elle vient de couronner. D'autre part, fin 1942, les Français accordent plus d'attention aux difficultés de leur quotidien, qui se sont aggravées, qu'aux prix littéraires... Cette même année, Louis Guilloux, ayant lui aussi appartenu au Groupe des écrivains prolétariens, obtient le prix populiste pour le récit de son enfance, *Le pain des rêves*. En 1943, allait paraître à New York *Le Petit Prince* de Saint Exupéry, un conte pour enfants qui connaîtra un immense succès. L'évasion vers l'enfance est peut-être le moyen d'échapper aux angoisses du temps.

Avec l'argent qu'il reçoit de son éditeur, Marc Bernard peut mieux se loger, dans un mazet agréable du quartier Rouget de Lisle. C'est un quartier qui s'élève vers la garrigue. Dans une lettre du 10 décembre 1943 à Jean Paulhan, Marc Bernard décrit la vue dont il jouit des hauteurs de la ville où il réside : « Me voici levé aux aurores, mes femmes sont couchées [Else et Annie, fille de Marc], je suis seul dans la cuisine, près du feu. Mais combien je voudrais que tu voies ce ciel. Il est d'une beauté, d'une fraîcheur et d'une richesse qui transportent. On a envie de chanter, de prier. Grimpé sur un mur, j'ai vu naître la ville ; la cathédrale et les églises avançaient doucement, cloches dormantes. Elles paraissaient venir de loin, du fond de la mer, et reprenaient furtivement leur place, l'une ici, l'autre là. Je me régalais au-dessus de mon lierre. Et j'aurais bien voulu que tu sois à mon côté.[315] »

Cette proximité de la garrigue présente l'avantage, pour Else, de pouvoir fuir plus facilement, dans l'éventualité d'une arrestation. Pour se cacher, il existe une autre possibilité : rendre secrètement accessible la citerne que possèdent tous les mazets. En effet, avec l'occupation de la zone sud, à partir du 11 novembre 1942, l'arrivée à Nîmes de troupes allemandes durcit la politique de Vichy. Les S.S. de la 9e Panzer division du général Bittrich, les services de la Gestapo, la milice, quadrillent la ville. « La chasse aux juifs devenait de plus en plus intense, chaque semaine amenait de nouvelles arrestations[316] », rappellera Marc Bernard.

---

[315] *Marc Bernard & Jean Paulhan, Correspondance 1928... 1968,* (Lettre 177), op. cit., p.213.
[316] Marc Bernard, *Portrait de M. Denis*, dans *Vert-et-Argent*, op. cit., p. 210.

Et rapidement, cette armée allemande ne manque pas de provoquer en lui un sentiment de malaise, tel celui-ci :

« Une après-midi, prenant le tramway jaune, aux vitres cliquetantes, je filai vers le chemin d'Uzès où se trouve le quartier des casernes. Je descendis avec un officier allemand ; la tête haute, la taille serrée, il me précédait d'un pas large, assuré, qui sonnait sur le sol. Les sentinelles casquées, les jambes écartées, se redressaient brusquement, la crosse du fusil claquant dans leurs mains, tandis que leur regard changeait d'expression et que leur tête tournait pour ne point perdre une seconde des yeux l'officier. Ce n'était pas la première fois que j'assistais à une scène de ce genre, mais cette soudaine métamorphose d'un homme en automate me donnait la même émotion. Un dressage si parfait me paraissait étonnant. Quelle dure contrainte n'avait-il point fallu pour obtenir tant de docilité. La terrible formule des jésuites me vint à l'esprit, car c'étaient des cadavres, en effet, qui présentaient les armes. Tout à coup l'homme mourait pour se glisser dans cette carapace de fer, avec ce regard droit, pure machine guerrière. Une telle obéissance donnait une impression de puissance inouïe.[317] »

Il y a, bien sûr, la judaïcité d'Else qui fait peser sur le couple une terrible inquiétude, mais aussi le fait que, depuis la fin de l'été 1942, Marc Bernard a entièrement rompu avec ses idées pro-vichystes...

Une nuit, sur une indication, Marc Bernard se trouve en face de la gare des marchandises, dissimulant sa présence dans un endroit sombre car le couvre-feu interdit toute sortie nocturne. Il assiste alors à cette scène dont il conservera toujours le souvenir :

« Alors que je guettais, cette nuit-là, j'entendis une rumeur au loin, et tout d'abord je ne compris pas ce que ce pouvait être, mais le bruit grandit peu à peu, faisant battre mon cœur avec violence. À n'en pas douter c'étaient eux ; ce piétinement qui me parut immense, ce cliquetis de ferraille, ces corps sans voix qui avançaient dans ma direction, je ne pouvais m'y méprendre. Ils s'embarquaient. Et une grande émotion me vint à les écouter se rapprocher. [...], après que le bruit fut devenu tout proche, j'aperçus, à une cinquantaine de mètres, la tête de la colonne, qui commença à pénétrer dans la gare. Une voix, de temps à autre, jetait des cris rauques et comme étouffés, alors les ombres s'arrêtaient, puis sur un

---

[317] *Ibid.*, pp. 187-188.

autre cri elles se remettaient en marche, absolument muettes, avec ce seul accompagnement de ferraille qui retirait à ces hommes toute réalité humaine, qui en faisait une machine lourde et merveilleusement docile.

Cela dura un temps qui me parut infini. La nuit était belle, claire, mais sans lune ; il me parut qu'il n'y avait jamais eu dans le ciel autant de lumières ; les maisons autour de moi projetaient dans la rue des ombres nettement tranchées, comme déposées sur la terre ainsi que des plaques noires, bizarrement découpées, et il me semblait que c'était un peu de cette ténèbre qui s'était levée pour se mettre en marche vers le portail de la gare où elle coulait après de brusques arrêts. Et je songeais que tous ces hommes allaient vers la mort ; j'aurais voulu le leur crier, réveiller ces automates terribles, les avertir que leur sang coulerait, que leurs fragiles carapaces ne serviraient de rien, qu'ils allaient tomber dans le gouffre en rangs serrés, qu'ils mourraient pour rien. Mais je me tenais dans mon coin, soucieux d'échapper au regard de ceux qui flanquaient la colonne, craignant qu'un jet de lumière ne me découvrît.[318] »

Cette vision terrible révolte Marc Bernard. Mais comme toujours chez lui, un détail oppose la vie aux ténèbres : « la nuit était belle, claire... ».

En effet, à partir d'août 1942, des juifs étrangers, dont certains avaient servi la France comme combattants volontaires ou dans la Légion étrangère sont arrêtés. Avec eux, des enfants. Ils sont dirigés sur le Camp des Mille à Aix en Provence, puis à Drancy, et déportés en Allemagne où ils sont gazés. Ces rafles massives indignent les Nîmois. Le pasteur Marc Boegner, président du Conseil national de l'Église réformée de France, qui est venu se fixer à Nîmes, adresse des protestations au maréchal Pétain. Marc Bernard, lui, balaie son adhésion au nouveau régime. Il exprime son revirement dans une lettre qu'il envoie à Jean Grenier le 23 septembre 1942 :

« Dites à Paulhan que la foi m'est venue après ce que j'ai vu. Les arrestations massives d'émigrés allemands, cette ignoble chasse à la femme et à l'enfant m'ont écœuré. Quelle barbarie ! Cela est nouveau qu'un pays vaincu se fasse l'exécuteur des basses besognes du pays vainqueur, se déshonorant avec lui. Malheureuse France, qu'on oblige à séparer les enfants de leurs mères, qu'on oblige à livrer à leurs bourreaux ceux mêmes qui s'étaient battus pour elle. Oui, cela est tristement neuf dans l'histoire.[319] »

---

[318] *Ibid.*, pp. 232-234.
[319] Lettre de Marc Bernard à Jean Grenier, datée du 23/09/1942 dans *Sous l'Occupation* de Jean Grenier, Paris, Édit. Claire Paulhan, 1997, p. 271.

Marc et Else sont alors contraints à vivre dans la plus grande discrétion.

Dans cette période difficile, Marc Bernard publie toutefois deux livres dans des éditions de bibliophilie : *Insomnie* et *Croquis en marge*. Le premier, ce conte surréaliste publié par la revue *Les cahiers du Sud* en 1928, est édité en décembre 1943, sur un papier de luxe, avec gravures sur bois de Georges Tautel, par les Éditions de l'Épervier au Puy-en-Velay. Dans la préface qu'il écrit pour ce livre, Marc Bernard expose combien le ciel, aux allures si mouvantes, si extraordinaires, l'a inspiré dans l'écriture surréaliste de ses premiers textes (il habitait au dernier étage d'un hôtel de la rue Froidevaux, c'est-à-dire près du ciel...) :

« [...] je recommande [pour écrire] le ciel : uni, floconneux, pommelé, noir d'orage, gonflé de lumière, énorme citron ou tomate, vide ou échevelé, il m'a toujours réussi. [...] La nonchalance, la fièvre s'accommodent de sa teinte lisse, de ses nuées en perpétuel devenir. Il ne propose qu'un reflet, et sa symphonie blanche, plombée, ne trouble pas, peut-être parce qu'elle est silencieuse. Tous les nuages ouvrent leurs grandes gueules, mais pas un ne chante. Tout meurt là-haut sans un cri. Les images passent, que le ciseau bleu retaille sans fin, réduit en poudre, en rien : Michel-Ange du néant.

L'esprit peut prendre appui sur cet univers de formes à la dérive, si semblable au sien. Ces fumées appellent l'homme avec tendresse, mais ne le retiennent pas ; les voici déjà disparues. Et toutes ces splendeurs donnent du courage : bête, mont, poisson, palais, se succèdent dans un prodigieux enfantement. Le ciel est ce qu'on veut, de là l'allégresse qu'il nous donne. Il ne mesure pas, il passe et nous assure. Nous nous trouvons fermes et durables auprès de lui.

C'est à Paris que j'ai vécu le plus près du ciel, rue Froidevaux, derrière le cimetière Montparnasse, dans une chambre-ruelle qu'une armoire et un lit remplissait. [...] Mon cœur était toujours à la fenêtre, près de m'échapper. Il me revenait plus chantant, plus léger de s'être posé au bord de ce grand vide où il becquetait les crépuscules, les plombs noirs de l'orage, l'immense cuve pleine du vin des nuits, la perle de l'aube. Toujours me ramenant quelque richesse que je jetais à l'instant dans le creuset.[320] »

Cette évasion vers l'empyrée semble avoir donné à la période « surréaliste » de Marc Bernard une grande force d'évocation.

---

[320] Marc Bernard, *Insomnie*, op. cit., pp. 6-7.

Le deuxième livre, *Croquis en marge*, avec des illustrations de Liégeois, est édité aux Éditions de la Tour Magne, à Nîmes, en avril 1944. Il est dédié à Léo Larguier, certainement en reconnaissance de son intervention en sa faveur dans le choix du lauréat du prix Goncourt. D'autant plus que ce livre, qui contient quatre portraits, est une suite à *Pareils à des enfants...* :

« [...] un livre, quand nous l'avons terminé, écrit Marc Bernard dans la préface, ne se détache pas de nous brusquement ; un regret nous reste de l'avoir laissé glisser de nos mains, de n'avoir pu prolonger davantage l'existence étrange qu'il nous a imposée ; des retardataires se pressent : « Eh quoi, nous avez-vous oubliés ? » Il nous faut alors réparer une injustice, en finir avec ces ombres orgueilleuses, pressées de paraître à la lumière. Les pages qui suivent n'ont pas d'autre objet.[321] »

Marc Bernard brosse, dans ce livre, quelques portraits de gens du peuple ou de vagabonds. Mais le dernier récit, *L'oiseau blessé*, a une place à part. Il ne s'agit pas de Nîmois pittoresques, mais d'une fillette d'une dizaine d'années, que son père vient chercher au lycée Feuchères, avec l'histoire d'un martinet blessé que la jeune lycéenne a recueilli et rapporte à la maison dans l'intention de le soigner. Mais l'intérêt du récit se situe, avec finesse, sur cette relation fille-père :

« Marcus attendait sa fille devant le lycée. Il regarda la pendule de la gare : midi moins cinq. Les deux grandes lames des ciseaux noirs allaient couper une nouvelle heure. Et Marcus se souvint qu'il avait eu quarante ans le mois précédent. Depuis dix ans sa fille, avec plus de netteté que toutes les horloges, fixait la marche du temps. Elle grandissait derrière lui, non point d'une manière insensible mais par bonds, lui semblait-il. Elle avait cessé d'être un bébé à son retour de la mer, dans le train qui la ramenait d'Ostende, entre Bruxelles et la frontière, car c'est alors qu'elle regarda son père avec des yeux de petite fille pour la première fois, en lui posant une question qui révéla à Marcus qu'Annie venait de muer, aussi soudainement qu'un têtard auquel on découvre des pattes, un matin.
Le changement, aujourd'hui, était plus subtil ; la fillette jouait à cache-cache avec la jeune fille ; parfois c'était encore l'enfant qui sortait de la cachette, et plus rarement la jeune fille, qu'un geste – celui de se peigner, singulièrement – montrait entièrement, mais comme rêvant encore dans ce corps trop frêle, hésitant à s'en séparer tout à fait. Annie riait, contait des histoires comme une enfant, puis brusquement un regard

[321] Marc Bernard, *Croquis en marge*, Nîmes, Éditions de la Tour Magne, 1944, pp. 11-12.

la transformait, de sorte que Marcus distinguait, par-delà sa fille, une inconnue, ombre mince, qui attendait d'être présentée. Ce qui lui donnait de la joie et de la crainte : la nouvelle comprendrait-elle le langage secret qui le liait à la fillette, n'allait-elle pas rompre un accord jusqu'à ce jour à peu près parfait ?[322] » Cette nouvelle, *L'oiseau blessé*, sera adaptée pour la télévision en 1958.

Ce père et cette fillette, personnages d'une histoire toute simple, sont Marc Bernard et sa fille Annie, dont il a la garde pendant la durée de la guerre. Lorsque Augustin Habaru, mari de Snoes et «père adoptif » d'Annie sera fusillé par les Allemands, près de Chambéry, le 21 juin 1944, pour faits de Résistance, Marc Bernard révélera à cette jeune fille qu'il est son véritable père. Quant à Snoes, elle a été arrêtée par la Gestapo, fin août 1943, pour son implication dans un réseau de la Résistance. Marc Bernard la recherche pour lui apporter son aide. Sachant, en mai 1944, qu'elle a été transférée à Romainville avant sa déportation vers un camp de travail[323], il demande à Jean Paulhan s'il ne peut pas tenter une démarche pour éviter cette épreuve à son ancienne compagne et mère de sa fille.

En ce printemps 1944, la ville de Nîmes est dangereuse pour Marc Bernard et son épouse. Un événement dramatique va exacerber son rejet du nouveau régime et de l'occupant. À la suite d'actions du maquis cévenol, les Allemands arrêtent une quinzaine d'otages, dans les Cévennes, dont des civils étrangers à l'affaire. Ces otages sont conduits à Nîmes et, le 2 mars 1944, pendus à des ponts ou à des arbres, à trois entrées de la ville. Les SS qui commettent cette exaction obligent les passants à regarder la scène, dont des femmes qui éclatent en sanglots ou sont prises de malaises. La population en est fortement choquée. Marc Bernard est parmi ceux qui assistent à l'une de ces exécutions. Il nous en livre un instantané : «Aux portes de Nîmes, l'autocar s'arrêta. Dans l'arche d'un pont, un homme pendait ; un autre tomba, se mit à se balancer. Six furent jetés dans le vide. Autour d'eux, les arches étaient bleues ; au-dessous, des hommes verts montaient la garde.[324] » Cette vision rapide, restituée de façon un peu brutale, sans lyrisme inutile, donne tout son poids à la froide détermination des exécuteurs.

---

[322] *Ibid*., pp. 111-112.
[323] Dans une lettre d'août 1944, Marc Bernard dit à Jean Paulhan que Snoes se trouve «dans un camp de Mecklembourg» (*Marc Bernard & Jean Paulhan, Correspondance 1928... 1968*, op. cit., p. 227). Ce camp de travail était destiné aux femmes.
[324] Roger Grenier, *Instantanés*, op. cit., pp. 25-26.

Peu de temps après, Marc et Else sont informés, par un ami, que la Gestapo s'intéresse à eux. Ils quittent donc Nîmes précipitamment. On leur a indiqué, comme refuge, une ferme du Limousin, sur la commune de Saint-Junien, au confluent de la Vienne et de la Glane. L'argent qu'il a reçu de son éditeur, pour son prix Goncourt, leur permet de faire ce voyage. Marc Bernard dira plus tard : « Le prix Goncourt nous a littéralement sauvé la vie, à ma femme, ma fille et moi ![325] » En effet, peu après leur départ, la Gestapo se présente à leur domicile, pour les arrêter. Marc, Else et Annie prennent donc le train, en direction de la Haute-Vienne. « Sortir d'une gare était pour Else un danger de mort, un mot pouvait la perdre, dira Marc Bernard. J'admirais son sang-froid tandis que les policiers examinaient sa fausse carte d'identité.[326] » L'infortune va toutefois les frapper : glissant sur un quai de gare, Else perdra, des suites de cette chute, le deuxième enfant qu'elle attendait...

La ferme « tranquille » qui leur a été indiquée est proche d'Oradour-sur-Glane. « Il n'a tenu qu'au hasard, racontera Marc Bernard, que nous ne choisissions Oradour.[327] ».

Ce qui le surprend, dans cette ferme limousine, c'est l'abondance de la nourriture qui leur est proposée, surtout venant d'une ville [Nîmes] « affamée ». « Je ne me lassais pas de voir les œufs serrés en grappes dans le compotier, les bassines pleines de lait crémeux, les gigots de mouton [...].[328] » Doté d'un optimisme inné et d'un insatiable désir de vie, il ne manque pas, non plus, de savourer la beauté du paysage : « [...] il y avait la Glane et la Vienne, les matins perlés où l'eau fume sous les peupliers, les longues balades dans la douce campagne limousine, [...]. Nos fenêtres s'ouvraient sur le spectacle d'un monde toujours nouveau : la rivière tournant entre deux plis de terre, la route de Saint-Junien craquante et blanche en hiver, frissonnante en été. Dans la folie grondante il y avait ce refuge avec ses oiseaux, ses lumières, son ciel, avec sa pureté et sa douceur originelles miraculeusement protégées. Il nous était permis une fois encore de goûter à la splendeur du monde.[329] »

---

[325] Journal *Midi Libre* du 15/11/1975, *Le Goncourt vécu et raconté par trois lauréats languedociens*.
[326] Marc Bernard, *Vacances*, op. cit., p. 133.
[327] *Ibid.*
[328] *Ibid.*, p. 134.
[329] *Ibid.*

Marc Bernard entre alors en contact avec le maquis limousin et s'engage aux côtés des F.T.P. (Francs-Tireurs et Partisans). Il écrira dans leur journal, *Le Combat des Patriotes*.

Une nuit de juin 1944, un homme tape à la porte de la ferme et crie : «Les Allemands brûlent tout ! Partez !» Marc et Else, comme les autres habitants du village, réunissent quelques bagages, prêts à fuir dans la campagne. La nuit passe sans que rien ne survienne, tout au moins là où ils sont. Le lendemain, ils apprennent que le village d'Oradour-sur-Glane a été exterminé. Dans la semaine, le fermier rassemble quelques hommes, dont Marc Bernard, pour aller voir ce qui s'est vraiment passé, là-bas... «Me promenant sur les bords de la Vienne en rentrant d'Oradour, relatera Marc Bernard, je revoyais des cadavres d'enfants aux chairs cuites, des ossements carbonisés portés au cimetière dans des lessiveuses par de jeunes prêtres masqués, un rosier avec ses feuilles vertes devant une maison en ruines, la longue rue charbonneuse, une tête noire de vache dans son collier de fer.[330]» Saisi d'horreur, il écrit alors un texte, *Oradour-sur-Glane, le bourg exterminé*. Ce texte commence ainsi :

«Il est un mot qui revenait sans cesse dans les discours d'Hitler : «exterminer». On devait exterminer les juifs, les populations «rebelles». «Exterminer» c'était une des bases de la doctrine hitlérienne. Cela se passait loin de chez nous, en Pologne, en Russie Soviétique, en Tchécoslovaquie. «Exterminer» ? Nous l'écoutions à la radio, nous le lisions dans les journaux du Reich. «Exterminer» ? Nous ne savions pas exactement ce que cela signifiait. Voici qu'au cœur même de la France, au centre de la campagne limousine, l'extermination hitlérienne a passé, avec ses torches, ses mitrailleuses, et de ce qui était au matin l'un des plus gais villages de cette région, il n'est plus demeuré qu'un amas de cendres humaines, de ruines. Il avait été lui aussi «exterminé».[331]»

Marc Bernard restitue alors, dans ce récit, avec réalisme et émotion, toute l'horreur qu'il a vue :
«[...] J'ai visité l'église et le chai. L'intérieur de l'église n'était plus qu'un amas de ruines, le toit s'était en partie écroulé. On marchait sur les cendres humaines, sur une foule de petits ossements carbonisés, sur des morceaux d'étoffe, des peignes, des dés. Au bas d'un pilier, les jeunes

---

[330] *Ibid.*, pp. 152-153.
[331] Marc Bernard, *Oradour-sur-Glane, le bourg exterminé*, journal *Le Centre Libre* n° 1 du 24/08/1944.

prêtres et les scouts chargés de recueillir les derniers restes des victimes, avaient rangé des ferrures de sabots, des baleines de corset, des clefs, un peu de monnaie. C'était tout ce qui demeurait de ces femmes et de ces enfants après l'enlèvement des corps. J'ai vu dans la cour de l'église six cadavres d'enfants, pareils à des statues de bois ; [...]. Un tronc – de femme vraisemblablement – était si complètement carbonisé qu'il avait l'apparence d'une racine. [...][332] » Ce texte sera intégralement publié en première page du premier numéro du journal *Le Centre Libre* (*Organe des Comités de Libération*) paru le 24 août 1944, trois jours après la libération de Limoges et édité cette même année, sous la forme d'une plaquette, par le Front National de Lutte.

Le 21 août 1944, à 21 heures, après la reddition de la garnison allemande, les troupes du maquis entrent dans Limoges qu'elles libèrent. Parmi ces hommes, Marc Bernard qui écrira peu après à Jean Paulhan : « Nous sommes entrés dans Limoges la mitraillette à la main. Mais oui ! J'étais allé faire une cure dans le maquis.[333] » Le lendemain Radio-Limoges reprend son activité : Marc Bernard participe à la réouverture de cette station de radio en siégeant dans son conseil de gérance composé de cinq membres. Radio-Limoges libérée consacre l'une de ses premières émissions à la lecture du texte de Marc Bernard sur Oradour-sur-Glane, cette lecture ayant, précise le speaker, valeur de symbole...

Au-delà des convulsions de l'Histoire, Marc Bernard se tourne toujours vers la face positive de la vie. Quelques années plus tard, il écrira :

« Quoi d'étonnant s'il m'arrive de rêver à la Glane et à ses moulins, à la Vienne et à mes petits compagnons de pêche, à la Mémet et au père Jean avec nostalgie parfois ? Jamais retraite ne fut plus hospitalière, paysage plus apaisant.

Les ruines et les morts s'effacent, mais les images de l'eau vive, des peupliers miroitants, et quelques voix humaines qui nous ont aidés à ne point désespérer, demeurent au plus secret de nous.[334] »

La beauté de la nature, la chaleur de « quelques voix humaines », seraient-elles, dans le flux tourmenté mais éphémère de la vie, parmi les justifications les plus profondes de notre existence ?

[332] *Ibid.*
[333] *Marc Bernard & Jean Paulhan, Correspondance 1928... 1968*, op. cit., p.227.
[334] Marc Bernard, *Vacances*, op. cit., p. 156.

Guilleminot, Boespflug et Cie, Paris

Marc Bernard à 10 ans

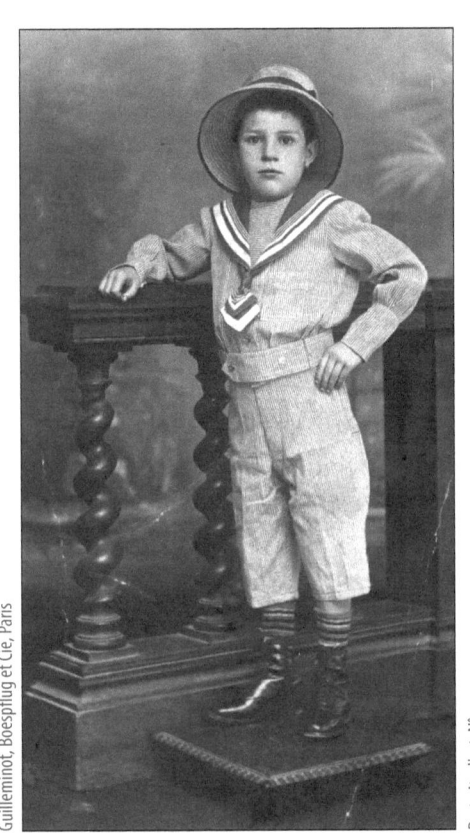

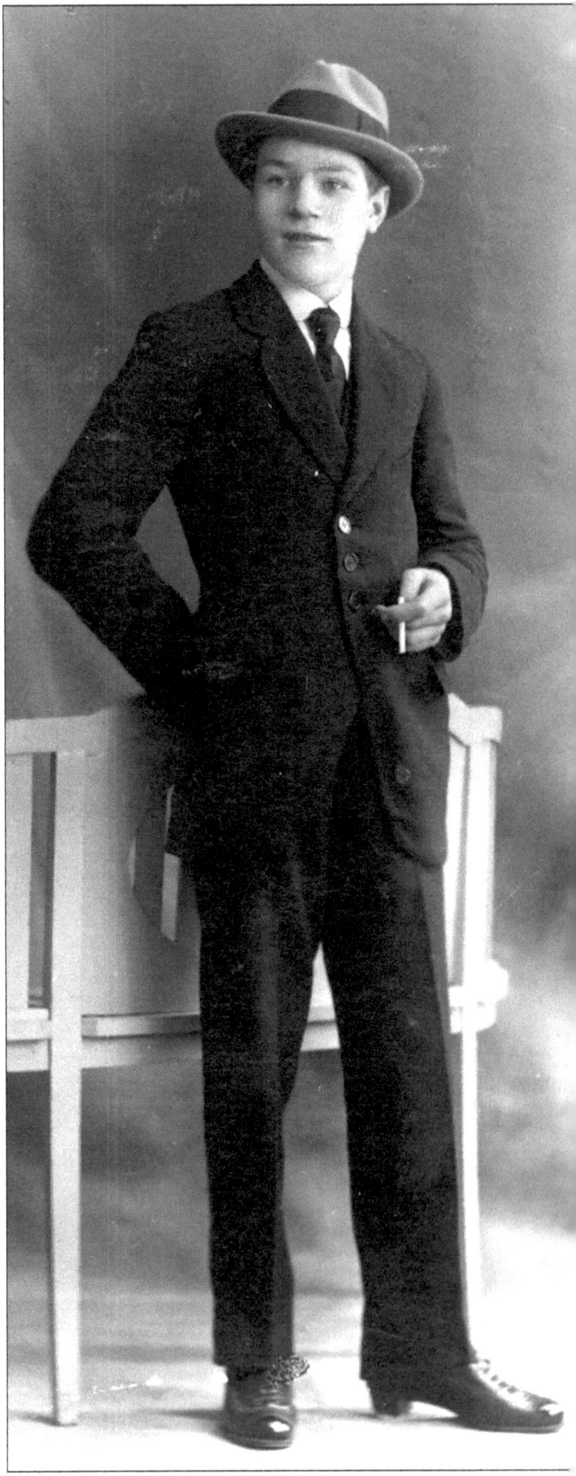

Portraits d'art, Nîmes

Marc Bernard à 20 an.

Marc Bernard devant la maison qu'il habita, rue des Marchands, à Nîmes

Else,
épouse de Marc Bernard

Rue du Chapitre, à Nîmes, où habita Marc Bernard avec sa mère

Pour Madame et Monsieur
Famille bien
ces personnages et cette ville qu'ils
connaissent aussi bien que moi
en témoignage de ma sympathie
Marc Bernard

UNE JOURNÉE TOUTE SIMPLE

Dédicace de Marc Bernard

Chapitre 6

REBONDIR

1
L'IMMÉDIAT APRES-GUERRE

À la libération, le Comité National des Écrivains, dont Jean Paulhan est un membre fondateur, va engager une épuration morale contre les écrivains qui se sont compromis avec les Allemands, en établissant une « liste noire ». Ce comité rassemblait dans la clandestinité, de façon unitaire, les écrivains s'opposant à l'occupant. De grands écrivains l'avaient rejoint : Aragon, Mauriac, Sartre, Camus, Éluard, Queneau, Malraux, Martin du Gard... Cette épuration littéraire, que certains écrivains jugent nécessaire sur le principe de la responsabilisation de l'acte d'écrire (l'écrivain doit assumer la responsabilité de ses écrits), est moins souhaitée par d'autres, tels que François Mauriac, favorable à une certaine indulgence ou Jean Paulhan qui revendique, pour l'écrivain, le principe du « droit à l'erreur ». Bien sûr, le C.N.E. ne peut empêcher personne d'écrire, mais il tend à exclure du champ littéraire officiel les écrivains cités sur la « liste noire ». Il s'agit de sanctionner ceux qui ont activement servi l'idéologie nazie pendant que d'autres (Max Jacob, Robert Desnos, Jean Prévost, Jacques Decour, Georges Politzer...) étaient morts au combat ou avaient été déportés ou fusillés. Jean Paulhan, estimant que seule la Justice doit engager les procédures pénales qui s'imposent, qu'un tribunal d'écrivains n'est pas souhaitable, que le rôle du C.N.E. devrait plutôt être « de ramener les égarés, de les convaincre, de les gagner à la vérité[335] », va soutenir une vive polémique avec les intransigeants de la sanction morale dont Louis Aragon. Marc Bernard va rester à l'écart de ce climat de tensions vindicatives de l'immédiat après-guerre.

Il ne s'attarde pas à Limoges, juste le temps que la Radio de cette ville retrouve pleinement sa voix... Il revient à Paris en mars 1945, pour reprendre ses activités journalistiques et littéraires.

L'année 1945 va apporter un peu d'aisance à Marc et Else. Gaston Gallimard réédite ses premiers livres, dont *Pareils à des enfants*..., ce qui va libérer quelques droits. À partir de la réédition de son « Goncourt de guerre », Marc va essayer de faire rebondir sa carrière littéraire.

---

335 Frédéric Badré, *Paulhan le juste*, op. cit., p. 221.

167

Au printemps 1945, un recueil de nouvelles de Marc Bernard est publié sous le titre de *Vert-et-Argent*. Ces nouvelles sont suivies d'un texte, *Portrait de M. Denis*, cet homme trouble rencontré au chapitre précédent. Quatre de ces nouvelles sur les sept avaient déjà été publiés, en 1943, sous le titre de *Croquis en marge* cité plus haut. Elles mettent en scène, le plus souvent, des personnages qui se démarquent des autres, qui vivent une solitude même s'ils ont une vie sociale, qui sont parfois des exilés de la vie. La vision de l'homme et de la société y est d'ailleurs souvent pessimiste. Est-ce la guerre, et la nausée qu'il en conserve, qui ont teinté certains de ces textes de souffrance ? Mais Marc Bernard allège toujours le mal-être de ses personnages de la douceur de son regard. La nouvelle est un genre littéraire qui convient à cet écrivain : son atmosphère poétique, sa profonde humanité, son mélange de fictions et de souvenirs qui se fondent dans la réalité intérieure du narrateur, ses interrogations sur la vie... séduisent le lecteur. La nouvelle, en général, offre un moment fort de la vie d'un personnage : nous savons combien Marc Bernard aime la vie, dans toute son intensité. Le personnage de la nouvelle vit habituellement ce moment exceptionnel en montrant toute la complexité de sa psychologie : on connaît la propension de cet écrivain à pénétrer les mystères de l'âme humaine. Ses nouvelles donneront toujours « une impression de vie réelle[336] ».

Marc Bernard travaille aussi à un roman, mais sa première inclination, qui a été le théâtre, le tente à nouveau. Non comme acteur, ce qui dans le passé n'a pas été concluant, mais comme auteur puisque l'écriture est sa véritable prédisposition. Pendant les années de guerre, il a écrit une pièce de théâtre dont le titre est : *Les Voix*. Il s'agit d'un drame sentimental construit à partir de cette coutume de la Catalogne : la nuit, une ou plusieurs personnes viennent crier des horreurs sous les fenêtres de celui ou de celle à qui elles veulent du mal, de façon à effrayer l'incriminé(e) et à faire entendre au voisinage le motif des accusations. Dans la pièce, deux frères, Vicens et Enric ont des prétentions sur la même jeune femme, Martha. Vicens parvient à épouser Martha. Un soir, à la nuit tombée, Enric, aidé de deux complices, vient exprimer toute sa colère sous les fenêtres de son frère Vicens et de Martha, mais celle-ci est seule. Peu après, Vicens revient à son domicile et, surprenant son frère en pleine diatribe, tue celui-ci d'un coup de fusil. Marc Bernard a cherché à éloigner ce drame de son contexte régional, à en placer l'action hors d'un lieu précis et hors du temps, pour lui donner un caractère étrange,

---

[336] Henri Bénac, *Vocabulaire de la dissertation*, Paris, Hachette, 1962, p. 111.

irréel. D'autre part, dans ce drame passionnel, l'auteur a voulu éviter toute tonalité romantique.

Dans une lettre de 1943, Jean Paulhan écrit à Marc Bernard : « Je trouve ta pièce [*Les Voix*] très belle : simple et puissante.[337] » Elle est refusée par la Comédie Française et par Jean-Louis Barrault, mais elle plaît à Jean Vilar qui décide de la créer. La première représentation a lieu le 10 décembre 1945, sur la scène du Vieux-Colombier. Elle est très mal accueillie, dans l'ensemble, par la critique, au point qu'elle est retirée de ce théâtre au bout de dix jours. La presse ne reconnaît pas dans ce texte le ton habituel de Marc Bernard, à la fois simple et efficace. Certaines critiques sont même excessives, telle celle de Jean-Jacques Gautier dans *Le Figaro* du 19 décembre 1945 : « Une épreuve et sévère. Heureusement les actes sont tout petits [...], pièce écrite en javanais [...], maniérisme et concert de cris gutturaux et monocordes [...]. Ce n'est pas drôle, à une pièce prétentieuse succède une pièce lamentable, [...]. » Les comédiens sont eux aussi malmenés par la presse. Marc Bernard a toutefois la consolation d'avoir quelques critiques favorables, dont celle d'André Frank, auteur et homme de théâtre, dans le journal *Le Populaire* : « Il semble que Marc Bernard ait atteint à la limite du pouvoir dramatique et saisissant des mots. Cette scène sous le balcon est, à coup sûr, une des plus puissantes qu'il m'ait été de voir depuis longtemps[338] ».

L'édition du texte des *Voix*, publié chez Gallimard en février 1946, inclut une postface de l'auteur où celui-ci essaie de comprendre les raisons de cet échec. Marc Bernard précise tout d'abord que la lecture de la pièce n'avait pas provoqué de réactions défavorables (Jean Vilar avait été d'accord pour la mettre en scène). Outre quelques maladresses de son fait, dans la conception de ce drame, il constate que la mise en scène, le jeu et l'interprétation des acteurs n'ont pas toujours suivi les indications qu'il avait données. Ce qui le fait affirmer : « Le jour où *Les Voix* seront jouées dans l'esprit où j'ai écrit cette pièce, et avec l'interprétation, la mise en scène qu'elle exige, je ne doute pas qu'on revienne sur le jugement porté sur elle...[339] »

Ainsi, à 46 ans, Marc Bernard est amené à faire le point, avec lucidité, sur son évolution professionnelle :

---

[337] *Marc Bernard & Jean Paulhan, Correspondance 1928... 1968*, op. cit., p. 204.
[338] Cité dans *Marc Bernard & Jean Pauhan, Correspondance 1928... 1968*, op. cit., p. 234.
[339] Marc Bernard, *Les Voix*, (Postface) Paris, Gallimard, 1946, p. 62.

« Où en suis-je à 46 ans ? À peu de chose près là où j'ai commencé, après vingt ans d'activités littéraires.

C'est décevant.

Quelles sont les raisons de ce piétinement ? Nonchalance, absence absolue de politique littéraire. Dispersion de mon effort !

Puis-je espérer un revirement en ma faveur ? Il ne coûte rien de l'imaginer, mais c'est une consolation médiocre.

La question qui m'est posée est celle de l'échec total ? Il est curieux de sentir à mon égard une telle hargne, pourtant mes livres sont parmi les plus humains ; je ne comprends pas tant d'indulgence pour certains et une telle hostilité en ce qui me concerne.

Il me faut absolument élever le débat, ne pas me soucier des appréciations des autres, suivre un impératif catégorique. [...]

Est-ce l'absence d'étrangeté de ce que j'écris qui me dessert ? N'a-t-on pas l'impression que chaque époque choisit ses gloires immédiates au hasard ? Rien d'étonnant que ce choix soit rarement ratifié. Mais les obscurs d'aujourd'hui ne sont pas forcément les élus de demain. Ce serait trop commode.

[...] le plus grand danger serait peut-être l'obsession du succès. Il vient au hasard. La règle d'or est d'écrire ce qui me plaît, quand il me plaît et de ne pas me souvenir du reste qui est la part des dieux.[340] »

Dans cette période, Marc Bernard a écrit une autre pièce, *La Dame et les Compagnons*, sorte de vaudeville sur fond d'enquête policière, qui ne sera pas créé au théâtre, ainsi que le souhaitait l'auteur, mais seulement joué à la radio. Une pièce alerte et non dénuée de charme, mais qui, selon le jugement de Jean Paulhan, a « quelque chose d'inaccompli, de suspendu en l'air[341] ». Elle se termine en effet sur une certaine fadeur.

À la fin du printemps 1946, Marc Bernard décide de voyager. Peut-être veut-il prendre un peu de recul par rapport à ce milieu littéraire parisien qui vient d'éreinter *Les Voix*. Il décide du pays de séjour : le Maroc. Un choix, dira-t-il, par « goût du dépaysement, de l'exotisme, sans autre raison que l'envie qui m'en vint subitement.[342] » Mais il précisera : « Un besoin de fuite, de vagabondage après les années de guerre et d'occupation,

---

[340] Fonds de manuscrits « Marc Bernard », cité par Christian Estèbe dans *Petit exercice d'admiration*, Bordeaux, Finitude, 2006, pp. 47-48.

[341] Lettre de Jean Paulhan à Marc Bernard en date du 17/08/1951, Bibliothèque Carré d'Art, Nîmes.

[342] Allocution de Marc Bernard à l'occasion de son Jubilé littéraire à Nîmes, le 23/12/1980. Fonds de manuscrits de l'écrivain, Ms 835/4.2 Bibliothèque Carré d'Art, Nîmes.

m'a poussé au départ. Peu importait le but, l'essentiel était de goûter de nouveau à la liberté.[343] » Marc et Else arrivent ainsi à Marrakech au mois de juin : « C'est une ville qui ressemble à une orange, dont elle a la couleur, l'écorce âpre et, au plus secret, sa douceur[344] », résumera l'écrivain. Mais l'été à Marrakech sera rapidement difficile à supporter, surtout lorsque le chergui, ce vent chaud et sec, se met à souffler :

« La ville s'emplit d'un bruit doux et terrible, semblable à celui des sauterelles quand elles dévorent feuilles et tiges. Sur les remparts et les terrasses, dans la palmeraie, de la terre au ciel, tout retentissait du crépitement du sable.

Volets fermés, je vivais à la lumière des lampes, [...]. Il me paraissait insensé qu'un peu de fraîcheur ne pût venir du dehors, mais si j'entrouvrais la fenêtre, un souffle brûlant entrait dans la chambre.

J'apercevais le brasier roux où vacillaient les troncs énormes des palmiers corsetés de noir. C'est une impression bizarre que de sentir ses cheveux soulevés par la tempête en même temps qu'une brûlure vous entre dans la chair.

Et point de faille par où vous puissiez vous sauver, pas une hauteur où vous soyez à l'abri de la fournaise ; de la cave à la terrasse tout est bouclé. L'enfer est un lieu parfait. Si parfait que je décidai de le fuir.[345] »

Ils partent vers une région où la chaleur sera moins accablante, c'est-à-dire au bord de l'océan. La ville où ils s'installent est Mazagan, « aux maisons blanches et roses ». Marc Bernard se sent alors ivre de lumière, de couleurs, de pittoresque. Il prend du plaisir à regarder « [...] les porteurs d'eau à demi-nus, avec leurs gobelets et leur cloche de cuivre, les teinturiers qui mettent à sécher sur des fagots les étoffes fraîchement teintes ou qui tendent d'un côté de la rue à l'autre, des laines ruisselantes, le tanneur qui retire de sa cuve visqueuse la peau verte, ou le tailleur qui tresse son fil, dont un enfant tient l'écheveau entre ses bras.[346] » Ou encore savoure-t-il l'animation d'une place à la tombée du jour :

« Hier soir, monté sur la terrasse, j'ai admiré jusqu'à la nuit noire, la place Jemaa el-Fna. [...]

---

[343] Marc Bernard, *Vacances*, op. cit., p. 158.
[344] *Ibid.*, p. 158.
[345] *Ibid.*, pp. 159-160.
[346] *Ibid.*, p. 165.

Tant que le soleil surmonte encore la chaîne du Djebilet, le paysage garde quelque mièvrerie : les minarets, les palmiers, le globe rouge qui descend derrière la palmeraie, tout ressemble à un décor. Mais à peine le soleil a-t-il disparu que les couleurs changent ; les toits se peuplent. Et ces personnages que la distance rend minuscules, donnent à la ville un air d'intimité extraordinaire.

Sur la place, les tintements des clochettes, le son des flûtes, les cavaliers, les calèches, les petits ânes, les artisans portant sur la tête un grand miroir, un énorme panier, tout fait un brouhaha, une confusion d'époques étonnants.[347] »

Marc Bernard reste un passionné de vie, jusque dans la volupté de cette vision : « Me promenant un jour au bord de la mer, je vis trois jeunes femmes d'une grande beauté ôter leurs draperies et entrer nues dans les vagues où elles s'accroupirent en poussant des cris.[348] » Il aime lui aussi se baigner nu dans la mer...

Mais ce séjour n'est pas sans préoccupations : en septembre 1946, Else contracte une fièvre typhoïde qui nécessite son hospitalisation et met sa vie en danger.

Marc Bernard est peut-être venu au Maroc à la suite d'une envie soudaine, mais il y est venu pour écrire un roman, dont ce pays serait le cadre. Il y évoquerait, par exemple, « la grâce des dames voilées, aux yeux d'un éclat admirable, qui brillent derrière la fente étroite du haïk[349] ». Mais il se produit toute autre chose :

« [...] à mon étonnement, tel celui d'un photographe qui retirerait du bain révélateur des photographies qu'il n'y aurait pas mises, ce n'était pas des Marocaines qui paraissaient sur les feuilles blanches mais, une fois encore, des Nîmoises. Les gens de la médina s'effaçaient devant ceux de la Placette ou de la Place Balore ; tout le monde parlait avec l'accent méridional ; point de fatmas mais de braves femmes de la ville aux sept collines (Jean Reboul dixit) ; en un mot le contraire de celles que j'attendais. C'est ainsi, en quelque sorte à mon corps défendant, que je commençais à écrire *Une journée toute simple*, quintessence

---

[347] *Ibid.*, pp. 170-171.
[348] *Ibid.*, p. 166.
[349] Allocution de Marc Bernard à l'occasion de son Jubilé littéraire à Nîmes, le 23/12/1980, op. cit.

de «némosisme». » Et, dans cette ville de Mazagan, poursuit-il : «[...] Jamais je n'avais autant parcouru tous les quartiers, de la Croix-de-Fer à l'Avenue Feuchères. Ce que j'aurais cru disparu me revenait à la mémoire ; j'entendais parler chacun des personnages ; ils ressemblaient à des personnes que j'avais connues et pourtant ils étaient différents, leurs expressions populaires, leur accent, leurs défauts et leurs qualités, tout me comblait en eux, me donnait un tel plaisir qu'il m'arrivait de rire. » Et il conclut ainsi : «[...] alors que je voulais écrire sur le Maroc, je revins [...] à ma ville natale. Une fois de plus il m'était donné de voir que lorsque la réalité et l'imagination s'affrontent, c'est celle-ci qui l'emporte[350] ».

Étant au Maroc, Marc Bernard n'est pas intervenu dans le vif débat qui a opposé le Comité National des Écrivains, Aragon en tête, avec Jean Paulhan, au sujet de l'attitude à prendre envers les écrivains accusés ou simplement soupçonnés de Collaboration. À partir de novembre 1946, date de la démission de Jean Paulhan du C.N.E., la polémique s'exacerbe, au point que Marc Bernard lui dit, dans une lettre du 28 février 1947 : «Tu en fais un pétard, mon petit Jean. On t'entend d'ici. Alors, incorrigible ? Toujours dans la bagarre ? [...][351] » Dans ses lettres qui évoquent cet affrontement d'idées opposant Jean Paulhan au C.N.E., Marc Bernard se positionne, non sans quelque embarras, sur une position médiane.

Un an après, au printemps 1947, Marc Bernard revient en France, conservant du Maroc une agréable impression : «Un pays comme le Maroc, où la paresse est respectée, avait bien de quoi me séduire ; sans vanité aucune, je pourrais en être citoyen d'honneur si l'on jugeait les gens sur le mérite. Jamais la liberté ne m'était apparue aussi communément répandue que là ; elle y est à la portée de tous, non point abstraite mais vivante. Son nom n'est pas gravé sur chaque monument ; elle est partout, comme le soleil et le vent[352] ».

À la fin de l'été 1947, Marc et Else vont s'installer, à présent de façon «rangée», dans un petit appartement parisien, au quatrième étage d'un immeuble situé au n° 340 de la rue Saint-Jacques. C'est, écrira l'écrivain, « [...] dans une maison qui a appartenu à Louise de la Baume Le Blanc, duchesse de La Vallière, qu'elle a donc trois cents ans bien sonnés. Ce qui ne va pas sans inconvénients : toits branlants, murs de guingois,

---

[350] *Ibid.*
[351] *Marc Bernard & Jean Paulhan, Correspondance 1928... 1968.*, op. cit., p. 247.
[352] Marc Bernard, *Vacances*, op. cit., p. 176.

couloirs zigzagants, de telle sorte que lorsque vous devez entrer un meuble de quelque importance il vous faut le scier.[353] » Il dira aussi, avec son sourire habituel : « [...], j' habite dans un grenier, sympathique d'ailleurs, et où pas un bruit de Paris ne monte.[354] [...] Nous qui avons le haut privilège de loger sous les combles, nous vivons dans la compagnie des oiseaux ; de la cime des arbres à nos lucarnes et tabatières il n'y a qu'un battement d'ailes. Pigeons, moineaux et merles viennent nous visiter, en voisins, de porte à porte, [...].[355] » De ce quatrième étage, la vue n'est d'ailleurs pas désagréable. De ce qu'il appelle ses «fenêtres-lucarnes», il peut voir («en se mettant sur la pointe des pieds») les marronniers du boulevard Saint-Michel et, un peu plus loin, la Tour Eiffel. Else va ordonner ce petit appartement de façon à en faire un «nid» (puisqu' il a pour voisins les oiseaux) agréable.

Dans ce logement, il se sent bien, avec une épouse qui sait le comprendre et qui l'encourage dans son métier d'écrivain, qui accepte l'incertitude matérielle que comporte le travail littéraire, qui sait gérer le foyer avec un minimum de ressources et avec laquelle il partage un amour passionné. Else est une femme au caractère doux, tolérant, mais affirmé. Elle est chaleureuse mais encore faut-il lui plaire : son regard montre immédiatement si elle accorde son amitié ou si elle oppose de la défiance. Elle est gaie, rieuse, drôle mais parfois mélancolique et absente. Comme Marc, elle aime la vie, de façon simple : «une fleur, un oiseau la distraient, la ravissent». Elle a une intelligence vive et un humour qui peut être cinglant. Docteur ès lettres de l'université de Vienne, elle est très cultivée (elle dit avoir connu Freud). Elle aime la musique classique et initie Marc à cet art (à Vienne elle a chanté dans un chœur de la Neuvième symphonie de Beethoven dirigé par Bruno Walter). Son physique est bien charpenté mais ne manque pas de féminité. Ses yeux sont d'un «bleu lumineux». Sa voix conserve un accent viennois qui lui donne un certain charme : «[...], on se laissait prendre à son accent chantant, aux «r» roulants, à son rire de cristal, on souriait : le charme viennois.[356] ». Marc éprouve pour Else non seulement un amour profond mais aussi de l'admiration. « Notre vie, confiera-t-il, fut une longue et brève suite de jours faits de ce qui aurait pu ressembler à une banalité quotidienne à en juger par la manière dont nous vivions ; pourtant je

[353] Marc Bernard, *Sarcellopolis*, Paris, Flammarion, 1964, p. 5.
[354] Marc Bernard, *La bonne humeur* (Préface), Paris, Gallimard, p. 7.
[355] *Ibid.*, p. 23.
[356] Marc Bernard, *Au-delà de l'absence*, Paris, Gallimard, 1976, p. 140.

souhaite que le plus grand nombre de couples en vivent de tels.[357] »
Marc Bernard se trouve ainsi dans les meilleures conditions pour donner
un nouveau départ au talent qu'il a déjà démontré.

2
RETOUR À LA RADIO

À la Libération, Fernand Pouey, qui avait créé Radio-37, entre à
la rédaction du Journal parlé de la Radiodiffusion française. À l'été
1947, il devient Directeur des émissions dramatiques et littéraires de
cette même radio, à la suite du départ d'Étienne Lalou. Ce Service est
installé dans un élégant hôtel de la rue François-1er. Fernand Pouey
prend cette fonction avec le désir de convier à la radio des écrivains,
des poètes, des jeunes ayant du talent ou une originalité, même s'ils
ne sont pas encore reconnus. « La radio vous intéresse ? Vous êtes
des nôtres[358] », dit-il à ceux qui ont quelque chose à proposer. Ceux qui
possèdent du talent ont leur chance.

Fernand Pouey donne rendez-vous à La Coupole, le 1er août 1947,
à Marc Bernard, Yvan Audouard et Roger Grenier. Il leur annonce : « Je
viens d'être nommé directeur des émissions littéraires et théâtrales de
la radio. Je crois qu'on va bien s'amuser.[359] » Fernand Pouey a, en effet,
l'idée de créer un magazine littéraire hebdomadaire et de confier cette
émission à ces trois méridionaux (un languedocien, un provençal et un
béarnais). Marc Bernard exprime aussitôt quelques réticences, on sait
combien il déteste être assujetti aux contraintes d'un travail régulier...
« En proposant à Yvan Audouard et à Roger Grenier de parler littérature
chaque semaine à notre micro en compagnie de Marc Bernard, écrira
Fernand Pouey, je ne commettais pas d'imprudence : j'associais à un
auteur d'un talent désormais indiscuté [Marc Bernard], deux cadets d'un
indiscutable talent. Que Marc Bernard acceptât, me parut tout naturel.
Non qu'il eût pour la chaîne la plus légère moins d'horreur qu'autrefois ;
seulement, quand un copain rame sur une galère, comment refuser de
l'aider ? Yvan Audouard et Roger Grenier, je les connaissais depuis leur

[357] Marc Bernard, *La mort de la bien-aimée*, Paris, Gallimard, 1972, p. 20.
[358] Fernand Pouey, *Un Ingénu à la Radio*, op. cit., p. 229.
[359] Roger Grenier, *Fidèle au poste*, Paris, Gallimard, (Coll. « L'un et l'Autre ») 2001, p. 28.

entrée dans la presse de la libération, où on les avait immédiatement tenus pour des recrues de choix.[360] »

Cette émission littéraire s'appelle tout simplement *Littérature*. Elle débute en septembre 1947 et passe sur les ondes le dimanche à 21 h 30. La musique du générique est un extrait de *Fireworks* de Hændel. Ce sont le plus souvent des interviews d'écrivains, mais aussi des tables rondes, des reportages au moment des prix littéraires... À partir de 1949, cette émission portera le nom de *Lu et Approuvé* et de 1951 à 1963, elle deviendra *La vie des Lettres*.

C'est pour Marc Bernard, comme pour ses collègues et amis journalistes, une immersion continue dans la littérature, la bonne comme la moins bonne, la rencontre d'auteurs dont la notoriété est ou sera grande. Il est ainsi amené à interviewer Roland Dorgelès, qui se plaint de « bafouiller » au micro, Pierre Mac Orlan, toujours très à l'aise dans un studio de radio, Francis Carco...

Un matin d'octobre 1947, l'équipe de l'émission *Littérature* va, avec le car d'enregistrement, au domicile d'André Gide, rue Vaneau, le grand écrivain ayant accepté de lire quelques passages des *Nourritures Terrestres*, dont c'est le cinquantième anniversaire. « C'est lui qui vint m'ouvrir, rapportera Marc Bernard. Il portait un vêtement d'intérieur de laine brune, ample et confortable, un foulard rouge, et ses yeux noirs pétillaient de vie sous les lunettes. Je le connaissais depuis 1928, mais depuis la guerre nous ne nous étions plus revus. Il ne me parut pas tellement changé : même voix grave, bien timbrée, sans aucun de ces tremblements qui marquent la vieillesse, et même accueil ouvert, cordial, qui vous mettait aussitôt à l'aise.[361] »

« Venez, nous allons choisir les passages que je vous lirai », dit Gide. « Longeant un long couloir, poursuit Marc Bernard, nous arrivâmes dans une chambre étroite où se trouvait un petit lit et une table si simple qu'elle ressemblait à une table de cuisine : c'est là qu'il écrivait. Cette pièce était pareille à celle d'un étudiant pauvre, insoucieux du confort en tout cas.[362] » Marc Bernard a toujours admiré chez Gide l'écrivain, mais il admire aussi la prestance de l'homme : « [...] il avait le don royal de la présence, une

---

[360] Fernand Pouey, *Un Ingénu à la Radio*, op. cit., pp. 230-231.
[361] Marc Bernard, *À Hauteur d'homme*, op. cit., p. 66.
[362] *Ibid.*, pp. 66-68.

autorité étonnante, encore qu'il ne s'y efforçât nullement. Il lui suffisait de paraître. Cela tenait à son intelligence, à son esprit toujours en éveil, certes, mais aussi à son rayonnement physique ; les imperfections mêmes de son corps avaient du caractère, une sourde puissance.[363] »

Les opérateurs de la radio installent un micro devant Gide qui demande à Marc Bernard : « Combien en voulez-vous ? » « Le plus que vous voudrez » répond le Nîmois. « Je ne veux pas ennuyer[364] », assure Gide qui peu après commence sa lecture : « Ne souhaite pas, Nathanaël, trouver Dieu ailleurs que partout... » Alors, confiera Marc Bernard :

« [...] Il était émouvant d'entendre le vieillard réciter le texte qu'avait écrit, cinquante ans plus tôt, le jeune écrivain. Sa voix retrouvait la ferveur qui l'avait inspiré un demi-siècle auparavant. Les chants des *Nourritures* rappelaient son enthousiasme, sa joie de vivre. Repris par ces pages, Gide, à mesure qu'il lisait, leur trouvait une neuve beauté. Sa belle voix les servait magnifiquement d'ailleurs. Il lut un chapitre, puis un second, et encore un troisième, mais claquant le livre soudain : - Si je me laissais aller, dit-il, tout y passerait.[365] »

Marc Bernard annonce au micro que la lecture est terminée. Gide demande à aller entendre l'enregistrement dans la cabine. « Nous entrâmes dans la cabine du car et l'on fit tourner les disques. André Gide s'écoutait, sourcils froncés, reniflant ainsi qu'il avait l'habitude de le faire quand il était inquiet ou mécontent. Et quand le silence se fit : - J'ai une voix de pasteur, dit-il. Trop de grandiloquence. Si c'était à recommencer, je serais plus simple. Il réfléchit un peu, puis ajouta : - Quelle merveilleuse école pour un acteur ! On peut faire des progrès.[366] » Ce qui inspire à Marc Bernard cette conclusion :

« Je retrouvais dans cette réflexion le sens qu'il avait de tirer parti de tout, économe comme une fourmi dès qu'il lui était donné la possibilité d'un enrichissement intérieur, d'un progrès, comme il disait, en donnant à ce mot une vigueur étonnante. Des gens passaient rue Vaneau, regardant avec curiosité la cabine du car où un vieil homme, coiffé d'un bizarre chapeau pointu, se jugeait sans complaisance. Ce qu'ils ignoraient, évidemment,

[363] *Ibid.*
[364] *Ibid.*
[365] *Ibid.*, pp. 68 à 70.
[366] *Ibid.*

c'est que cet homme était un grand écrivain et qu'il se proposait à soixante-dix-neuf ans de faire des progrès.[367] »...

Les journalistes de cette émission littéraire font preuve, parfois, d'une certaine indépendance par rapport au pouvoir, ce qui leur vaut des sanctions, pouvant même venir du ministre... À ce sujet, écrira Roger Grenier, « notre magazine était diffusé en semi-direct, c'est-à-dire que nous passions des interviews enregistrées, et que nous faisions les enchaînements en direct. Le jour de l'émission, un représentant de la direction se tenait dans la cabine, les doigts sur les clés, prêt à couper l'émission si nous disions un mot de travers.[368] »... Ainsi, un jour de 1948, Marc Bernard invite au micro Mme Marie-Aimée Méraville qui vient d'obtenir le prix Sully-Olivier de Serres. Il lui demande qui décerne ce prix. Le ministère de l'Agriculture répond la lauréate, précisant que ce prix couronne un livre où les valeurs paysannes sont susceptibles d'inciter au retour à la terre. Marc Bernard lui demande alors ce qui l'a amenée à écrire ce livre. « C'était en 1942, à Vichy... », répond-elle. « Coupez ! » crie le « surveillant ». En 1948, il est encore inconvenant que la République prime un livre inspiré du credo vichyste (« La terre elle, ne ment pas... »)[369].

Une affaire plus retentissante conduira le directeur des émissions dramatiques et littéraires (Fernand Pouey) à la démission. Celui-ci avait obtenu d'Antonin Artaud la création d'une pièce radiophonique. Artaud vient enregistrer son texte, intitulée *Pour en finir avec le jugement de Dieu*, fin novembre 1947 (il est presque à la fin de sa vie). La pièce est interprétée par Paule Thévenin, Maria Casarès et Roger Blin. « Dès que les opérations de montage furent terminées, dira Fernand Pouey, j'entendis l'ouvrage ; j'en fus si fortement impressionné que je ressens encore un choc au rappel de ces moments. [...] À la radio, nous n'avions jamais éprouvé pareil frisson.[370] » Antonin Artaud semble satisfait du résultat. La diffusion de l'émission est programmée au 2 février 1948 à 22 h. 45. Des bruits circulent alors sur le scandale que produirait cette œuvre auprès des auditeurs. Elle peut choquer : onomatopées, attaque contre le militarisme américain, séquence intitulée *A la recherche de la fécalité*, Dieu malmené... « Son combat contre les démons pour conserver son intégrité, écrira Jacques Brenner, lui inspirait des textes d'une extrême

---

[367] *Ibid.*
[368] Roger Grenier, *Fidèle au poste*, op. cit., pp. 71-72.
[369] Scène rapportée par Roger Grenier dans *Fidèle au poste*, op. cit., p. 72.
[370] Fernand Pouey, *Un Ingénu à la Radio*, op. cit., pp. 251-252.

violence où, paradoxalement, l'exigence de pureté lui soufflait de rudes obscénités. Parfois, ne trouvant plus de mots dans notre langue, il inventait une langue nouvelle, faite de cris, dont on peut se demander s'ils étaient humains ou surhumains.[371] » Le Directeur de la Radiodiffusion, Vladimir Porché n'autorise pas la diffusion de cette création. Un jury d'intellectuels et d'artistes est alors convié à écouter l'émission (une cinquantaine d'invités dont Jean-Louis Barrault, Louis Jouvet, Jean Cocteau, René Clair, Paul Éluard, Jean Paulhan, Raymond Queneau, Jean Vilar...). À la fin de l'écoute tous applaudissent et se prononcent pour la diffusion. Vladimir Porché maintient son interdiction, ce que la presse, dans son ensemble, approuve... Il faudra plusieurs années pour que cette création d'Antonin Artaud soit autorisée d'antenne. Fernand Pouey démissionne de la Radiodiffusion au printemps 1948. Il écrira dans un livre de souvenirs, *Un Ingénu à la Radio* : « Je n'ai pas démissionné sur un coup de tête. Au printemps 1948, on n'expulsa pas qu'un poète de la radio ; ce qui, du reste, eût suffi à ma révolte. Les interventions et les pressions officielles se multiplièrent dans mon secteur. Je résistais, mais l'heure finirait par sonner où je n'aurais de salut que dans la fuite ![372] »

Marc Bernard prend lui aussi ses distances avec la Radio au cours de l'année 1948. Il y était venu par amitié pour Fernand Pouey. Il y a acquis un professionnalisme reconnu. On sait qu'il n'est pas fait pour les contraintes routinières d'un métier, qu'il préfère préserver son entière liberté. Mais il pense certainement, comme Fernand Pouey, que les pressions subies dans cette activité deviennent un obstacle à sa liberté d'esprit. Il reviendra toutefois à la Radio, à partir de 1950, peut-être par nécessité économique...

3
RESTER ÉCRIVAIN

Même si le journalisme, écrit ou parlé, peut lui apporter des moyens de subsistance plus réguliers, Marc Bernard sait que sa vocation est la création littéraire. D'autant plus que l'écriture d'un livre, pour lui, n'a rien d'une sujétion. C'est une activité où il se sent entièrement libre, ce qui convient à sa nature indocile.

---

[371] Jacques Brenner, *Histoire de la littérature française de 1940 à nos jours*, Paris, Fayard, 1978, p. 102.
[372] Fernand Pouey, *Un Ingénu à la Radio,* op. cit., p. 254.

À la fin de la guerre, il a terminé le manuscrit d'un roman : *La Cendre*. En 1946-1947, au cours de son séjour au Maroc, il a écrit un autre roman, *Une Journée toute simple*. Ces deux textes seront publiés chez Gallimard, le premier en mars 1949, le second en avril 1950.

Avant la parution de ces deux livres, au printemps 1948, Marc Bernard part séjourner en Suisse, à Vevey, sur les bords du lac Léman. Il y va seul, pour écrire mais aussi pour se reposer et même soigner des ennuis de santé. Le 1er août 1948, il écrit à Jean Paulhan : « Grâce à la générosité d'A[ndré] G[ide] j'ai pu prolonger mon séjour d'un mois. Mais j'ai eu encore des ennuis, il m'a fallu voir un médecin. Il paraît m'avoir retapé[373] ». André Gide a toujours manifesté, envers Marc Bernard, une bienveillante attention.

Le roman *La Cendre* est le fruit d'une autre tentative romanesque. « Il arrive toujours un moment sans doute, écrit Marc Bernard dans la préface du livre, où un écrivain qui a puisé surtout dans ses souvenirs a envie d'écrire un roman entièrement objectif, à l'aide de personnages et de situations inventés. [...] Alors que dans mes autres livres, je craignais de n'être jamais assez présent, je me suis fait une règle ici de demeurer impersonnel, m'arrêtant net chaque fois que je me sentais prêt à m'identifier à l'un de ceux que je m'appliquais à décrire. Que cela entraînât un ternissement du style et me conduisît parfois à la lisière du roman-feuilleton, j'en pris volontiers mon parti, car ceci aussi entrait dans le jeu. C'est une expérience que je ne referai sans doute pas, mais que je suis soulagé d'avoir tentée.[374] »

Dans cette fiction qui se déroule à Montpellier, un jeune médecin biologiste, Jean Teyssèdre, séduit une jeune et jolie femme, Louise, issue d'un milieu modeste, qui exerce le métier de couturière. Un enfant, Gilbert, naît de cette liaison. Jean cache aux autres l'existence de cette femme (ainsi que de son fils), car celle-ci, dont l'éducation démontre des lacunes, aurait un comportement dissonant avec le milieu qu'il fréquente. Dans cette situation, Jean loue un appartement où viennent vivre Louise et Gilbert et, le soir, après sa journée de travail au laboratoire de biologie de la Faculté de Médecine, il rentre discrètement chez lui. Louise accepte cette existence, elle semble même heureuse. Jean, de son côté, apprécie la simplicité de Louise, son amour spontané, il est même fier qu'une jolie

---

[373] *Marc Bernard & Jean Paulhan, Correspondance 1928-1968*, op. cit., p. 275.
[374] Marc Bernard, *La Cendre*, Paris, Gallimard, 1949, pp. 9-10.

femme se soit attachée à lui. Jusqu'au jour où une ancienne camarade de faculté de Jean, Joséphine Chabert, qui appartient à une famille de médecins connus, vient travailler dans le laboratoire où celui-ci exerce son métier. Joséphine, célibataire en quête d'un mari, cherche alors à séduire Jean. Le jeune médecin se trouve ainsi partagé entre l'amour sincère de Louise et celui plus calculé de Joséphine, mais cette dernière a l'avantage d'appartenir à un milieu qui pourra être utile à son ascension professionnelle. De plus, comme lui, elle est passionnée par la biologie, ce qui les lie intellectuellement, et a une éducation bourgeoise. Une lutte s'engage donc dans le cœur et la conscience de Jean, mais celui-ci finit par pencher pour Joséphine. Il délaisse donc peu à peu Louise qui meurt de cette quasi-séparation.

Gilbert, qui a deux ans au moment de la mort de sa mère, est d'abord pris en charge par sa grand-mère paternelle ; ensuite, à la disparition de celle-ci, il va vivre avec son père et sa belle-mère, Joséphine. Mais les rapports entre Gilbert et Joséphine deviennent rapidement tendus, même hostiles. D'autant plus que, ne pouvant pas avoir d'enfant, Joséphine ressent la présence de son beau-fils comme préjudiciable à l'harmonie de son couple. D'autre part, Jean n'a jamais vraiment parlé à Gilbert de sa mère, Louise. Gilbert, devenu jeune homme a donc un doute sur la véritable histoire de ses parents. Et c'est par une ancienne voisine de sa mère qu'il va apprendre ce qui s'est réellement passé entre eux ainsi que les circonstances de la mort de sa mère.

À partir de cette certitude, Gilbert se replie sur lui-même, montre de l'indifférence envers son père et sa belle-mère, jusqu'au jour où il décide de quitter le domicile paternel. Ainsi, un soir, il part :

« [...], Gilbert était dans la rue. Le vent donnait à la nuit une douceur de printemps ; les feuilles faisaient une rumeur sèche autour des troncs. Gilbert avançait, le cœur plein d'une joie singulière. Ce départ était si semblable à ceux dont il avait rêvé qu'il lui parut qu'il partait pour la millième fois.
Levant les yeux, il vit dans le ciel une grosse lune ronde ; parfois un pan d'ombre s'abattait brusquement sur elle, qui paraissait alors touchée par le reflet des abîmes sur lesquels elle roulait. Gilbert entra dans un hôtel des plus humbles ; un veilleur de nuit ensommeillé le conduisit à l'une des plus hautes chambres en claquant de la savate sur chaque marche. La porte refermée, Gilbert se sentit chez lui pour la première fois. La médiocrité du

lieu, son aspect de vestibule, les gens qui étaient passés là sans laisser de trace, mais dont on sentait néanmoins la présence, s'associaient si étroitement pour le jeune homme à l'idée de liberté que, depuis les meubles jusqu'aux misérables tentures, tout lui paraissait détaché de la servitude.

Après avoir ouvert la fenêtre à deux battants, Gilbert se coucha ; contemplant la lune qui glissait dans les nuages, il sourit : il se sentait, pour la première fois, merveilleusement d'accord avec lui-même.[375] » Remarquons que le sentiment qu'éprouve Gilbert est certainement le même que celui que ressentit Marc Bernard, lorsque, arrivant à Paris en 1923, il prit lui aussi une chambre dans un hôtel modeste.

Gilbert va loger ensuite chez un camarade de classe, Pierre Berthier, qui partage avec lui une même révolte. S'estimant tous les deux en rupture avec leur milieu familial, ils décident de partir. « Il nous reste le monde, dit Pierre Berthier. Ce n'est pas peu. Mais faisons vite. Mon plus grand désir serait que vous m'accompagniez, mais c'est à vous d'en décider librement. Réfléchissez. Si vous êtes d'accord, nous partons pour Le Havre et de là nous filons en Amérique du Sud. Ce peut être, ce sera une aventure splendide.[376] »

Gilbert et Pierre partent donc. Treize mois après leur départ, Jean Teyssèdre reçoit une lettre du camarade de son fils, provenant du Mexique et annonçant que Gilbert a été victime d'une épidémie de fièvre jaune. Le soir même, alors que le lendemain il doit intervenir dans un congrès de médecine, Jean Teyssèdre, abattu par la nouvelle de la mort de son fils, cherche un éventuel « signe » dans la chambre de celui-ci. Il feuillette ainsi les livres de son fils, et, s'arrêtant sur une page, il vient à pleurer. « Car ce signe, il venait de le découvrir sur une page d'un vieux livre espagnol qu'il avait donné à Gilbert quelques années plus tôt et où une phrase était soulignée d'un trait épais et rouge. Et cette phrase disait : *E este hombre tenia un poder extrano : todo lo que tocaba se cambiava en cezina.* (Et cet homme avait un pouvoir étrange : tout ce qu'il touchait se changeait en cendre).[377] »...

Le lendemain, à ce congrès de médecine, vient le moment où Jean Teyssèdre va prendre la parole :

[375] Marc Bernard, *La Cendre*, op. cit., pp. 202-203.
[376] *Ibid.*, p. 235.
[377] *Ibid.*, p. 246.

« Dès que le président l'eut annoncé, il y eut un murmure qui marqua l'intérêt qu'on portait à l'orateur. Ceux qui ne le connaissaient que de réputation virent un homme mince, habillé de noir, aux cheveux à peine grisonnants qui traversa la salle lentement, tête baissée, une liasse de papiers sous le bras – qu'il devait à peine consulter pendant l'heure que dura son exposé. Quant à ceux qui l'avaient déjà vu dans des circonstances pareilles, c'est à peine s'ils reconnurent dans cet homme celui qu'ils avaient coutume de voir s'avancer vers la tribune d'un pas vif, pour en monter les marches avec une légèreté de jeune homme.

Lorsqu'il fut en face du public, après qu'il eut observé les visages attentifs, quand un silence absolu se fut établi, c'est d'une voix nette et forte qu'il se mit à parler ; et jamais aucune de ses interventions n'avaient atteint à une telle clarté, jamais son érudition ne parut aussi étendue que ce jour-là.

Pourtant, s'il s'arrêtait un instant pour relier deux idées, et jusque quand il parlait, Teyssèdre entendait une rumeur obstinée qui disait : *E este hombre...*[378] »

Ce roman, terminé en 1944, contient une vision pessimiste de l'homme. C'est la fin de la guerre, période qui fut particulièrement sombre. Marc Bernard écrit à ce moment-là : « Certes, les horreurs ne datent pas d'hier, mais c'est tout autre chose de les vivre que de les imaginer ; les récentes n'auront pas peu contribué à nous libérer de la pitié que nous avions pour l'homme : il nous est apparu avec un tel visage que nous ne souhaitons pas le ménager.[379] » En effet, dans ce roman, Marc Bernard n'a pas « ménagé » l'homme... Faut-il voir aussi, en filigrane du personnage de Jean Teyssèdre, le père de Marc Bernard, qui lui aussi avait abandonné sa famille et avait peut-être « l'étrange pouvoir de changer en cendre ce qu'il touchait » ?... Mais il y a autre chose :

« Le roman achevé, je tendis ce miroir[380] », écrit Marc Bernard. À la suite de la parution de *La Cendre*, quelques lecteurs font savoir à l'auteur qu'ils ont vécu une situation comparable, donnant toutefois des précisions approximatives. « [...] mais, poursuit l'écrivain, l'une de ces lettres, signée par un professeur d'un lycée de Paris, donnait de telles précisions qu'elle me troubla. L'histoire ne me paraissait pas si commune des rapports

---

[378] Marc Bernard, *La Cendre*, op. cit., pp. 246-247.
[379] Marc Bernard, Fonds de manuscrits de l'écrivain, Ms 835/3, Bibliothèque Carré d'Art, Nîmes.
[380] Marc Bernard, La Cendre, op. cit., p. 10 (Préface).

entre Jean Teyssèdre et Joséphine ; c'est sur ce point pourtant que mon correspondant donnait des détails qui rejoignaient le plus étroitement le roman. «Mieux encore, ajoutait-on, cependant que lisant votre livre j'avais l'impression de lire le récit de ma propre vie, certains de mes amis les plus proches firent semblable réflexion ». » Ce qui amène Marc Bernard à cette jolie conclusion : «Le peintre, dit la légende, avait peint le pinson avec une telle humilité et si fidèlement, que tous les autres pinsons venaient chanter devant l'image.[381] »

Une journée toute simple nous fait pénétrer dans la vie populaire nîmoise. Il s'agit d'une comédie humaine. Marc Bernard y met en scène un ensemble de personnages de différentes conditions : un clochard, souvent éméché, qui gagne un peu d'argent en chantant dans les rues ou en apportant son aide aux primeuristes du marché Saint-Charles ; un commerçant parvenu, fier de sa réussite ; des employés du chemin de fer qui prennent la vie du bon côté ; un ancien chartiste, dont l'ambition est d'occuper le poste de conservateur du Musée de peinture ; le garde du jardin de la Fontaine, que l'on voit épier les amoureux cachés dans les bosquets ; un artiste qui, après avoir tenté sa chance à Paris, sculpte maintenant des stèles funéraires dans les cimetières ; des retraités passant la journée au mazet ; des commères qui cancanent avec délectation et d'autres encore. On suit ces différents Nîmois, brossés sur le vif, colorés jusque dans leur langage aux sonorités patoises, au cours d'une journée ordinaire divisée en trois périodes : le matin, l'après-midi et le soir. On les voit chez eux, dans la rue, au travail ou les soirs d'été «prenant le frais» devant leur porte. Leurs déplacements se croisent, s'accompagnent, certains se connaissent et s'arrêtent pour discuter. Chaque caractère, chaque comportement sont observés avec une acuité psychosociologique. C'est encore un miroir que nous tend l'écrivain. On y trouve les passions, les ambitions mesquines, les petites lâchetés, le sentiment de la mauvaise fortune, les jalousies, les rancœurs... qui font le quotidien de l'homme, mais un homme, sous la plume de Marc Bernard, plongé dans le microcosme nîmois. Nîmes est donc aussi l'un des personnages du roman. Cette évocation d'un soir de juin, par exemple :

« Il fait rudement bon dès que la nuit est venue en ce début de juin. C'est le moment de profiter de la fraîcheur. Aussi les maisons se sont-elles vidées. Les amateurs d'opéra se promènent sous les marronniers

---

[381] Marc Bernard, *La Cendre*, op. cit., p. 10 (Préface).

de l'Esplanade en écoutant les sélections de Carmen et des Huguenots que joue l'Harmonie Ouvrière sur le kiosque à musique.

Les monuments ont des aspects étranges dans l'air d'un bleu épais : le Palais de Justice, avec ses puissantes colonnes et son péristyle, ressemble à une scène ; Œdipe, Jules César n'attendent que les trois coups pour sortir de la nuit dans leur laine sanglante ; les Arènes ne sont plus qu'une énorme muraille crevée par où coulent le vent et les étoiles ; la vieille tour sur le mont Cavalier recule dans l'ombre, cependant que les pins autour d'elle font retentir leur plainte ; la Maison Carrée, sous les lampadaires, dresse son squelette léger devant les ténèbres de la place.

Dans les quartiers populaires, les Nîmois prennent le frais sur le seuil de leur porte. Ils ont sorti les chaises de la cuisine, à la paille rouge et jaune, et boivent l'air comme des poissons. Pas besoin de faire des manières on est entre soi, en pantalon bleu, chemise ouverte jusqu'au ventre, pieds nus dans les sandales de corde, côté hommes, et en jupon léger ou peignoir de pilou, jambes nues chez les femmes.

Du haut de la Croix-de-Fer jusqu'au marché Saint-Charles cela fait un murmure de conversations [...].[382] »

Ces conversations (ou commérages) se déroulent toujours dans la bonne humeur :

« - Vous savez pas, Madame Pastre, ce que j'ai appris ce matin, aux Halles ? Je vous le donne en mille ! La marquise de Milhaud va divorcer.
- Oh là ! Madame Picheral. Vous vous mettez à fréquenter la haute à présent ?
- Je suis bien avec sa cuisinière. Je savais déjà qu'elle faisait chambre à part.
- C'est une drôle d'habitude ! Moi, ça me gênerait. Vous voyez ça quand votre mari est obligé de frapper à votre porte au milieu de la nuit ? J'oserai jamais lui dire : « Entre. » Je m'entends disant ça à Tonin ! Mon Dieu, quel rire !
- À le voir, on le croirait jamais qu'il est tellement porté là-dessus votre mari, dit Mme Picheral.
- Il est bien comme les autres, allez ! Il crache pas dessus.
- De cette Mme Pastre, s'écria Mme Gerbaud, elle vous ferait rougir un pantalon de zouave !
- La cuisinière m'a dit aussi que son patron avait fait une belle ribouldingue samedi passé au cercle du Caveau. Il paraît qu'une danseuse

[382] Marc Bernard, *Une Journée toute simple*, Paris, Gallimard, 1950, pp. 223-224.

s'est déshabillée et qu'ils l'ont arrosée avec une bouteille de champagne.

- Pas possible ! dit Mme Gerbaud. Et elle était nue devant tous ces hommes ?

- Elles ont l'habitude, ces femmes, répondit Mme Pastre.

- Je me vois en tutu ! Je saurais plus où me mettre !

- Vaï ! Vous auriez du succès avec votre paire de hanches, dit Mme Pastre en donnant une claque sur la cuisse de Mme Gerbaud. Touchez-moi ça, madame Picheral, si c'est dur ! C'est pas de la camelote !

- Ne dites pas ça, qu'elles sont trop grosses.

- C'est comme ça que les hommes les aiment. Un peu fortes. Vous avez raté votre vocation madame Gerbaud.

- Ben, je comprends qu'ils aiment ça ! dit Mme Picheral. Moi je voulais faire une cure pour maigrir, mais mon Louis m'a levée de là ! Il tenait pas à perdre son capital ! Surtout, le pauvre, c'est le seul qu'il ait.[...][383] »

Ainsi se passent les soirées d'été à Nîmes, assis dans la rue, en compagnie des voisins. (Nous sommes en 1950). Marc Bernard est un fin observateur de la vie nîmoise.

Bien que la critique soit, dans l'ensemble, favorable, *Une journée toute simple* ne sera pas un succès commercial, ce que déplore l'auteur dans une lettre adressée à Jean Paulhan, le 30 juin 1950 : « Les critiques sont venues. Bonnes dans leur ensemble. Mais le livre ne se vend pas. Pas de pot[384] ». Le livre fera toutefois l'objet d'une adaptation, pour la télévision, en mai 1968.

---

[383] Marc Bernard, *Une Journée toute simple*, op. cit., pp. 237-238.
[384] *Marc Bernard & Jean Paulhan, Correspondance 1928...1968*, op. cit., p. 301.

Chapitre 7

LA MATURITÉ

1
VACANCES

Marc Bernard est un homme de plume, mais tout autant un homme de vacances, un goûteur de vie douce et rêveuse. En 1936, il avait découvert, avec bonheur, les îles Baléares. En 1950, avec Else, il retourne à Majorque, lieu auquel il est lié, par la famille de son père, depuis sept cents ans... Rappelons que son père, Juan Bernard (ou Bernat ?), est natif de Soller, port majorquin. «Ce que l'on voit d'abord de Palma de Majorque quand on arrive par mer, écrit Marc Bernard, c'est sa cathédrale sous l'un des cieux les plus purs, les plus lumineux, les plus doux du monde.[385]» Le couple va séjourner à Cala Radjada, dont l'écrivain nous dresse le décor :

«Voici les deux moulins sur la colline ; ils n'ont ni ailes ni froments, mais les tours sont indemnes, à leur chapeau pointu près que les vents ont arraché. [...]
Voici la forêt de pins traversée de sentiers sableux qui mènent à la vaste plage de l'Agulla. À midi, vous entrez là comme dans un four résineux. Tout près, de l'autre côté de la route, la plage de Son Moll vous ouvre sa baie blonde. Fond de sable et de rocher, peuplé de poissons bleu azur, barré de raies rouges, ou de monstres gris, aux museaux camus, que l'on prend au collet comme des lapins. [...]
Au-delà du pont, le village, entouré de figuiers, d'amandiers, de caroubiers. [...]
On chante [...] beaucoup à Cala Radjada ; le maçon sur sa planche, le laboureur dans son champ, le pêcheur dans sa barque, et les oiseaux partout. C'est la chanson du bleu, du vent qui vient de la mer, de la lumière, des vagues qui éclatent sur les roches en bulles blanches. Un air qui passe et vous emporte. [...]
[...], entourant le port, se trouve le quartier des pêcheurs ; c'est un endroit sympathique, tout brillant d'eau. De la terrasse du restaurant Mateu, vous voyez les barques alignées flanc contre flanc, et de loin en loin, un vapeur apportant une cargaison de palmiers nains qui servent à tresser les paniers. [...]

---

[385] Marc Bernard / Saint-Paulien, *L'Espagne que j'aime*, Paris, Édit. Sun, 1961, pp. 40-41.

Pour terminer notre visite, j'aimerais vous parler des cactus. Il y en a ici de la grosseur d'un arbre. Serré dans un corset se trouve le cœur, dur comme fer ; lentement les agrafes cèdent, une longue palme se détache, terminée par un aiguillon brun, et verdit.

Si vous posez la main sur la plante, vous la sentez pleine d'une force qui n'attend que le moment d'éclater ; sa puissance vient d'en bas et finit par la tuer. Car le jour arrive où le cactus entre en érection ; du centre de son tronc une tige énorme monte, presque à vue d'œil. Alors, pareils à des tentacules pourris, ses feuilles noircissent.

Bientôt, où était le jet d'eau verte, immobile, la pieuvre qui se nourrit de terre, il n'y a plus qu'un amas de lianes séchées. Mais au-dessus, haut dans l'azur, la fragile couronne d'aigrettes blanches se dresse, que la moindre brise fait frissonner.[386] »

Chaque été, Marc et Else viennent à Majorque. Ils louent une maison au bord de la mer. Souvent, un boqueteau de pins protège l'habitation des ardeurs du soleil. L'éclairage est parfois rudimentaire : une lampe à essence, par exemple, « de celles qui servent pour la pêche aux calmars ». Un puits et une citerne fournissent l'eau. Des conditions de vie rustiques ne sont pas pour déplaire à Marc Bernard. La végétation est un classique de la Méditerranée : pins « aux branches torses », oliviers sauvages, figuiers voluptueux, amandiers, caroubiers aux fruits bruns, orangers, cactus géants, palmiers, « bougainvillées foisonnantes, luxuriantes, roses, rouges, violettes, qui rendent le paysage flamboyant[387] », sans oublier cet « intrus » : « l'asparagus sauvage, barbare. C'est en vieillissant qu'il devient ainsi ; dans la fleur de l'âge, il est plutôt séduisant. Bien planté, il a les branches recouvertes d'une sorte de pistil d'un vert léger, pareil à une poussière végétale. Rien n'égale en fraîcheur ce vert-là[388] » Marc savoure cette nature – « Je ne me lasse pas du spectacle[389] », dit-il – nature qu'il poétise toujours : « Il arrive qu'un pin se couche au bord du rivage ; appuyé sur un coude, il reste là, à regarder la mer.[390] »

Majorque offre à Marc Bernard deux jouissances : le calme et la beauté du lieu pour écrire et les plaisirs de la mer. Pour l'écriture, il se réserve une pièce, car la solitude lui est nécessaire. C'est en général une pièce

[386] Marc Bernard, *Vacances*, op. cit., pp. 188 à 198.
[387] Marc Bernard, *La mort de la bien-aimée*, op. cit., p. 188.
[388] Marc Bernard, *Mayorquinas*, Paris, Édit. Denoël, 1970, p. 33.
[389] Marc Bernard, *Vacances*, op. cit., p. 249.
[390] *Ibid.*, p. 242.

commode de l'habitation. Mais il lui arrive d'installer son bureau d'écrivain dans un espace quelque peu insolite :

« Je suis sans doute le seul écrivain qui attrape des ampoules pour écrire ; un système de cordes me permet de me hisser dans la soupente d'une étable. J'arrive là-haut essoufflé, les mains rugueuses, pareil au matelot qui va réduire la voile dans le cacatois.
Drôle d'idée, direz-vous ! Eh oui ! Sans doute, mais les oiseaux chantent au-dessous de moi, les poulains paissent dans le champ voisin. De temps à autre, pour dérouiller leurs longues jambes, ils dansent une mazurka sous les pins. Après quelques entrechats, ils reviennent à la pâture.
Des moutons passent sur le chemin, chacun avec sa plainte ; parmi ces cris de galériens montent les voix aigrelettes des agneaux, blancs comme lait ; [...]
Je crois être dans un nid, sur la branche d'un de ces pins qui chantent autour de moi ; [...].[391] »

S'agissant de l'élément marin, Marc Bernard en a toujours été un amateur : plage, nage, navigation de plaisance, parfois pêche, l'ont toujours attiré. Lorsqu'il est à Nîmes, il ne manque pas d'aller sur les plages du Grau-du-Roi ou des Saintes-Maries-de-la-Mer. Il dit être devenu plus prudent après avoir risqué, une fois, la noyade. Peut-être est-ce lui, le personnage central de la nouvelle *Vacances*, qui, un soir, frôle la noyade... Avec l'un de ses amis nîmois passionné de bateaux, René Rouveret, artiste lui aussi venu à Paris (c'est lui qui apporta à la *N.R.F.* le manuscrit du premier roman de Marc Bernard, *Zig-Zag* !) il a fait quelques traversées sur des bateaux de plaisance, le long des côtes languedocienne et provençale et en conserve un merveilleux souvenir :

« [...] qui a goûté de la navigation à voile, fût-ce dans les conditions précaires où je m'y étais aventuré, en garde le regret. Il n'est pas de joie plus pure que de filer dans le vent et le silence, sur le pont incliné, tandis que le bateau glisse sur le rouleau des vagues ; c'est une lessive, un oubli de toutes choses dans une sorte de songe attentif, par une belle journée d'été, lorsque le bleu de la mer et celui du ciel se prolongent, que l'écume bouillonne des deux côtés de l'étrave plongeante et soulevée tour à tour par la course ; un accord parfait avec le monde. C'est un rythme et un chant, que vous naviguiez au plus près, toiles resserrées et tranchantes, en donnant toute la barre, remontant le fleuve du vent, ou

---

[391] Marc Bernard, *Vacances*, op. cit., pp. 242-243.

que vous avanciez d'une allure d'apparence immobile, porté par l'air et comme livré sans défense à une houle large, régulière, qui vous soulève pour vous laisser retomber dans une eau profonde qui a la douceur d'une peau d'un vert bleuté et brillant ; marche paresseuse et rapide pourtant, qui vous entraîne au-dessus de l'abîme.[392] »

À Cala (île de Majorque), Marc Bernard a du plaisir à se joindre à une journée de pêche. Il nous en restitue une scène :

« Hier, grande journée de pêche. [...]
La barque nous a portés à l'endroit désigné par le sort à l'équipage dont fait partie Miguel, [...]. Le patron, debout, surveille la surface de l'eau, tandis que du genou il appuie sur le gouvernail. Il a un regard de mouette, rien ne paraît lui échapper ; cheveux au vent, tête haute, portant parfois la main en visière à son front, il nous mène d'une plaque d'écorce à l'autre. Cette ombre étroite suffit à arrêter un banc de lampugas ; elles demeurent là, serrées comme sous un abri. La ruse de l'homme les fixe.
On tâte le poisson à l'aide d'une ligne placée à l'arrière ; l'un d'eux se prend-il, l'embarcation fait vivement un grand cercle qu'enserre le filet, que l'on remonte aussitôt, plein ou vide. Les pêcheurs disent que le poisson a voulu, ou non, mourir : il reste à la surface ou plonge hors de portée des mailles.
Il n'est point de couleurs qui égalent en splendeur celles des lampugas ; lorsqu'on les sort, elles ont des teintes bleues qui l'emportent sur celles de la mer et du ciel. Jetées sur le pont, où elles sautent dans un bruit de violente averse, elles perdent leur éclat ; et lorsqu'elles demeurent enfin immobiles, les ouïes saignantes, ce n'est plus qu'une masse grise, vaguement tachée de cuivre.[393] »

Les bains de mer font certainement partie des moments les plus heureux que vivent Marc et Else. « Avec quelle joie, se souviendra-t-il, nous entrions dans cette eau où l'on peut voir les fonds de sable roux et argentés, les roches pareilles à des bêtes couchées, hérissées d'une admirable fourrure d'algues cristallines. C'est du fond de ce paysage sous-marin qu'elle [Else] surgissait, les cheveux plaqués de chaque côté de son beau visage, puis elle s'asseyait près de moi. La mer était à nous. Les autres étaient sur l'autre rive, nous dans notre empire.

[392] *Ibid.*, pp. 117-118.
[393] Marc Bernard, *Vacances*, op. cit., pp. 235-236.

Nous nous regardions de temps à autre en souriant, n'en revenant pas d'être ensemble.[394] »

Il est vrai que l'île est alors peu fréquentée, sauvage, qu'ils ont une crique pour eux seuls, que « les autres » sont plus loin, dans la « cala » suivante. « Promenades natatoires », ébats, rires, poursuites, gerbes d'écume, étreintes, bains de soleil sur les rochers... la petite plage dont ils disposent est un paradis. Parfois Marc pêche des oursins roux qu'il ouvre avec un « silex acheuléen », pour offrir à son épouse ces « minces tranches couleur de rouille » dont elle est friande. Il est à souligner que Marc Bernard entretient toujours, avec la nature, un rapport fusionnel : « Je me sens solidaire du Tout, me ramifiant, me continuant en lui, immortel avec lui, me perdant et me retrouvant en lui.[395] » C'est pourquoi, se baigner nu, s'unir à l'élément marin, jusqu'à la sensation d'une symbiose, est, pour lui, un enchantement lié au mystère de la vie. Impression plus forte encore la nuit : « Vous êtes-vous baignés par pleine lune ? Mieux vaut entrer nu dans la perle. L'eau n'est éclairée qu'en surface, la vraie lumière est dessous, dans le clair de lune marin avec son treillis blanc sur fond de sable. C'est là qu'il faut descendre, dans cette clarté de métal, où la crainte et l'émerveillement vous attendent.[396] » Remarquons aussi que le bain est purificateur, ajoutant ainsi une face spirituelle.

Marc Bernard ressent la vie avec une telle sensibilité, une telle communion avec les choses, que tout événement, même naturel, devient un signe. Cette tornade, par exemple :

« Il me semble avoir vécu depuis quelques semaines dans un état d'hallucination, et le cyclone a exalté ma fièvre. En voyant s'élever le tourbillon de « feu » et de poussière, je n'ai pas douté que ce signe me fut adressé. Ce n'est pas agréable, angoissant plutôt d'attendre on ne sait quoi qu'il ne faut pas manquer, mais sans savoir d'où, comment, à quel moment cela viendra.

Je n'avais jamais ressenti cela et je m'interroge. Ce sont là les sortilèges d'un monde que je ne connaissais pas. Une telle expérience, je ne l'avais ni recherchée ni imaginée ; elle m'est tombée dessus. Mais soyons raisonnable ; qu'ai-je vu après tout ? Un phénomène dont on connaît les

---

[394] Marc Bernard, *La mort de la bien-aimée*, op. cit., pp. 187-188.
[395] Marc Bernard, *Genèse,* Fonds de manuscrits de l'écrivain, Ms 835/3, Bibliothèque Carré d'Art, Nîmes.
[396] Marc Bernard, *Vacances*, op. cit., pp. 231-232.

lois, souvent décrit. Que l'eau se dresse en colonne torse qui touche les nuages, que des poissons tombent sur les routes et dans les jardins ainsi que des grêlons, quoi de plus simple ? Il n'y a pas de quoi s'étonner. [...]

Ce souvenir d'un instant de délire et l'illusion d'avoir vu le signe au moment où je l'espérais, je ne les échangerais pour rien au monde, car ce tourbillon né de la terre, ce cercle de feu et de poussière a été comme la passerelle entre deux univers, que j'ai franchie en courant.[397] » Les fortes tempêtes, les orages sur la mer ne manquent pas, non plus, d'alimenter son « délire ».

Ce qui plaît aussi à l'écrivain, à Majorque, ce sont la solitude, le silence, la nonchalance, ce qu'il appelle « les vraies richesses ». Et une vie matérielle simple, parfois jusqu'à la frugalité :

« [...] nous vivons de rien ; depuis une semaine nous nous nourrissons en partie de boutons d'or dont les feuilles font une salade rêche, filandreuse, amère, mais qui mélangée à des pommes de terre, rehaussée d'ail doux, ointe d'huile d'olive, arrosée d'un filet de vinaigre de vin, saupoudrée de poivre de Cayenne et de sel de mer, fait un plat excellent.

La salade est devant la porte, le bois dans la forêt ; si les oliviers sauvages y mettaient du leur, si leurs fruits étaient un peu moins décharnés, moins noyauteux ; si je connaissais les champignons ; si nous avions moins de répugnance à préparer les escargots qui sont ici énormes, casqués d'or comme des Minerves, gras à plaisir, baveux en diable, et si au lieu de refiler le produit de ma pêche à notre chatte Perdida nous en faisions des soupes, nous pourrions presque vivre du sol et de la mer. Mais il y a peu à prendre sur cette île avare de nourritures terrestres, alors qu'elle est d'une générosité sans limite pour les autres.[398] »

En effet, il ne déplairait pas à Marc Bernard de vivre nonchalamment des quelques ressources que fournit cette terre, y ajoutant la beauté d'un coucher de soleil (« Admiré hier le plus beau coucher de soleil que j'aie jamais vu : le souffle même de Dieu et des anges.[399] »), l'âme du feu dans la cheminée (« Quand je dépose une bûche sur le brasier, je m'émerveille qu'elle puisse se transformer en lumière sautillante, puis en bloc aux éclats de rubis.[400] »), l'infinie variété des perceptions de la nature (« Ce matin, la

---

[397] Marc Bernard, *Mayorquinas*, op. cit., pp. 40-41.
[398] Marc Bernard, *Mayorquinas*, op. cit., pp. 76-77.
[399] Marc Bernard, *Vacances*, op. cit., p. 250.
[400] Marc Bernard, *Mayorquinas*, op. cit., p. 77.

plage était déserte. L'éclat exténué du soleil, la teinte de la mer, le sable non plus scintillant mais couleur de sel, les roches qui sortaient de l'eau, tout était changé.[401] »)

Il ne se limite pas à Majorque, même si cette île a, pour lui, une allure de paradis. Toute l'Espagne l'attire, la moitié de son sang n'est-il pas espagnol, comme il le dit ? Pendant ces années 1950, il va parcourir le pays « en toutes saisons » :

« Je l'ai vu recouvert de neige depuis Burgos jusqu'aux approches d'Algésiras, ou brûlé par un soleil qui rappelle celui de l'Afrique ; jamais je ne me suis lassé de le contempler.
  D'une province à l'autre tout change : hommes, paysages, nourriture, et la langue même parfois. Des fjords de Galice à la meseta de Castille qui n'est que lumière ; de la Manche poudreuse, d'une sécheresse de tombeau, aux vergers du Levant ; des désertiques et grandioses régions de l'Aragon aux plaines andalouses où paissent les plus nobles taureaux de combat ; de la vive et active Catalogne à la pluvieuse Guipúzcoa ; de la chantante Navarre à l'indolente Murcie, tout se transforme devant le voyageur et le ravit.[402] »

Qu'apprécie-t-il chez les Espagnols ? Ils « aiment rire ; ils ont un sens de l'humour savoureux ; et rien ne les agace autant que les gens qui se prennent trop au sérieux. [...] Ce que j'aime en ce peuple, c'est sa noblesse, sa franchise, la chaleur humaine qui rayonne de lui. Comme l'amitié est aisée dans ce pays ! Il suffit de s'y abandonner.[403] » La chaleur, l'épicurien Marc Bernard la trouve aussi dans d'autres exaltations. Ainsi, allant de Séville à Cadix, il traverse une région de vignobles qui sont, nous dit-il, « parmi les plus réputés d'Espagne », ceux de Jerez de la Frontera :

« Je voudrais être capable de le chanter dignement [le vin de Jerez], car je lui dois quelques-unes des heures les plus exaltantes que j'ai passées en Espagne. On vous le sert dans de petits verres (chatos) comme si c'était une liqueur. Et en vérité c'en est une, sèche, ardente ou moelleuse, selon les goûts, qui vous chauffe la tête et le cœur. Pour en rehausser le bouquet d'amandes amères, il est bon de manger, en le dégustant, une fine tranche de jambon cru, un morceau de poisson frit, quelques olives

---

[401] Marc Bernard, *Vacances*, op. cit., p. 249.
[402] Marc Bernard / Bernard Rouget, *Espagne*, op. cit., p. 10.
[403] *Ibid.*, pp. 12-15.

noires qui ont macéré avec des plantes aromatiques ; c'est alors que le jerez flamboie, qu'il lance sa note la plus aiguë, la plus claironnante. Il n'est rien de tel pour apprendre l'espagnol ; dès le cinquième ou sixième verre, vous le parlez avec un pur accent andalou, renonçant à prononcer les t, les d, tout ce qui demande un effort, et vous n'êtes pas loin de pouvoir chanter un air de flamenco comme un vrai gitan. Quand vous sortez de la taverne, la lumière vous paraît plus pétillante, l'air plus suave, les femmes encore plus brunes. Vous êtes assuré de tout : de la beauté, de la bonté du monde, de son sens profond. Il n'y a qu'une chose qui demeure incertaine : la direction de votre route.[404] »

Parmi les sortilèges qui envoûtent Marc Bernard, se trouvent les danses gitanes. « Il suffit de peu de chose pour que joue l'incantation : quelques battements de mains, quelques *jaleos* (cris qui réchauffent, exaltent, portent au vif les danseurs) et le couple se transforme soudain : sa volupté de danser ressemble étrangement à celle de l'amour. C'est pourquoi il n'est pas de spectacle plus impudique que celui que nous offrent ces gitans.[405] » À Grenade, admiratif devant les évolutions de deux jeunes danseuses, il écrit : « Espagne mystique, sensuelle, austère, impudique, païenne, elle est le seul pays d'Europe où le sens profond de la vie jaillit du peuple seul. Ces deux petites danseuses de Grenade, prises parmi des milliers d'autres, savent qu'elles ne sont pas de grandes artistes, mais ce qu'elles savent aussi c'est que la joie de vivre exprimée par leur danse est authentique, et que la grâce animale de leurs corps nous enchante. Leur jeunesse, leur sensualité les enivrent, comme elles nous émeuvent. C'est pourquoi, dans le patio ensoleillé, sur les dalles blanches et noires, robes déployées en corolles, elles tournent et sourient pour nous rappeler que l'ivresse de vivre (non la rage ou la fureur qui en est le contraire) est surtout le privilège d'un peuple sain, où l'instinct a gardé toute sa vertu.[406] »

Marc Bernard nous raconte ce charme espagnol (paysages, villes, faits historiques, traditions, spécialités culinaires, impressions personnelles...) dans deux livres, illustrés de belles photos : *Espagne*, avec des photos de Bernard Rouget (La Guilde du Livre et Éditions Clairefontaine, Lausanne, 1958) et *L'Espagne que j'aime...*, dont il légende les photos (Éditions Sun, Paris, 1968).

[404] Marc Bernard / Bernard Rouget, *Espagne,* op. cit., p. 40.
[405] *Ibid.*, p. 20.
[406] *Ibid.*, p. 24.

L'Espagne, c'est aussi la course de taureaux. L'enfant nîmois qui courait vers les arènes, les jours de corridas, va fréquenter les célèbres « plazas » espagnoles, dont celle de Palma de Mallorca, pendant la période estivale qu'il passe aux Baléares. Il est devenu *aficionado*, mais un véritable, celui qui aime l'art classique de la *muleta*, la mesure dans le style, le vrai courage chez le torero, non le courage qui fait prendre inutilement des risques, mais celui, par exemple, qui fait abréger le travail du picador pour laisser au taureau une combativité réelle jusqu'au bout, au lieu de l'affaiblir déloyalement. « [...] ce premier acte [le travail du picador], presque toujours ignoble, écrit Marc Bernard, s'achève dans les huées neuf fois sur dix » et il précise : « Je n'ai vu qu'un torero, Litri, lever la main dès la première pique, légère, pour demander qu'on en restât là. [...] C'est le seul qui souhaite, qui ait besoin de bêtes puissantes pour les combattre ; de là son *toreo*[407] viril, qui est unique.[408] » Litri, ce torero de vingt ans, qui l'a tant impressionné au cours d'une Feria de Valence :

« Ce que nous avons vu de mieux durant cette Feria de Valence de 1952 c'est sous un ciel noir et craquant, tout zigzagant d'une lumière de soufre. Patiné par la pluie, le pelage des taureaux luisait en deux couleurs : rouge et noir. C'est alors, venu de l'orage même, qu'a éclaté le *litrazo*[409]. Un torero de vingt ans, Litri, d'une minceur d'épée, brun comme un maure, avec des yeux immenses, a changé tout le cours de la feria quand il s'est mis à courir pour aller se placer à l'une des extrémités du *ruedo*[410]; et là, sa *muleta* pendant à bout de bras, non point déployée mais resserrée contre la hanche, droit, la tête levée et un peu rejetée sur la nuque, provoquant de la voix la bête qui le regardait à l'autre bout de l'arène, il a attendu la charge, pour n'indiquer la sortie qu'in extremis. Les quatre cent cinquante kilos de chair musclée, portant les cornes acérées comme des crochets de fer, ont passé sous l'étoffe rouge, à quelques centimètres du ventre du garçon. Quel cœur il faut avoir pour attendre, immobile, une charge pareille, pour regarder accourir la bête dont le galop fait trembler le sable dur, [...]. [...] la corrida entière repose sur le courage, [...] sans lui elle n'est que parodie ou truquage.[411] »

---

[407] Art tauromachique
[408] Marc Bernard, *Vacances*, op. cit., p. 221.
[409] Passe de muleta.
[410] Arène.
[411] Marc Bernard, *Vacances*, op. cit., pp. 214-215.

Marc Bernard est amateur de courses de taureaux, mais il reconnaît que l'homme entraîne cet animal dans un jeu contraire à son caractère paisible : «[...] il n'est rien de plus pacifique qu'un taureau quand il vit dans sa prairie natale. Ce qui le pousse à se battre ce sont les conditions dans lesquelles on l'a mis : le soudain éblouissement de l'aveuglante lumière du rond après l'ombre de sa cellule, et les hommes qui le provoquent en agitant des étoffes, en courant au-devant de lui comme s'ils voulaient l'attaquer. Celui qui demeure parfaitement immobile n'a rien à craindre d'un taureau. Cette bête est brave, soit, mais parce qu'on l'a contrainte à la bravoure. La sélection a créé une race d'une sensibilité maladive. En réalité les taureaux n'attaquent pas, ils se défendent. Il n'est que de les voir passer en trombe dans les rues de Pampelune, se retournant à peine quand on les touche, suivant tout droit leur chemin derrière les bœufs qui les mènent, pour comprendre à quel point le combat qu'ils devront livrer quelques heures plus tard leur est étranger.[412] » Il écrira quelques textes sur la corrida, où il nous explique en connaisseur la *« faena de muleta »* (le travail de la muleta) et la psychologie du torero, du taureau et du spectateur (*La Feria de Valence*, dans *Vacances*, 1953 ; *Notes sur la corrida*, dans *La Bonne Humeur*, 1957 ; *La corrida*, dans la *N.R.F.* d'avril 1964...).

Le logement de Marc et Else, à Paris, se trouve sous les combles : pigeons, moineaux, merles sont donc leurs voisins immédiats. «[...] le propre des pigeons, plaisante Marc Bernard, c'est de partir, ailes ouvertes, curieux comme ils sont de connaître le monde. Quand ils ont bien roucoulé, ils se jettent dans le vide et gagnent le large. C'est ce qu'Else et moi faisons dès que l'envie nous vient de voleter çà et là sous des cieux nouveaux.[413] » Après le Maroc, l'Espagne continentale, les Baléares, les deux pigeons vont s'envoler vers d'autres cieux. Ont-ils envie de passer quelques jours à la neige ? Ils choisissent Innsbruck (rappelons qu'Else est Autrichienne) où ils se rendent en passant par Zurich. Le fort enneigement qu'ils trouvent dans la capitale du Tyrol émerveille Marc :

« Jamais je n'aurais cru qu'il pût y avoir de telles quantités de neige. Et quelle grâce, quel éclat ! Poudreuse, rosissant, animant, exaltant tout ce qu'elle touche, elle a une gaieté irrésistible. Je ne savais pas que la pureté glacée peut donner une telle ivresse.[414] »

[412] Marc Bernard, *La Corrida*, *N.R.F.* d'avril 1964, pp. 660-661.
[413] Marc Bernard, *La bonne humeur*, op. cit., p. 7.
[414] Marc Bernard, *Vacances*, op. cit., p. 204.

Le Carnaval de Nice les tente ? Les voici au Carnaval : « Else et moi ne sommes pas allés jusqu'au faux nez, mais nous avons acheté plusieurs sacs de confettis, comme tout le monde ; j'en ai offert un à un enfant. Il m'a semblé me le donner à moi-même, avec quarante-quatre ans de retard. Le petit a été si étonné qu'il n'a pas dit merci ; il a souri et s'est perdu dans la foule. Au début j'avais un peu honte, et puis je m'y suis mis. À toi, à moi ! Je me suis même enhardi à verser un plein sac sur la tête d'une vieille dame assise sur un banc ; ses cheveux blancs sont devenus rouges.[415] »

De Londres, ville qu'ils choisissent pour une nouvelle évasion, Marc rapporte ce portrait du gentleman : « Le gentleman est un monsieur qui sautille plus qu'il ne marche, incliné un peu en avant ; en toute saison, il porte un chapeau melon noir, un costume de drap d'une couleur foncée mais imprécise et, quel que soit le temps, un parapluie, que bizarrement il appelle une ombrelle. Sa chemise est blanche, son col empesé. Il ne tourne la tête ni à droite ni à gauche, indifférent à tout ce qui l'entoure, seul dans la rue pleine. Comme tous les autres Anglais, il ne regarde jamais une femme. Il se sert de son ombrelle comme d'une canne et avance d'un pas vif. Parfois, rarement, il porte une fleur à la boutonnière, mais si considérable que c'est comme un bouquet. Il avale la fin des mots, et un peu du commencement ; de plus, il paraît s'adresser à une personne lointaine, au-dessus de vous, et dont vous ne seriez que l'ombre portée. Il tient alors ses mains gantées appuyées à la poignée de son ombrelle, et c'est un peu comme s'il vous faisait ses condoléances.[416] »

En 1955, ils voyagent en Italie et en Grèce. À Venise, les gondoliers lui apparaissent comme « des boiteux qui marcheraient sur place, appuyés sur leur canne ». Et il reconnaît que « cette ville est au-delà de toute image qu'on avait pu s'en faire[417] ». De Naples, il rapporte ces instantanés : « La mort a une allure publicitaire. Affiches mortuaires. Linge, linge, linge au-dessus des rues. Une vieille femme se peigne devant sa porte. On joue aux cartes sur les trottoirs. Ateliers du bouif, du forgeron dans la rue. Amoncellement de citrons énormes, d'un jaune aigu, vibrant, qui tapissent les éventaires. Une femme parle longuement au téléphone, un *gelato* à la main ; de temps à autre, d'un long et sensuel coup de langue, elle lèche la crème qui fond sur le cornet. J'en frémis.[418] »

---

[415] Marc Bernard, *La bonne humeur*, op. cit., p. 76.
[416] *Ibid.*, p. 89.
[417] Marc Bernard, *Notes*, *N.R.F.* d'octobre 1975, p. 81.
[418] *Ibid.*, p. 80.

Il visitera les lieux emblématiques de la Grèce antique : Mycènes, Olympie, Épidaure..., et appréciera la belle île de Corfou, où il séjourne en 1962. Il y trouve une végétation qui lui est familière : cyprès, oliviers, figuiers, genêts, culture de la vigne... Petits villages pittoresques aux maisons blanchies à la chaux, jolies plages, criques, pêcheurs..., ne peuvent que séduire Marc Bernard. À Paléo Castrissa, il connaît l'ivresse du bain : «[...], une ivresse me vint, tandis que je me baignais, que je ne savais à quoi attribuer. Ma nage était si aisée autour des rochers blancs, l'eau si délicieusement fraîche et comme pétillante, que je ne me décidais pas à en sortir. Jamais je n'avais ressenti une telle légèreté. Cela demeura un mystère jusqu'à ce qu'un ami grec m'eût dit que plusieurs sources jaillissaient du sable, donnant à la mer sa suavité.[419] » À Pélékas il assiste à l'un des plus beaux couchers de soleil qu'il ait vus. C'est Lawrence Durrell, l'auteur du *Quatuor d'Alexandrie*, qui, habitant un mazet de la garrigue nîmoise, de 1958 à 1966, avait incité Marc Bernard à la découverte de Corfou, île qu'il aimait.

En 1956, une cartomancienne lui prédit un voyage. Alors, écrira-t-il, «je ressentis ce frétillement intérieur qui prélude aux vadrouilles. Il ne me restait plus qu'à prendre mes valises et à filer vers la gare du Nord pour me rendre en Hollande. Depuis des années, je rêvais de moulins, de canaux, de champs de tulipes ; puisque la pythie m'encourageait au départ, en avant ![420] » Le couple arrive donc aux Pays-Bas. Amsterdam le charme : c'est «l'une des cités les plus exaltantes qui soient. Elle est pavoisée de mouettes criardes, piquetée de canards à col bleu ; un vent frais, claquant, lourd de sel et d'iode, la purifie jour et nuit. Vous sentez vos forces grandir d'instant en instant. C'est sans doute la qualité d'un air pareil qui a donné aux Hollandais l'extraordinaire énergie qui leur a fait repousser la mer hors de leurs terres, et le courage de vivre entourés d'une muraille d'eau. Car ils n'ont pas l'air de s'en faire ; ils sont gais, obligeants et, ce qui ne gâte rien, d'une honnêteté surprenante.[421] ». Et, dans cette Venise du Nord, il aime à savourer la nonchalance des flâneries le long des canaux bordés d'ormes où se reflètent les maisons bourgeoises aux pignons à redents ou en cloche et aux façades en briques ornées de masques et allégées de nombreuses baies. Et la lumière, cette lumière douce, soyeuse, que l'on ne trouve nulle part, si ce n'est dans la peinture de Vermeer, Marc Bernard s'en imprègne. Il

---

[419] Marc Bernard, *Au-delà de l'absence*, op. cit., p. 127.
[420] Marc Bernard, *La bonne humeur*, op. cit., p. 99.
[421] *Ibid.*, p. 103.

lui plaît aussi de laisser couler le temps à la terrasse ou dans la chaude atmosphère de la salle d'un café. À Amsterdam, il est comblé :

« Rien n'est plus révélateur d'un pays que ses cafés ; là-bas ils sont parfaits. Dès que vous en passez le seuil vous n'avez plus envie d'en sortir. On y a tout prévu : de profonds fauteuils pour la méridienne, le coin de la lecture, des lumières tamisées, un service rapide, discret, des consommations de qualité à des prix modiques, et l'on vous sert des plats à toute heure. [...], on se sent chez soi, tellement chez soi qu'on a envie de mettre ses talons sur la table. Quelques Amsterdamois, d'ailleurs, n'ont pas d'autre foyer que celui-là. À les voir se faire porter un en-cas, y rédiger leur correspondance, lire journaux et revues, on se dit qu'en effet il n'y a pas de raison pour que cela finisse.[422] »

Marc et Else visitent d'autres villes, Delft, par exemple. « Une ville ravissante. Elle regorge de poissons. Il est vrai qu'on peut pêcher de sa fenêtre. Et des fleurs à n'en plus finir, extraordinaires, surtout les jacinthes et les *«canalarias»*. Les gens du marché, figures rouges, sabots sonnants, accourent manger leur fricot dans les bistrots. Ils sont gais, bien et bon vivants, fin prêts pour une kermesse. L'accordéon triomphe et le « pot-pourri ».[423] »

De ces voyages décidés dans la spontanéité et le bonheur de vivre, Marc Bernard laisse des récits que contiendront deux recueils : *Vacances*, et *La bonne humeur*, qui paraissent, respectivement, en 1953 et 1957. *Vacances* est publié par Bernard Grasset : en effet, à la suite d'un « refroidissement » de sa relation avec Jean Paulhan et Gaston Gallimard, Marc Bernard s'est rapproché des Éditions Grasset, certainement conseillé par son ami Jean Blanzat, alors directeur littéraire chez cet éditeur, et Jacques Chardonne. Marc Bernard reviendra, immédiatement après, chez Gallimard. S'agissant de *La bonne humeur,* le critique Pascal Pia *écrit* : « La bonne humeur qu'on lui connaît ne procède aucunement de faveurs que la fortune lui aurait départies. [...] Plus j'y pense, plus je vois dans le comportement de Marc Bernard, dans son équanimité, [...] une sorte de réussite morale comparable à la réussite physique où parvient la nature quand elle pousse un fruit jusqu'à sa parfaite maturité. [...] Pour voir les gens et les choses comme les voit l'auteur de *La bonne humeur*, inutile de chercher dans son livre un

---

[422] *Ibid.*, p. 104.
[423] Marc Bernard, *Notes*, *N.R.F.* d'octobre 1975, p. 83.

vade-mecum. Pour savourer comme lui les minutes d'or, il n'existe pas de recette. Il n'y faut quasi rien, ou bien tout : c'est selon. Peu d'argent mais du cœur.[424] »

2
RETOUR AUX SOURCES
DE L'INSPIRATION

Avec le roman *Anny*, en 1934, étude psychologique pouvant se rattacher au roman d'analyse, Marc Bernard s'était éloigné de la littérature purement prolétarienne. Il s'était associé à ce mouvement littéraire, de façon active, dès 1930, mais avait ensuite privilégié l'idée selon laquelle la meilleure position de l'écrivain est l'indépendance, l'absence d'appartenance à une « chapelle », plaçant celui-ci dans une totale liberté de création. Toutefois, ce que privilégiaient les « écrivains prolétariens » des années 30, était l'authenticité, la vérité du récit, la peinture fidèle du prolétariat, des humbles, exigences que ne reniait pas l'écrivain nîmois. De ce point de vue, ces écrivains avaient prolongé le naturalisme d'Émile Zola. Pour la place qu'il avait donnée, dans son œuvre, à la classe ouvrière, pour la méthode « scientifique » dont il s'était servi pour décrire au plus près de la vérité la condition prolétarienne, Zola restait une référence pour tous les écrivains du peuple, qu'ils soient inféodés à un parti ou indépendants de toute organisation politique.

En juillet 1951, Marc Bernard écrit à Jean Paulhan : « Depuis deux mois, me voici en plein travail d'érudition. Un livre sur Zola, qu'on m'a commandé. Pourvu que je ne m'embrouille pas dans les dates. Il faut tout vérifier à chaque instant ; je crains qu'il ne reste quelques erreurs. Mais c'est intéressant, surtout quand il parle des ouvriers[425] ». 1952 est en effet l'année du cinquantenaire de la disparition du grand écrivain. Marc Bernard s'associe à cet anniversaire en écrivant, pour la collection « *Écrivains de toujours* » des Éditions du Seuil, un *Zola par lui-même*. Comme tous les ouvrages de cette collection, ce livre présente la carrière littéraire de Zola, étayé de nombreuses citations extraites de l'œuvre et de divers écrits.

---

[424] Pascal Pia, *Feuilletons littéraires 1955-1964*, Paris, Fayard, 1999, pp. 218-221.
[425] *Marc Bernard & Jean Paulhan, Correspondance 1928...1968*, op. cit.,(Lettre 272), p. 300.

En 1860, Émile Zola mène à Paris une existence pauvre, dans des chambres mansardées, sa seule préoccupation étant l'écriture. « N'ayant pas de quoi s'acheter du charbon, écrit Marc Bernard, il s'enroule l'hiver dans une couverture. [...] Il rêve à l'avenir ; il écrit des poèmes, qui sont mauvais ; il éprouve des sentiments simples [il est amoureux d'une jeune fleuriste – une « grisette des plus gentilles » – qu'il voit passer deux fois par jour sous sa fenêtre].[426] » Dans l'attente de la gloire littéraire, il fait « une chasse féroce aux emplois » mais sans résultat. Lorsqu'il apporte son premier manuscrit, *Contes à Ninon*, à des éditeurs, « jamais peut-être le goût d'être célèbre, précise Marc Bernard, d'»arriver», ne s'est affirmé avec plus de netteté, plus de réalisme. C'en est fini des rêveries dans les mansardes ; le public est là, à conquérir[427] ». Zola a choisi, pour écrire, le réalisme, la tranche de vie autant que possible saisissante. Il écrit aussi dans des journaux. Il est attiré par le théâtre mais sans satisfactions. Un début de carrière d'écrivain qui n'est pas sans rappeler celui de ... Marc Bernard.

En 1877, avec la parution de *L'Assommoir*, « Zola, poursuit-il, devient l'écrivain français le plus célèbre ; quelques semaines suffisent à rendre son nom populaire. Pour la première fois depuis près d'un demi-siècle, Hugo passe au second plan ; un écrivain de trente-sept ans l'emporte sur le vieux poète. Le bruit qu'avait fait *Les Misérables*, dix ans plus tôt, est dépassé[428] ». Marc Bernard, qui demeure dans le cœur un écrivain du peuple, souligne alors une nouveauté :

« En choisissant, le premier, de prendre les personnages d'un roman parmi les ouvriers, Zola surprenait grandement ses lecteurs. Ce prolétariat, que les progrès du machinisme accroissaient chaque jour, demeurait encore sans visage et sans voix ; des villes industrielles jaillissaient du sol, l'artisanat s'anéantissait dans l'armée anonyme des fabriques et des usines, mais les écrivains regardaient ailleurs ; l'alcôve, les discussions d'argent, l'ambition, les crimes passionnels retenaient à peu près seuls leur attention. Zola est le premier à regarder ce qui vient. [...]
Cet univers noir, retentissant du nouveau tumulte des temps modernes, cet aspect apocalyptique de l'industrialisation du monde le passionnent. En deux volumes, il dénonce l'une des tares des milieux ouvriers d'alors : l'alcoolisme. Et pour la première fois le romancier donne la pleine mesure de

---

[426] Marc Bernard, *Zola par lui-même*, Paris, Éditions du Seuil, 1969, p. 15.
[427] Marc Bernard, *Zola par lui-même*, op. cit., p. 20.
[428] *Ibid.*, p. 50.

sa force. La couleur, la densité de l'œuvre sont admirables ; l'envoûtement est total ; le noir atteint à des profondeurs d'eau-forte, avec au centre une seule lumière, mais diabolique, celle du brûleur d'alcool.[429] »

Marc Bernard, évoque, dans ses aspects essentiels, le parcours de Zola : réalisme, naturalisme, rigueur scientifique appliquée au roman qui devient « expérimental »..., jusqu'à *Germinal* et la fin de la série des *Rougon-Macquart*. Dans *Germinal*, nous dit-il, Zola « entre directement en contact avec le prolétariat industriel », « va au cœur de la condition ouvrière[430] ». Pour cela, le grand écrivain « s'en va vivre durant plusieurs mois dans une région minière. Il loge dans les corons, boit de la bière et du genièvre dans les estaminets, descend dans un puits, observe son modèle au travail, assiste aux mises aux enchères des galeries, et voit les mineurs, que la Compagnie met en concurrence, abaisser centime par centime le prix de la berline, par crainte du chômage. Il se familiarise avec les petites maisons des corons, aux cloisons si minces qu'elles laissent passer tous les bruits provenant des familles voisines. Il se renseigne sur les maladies que provoque le travail de la mine, sur les salaires, sur les méthodes de travail, il apprend comment on boise une galerie, comment on pousse une berline, il observe les mineurs accroupis dans la veine, tandis que la poussière de charbon emplit l'air, et que l'eau ruisselle des parois. Pour la première fois il mesure ce qu'est la peine des hommes. Et, là encore, Zola innove, en joignant le reportage au roman, en prenant comme héros de son œuvre un corps de métier. En effet, par-delà un groupe de personnages qui sont au premier plan, le véritable héros de *Germinal* c'est la foule des mineurs : c'est elle qui emplit les pages du livre, qui lui donne puissance et grandeur. Le chœur de la tragédie antique reparaît dans le roman le plus moderne, il y retrouve l'importance qu'il avait chez Eschyle.[431] »

Marc Bernard souligne encore que Zola « est admirable quand il nous montre l'armée ouvrière courant dans la campagne pendant la grève ; ce roulement de sabots fait trembler le monde ». Et il poursuit : « Les barricades des *Misérables* font songer à des constructions intellectuelles ; ceux qui les défendent sont de jeunes bavards qui discutent de philosophie avant de se faire tuer. Dans *Germinal*, la haine vient des profondeurs animales, l'injustice pousse ces hommes et ces femmes droit devant eux, à la

---

[429] *Ibid.*, p. 51.
[430] *Ibid.*, p. 99.
[431] Marc Bernard, *Zola par lui-même*, op. cit., pp.99-100.

pointe de son aiguillon. Mais ce n'est pas une injustice abstraite ; on ne réfléchit pas, ici : c'est le troupeau qui s'élance et brise tout sur son passage ; la violence est dans les corps qui ont souffert et veulent se libérer, fût-ce en détruisant tout. Hugo nous montre une révolte, Zola une révolution.[432] » Marc Bernard conclut alors sur ce constat pérenne : « Il n'y a pas dans *Germinal* les bons et les méchants, mais une énorme machinerie industrielle qui exploite l'homme, une force abstraite qui le broie. Quels liens pourrait-il y avoir, en effet, entre ceux qui, dans une ville lointaine, touchent des dividendes, et ces mineurs que la faim, la souffrance, l'injustice rendent fous ? Tout rapport humain est aboli, nous sommes dans l'abstraction pure[433] ».

Toujours dans le cadre de cet anniversaire, Marc Bernard écrit un article, « *Émile Zola écrivain obscène* ? », qui paraîtra dans la revue *Arts* du 26 septembre 1952 : « Il est peu d'écrivains qui autant que Zola aient été accusés d'être des auteurs obscènes. Parmi les innombrables reproches qui lui ont été adressés, c'est celui d'obscénité qui revient avec le plus de constance. [...] Zola a raison d'écrire qu'une peinture conventionnelle plaît davantage qu'une description totale de l'homme, car qui voudra se reconnaître dans le trop fidèle miroir qui réfléchit la part que chacun de nous souhaite garder secrète ? [...] On peut mettre, entre autres, à l'actif de Zola, cette volonté de réduire l'écart entre la littérature et la vie, à quoi il s'est employé dans la partie la plus vivante de son œuvre avec tant d'opiniâtreté et de vaillance. C'est que pour lui, il n'existait pas deux réalités – celle, tamisée, des livres, et celle de la vie, avec ce qu'elle a de secret, de sauvage – mais une seule, que l'on ne saurait réduire sans verser dans le mensonge, du moins sans donner de l'homme une image incomplète[434] ». Enfin, Marc Bernard participera à un ouvrage collectif, *Présence de Zola*, qui paraîtra aux Éditions Fasquelle en janvier 1953.

Cette évocation d'Émile Zola replonge Marc Bernard dans une littérature à thèmes sociaux, une littérature sur le peuple dont ce grand écrivain a exalté l'âme dans des fresques puissantes. Et il constate que Zola a mieux réussi à attirer l'attention d'une grande partie du lectorat sur la condition prolétarienne que n'a su le faire le Groupe des écrivains prolétariens. Ce souffle d'épopée populaire qui parcourt la série des

---

[432] *Ibid.*, p. 101.
[433] *Ibid.*, p. 102.
[434] Marc Bernard, *À Hauteur d'homme*, op. cit., p. 55 à 59.

Rougon-Macquart, cette œuvre pour laquelle l'auteur a affirmé : « Je n'ai guère souci de beauté ni de perfection. Je me moque des grands siècles. Je n'ai souci que de vie, de lutte, de fièvre[435] », ne peuvent que plaire à l'auteur de *Zola par lui-même*.

Est-ce ce travail sur Zola qui ramène Marc Bernard à une écriture d'inspiration « prolétarienne » ? *Salut, camarades*, qui est publié en 1955, est un récit autobiographique que l'on peut en effet rattacher à cette littérature. C'est, pour lui, un livre de maturité et un livre d'importance. C'est aussi une suite à l'histoire de sa première enfance, *Pareils à des enfants...* Le récit commence un peu avant la guerre de 1914 et se termine au moment où il écrit son premier roman, *Zig-Zag* (1928). Il concerne donc, en grande partie, la période de sa vie retracée au chapitre II (*La bohème*). Il s'agit, ici encore, d'un livre de mémoire, « une mémoire, écrira Roger Judrin dans la *N.R.F.*, qui a beaucoup d'esprit ». Et ce critique poursuit : « J'aime ce livre mûr où les événements ont couleur d'homme. Un auteur, ici, s'approprie les jours, il les voit d'assez haut pour les comprendre et pour en ordonner la fête[436] ». Marc Bernard nous restitue, avec le réalisme, la sensibilité, la délicatesse de langage et l'humour qui lui sont habituels, les événements, les aventures, les situations difficiles ou heureuses, les sentiments qui ont façonné son existence pendant cette quinzaine d'années. Des années fortes et déterminantes pour lui : sa jeunesse ouvrière, son amour déçu pour une jeune Nîmoise inaccessible, son départ pour Paris en quête d'avenir, une bohème ouvrière et pauvre à Montparnasse, des espoirs idéologiques brisés, l'existence insouciante des années folles, ses premiers écrits pour tenter fortune... Une période exaltante pour un jeune homme doué de volonté, d'acuité et de soif intellectuelles et d'un talent qui va s'affirmer.

Ce récit, avons-nous précisé, est de veine « prolétarienne ». On y trouve la détresse matérielle qu'a connue l'ouvrier Marc Bernard, dans les années qui ont suivi son arrivée à Paris. On y trouve aussi ce qui demeure au plus profond de lui, le souvenir de sa vie d'enfant pauvre. Cette existence resurgit alors qu'il évoque son engagement syndical, à Nîmes, en 1923. Avec deux collègues d'usine, ayant eu eux aussi une enfance pauvre, il allait à la rencontre d'autres ouvriers pour prêcher sa foi révolutionnaire :

---

[435] Marc Bernard, *Zola par lui-même*, op. cit., p. 156.
[436] Roger Judrin, *Marc Bernard : Salut, camarades*, *N.R.F.* du 1ᵉʳ trimestre 1956, p. 141.

« Nous venions du plus bas, nous avions eu tous trois la même enfance misérable ; nous avions fréquenté les bureaux de bienfaisance où l'on nous donnait de loin en loin un pain énorme, gris, en échange d'un ticket jaune qui était l'argent de ceux qui n'en ont pas, billet sans autre cours que celui que voulait bien lui attribuer la charité. Enfants, cela nous gênait qu'on nous vît entrer dans le bureau aux cloisons grillagées. Toute la misère de la ville était là, rassemblée, et chacun y avait la même figure fermée.[437] »

Mais le point culminant de ce livre est certainement l'amère et profonde déception que Marc Bernard avait ressentie devant le nouveau visage que prenait la révolution russe, à partir de 1924, lorsque Staline était devenu le maître du Kremlin. Il n'avait pas accepté que la révolution du prolétariat russe devienne la dictature d'un seul homme, avec toutes les forfaitures que cette déviation commençait à montrer. Ainsi, une trentaine d'années après l'avènement du stalinisme, Marc Bernard, avec *Salut, camarades*, livre-confidence, explique avec netteté les raisons, à ce moment-là, de sa dissidence du parti communiste. À propos de ce livre, son ami et écrivain Henri Calet, qui avait eu un parcours idéologique semblable, lui dit : « Comme vous devez être soulagé maintenant ![438] » En effet, cette mise au point avait dû « soulager » Marc Bernard, comme un autre livre-confidence, *L'Homme révolté*, avait certainement apaisé Albert Camus en 1951. Dans cet essai philosophique, Camus rejetait les effets pervers des révolutions, utilisant, au nom d'un bonheur à construire, l'humiliation, l'asservissement et la terreur. Camus « pose une question fondamentale, écrit Olivier Todd : comment certains hommes, au nom de la révolte devenue révolution, ont-ils accepté le meurtre collectif ? Comment des militants, justement révoltés, transformés en révolutionnaires professionnels, ont-ils créé, au XXe siècle, des États totalitaires ?[439] » Camus privilégie l'homme révolté, toujours prêt à défendre sa dignité, à refuser toute oppression, toute injustice, dussent-elles venir de son camp. Cet humanisme est aussi celui de Marc Bernard, qui donne à sa révolte un visage humain, même si celle-ci, pour la défense de sa classe sociale, peut être exigeante.

Outre l'explication de son évolution idéologique, vécu qui l'a tourmenté, Marc Bernard nous livre, dans *Salut, camarades*, une série

---

[437] Marc Bernard, *Salut, camarades*, op. cit., pp. 93-94.
[438] Marc Bernard, *La dernière fois,* N.R.F. juillet / août 1956, pp. 513-514.
[439] Olivier Todd, *Albert Camus, une vie*, Paris, Gallimard, 1996, p. 546.

de scènes très vivantes de l'entre-deux-guerres et de portraits d'une grande sensibilité humaine, d'hommes et de femmes qu'il a connus pendant cette période.

Jean Paulhan écrit à Marc Bernard, fin 1954, au sujet de ce livre : « Il me semble que tu tiens là un des très grands livres de notre temps. Je ne le dis pas à la légère[440] ». L'écrivain nîmois souhaite que ce livre soit un succès de librairie, ce qu'il écrit à son ami Roger Grenier : « Il serait de la plus haute importance (culinaire) qu'on en vendît, sinon le spectre noir de la faim ou des chaînes, est sur moi[441] »…

Marc Bernard continue à associer à son métier d'écrivain, aux revenus incertains, les activités culturelles pour lesquelles il a si souvent démontré du talent : une collaboration aux émissions littéraires de la Radiodiffusion Française et le journalisme culturel. Il écrit des articles littéraires, chroniques, critiques théâtrales..., de façon régulière ou intermittente, pour différents journaux ou revues, parmi lesquels *Les Nouvelles Littéraires, Les Lettres Nouvelles, Arts, Comœdia* (critique théâtrale), *La N.R.F., Combat, Le Figaro, Le Figaro littéraire*. Ces articles présentent les sujets qui lui tiennent à cœur : la littérature, le théâtre, les Baléares, ses voyages, les « en dehors » (les exclus), les scènes simples ou drôles de la vie quotidienne... Il aime parler des livres qui l'ont séduit, par exemple dans cet article sur les chefs-d'œuvre oubliés, publié dans *Les Nouvelles littéraires* du 28 décembre 1967 :

« On a souvent posé la question : y a-t-il des chefs-d'œuvre inconnus ? Or, cherchant presque au hasard dans la littérature de ces quelques dernières dizaines d'années, j'en ai découvert quatre. Quels sont les lecteurs des prix littéraires, des best-sellers, des auteurs «engagés» qui connaissent *Siloé, Joyeux fais ton fourbi, Les Poulpes* ou *Le bonheur des tristes* ? Et quand bien même vous voudriez connaître les trois premiers que je viens de citer, cela vous serait difficile, car vous ne les trouveriez chez aucun libraire et rarement dans les bibliothèques. *Le bonheur des tristes* a été publié [...] dans *Le Livre de Poche*, mais les trois autres, plus le temps passe et plus l'ombre sur eux s'épaissit, plus ils reculent, descendent dans des profondeurs d'oubli d'où il est à craindre qu'ils ne remontent jamais. Et pourtant, si vous trouvez par hasard ces livres vous ne pourrez pas, me semble-t-il, ne pas les admirer, l'un pour sa grâce, sa

---

[440] *Marc Bernard & Jean Paulhan, Correspondance 1928-1968*, op. cit., (Lettre 312), p. 330.
[441] Roger Grenier, *Fidèle au poste*, op. cit., p. 139.

fraîcheur, l'autre pour son atroce vérité, et l'autre encore pour sa force. Chacun d'eux m'a soit ému, soit enchanté, soit remué, troublé jusqu'à l'âme.[442] » Voici un extrait de la critique du second :

« Dans *Joyeux, fais ton fourbi*, Julien Blanc décrit les bataillons disciplinaires dont il a fait partie, et il a trouvé le ton exact, passionné et lucide, halluciné pour nous parler de choses hallucinantes. C'est la peinture d'un enfer où tout a le relief et le poids de la réalité. La monstruosité de ces hommes placés dans des conditions monstrueuses, leur cruauté, leurs vices, leurs révoltes, leurs désespoirs, l'abîme dans lequel ils tournent comme dans le dernier cercle, [...] et au-dessus de cet univers d'épouvante, de dégradations, les cravaches, les insultes, les tortures de l'armée. C'est sur ce seuil qu'il faut vraiment laisser toute espérance ; le salut ne peut venir de nulle part ; c'est le monde de la haine pure, où aucune solidarité ne lie les victimes qui sont elles-mêmes des bourreaux.

Pour décrire cela comme l'a fait Julien Blanc, avec une telle objectivité et une telle passion, il fallait être gorgé des horreurs vécues, les revivre en état de rêve. Je ne connais pas de livre plus terrible, ni plus vigoureux. [...]

Malgré la haine qui brûle dans ce livre comme une torche, ce qui s'en dégage, c'est une impression de pitié déchirante. Il n'y a jamais dans *Joyeux, fais ton fourbi* un mot d'attendrissement, de *self pity*. Chacun des personnages est dans un désespoir trop actif – occupé à se défendre, à attaquer – pour s'apitoyer sur lui-même, mais ce qu'ils n'ont pas le temps de ressentir, qui leur paraîtrait une lâcheté dangereuse, affaiblissante qui accroîtrait les dangers qu'ils doivent affronter à chaque instant, c'est nous qui le ressentons à leur place. C'est là l'un des miracles de ce livre et ce qui contribue à lui donner sa grandeur.[443] » Marc Bernard aime le réalisme qui restitue les aspects les plus exacerbés de la vie, il a de la curiosité pour tout ce qui concerne l'homme, jusqu'aux limites du possible, jusqu'aux cercles de l'enfer. Mais, s'il apprécie l'expression réaliste, il n'en a pas moins le goût de la rêverie, qui est la poésie de la vie. Au sujet de Luc Dietrich, auteur de *Le bonheur des tristes*, il écrit :

« [...] ce qui demeure [chez cet écrivain] c'est le charme de l'enfance. Ce grand et beau garçon n'est jamais devenu homme ; il n'a jamais quitté un monde où tout est rêve. C'est là qu'il a vécu et non dans la réalité, de sorte que bien et mal, ce qui se fait et ce qui ne se fait pas n'avait pour lui

---

[442] Marc Bernard, *À Hauteur d'homme*, op. cit., pp. 100-101.
[443] *Ibid.*, pp. 101 à 103.

aucun sens. Dans ses livres il dit tout avec une candeur non feinte. On peut tricher en tout, sauf en art. Sa voix nous parvient pure, innocente de tout ce qui l'accuse. Il est des gens qui sont obscènes en buvant le thé, d'autres qui demeurent purs jusque dans leurs dérèglements.[444] »

Un sujet occupe aussi l'esprit de Marc Bernard : l'existence des exclus de la société, de ceux qu'il nomme « les en-dehors ». Dans un article de la *N.R.F.*, il raconte un *Noël sous les ponts*. Il s'agit d'un « réveillon » organisé pour les « sans domicile fixe » par une œuvre religieuse. Il se déroule quai Saint-Bernard, en face du Jardin des Plantes. Marc Bernard rapporte ce moment de chaleur humaine :

« Ce réveillon a eu lieu dans la dignité, [...]. Le repas achevé, on a essayé de ranimer une cendre depuis longtemps refroidie, si tant est qu'elle ait rougeoyé un jour ; et ce ne fut pas le moins émouvant de cette nuit que d'entendre ces gens chanter, avec infiniment plus de conviction que d'assurance, des chansons de Noël dont ils avaient oublié la plupart des paroles. Quelques-uns d'entre eux même, montés sur la scène, mains derrière le dos, comme de vrais choristes, se sont essayés au « Minuit, Chrétiens » avec des fortunes diverses. Chacun apportait ses variantes, mais l'essentiel – le cœur – à n'en pas douter y était. Et l'un des clochards, cérémonieux en diable, retirait les bérets et les chapeaux de ses compagnons, trouvant inconvenant que l'on pût rester coiffé pendant que l'on chantait des hymnes.

L'instant avait, en effet, une certaine solennité ; c'était le moment du miracle où tout est possible. Il dura peu. Plutôt que de se rendre à la messe de minuit, célébrée sur le quai, tout près du lieu des agapes, la plupart des vagabonds repus, illuminés, s'égaillèrent dans la nuit des berges. Un groupe, assis autour d'un feu de bois, à quelques mètres de l'autel fait d'une table, mains tendues vers la flamme, discutait à voix haute et les propos n'étaient rien moins que religieux. Parmi eux un garçon de vingt-cinq ans, cheveu clair et plat, teint blême, œil gris narquois et cruel, me parut le plus désespérément perdu de tous ; à en juger sur l'apparence, rien ni personne ne pourrait l'empêcher d'aller au bout de sa route, jusqu'au précipice, jusqu'à la chute sans recours.[445] »

Le 14 juillet 1956, l'écrivain Henri Calet meurt à Vence (Alpes-Maritimes), à l'âge de 52 ans. Une amitié suivie, depuis vingt-cinq ans, le liait à Marc Bernard. D'ailleurs, ils ne manquaient pas, tous les

[444] *Ibid.*, p. 106.
[445] Marc Bernard, *Noël sous les ponts*, *N.R.F.*, du 1er trimestre 1959, p. 367.

deux, comme nous l'avons évoqué, de points communs, comme cette affirmation de Calet, par exemple : « [...] j'aime ça (la vie), j'en suis fou. Et d'autant plus que nous n'avons rien d'autre : c'est unique, une occasion exceptionnelle, à profiter, comme disent les camelots. Tout se passe ici.[446] » Comme le Nîmois, son écriture puise dans sa vie. Il se disait d'ailleurs « condamné à peiner incessamment sur un autoportrait qui ne serait jamais achevé ». Son humour peut être tendre, ou au contraire laconique et glacé mais sans méchanceté. C'est un homme rêveur, discret, au regard chaleureux parfois teinté de tristesse. « Depuis vingt ans, à la période de guerre près, rappelle Marc Bernard, nous dînions ensemble chaque semaine. Sa discrétion, qui était extrême dans sa vie, cessait dès qu'il se mettait à écrire. Il ne se confiait jamais, fût-ce à ses amis les plus proches ; nous devions attendre son prochain livre pour connaître ses inquiétudes réelles, ses folies parfois. Il avait horreur du débraillé, dans le style comme dans la vie. Son regard était admirable, chaud, plein de tendresse ; on ne lui résistait pas ; tout ce qu'il n'osait pas vous dire passait dedans.[447] »

Henri Calet est aussi remarquable pour son style : on est frappé par sa netteté, par la précision du trait qui cerne chaque évocation. « C'était un styliste, précise Marc Bernard, [...] la plupart du temps son écriture est d'une grande efficacité, elle va droit au but et fait mouche ; elle exprime vite et bien l'essentiel, d'une manière très personnelle ; dans ses limites elle est souvent parfaite, et elle a un accent unique. Dans ses meilleurs moments elle atteint à une poésie sourde, comme quelqu'un qui parlerait à voix basse ; son accent est constamment celui de l'intimisme. Elle n'a jamais d'envolées lyriques, point d'ailes qui tout à coup emportent le livre, mais un ton frémissant, discret, juste, émouvant souvent, et une recherche et un sens de l'humour qui donnent une vive saveur à presque tous les écrits d'Henri Calet.[448] » Marc Bernard confie que l'amitié d'Henri Calet va lui manquer.

Marc Bernard poursuit une collaboration discontinue à la Radio nationale. Ainsi a-t-il animé une série d'une dizaine d'émissions sur des revues littéraires, consacrant la dernière, le 25 mai 1959, aux *Cahiers de Pataphysique*. À cette occasion, il interviewe Boris Vian, en qualité de « Provéditeur général adjoint et rogateur du Collège de Pataphysique »

---

[446] Henri Calet, *Le tout sur le tout*, Paris, Gallimard (« L'Imaginaire »), 2006, pp.271-272.
[447] Marc Bernard, *La dernière fois*, N.R.F., juillet / août 1956, pp. 513-514.
[448] Marc Bernard, *À Hauteur d'homme*, op. cit., pp118-119.

et fait jouer, par Vian et Henri Salvador, un sketch, très probablement écrit par le premier, sur une tentative de cerner la « science des solutions imaginaires » définie par Alfred Jarry dans son livre *Gestes et opinions du docteur Faustroll, pataphysicien*. Avec cette émission, Marc Bernard crée un événement, faisant connaître une société, le Collège de Pataphysique, où l'on trouve, avec Boris Vian, des écrivains, artistes, cinéastes comme Raymond Queneau, Jacques Prévert, Eugène Ionesco, René Clair, Max Ernst, Joan Miró... Alfred Jarry disait qu'il n'y a de science que du particulier. Les cas généraux, qui ont un caractère courant, sont bien moins intéressants que les exceptions qui elles ne se produisent que rarement. Il en est ainsi de la Pataphysique qui est à la métaphysique ce que la métaphysique est à la physique. Autrement dit, son domaine est infini. Cette émission ne manque pas de fantaisie. En voici quelques extraits :

« [...]
- Marc Bernard. Il semblerait que les pataphysiciens dont vous êtes, satrape Boris Vian, l'un des plus étincelants fleurons, mettent tout leur sérieux à ne rien prendre au sérieux. Mais votre doctrine est si subtile et si vaste à la fois que certains de ses aspects peuvent échapper au profane que nous sommes. Peut-être pourriez-vous éclairer nos auditeurs avides de lumière sur le sens profond de la Pataphysique et nul n'est mieux qualifié que vous pour allumer notre lanterne. Nous vous écoutons dans le plus grand recueillement.

- Boris Vian. La Pataphysique est admirablement définie par Alfred Jarry dans *Gestes et opinions du docteur Faustroll*. Pour résumer les choses un peu simplement, on peut dire que la pataphysique est à la métaphysique ce que la métaphysique est à la physique. Un des principes fondamentaux de la pataphysique est d'ailleurs celui de l'équivalence des contraires. C'est peut-être ce qui vous explique ce refus que nous manifestons de ce qui est sérieux et ce qui ne l'est pas, puisque pour nous c'est exactement la même chose. C'est pataphysique, qu'on le veuille ou qu'on ne le veuille pas, on fait toujours de la pataphysique.

- M.B. Sans le savoir.

- B.V. Sans le savoir. Il est évident que plus la pataphysique est consciente, plus elle se double de pataphysique inconsciente, parce que le fait même de vouloir en faire un acte hautement pataphysique, et ce que l'on ignore lorsqu'on en fait volontairement est encore plus pataphysique peut-être. Si vous voulez qu'on donne un autre résumé, enfin un autre principe, c'est l'intérêt que portent les pataphysiciens à l'exception plutôt qu'au cas général. Vous savez que Jarry considère les lois générales de la physique comme un ensemble d'exceptions non exceptionnelles, et par conséquent sans aucun intérêt. L'exception exceptionnelle seule ayant un intérêt. Vous savez d'ailleurs que puisque, selon une autre formule, la pataphysique est la science, vous savez d'ailleurs qu'en science il n'y a guère que l'exception qui fasse avancer ladite science. Je n'ai pas besoin de vous rappeler les exemples de Fleming, de Pasteur et de tous ces illustres savants pour que vous constatiez que la majeure partie...

- M.B. Toute découverte se fait par hasard ?

- B.V. Toute découverte se fait non seulement par hasard…

- M.B. C'est un faux pas.

- B.V. Non ce n'est pas un faux pas, c'est le moment où l'observateur remarque une anomalie. C'est l'anomalie qui fait découvrir la découverte si l'on peut employer ce pléonasme, c'est l'anomalie, c'est l'histoire de la culture de *penicillium notatum* de Fleming qui grâce à Dieu, et à Faustroll surtout, lui a fait prendre conscience...

- M.B. Il me semblait en effet que Faustroll avait un rôle à jouer dans la découverte de la pénicilline mais vous faites bien de m'éclairer là-dessus. Je ne l'avais pas vu...

- B.V. Faustroll est le père de toute découverte.

- M.B. Et permettez-moi Boris Vian de vous soumettre aux feux roulants de quelques questions avec tout le respect qui est dû à votre dignité bien entendu. Il est quelques-unes des œuvres pataphysiques tel que *Le Monolo* que vous conseillez de lire couché sur le dos. Pourquoi ?

- B.V. Parce qu'on n'a jamais pensé aux gens qui lisent couchés et il est extrêmement gênant... supposez qu'il fasse froid par exemple. Vous êtes obligé d'avoir les deux mains hors du lit pour lire. *Le Monolo* de Jean

Ferry peut se lire couché, une main en l'air, l'autre main bien au chaud sous les couvertures et se tourner d'une seule main, c'est tout de même assez commode, et se tourner d'une seule main qui est alternative, c'est-à-dire qu'alternativement on sort la main droite et la main gauche, ce qui fait que même en cas de froid glacial le lecteur du *Monolo* ne peut prendre froid aux mains.

- M.B. C'est très bien en effet, c'est une chose à quoi on aurait dû penser avant vous [...].[449] »

L'interview se poursuit sur ce ton extravagant et se termine par un sketch où Boris Vian initie Henri Salvador à la Pataphysique.

Ce « retour aux sources de l'inspiration » marque aussi un retour au théâtre, art qui avait attiré Marc Bernard dès l'adolescence, où il suivait déjà des cours d'Art dramatique au Conservatoire de Nîmes... Else lui suggère d'écrire une pièce de théâtre s'inspirant du roman *Une journée toute simple*, scènes de la vie populaire nîmoise. Marc prend de ce roman le personnage de Mme Saussine, « petite vieille » aux mœurs rigides, très critique envers les femmes aux allures libres, aisément cancanière, parfois médisante, comportement qui éloigne d'elle les commères du quartier, ce qu'elle ressent alors comme une attitude injuste, même persécutrice, envers elle. Cette situation s'aggrave lorsque Mme Saussine casse, chez sa voisine, Mme Picheral, le carafon en cristal de Bohême d'un cabaret à liqueur. Mme Picheral accuse Mme Saussine d'avoir cassé le carafon volontairement, par jalousie et dresse alors le voisinage contre celle-ci qui devient, aux yeux de tous, « une vraie teigne ». Mme Saussine, pour se venger, fait, auprès du commissaire de police, un faux témoignage de vol contre les Picheral, ce qui amène la situation à son paroxysme et à une issue tragicomique. (Son faux témoignage ayant été déjoué par la police, Mme Saussine, devant l'ignominie qui l'attend, prépare son suicide et, avant de passer à l'acte, dit au crucifix qu'elle tient dans sa main : « entre nous... naturellement que je l'ai cassé exprès... son garafon ! » (elle prononce le mot avec un « g »). La pièce, intitulée *Le Carafon,* est alerte, drôle, le milieu populaire des Nîmoises des années 1950 bien restitué. Elle est introduite et ponctuellement commentée par le poète nîmois Antoine Bigot, dont la statue est, à cette fin, descendue de son piédestal. Bigot, qui connaissait bien le petit peuple de sa ville, joue en quelque sorte, dans la pièce, le rôle qu'occupait le coryphée dans le théâtre grec antique.

---

[449] *Qu'est-ce que la Pataphysique* par Boris Vian, émission radiophonique du 25/05/1959, I.N.A.

La première représentation du *Carafon* est donnée le 9 octobre 1960, au Théâtre en Rond, dans une mise en scène d'André Villiers. La pièce est bien accueillie par le public. Une adaptation radiophonique en sera faite en janvier 1961. Elle sera ensuite jouée à l'étranger (Allemagne, Autriche, Suisse, Norvège, Suède) et, pour les Nîmois, à l'été 1961, dans les jardins de la Fontaine. *Le Carafon* sera publié par Gallimard en novembre 1961 et traduit en allemand, sous le titre *Die Karaffe*, en 1962. Il sera ainsi représenté à Hambourg au printemps 1962, « […] ce qui m'épate assez, écrira Marc Bernard à Jean Paulhan en décembre 1961. Je n'avais pas imaginé ces gens [le petit peuple nîmois, sujet de cette pièce] parlant allemand[450] »...

Fin décembre 1959, Marc Bernard avait reçu une lettre de Jean Paulhan lui disant : « Mon petit Marc, tu me fais un peu mourir de jalousie. Je voudrais bien en être, moi aussi, de l'Académie de Nîmes.[451] » Marc avait en effet été élu « membre non-résident » de cette Académie le 30 octobre 1959.

Marc et Else poursuivent cette existence, vouée aux délices de la culture et de la création littéraire, de façon simple et discrète. Des amis viennent leur rendre visite, mais de vrais amis, ceux que l'on choisit pour les seuls liens du cœur et de l'esprit, non pour quelque intérêt personnel. Parmi ces habitués de la rue Saint-Jacques, les écrivains Roger Grenier, Jacques Chardonne, Jean Blanzat, Ferreira de Castro, Jean Paulhan, le photographe Izis, les artistes peintres Lucien Coutaud, Karskaya... Else aime offrir le café. Ils partagent des discussions riches d'idées, de critiques et de projets littéraires ou artistiques. La richesse de l'esprit n'est-elle pas la plus noble ? Marc et Else ne sont pas des mondains. Les Éditions Gallimard organisent, de façon régulière, dans leurs jardins de la rue Sébastien-Bottin, des cocktails où est convié le monde littéraire. Lorsqu'il leur arrive d'y être présents, c'est uniquement, ainsi que le dit Else, pour « aller chercher », autrement dit pour essayer d'obtenir de Gaston Gallimard quelques émoluments..., car Marc n'aime pas ces « buffets » :

« Tous ces gens qui mangent au coude à coude, mettant à profit l'aubaine, visages rutilants, bâfrant sans vergogne ainsi que des rescapés, dans la cacophonie des voix, chacun étant obligé de gueuler plus fort que ses voisins ; ce qu'il y a de pillard, de goujat, d'indécent dans cette manière

---

[450] *Marc Bernard & Jean Paulhan, Correspondance 1928... 1968*, op. cit., p. 380.
[451] *Ibid.*, (Lettre 357), p. 361.

de s'emplir la bouche jusqu'à ne plus pouvoir mastiquer ; de se gaver à l'œil ; l'excès de boisson, cela m'a toujours paru être une caricature de la vie, [...]. Mon premier mouvement est de m'éloigner.[452] »

Le couple préfère flâner dans Paris, profiter des agréments de la capitale, pénétrer dans la chaude animation des quartiers populaires. Else se promène parfois seule car, pour écrire, Marc a besoin de solitude. Elle a peut-être, elle aussi, besoin d'un peu de solitude pour penser à sa mère partie vers un camp d'extermination ou à son fils Hans, qu'elle a eu avant de rencontrer Marc et qui vit en Angleterre. On voit quelquefois Marc Bernard jouer aux boules, avec Jean Paulhan et d'autres écrivains de la Maison Gallimard, aux arènes de Lutèce... Marc et Else partagent une vie simple et heureuse entre Paris et l'île de Majorque où ils passent l'entière belle saison.

3
INTERMÈDES SARCELLOIS
ET AMÉRICAIN

Dans son édition du 5 janvier 1960, le quotidien *Midi Libre* titre en première page, comme l'ensemble de la presse : « Dans l'Yonne, près de Sens, Albert Camus, Prix Nobel de littérature, trouve la mort dans un accident de la route, où sont grièvement blessés M. et Mme Michel Gallimard et leur fille. » Ce drame frappe le monde littéraire et en premier lieu le Saint-Germain-des-Prés des Lettres. Dans cette édition, André Chamson rend hommage au « grand écrivain » et aux valeurs qu'il a toujours servies : « la liberté, la dignité, la volonté de justice ». *La Nouvelle Revue Française* de mars 1960 consacre un numéro de plus de deux cents pages à celui qui était aussi lecteur chez Gallimard. Ce numéro comporte des articles d'écrivains et intellectuels ayant connu Camus. Marc Bernard y est présent avec un texte intitulé *La contradiction d'Albert Camus*. Il a de l'admiration pour le grand écrivain et d'ailleurs ne manque pas de points communs avec lui : enfance pauvre mais enfant ayant une intelligence prometteuse, obsession de la mer et du soleil, amour de la vie, primauté de l'homme sur les idéologies, révolte plutôt que révolution dévoyée, donc rejet du stalinisme comme de tous les totalitarismes, engagement pour la dignité de l'homme, pour la liberté... De son côté, Camus, qui était un

---

[452] Marc Bernard, *Au fil des jours*, op. cit., p. 47.

styliste, appréciait l'écriture de Marc Bernard et lui avait ouvert les pages de son journal, *Combat*. Mais l'écrivain nîmois voit une contradiction dans la pensée de Camus. Tout d'abord, le sentiment de l'absurde, qui imprègne l'œuvre de Camus, «l'agace» :

« Dire que la vie est absurde, écrit Marc Bernard au début de son article, me semble une absurdité ; rien n'autorise l'homme à se prononcer, rien ne prouve que ce qui lui paraît incohérent ne soit pas justifié par une vérité plus haute selon le mouvement dialectique de la nature qui se joue de nos contradictions. Décider d'un procès sans en connaître les pièces est une folie que peu de gens s'aviseraient de commettre ; la moindre rigueur devrait ici suspendre notre jugement, quoi qu'il nous en puisse coûter parfois. C'est la seule attitude d'Albert Camus qui m'ait agacé, mais profondément.[453] »

La contradiction que Marc Bernard reproche alors à Camus est, après avoir condamné la vie comme absurde, de «se [retrancher] aussitôt dans un univers purement humain pour en exiger une logique totale[454] ». En effet, Camus veut substituer à l'absurdité de l'existence une morale humaniste de la solidarité et de la générosité. Alors, poursuit Marc Bernard, «comment organiser de quelque façon que ce soit, dans quelque secteur que ce soit, un ordre si le désordre est immanent, irrémédiable, s'il relève de notre condition même, s'il est une fatalité ?[455] » Nous savons que personne ne lui fera poser sur la création, sur la vie, un regard autre qu'émerveillé : «Plutôt que l'absurdité de ma condition, ce qui me transporte, c'est son privilège insigne, et que l'on m'en ait cru digne, qu'une mission aussi noble m'ait été confiée.[456] » Mais au-delà de cette divergence d'idées, Marc Bernard nous restitue un souvenir admiratif de Camus :

« Hors cela, tout dans Albert Camus est digne de respect, d'admiration. Il y avait en lui une simplicité, une chaleur humaine émouvantes. La première fois que je l'ai rencontré chez Serge Karsky [journaliste à *Combat*], peu de temps après la Libération, j'ai cru le connaître depuis toujours. Quand je lui dis que ce que j'aimais dans *L'Étranger*, c'était beaucoup moins que le

---

[453] Marc Bernard, *La contradiction d'Albert Camus* dans *Hommage à Camus*, *N.R.F.* n° 87 du 01/03/1960, p. 594.
[454] *Ibid.*, p. 595.
[455] *Ibid.*, p. 595.
[456] *Ibid.*, p. 595.

procédé technique, l'atmosphère chaude, lumineuse de sa terre natale et la vivante présence de la mer, il me répondit qu'il était plus d'accord avec cela qu'il ne saurait le dire.

Grave, rêveur, malicieux, rieur, passionnément épris de la vie, c'était un homme, dans le sens le plus noble de ce mot.[457] »

Dans les premières années de la décennie 1960, après la publication de la pièce de théâtre *Le Carafon*, Marc Bernard ne produit pas de récit autobiographique ou d'œuvre d'autofiction auxquels il nous avait habitués. Il écrit toujours des articles pour divers journaux et revues. Cet article paru dans la *N.R.F.* d'octobre 1961 par exemple, sur la peinture de Joseph Sima, peintre d'origine tchèque, venu s'installer à Paris en 1921. Comme Marc Bernard, Sima est un être observateur, réceptif, ouvert à la vie. Dessinateur illustrateur et peintre, ses toiles, que l'on peut qualifier d'atemporelles, diffusent une lumière, elle-même matière (des toiles ont pour titre «Gouttes de lumière»), qui place les motifs des compositions, êtres humains ou objets, dans une ascension spirituelle. En 1968, le Musée national d'art moderne de Paris organisera une exposition rétrospective (depuis 1919) de ce peintre :

«Quelle que soit la toile que nous admirions de cet artiste, écrit Marc Bernard, elle est construite selon un ordre dont le secret nous échappe mais dont l'harmonie nous pénètre. Ce que nous percevons sans effort, c'est que la matière y rayonne d'une vie spirituelle. Le paysage est une succession de plans lumineux, de blocs massifs ; la plaine, le roc, la forêt sont ramenés à une synthèse qui ne garde d'eux que l'essence poétique, pareils aux dolmens qui, mieux encore que les cathédrales peut-être, témoignent du prodigieux effort de l'homme vers un ailleurs. On pourrait dire [...] que Joseph Sima est l'ingénieur de l'âme de la matière ; il paraît être là pour porter témoignage de la poussée miraculeuse, ininterrompue, de celle-ci vers la pensée. Dans ce sens l'univers de Sima est spinozien. De là le calme qui émane de ses toiles. Alors que tant d'artistes à notre époque tentent de nous troubler, d'aggraver ce que nous pouvons avoir de chancelant, d'égaré, qu'ils confondent force et brutalité, l'œuvre de Sima exerce sur nous sa puissance rassurante, goethéenne. Un frère aîné nous tient par la main pour nous faire admirer les merveilles qui nous entourent, que nous n'avions pas su voir ; il nous réconcilie avec le monde, nous rend la terre et le cosmos plus proches en contribuant à nous révéler qu'ils participent eux aussi, à leur manière, à l'aventure spirituelle de l'univers,

---

[457] *Ibid.*, p. 596.

qu'ils en demeurent la prodigieuse réserve. Et c'est de cela, je crois, que nous devrions être le plus reconnaissants à Sima.[458] » La perception du monde que nous donne Sima est bien celle que ressent Marc Bernard, la vision d'un Univers souverain, merveilleusement organisé, harmonieux, doté d'une force spirituelle, Univers auquel l'être humain participe, certes infime maillon de l'immense chaîne cosmique, mais maillon tout de même. Sima est un artiste visionnaire ; pour lui, la Poésie est prémonition d'un monde en devenir. C'est ce que pense le Nîmois.

Outre sa collaboration au journalisme culturel (chroniques théâtrales pour *Les Nouvelles Littéraires* à partir de 1965...), Marc Bernard écrit des pièces pour la radio ou la télévision : *Les chardonnerets ou l'art vivant*, comédie en deux actes qui est une critique de l'art d'avant-garde, souvent régi par la mode et le snobisme ; *La Clef*, petite pièce traitant, avec humour, des conflits conjugaux (réalisée pour la radio par Roger Dathys) ; *Les Métamorphoses d'Ovide*, où un ouvrier parisien, Ovide, qui emmène sa femme passer un week-end à la campagne (le droit aux loisirs de 1936...) va, au cours de la nuit, faire une succession de rêves (ou de cauchemars) où vont se déverser ses problèmes conjugaux, sa psychologie masculine, sa jalousie, son inconscient, dans des scènes de métamorphoses, de changement d'identité. Déstabilisé par ces visions oniriques, lui qui attendait tant ce moment de détente à la campagne, ne pense, le lendemain, qu'à regagner Paris. À la fantaisie du récit, à la malicieuse observation de la vie de couple, le jugement acéré de Marc Bernard, sur l'homme, ne fait pas défaut. Dans ce portrait de Totor, collègue d'Ovide, par exemple :

« Il ne paye pas de mine, mais ne vous y fiez pas, car il a tout ce qui manque à son infortuné rival [Ovide]. Il est plein de lui-même, ne doute jamais de la réussite, va droit au but par quelque chemin que ce soit. Il sait que ce n'est pas la vérité des êtres qui importe mais leur légende. Ils appartiennent à cette race d'hommes privilégiés qui se faisant d'eux une image brillante finissent tôt ou tard par l'imposer aux autres. Et c'est grâce à cela bien souvent que le lâche passe pour courageux, l'arriviste pour désintéressé et l'égoïste pour généreux.[459] »...

En février 1960, une pièce de Marc Bernard, *Le magasin de frivolités*, est réalisé par Albert Riera, pour la télévision. C'est un texte d'une grande

---

[458] Marc Bernard, *En regardant peindre Joseph Sima*, N.R.F., d'octobre 1961, pp. 768-769.
[459] Marc Bernard, *Les métamorphoses d'Ovide*, Fonds de manuscrits de l'écrivain, Ms 835/15.1, Bibliothèque Carré d'Art, Nîmes.

finesse de sentiments, où l'auteur prend pour thème son enfance. Les personnages sont Louise (sa mère), son enfant âgé de dix ans (Marc Bernard, même s'il ne se désigne pas explicitement), deux sœurs, Leone et Agathe (30 et 27 ans), qui tiennent un « magasin de frivolités » (chez lesquelles Louise effectue de petits travaux) et Victor (30 ans), dont les deux sœurs sont amoureuses. Louise et son fils (Marc) vivent pauvrement, comme nous le savons. Ils se nourrissent plus de pois chiches que de morue (plutôt de queue de morue, lorsque la mère peut en acheter...). Louise, par amour-propre, cache aux autres que son mari l'a quittée définitivement. Ainsi, dit-elle aux deux mercières qu'il lui écrit et qu'un jour elle ira le rejoindre en Amérique, où il est parti. Agathe et Victor, de leur côté, ont commencé une liaison sentimentale, mais en le cachant à la sœur, Leone, elle aussi éprise de cet homme. C'est alors que l'enfant, par ses questions et réparties spontanées et naïves, va révéler à tous ces deux impostures. La mère se sent alors trahie par son fils qui a dévoilé la réalité de sa situation conjugale et Leone doit affronter l'événement qu'elle appréhendait : la relation amoureuse de sa sœur avec Victor.

Dans cette pièce, peut-être inspirée par la nostalgie de l'enfance, le personnage de Leone, qui ne manque pas de philosophie, tient ces propos à l'enfant (Marc Bernard) : « [...] je vais te donner un conseil. Tu me promets de le suivre ? » L'enfant répond qu'il essaiera. « Tu le pourras, reprend Leone. Écoute-moi bien : si tu tiens passionnément à quelque chose ou à quelqu'un, n'y renonce pas. Tu as compris ?[460] » Et elle fait répéter ce principe par l'enfant. Marc Bernard, adulte, ne semble pas l'oublier...

« Le propre des pigeons c'est de partir, ailes ouvertes... » avait écrit Marc Bernard. Comme les pigeons, leurs voisins de faîtage, le couple s'envole dès qu'il en a la possibilité : l'Espagne, Majorque, l'Italie... Les voici en Suisse, à Lauenen, en février 1962 :

« De haut en bas, comblant les vallées, recouvrant les sommets, coiffant maisons, auberges et fermes, rendant les chevaux silencieux, faisant retentir avec plus de netteté les sonnailles, figeant la cascade en un bloc aux reflets bleus et verts, un monde enchanté soufflait sur nous son haleine fraîche, glacée. Et il y avait aussi les sapins étincelant de toutes

---

[460] Marc Bernard, *Le magasin de frivolités*, Fonds de manuscrits de l'écrivain, Ms 835/14.3, Bibliothèque Carré d'Art, Nîmes.

leurs gemmes, dures ou liquides, infinité de gouttelettes suspendues, et nos promenades le long du ruisseau, vif ici, puis disparaissant tout à coup avec son eau noire sous un amas de neige.

Et il y a aussi les balades dans la hauteur, jusqu'aux toutes dernières fermes qu'on aurait cru abandonnées sans les vaches qui, la queue attachée au toit, comme on retrousse une robe, rangées l'une près de l'autre, blondes, au souffle profond, aux seins plantureux, satinés, filtraient le lait dans l'étable voisine. [...]

[Dans notre auberge] il y avait concert chaque soir ; la patronne, ses fils, des voisins, dès le *abendmahl*[461] achevé, se mettaient dare-dare à la musique. Tout le folklore helvétique y passait, un soir après l'autre. Else et moi étions les seuls étrangers à Lauenen. L'accordéon soufflait, mandolines et guitares vibraient, les flûtes résonnaient, pour rien, simplement parce que les Helvètes des hauteurs avaient plaisir à célébrer l'hiver, à donner des aubades (nocturnes) à l'Immaculée, la Poudreuse, la Blanche. Nous l'apercevions qui brûlait sourdement autour de l'auberge ainsi qu'un feu glacé.[462] » Else et Marc vivent des jours heureux.

Au retour, dans le train, Else ressent une anomalie de la vision, à l'œil gauche. « C'est comme si l'image était déchirée » dit-elle. « Comme il suffit d'un mot pour nous rendre le monde étrange ! remarquera Marc Bernard. Une image déchirée ? Je ne comprenais pas ce qu'elle voulait dire. Le paysage coupé en deux, en trois, en une infinité de morceaux ? Pourquoi voyait-elle brusquement le monde en lambeaux ? À cause de la réverbération de la neige, sans doute.[463] »...

Huit jours plus tard, la réalité de la maladie de l'œil gauche d'Else, une tumeur cancéreuse, plonge le couple dans le désarroi. Alors que la vie était souriante, le destin bienveillant, celui-ci devient tout à coup hostile, menaçant. C'est un choc. Else a des yeux bleus que Marc qualifie d'« admirables ». L'ablation de la tumeur nécessite l'énucléation. « Vous êtes courageuse lui a dit le chirurgien.[464] » Courageuse, mais moralement blessée. L'une de ses premières sorties est pour le parc de Bagatelle :

« Tout l'émerveillait, fleurs, oiseaux, arbres, lumière. Elle me montrait du doigt un canard, un moineau, souriait sous son bandeau. Ou des roses, des

[461] Repas du soir.
[462] Marc Bernard, *Mayorquinas*, op. cit., pp. 66-67.
[463] *Ibid.*, p. 68.
[464] *Ibid.*, p. 69.

glaïeuls, des tulipes. Elle n'en voulait à rien, ni à personne. Elle n'ajoutait pas le mal à la douleur. Le coup ? Venu on ne sait d'où. [...] Comme il était admirable ce monde quand nous l'avons revu en cette fin de printemps ! La splendeur des roses, la douceur de l'air, les arbres qui remuaient dans la lumière apaisaient la brûlure. Mais il y avait la cavité sous la gaze, le vide laissé par l'arrachement de ce qui était si beau que des gens ne se souvenaient que de cela ; ils avaient oublié le visage parfois, mais non cette clarté, avec un grain d'or posé sur l'azur, où certains ont cru voir un indice quand le mal eut frappé. » Mais, conclut l'écrivain : « Quoi de commun entre l'air tiédi par les parfums de la roseraie, la délicatesse qui nous entourait de toutes parts et jusqu'au plus profond du ciel, et le miroir vers lequel Else devrait s'avancer quand nous serions rentrés, son masque arraché ?[465] » Un œil en verre remplace alors l'œil énucléé. Ne trouvant pas la couleur de la prothèse suffisamment identique au bleu de l'œil droit, elle la fait refaire. Peut-être pourra-t-elle ainsi conserver son beau regard.

Comme toute vie réserve des moments inattendus, un premier intermède attend Marc et Else. En 1957, les premiers habitants de la ville nouvelle de Sarcelles (Val-d'Oise), en cours de construction, avaient pris possession de leurs appartements appelés « logéco ». Cinq ans plus tard, cette ville, bien qu'encore en développement, révèle le visage qu'elle aura définitivement. La conception de son urbanisme, œuvre de l'architecte Jacques-Henri Labourdette, commence toutefois à susciter des critiques. C'est alors que Jean Duché, journaliste au *Figaro*, propose à Marc Bernard de résider pendant environ trois mois dans ce « grand ensemble » afin d'écrire quelques articles sur la vie quotidienne dans ce nouvel environnement urbain. « Lorsque Jean Duché m'a parlé de grand ensemble, écrira-t-il, je suis tombé des nues ; [...] j'ignorais, fût-ce par ouï-dire, ce que c'était qu'un grand ensemble. L'expression même me paraissait bizarre. Pourtant, une fois que j'eus compris de quoi il retournait, j'acceptai de tenter l'aventure, de partir vers le Grand Nord : pour Sarcelles.[466] » Et, précise Marc Bernard, « [...] mes amis éclataient de rire quand je leur disais que j'allais vivre à Sarcelles : «Je vous souhaite bien du plaisir ! Vous allez vous amuser ! Quelle horreur !» Aucun d'eux n'y était allé, mais ils savaient de quoi il retournait. « Et vous, surtout ! » Comme si entre une cité nouvelle et moi il y eût incompatibilité d'humeur absolue[467] ».

---

[465] Marc Bernard, *Mayorquinas*, op. cit., pp. 70-71.
[466] Marc Bernard, *Sarcellopolis*, op. cit., pp. 5-6.
[467] *Ibid.*, p. 10.

Ainsi, à l'hiver 1962-63, Marc Bernard et Else quittent leur petit appartement de la rue Saint-Jacques pour Sarcelles. Ils partent avec deux valises et leurs oiseaux (deux canaris et un bengali) dans leurs cages. Arrivant à Sarcelles, une petite heure leur est nécessaire pour « trouver la rue, le bloc, le couloir, l'escalier et le logement »... Après quelques errements, le couple entre dans l'appartement. « Le seuil franchi, dira Marc Bernard, une agréable surprise m'attendait ; la température qui régnait là était l'une des plus douces qui se puissent souhaiter, sans rien de trop ni de moins, juste à point, telle que je l'aurais réglée si l'on m'avait demandé mon avis. [...] Eh bien, tout cela était à première vue plutôt sympathique : vaste salle de séjour, deux chambres, une salle de bain, une cuisine immense, l'eau chaude et froide, deux vastes baies donnant sur de larges avenues désertes. [...] Else ne semblait pas moins ravie en découvrant qu'elle n'aurait plus à se glisser à quatre pattes sous les combles pour en retirer le charbon. [...] Quant aux oiseaux, pour bien montrer que l'endroit était de leur goût, ils se mirent en chœur à pousser la romance. En somme, à première vue, l'affaire se présentait bien ; nous partions du bon pied et de la bonne patte dans notre nouvelle vie sarcelloise.[468] » Marc et Else vont connaître, dans ce logement témoin (meublé par un grand magasin) qui leur a été prêté, le confort des appartements « modernes ».

Une fois installé, Marc Bernard part à la découverte de la ville :

« Au premier regard on se croit dans une cour de quartier, on attend la sonnerie des pluches ; mais si vous faites une centaine de mètres ça change, vous êtes à New York, à Frisco, à Brasilia, en tout cas loin du vieux Paris. Vous vous dites : « S'il y a des villes dans Mars, elles ne peuvent être que comme celle-ci. » Vous êtes dans la science-fiction jusque-là !

Tandis que vous baguenaudez un certain vague vous gagne ; vous vous sentez loin de tout sans très bien comprendre ce qui vous arrive. Vous avez commencé par vous promener innocemment, vous ne tardez pas à errer. Peu à peu, insidieusement, vous vous posez quelques questions qui vous prennent au dépourvu : pourquoi êtes-vous dans un état pareil, quel est ce vertige qui vous gagne, d'où vient la singularité de ce qui vous entoure et la difficulté que vous éprouvez à entrer dans le décor, que ce soit côté cour ou côté jardin ? C'est tout cela qui vous agite durant votre première promenade sarcelloise, quand vous allez du quartier de Lochères à celui des Sablons, des Paillards à Saint-Paul,

---

[468] *Ibid.*, p. 13.

quand vous passez au pied des tours de quinze étages, et suivez des avenues droites comme des règles d'architecte.

Mais soudain tout s'éclaire : vous êtes dans l'an deux mille. Vous pensiez faire une exploration dans l'espace, vous la faites dans le temps ; vous vivez comme vivront les autres hommes dans un demi-siècle. C'est alors que vous vous dites qu'il convient d'ouvrir l'œil, de noter tout ce qui passera à votre portée, d'essayer d'y voir clair, car tout ce que vous allez voir et entendre ira bien au-delà de l'anecdote ; tout aura (ou presque) une valeur générale, de test, témoignera du monde futur. Bref, vous commencez à prendre au sérieux votre mission d'enquêteur.[469] »

Marc Bernard commence donc son enquête.

La vie, à Sarcelles, semble déjà facilitée par le fait que l' « on a tout sous la main : boulanger, pharmacien, poissonnier, charcutier, épicier, deux boucheries, dont une hippophagique, avec un grand cheval devant la porte, sur lequel galopent les enfants. Il y a aussi une droguerie, une librairie, et même un fleuriste. Il est possible de vivre dans son quartier en économie fermée [...].[470]» C'est la naissance du centre commercial... S'agissant de la qualité des commerces, Marc Bernard rend hommage au pain sarcellois, qui «a une légèreté, un croustillant, un doré qui en font un délice [...].[471] » Qui plus est, les commerçants sont «pleins de délicatesse, ils savent sourire, et oh ! merveille ! être patients. Vous n'êtes plus l'emmerdeur mais le client, ce qui lorsqu'on vient de Paris fait un prodigieux changement. Vous êtes quelqu'un de la cité. On est entre soi[472] ». Les habitants sont plutôt courtois et serviables mais il faut se familiariser avec leur langue. Ainsi, si vous demandez un nom de rue, «le Sarcellois transpose aussitôt ce qu'il vient d'entendre en chiffres et en blocs. Vous êtes dans le concret, lui dans l'abstrait.[473]» Les premiers contacts avec la « ville nouvelle » sont engageants...

Ce que remarque immédiatement Marc Bernard, c'est ce qu'il désigne sous le nom d'«unanimisme». Sarcelles étant aussi une « cité-dortoir », «nous vivons au rythme des marées, observe-t-il, la descendante qui nous dépeuple, la montante qui nous submerge ». Et il poursuit : « Tout

[469] *Ibid.*, pp. 17-18.
[470] *Ibid.*, p. 20.
[471] *Ibid.*, p. 41.
[472] *Ibid.*, p. 20.
[473] *Ibid.*, p. 21.

ici plus qu'ailleurs est placé sous le signe de l'heure, et même, l'avouerai-je, il m'arrive d'entendre un immense métronome qui bat au cœur de la cité et scande le rythme des pas, des gestes. L'unanimisme, cher à Jules Romains, c'est dans un grand ensemble qu'on le perçoit le mieux, et avec quelle rigueur la vie de l'homme occidental est soumise à l'instant. Au point qu'on a l'impression de voir un ballet. Toutes les femmes se penchent aux fenêtres en même temps pour secouer leur chiffon, tous les appartements s'éclairent ensemble, tous les postes de télévision dégorgent leurs images au même instant. Les entrées, les sorties sont ordonnées par le chorégraphe Temps. Cela devient parfois hallucinant. Nulle part ailleurs, ce que les philosophes du XVIIIe siècle appelaient l'automate n'est mieux réglé qu'ici. Quelle part de liberté demeure quand on est pris dans des rouages aussi serrés ?[474] » Une situation en opposition avec le non conformisme du Nîmois.

Il constate que de nombreuses Sarcelloises ne travaillent pas. Des activités sont offertes à ces femmes sédentaires : cours d'arts ménagers, de coupe, de langues étrangères, de reliure, de tissage, de vannerie, même d'art dramatique..., mais beaucoup d'entre elles regrettent l'animation de leur quartier parisien, même si elles viennent d'un appartement insalubre. La Sarcelloise « a l'impression d'habiter dans une ville morte, située dans un lieu indéterminé, assez pareil aux limbes. Les gens qu'elle rencontre sont des ombres, des spectres. Elle marche d'une avenue à l'autre en croyant être au même endroit, qu'à sa droite et à sa gauche se dressent toujours les mêmes maisons. [.] Tout lui semble trop net, désinfecté, trop silencieux, trop vide ; un besoin de bruit, de foule la tourmente.[475] » Ainsi, certaines Sarcelloises tomberaient dans « la mélancolie », « la langueur », même la dépression. Mais, précise l'écrivain, « je n'ai été témoin d'aucun cas de ce genre[476] »... Au « modernisme » et à ses inconvénients, certains préfèrent « le petit chez soi, la pièce unique où trône le poêle, le pittoresque de la zone, [...].[477] »

Marc Bernard, au-delà de ses observations personnelles, va rencontrer tous les acteurs du milieu sarcellois : gardienne d'immeuble, assistantes sociales, sociologue, gendarmes, représentante du planning familial, architecte...

---

[474] *Ibid.*, pp. 41 à 43.
[475] *Ibid.*, p. 49.
[476] *Ibid.*, p. 50.
[477] *Ibid.*, p. 61.

La gardienne de son «bloc» a «grande allure, nous dit-il ; de taille élevée, le verbe haut, rieuse, marchant à pas virils, le visage coloré par le hâle sarcellois et le vent qui souffle de la campagne environnante, sa vie serait des plus paisibles si elle n'avait un ennemi héréditaire : les enfants. Ils souillent de boue ses 640 marches d'escaliers les jours de pluie [...][478]». Cette femme ne manque pas de lui faire des confidences : «Mon mari, un soir, dit-elle à mi-voix, a surpris un couple. Et savez-vous où il était ?» «Non, mais j'attends avec impatience de l'apprendre», dit Marc Bernard. «Dans le vide-ordures !» s'écrie la femme. J'espérais bien une révélation, commente l'écrivain, mais fichtre pas de cette ampleur. «Dans le vide-ordures ?» La gardienne hoche la tête. «Deux vers de Baudelaire me reviennent à la mémoire, conclut Marc Bernard : «Nous aurons des lits pleins d'odeurs légères / Des divans profonds comme des tombeaux.»[479]»... Dans le bloc, la gardienne représente l'ordre. La sécurité est, par contre, de la responsabilité de la gendarmerie.

Pour avoir une idée de la délinquance chez les jeunes sarcellois, Marc Bernard rend visite aux gendarmes. Il remarque immédiatement que «tout ou presque dans Sarcelles est sous le signe du logéco, y compris la gendarmerie». Elle est en effet installée au centre de la ville, dans un deux pièces doté des vastes baies que possède chaque appartement. Ce qui consterne le brigadier de gendarmerie, c'est «l'indulgence des tribunaux d'enfants»... Il énumère les délits dénombrés au cours des derniers mois : bris de lampadaires, de vitres d'automobiles, de fenêtres, d'étalages, jets de pierres. Dégâts occasionnés pour le plaisir de nuire, pour la rigolade, comme défi aux adultes... Il y a de petits vols d'objets qui sont ensuite revendus (l'un des jeunes interpellés a dix ans). On recense des batailles rangées entre bandes rivales, «vingt garçons d'un côté, vingt de l'autre. À la loyale[480]»... Il y a plus grave : «Une jeune caissière du Supermarché a été violée par quatre garçons, puis rançonnée ; chaque soir elle devait remettre quelques milliers de francs (nous sommes en 1963) à ses agresseurs. Pris dans sa caisse, évidemment. Un ouvrier qui rentre au milieu de la nuit se fait rosser par trois voyous qui brisaient un pare-brise. [...] Le plus souvent, dit encore le brigadier, ils agissent par bandes de cinq ou six ; il y a le chef et ceux qui suivent, les mous, les timides, mais qui ne veulent pas avoir l'air de flancher.[481]»... Il y a aussi

---

[478] *Ibid.*, p. 30.
[479] *Ibid.*, p. 33.
[480] *Ibid.*, pp. 136-137.
[481] *Ibid.*, pp. 137-138.

la faiblesse des parents «qui viennent se plaindre parce que l'instituteur a giflé leur fils. Ils menacent de faire un procès.[482] »

« Le brigadier est soucieux, nous dit Marc Bernard, il pense à l'avenir, quand les milliers de garçons de Sarcelles qui ont aujourd'hui une dizaine d'années, auront grandi. Selon lui, si nous continuons à témoigner de tant de mollesse, il y aura des pleurs et des grincements de dents. » Pourtant, en quittant la gendarmerie, le spectacle n'est pas si sombre : « En sortant de la gendarmerie, [...] je retrouve le Sarcelles paisible que j'avais laissé avant mon entretien avec le brigadier-Asmodée. Pieds noirs et gens du Nord jouent aux boules, accents mêlés ; des Eurasiennes, des Noires en costumes nationaux, des Blanches en robes d'Uniprix reviennent du marché, leurs sacs pleins de nourritures terrestres. Personne ne se dispute, ne s'insulte, ne se bat ; garçons et filles se promènent sagement.[483] »...

Il va sans dire que le point culminant du séjour de Marc Bernard à Sarcelles est son entretien avec l'architecte qui a conçu cette ville : Jacques-Henri Labourdette. «Voici Labourdette. Il est grand, blond, de type anglo-saxon, souriant [...].[484] »

«Les premiers logements de Sarcelles, explique l'architecte, ne pouvaient coûter plus d'un million et demi, et il fallait en construire le plus possible dans le minimum de temps. Le directeur de la Société Centrale Immobilière de la Caisse des Dépôts, M. Leroy, avait passé la commande à l'américaine : «Réfléchissez longuement et donnez-moi votre réponse demain matin.» C'est avec cette hâte que Sarcelles prit son vol, à proximité de l'aérodrome du Bourget, en août 1955.[485] » Labourdette est conscient des «insuffisances de son œuvre», mais, dit-il à l'écrivain : «Une peinture, on ne la juge que terminée, mais une ville, non. Or, ce sont les dernières touches qui donnent au tableau sa valeur. Sarcelles n'aura son véritable visage qu'avec ses petites places, son théâtre, ses fontaines, ses monuments, ses espaces verts, ses grands magasins, quand les arbres auront grandi, bref, quand elle sera achevée. C'est alors seulement que la ville aura sa vraie personnalité.[486] ». Et l'architecte montre à Marc

---

[482] *Ibid.*, p. 141.
[483] *Ibid.*, pp. 141-142.
[484] *Ibid.*, p. 120.
[485] *Ibid.*, p. 121.
[486] *Ibid.*, p. 122.

Bernard les maquettes du projet : la grand-place dallée avec sa fontaine et tout autour des boutiques (« Je lui trouve, à cette échelle, une certaine ressemblance avec la place Saint-Marc », pense ce dernier), d'autres places plus petites, deux piscines (celle d'hiver et celle d'été), le théâtre de huit cents places qui sera aussi la Maison de la Culture... L'architecte veut faire de Sarcelles une ville agréable. Marc Bernard lui rappelle les chiffres d'une enquête récente selon lesquels 82 % des femmes se sont adaptées à la vie de cette cité. Mais, en tout état de cause, jugeant son œuvre futuriste (et pour cela incomprise), Labourdette argue : « Je n'ai pas créé cette ville pour ceux qui l'habitent, mais pour leurs enfants. »

À la suite de cette rencontre, Marc Bernard nous confie que « de tous les travaux qu'il [Labourdette] a entrepris, Sarcelles est son chouchou ; il le bichonne, le dorlote, le fignole. Je suis sûr qu'il en rêve, qu'il voit en songe des tours ailées, des mails bordés d'orchidées, des fontaines d'où coule le champagne, des foules en tenue du soir qui se promènent sur la grand-place, sous une pluie d'étoiles, tandis qu'une musique cachée quelque part dans les ténèbres joue une fugue de Bach. Quand on lui dit : « J'habite Sarcelles », on le sent près de vous serrer sur son cœur[487] ».

Marc Bernard s'est donc imprégné de la vie sarcelloise, a côtoyé toutes les communautés qui la composent : asiatiques, noirs, blancs, colonie juive, Pieds noirs, gens du Nord... Il a vu les acteurs des différents domaines opérationnels. Cela pendant les trois mois qu'il vient de passer dans la ville. Au terme de cette expérience, il peut tirer des conclusions : « Dire que c'est un arrachement serait excessif ; j'abandonne plus volontiers Sarcelles que Venise. Pourtant, il n'en est pas moins vrai que l'on doit, en toute équité, mettre à son actif qu'elle s'efforce de donner plus de confort à ses habitants, et que ce qu'il y a peu encore on tenait pour un luxe réservé à quelques-uns, elle le dispense à tous, d'où qu'ils viennent. C'est là, comme disait le sociologue, un bilan positif. Le type qui ne se lave pas ici c'est que vraiment il n'aime pas ça ; la femme qui refait de son logéco un taudis c'est qu'elle a le vice dans la peau. Certes, on peut préférer à cela d'autres civilisations, d'autres mœurs, et je ne m'en prive pas, mais jetés comme nous le sommes, de gré ou de force, dans l'aventure occidentale, c'est l'une des manières d'en tirer le meilleur parti que d'en donner à tous les avantages matériels. En ce sens Sarcelles me paraît être vraiment une ville pilote. [...] Cette ville pilote, où nous conduit-elle ? Nul n'en sait rien, ni ceux qui l'habitent ni ceux qui la créent. Elle est née d'une nécessité

---

[487] *Ibid.*, p. 127.

et il était impossible qu'elle ne fût pas ; c'est là sa justification.[488] » Avec toutefois ce dernier mot : « En définitive, elle [Sarcelles] sera ce que ses habitants la feront.[489] »...

En demandant à Marc Bernard quelques articles sur Sarcelles, on pouvait penser que ce « révolté » allait donner de cette ville nouvelle des impressions en clair-obscur, en faire une eau-forte plutôt qu'un pastel. C'était oublier que Marc Bernard n'avait pas, dans son appartement parisien, le confort qu'il a trouvé dans le « logéco » sarcellois, c'était omettre que sa sensibilité sociale lui ferait apprécier que l'on ait ouvert le confort domestique à tous. Malgré certaines réserves (la mauvaise insonorisation, « l'unanimisme », l'uniformité environnementale...) son bilan comporte plusieurs points positifs, dont la commodité, le confort du logement, la fonctionnalité des services, une organisation utilitaire, une indéniable chaleur humaine... Il donne donc au *Figaro* des articles dont la note optimiste n'est pas ce que le journal attendait. Ils sont refusés mais intéressent un éditeur, Flammarion, pour sa collection, « Le meilleur des mondes ». Ils deviennent alors un livre, d'un intérêt sociologique certain, mais aussi d'une élégance dans l'observation et d'une finesse dans l'humour qui donnent à Sarcelles une allure sympathique...

Fin novembre 1966, alors qu'il va quitter Majorque, à l'issue d'un séjour estival prolongé, Marc Bernard écrit : « C'en est fait, il faut partir, une lettre vient d'en décider. Je ne puis refuser une telle offre, ce ne serait pas héroïsme mais folie. C'est une occasion inespérée de payer mes dettes.[490] » Il aimerait pourtant rester un peu plus à Cala où la fin de l'automne est une période pleine de charme. « Depuis trois jours, écrit-il, il fait beau. Hier après-midi la grande baie était absolument déserte, l'eau limpide sans un pli ; pas un homme, pas une bête, rien qu'un monde transparent, silencieux, des commencements, d'avant la vie. Le maquis, l'azur de la mer et du ciel demeurent inchangés, mais la lumière de cette fin d'automne donne au paysage des tonalités plus fraîches, plus profondes, telle une coupe de cristal pleine d'eau de source dans laquelle se reflète le monde.[491] » Quel but, quelle destination le tire ainsi de son paradis majorquin ?

[488] *Ibid.*, pp. 222-223.
[489] *Ibid.*, p. 224.
[490] Marc Bernard, *Mayorquinas*, op. cit., p. 93.
[491] *Ibid.*, p. 93-94.

Des étudiants du Harpur College, dans la ville de Binghamton (Université de l'État de New-York), lui ont demandé de venir donner, dans leur établissement, des cours de littérature française contemporaine, en qualité de « visiting professor »... Son premier mouvement a été le refus. Comment pourrait-il, lui qui ne possède que le certificat d'étude, faire des conférences à des étudiants américains d'un niveau universitaire ? Il en est en réalité très capable. À la réflexion, la rétribution qui lui est proposée pour ce travail pourrait lui permettre d'éponger ses dettes, comme il le dit en souriant, mais aussi... de faire construire une petite maison aux Baléares. Pourtant, ce travail rémunéré lui inspire un certain dégoût : « Je vends mon âme, dit-il ; si j'étais courageux je resterais [à Majorque], acceptant le mépris qu'encourent ceux qui n'ont rien. Qu'ai-je à offrir ? Rien qui se pèse, s'évalue, ait un cours.[492] » Rien à offrir ? Ce n'est pas ce que pensent ces étudiants qui apprécieront, à partir de mars 1967, pendant quatre mois, ce conférencier venu leur parler des écrivains français. Marc Bernard illustre ses cours en faisant écouter aux étudiants des enregistrements des voix des écrivains dont il leur parle : Prévert, Éluard, Valéry, Claudel, Jean Paulhan... Il écrit à Jean Paulhan en mai 1967 : « Les étudiants ont beaucoup aimé les «Fleurs de Tarbes »[493] ; je leur en ai parlé pendant 2 h. 1/5 [sic] la semaine dernière. Et puis je leur ai fait entendre un enregistrement où tu parles de Nîmes et des courses de taureaux. Ce qui les a ravis[494] ».

Marc Bernard, faisant ses cours en langue française, craint de ne pas être bien compris par les étudiants auxquels il s'adresse. Et pourtant, nous dit-il : « Sans vanité aucune, j'étais pour eux une aubaine : en effet la nature et une mère m'ont doué, si l'on peut dire, d'une élocution au cours paisible, certains disent même lent. [...] les étudiants m'étaient reconnaissants aussi pour la netteté de ma prononciation que je dois au Conservatoire. » Il termine ce propos par cette anecdote : « Quand André Malraux avait fini de parler, il arrivait qu'André Gide se tournât vers moi pour me demander : « Vous avez compris, vous ? » Et il est vrai que Malraux parlait à cette époque avec une volubilité vertigineuse, sa pensée courant devant les mots.[495] »

---

[492] Marc Bernard, *Mayorquinas*, op. cit., p. 94.
[493] *Les Fleurs de Tarbes ou la Terreur dans les lettres*, paru en 1941, est un essai dans lequel Jean Paulhan poursuit ses réflexions sur le langage et la littérature.
[494] *Marc Bernard & Jean Paulhan, Correspondances 1928... 1968.*, (Lettre 456), op. cit., p. 426.
[495] Marc Bernard, *Midi Libre*, chronique *Découverte de l'Amérique, Histoire d'une Chope*, n° 8177 du 19/11/1967, p. 1.

Le jour du dernier cours, ses étudiants lui offrent «une grande chope de grès portant sur son flanc, en relief, les armes de l'université». Dans la chope, Marc Bernard trouve ce billet : «Pour vous remercier de vos merveilleux cours. La classe.[496]»

Au moment de son départ des États-Unis, ces jeunes Américains, pour le remercier encore, le raccompagnent jusqu'à l'aéroport... C'est ainsi que Marc Bernard peut réaliser un rêve : faire construire une petite maison dans une crique déserte, à l'extrémité est de Majorque. Il appelle cette propriété «Cala d'Or». «Je le revois à Cala d'or, écrit son ami, l'écrivain Roger Grenier. Au fond d'une minuscule crique, il avait sa plage, sa barque, cette maison, assez belle finalement, avec sa terrasse, ses pins qu'il soignait avec amour. [...] La mer et le soleil lui appartenaient.[497]»...

D'octobre 1967 à janvier 1968, Marc Bernard signera, dans le journal Midi Libre, plusieurs chroniques sous le titre *Découverte de l'Amérique*. Dans ces textes, il nous donne ses impressions des États-Unis, ses observations de la vie quotidienne des Américains. Ainsi, rapporte-t-il : «On répète que les Américains sont étroitement, platement conformistes ; or, ce qui étonne au contraire c'est leur individualisme qui se manifeste de toutes les façons et qui tend à l'anarchie. On nous dit qu'ils sont pénétrés d'un sentiment de supériorité, ce qui frappe c'est leur modestie, ils aiment savoir ce que l'on pense d'eux.[498]»

Mais l'un des aspects qui a le plus étonné l'écrivain nîmois, aux États-Unis, «c'est la liberté [nous sommes en 1967] ; elle est si vaste qu'on ne sait plus où sont ses frontières. [...] Vous pouvez tout dire, défendre quelque vue que ce soit ; on vous écoute poliment. C'est votre opinion. Et pourquoi pas ? [...] La liberté n'est pas seulement spirituelle, elle est physique ; quand il fait chaud, garçons et filles, en short, se dorent sur les pelouses du campus. [...] Personne ne s'étonne que vous preniez sur un siège la position qui vous semble la plus confortable ; les pieds sur la table, quoiqu'on en dise, ce n'est pas la règle, mais une certaine nonchalance, l'abandon, un glissement dans un fauteuil ou un divan ne choque pas. C'est peut-être la vraie liberté que cet ensemble de petites licences.[499]»

---

[496] *Ibid.*
[497] Roger Grenier, *Instantanés*, op. cit., p. 31.
[498] Marc Bernard, *Midi Libre*, chronique *Découverte de l'Amérique*, n° 8163 du 05/11/1967.
[499] *Ibid.*, chronique *Le Campus*, *Midi Libre* n° 8198 du 10/12/1967.

Enfin, ce qu'il tient aussi à souligner, c'est l' « extraordinaire efficacité », le « sens pratique [des Américains], qui surprennent toujours quand on les découvre appliqués aux moindres détails de la vie. » « La vie américaine est facilité par une foule de petits trucs pratiques, à l'infini.[500] »

Le 9 octobre 1968 disparaît Jean Paulhan. Le décès de celui qui fut « l'éminence grise » de la littérature française durant près de quarante ans, de celui qui avait ouvert à l'écrivain-ouvrier Marc Bernard la porte des Éditions Gallimard avant de devenir son ami, bouleverse l'auteur de *Pareils à des enfants*. À la suite de ce décès, Marc Bernard écrit à Dominique Aury, la dernière compagne de Jean Paulhan : « Else et moi avons beaucoup pensé à vous quand la radio a annoncé la nouvelle. Et il faisait une journée admirable.[501] » La mort d'un ami ressentie avec émotion, bien sûr, mais le désir de vie qu'évoque cette « journée admirable » n'est-il pas plus fort ?

Au lendemain du décès de son ami Jean Paulhan, Marc Bernard lui rend hommage dans un article qu'il écrit pour le journal *Midi Libre*. L'article, intitulé *Jean Paulhan*, se termine ainsi :

« Un jour que nous parlions de la mort : - Pourvu que je vive jusque-là!, dit-il. Je mesurai mieux peut-être encore que je ne l'avais fait jusqu'où pouvaient aller sa curiosité et son courage. Mais il avait raison de craindre : il est mort sans le savoir. S'il y a un au-delà, il ne doit pas se consoler que cela lui ait échappé. »

4
NÎMES,
PERSONNAGE DE ROMANS

Marc Bernard a déjà écrit deux romans mettant en scène Nîmes et les Nîmois : *Les Exilés* (1939) et *Une journée toute simple* (1950). De ce dernier il a tiré une pièce de théâtre « nîmoise », *Le Carafon* (1961). On peut bien sûr ajouter d'autres récits qui se déroulent à Nîmes (*Au Secours ! Anny, Pareils à des enfants,* ...). Il a l'intention de compléter les deux premiers romans, entièrement ancrés à Nîmes (*Les Exilés* et *Une journée toute simple*), par un troisième volet, réalisant ainsi une « trilogie

---

[500] *Ibid.*, Chronique *La vie quotidienne*, *Midi Libre* n° 8247 du 28/01/1968.
[501] Cité par S. Bonnefoi dans *À Hauteur d'homme*, op. cit., p. 10.

nîmoise». Cette nouvelle chronique de province, qu'il entreprend dans les premières années 1960, aura pour titre *Les Marionnettes*. Nous allons y retrouver les personnages des deux premiers livres, mais après leur jeunesse (*Les Exilés*) et leur maturité (*Une journée toute simple*), ce sont maintenant des sexagénaires, que la position sociale, l'ambition ou la recherche d'honneurs ont transformés en «marionnettes». Retrouvons Nîmes dans ces trois œuvres.

Nous avons lu, en 1939, *Les Exilés* (cf. chapitre IV, 3). Les personnages sont, rappelons-le, de jeunes artistes nîmois (ils ont fait leurs études artistiques aux Beaux-Arts de Nîmes) qui sont «montés» à Paris, dans l'entre-deux-guerres, pour essayer de «percer». Après avoir tenté leur chance, mais en vain, auprès des galeristes de Montparnasse, ils sont revenus à Nîmes, déçus de leur échec. Certains se sont installés dans des mazets de la garrigue nîmoise, reçus en succession. Le roman se déroule donc dans les collines qui entourent la Rome française, sur cette terre ingrate que fragmente un lacis de murs de pierres sèches, dans ces habitats modestes que l'on appelle «mazets». L'un des personnages, William Roustan, dessinateur et peintre, vit dans une de ces constructions : une cuisine et une chambre simples, «monacales». Une troisième pièce, qui servait de débarras, a été transformée en atelier de peintre :

«C'était une pièce spacieuse, carrée, entièrement blanchie à la chaux, de sorte que ce qui frappait tout d'abord sur le seuil c'était une vive impression de lumière, puis de nudité, car il n'y avait rien d'autre qu'une table placée devant une large fenêtre qui s'ouvrait sur l'allée menant au boqueteau de pins ; un lit de fer, rangé contre le mur ; et un tabouret devant un chevalet qui portait une toile : une sorte de cellule, de tombeau blanc.[...] Et elle avait une particularité étrange ; bâtie sur une citerne, elle résonnait à chaque pas. Après d'abondantes pluies, quand l'eau atteignait le dessous du plancher, la résonance était peu sensible, mais en cette saison d'été le moindre heurt la faisait tinter, vibrer sourdement. Comme l'eau était recueillie par des gouttières qui la canalisaient aux pentes des toits, les jours d'orage c'étaient des ruissellements sans fin, un perpétuel jaillissement d'eau vive qui courait dans l'épaisseur des murs.[502] »

Cette courte description restitue l'image traditionnelle de cet habitat : trois pièces cubiques, blanches, sommairement meublées, avec, sous le carrelage, la présence d'une citerne qui recueille les eaux pluviales.

---

[502] Marc Bernard, *Les Exilés*, op. cit., pp. 49-50.

Sans oublier la pompe qui fait jaillir cette eau : « François arrosa le clapet [pour amorcer la pompe] et agita avec une grande vigueur le bras de fonte. [...] On entendait l'eau gémir, monter, refluer, dans la tuyauterie, puis, soudain, François la sentit peser au bout du bras de fonte, monter, colonne élastique : elle jaillit en jet roide comme un pissat doré de cheval dans le baquet de fer, puis plus claire.[503] »

Le mazet est évidemment représenté dans son environnement, celui du jardin de garrigue : les boqueteaux de chênes-verts, les cyprès (« deux cyprès funèbres flanquaient le mazet à droite et à gauche »), les oliviers aux « coupoles plombées », les alisiers « au feuillage grêle », les pins qui, sous l'ardeur du soleil, ont des « craquements [...], comme s'ils allaient s'embraser », les figuiers chargés « de figues violettes et grasses, gonflées de grains d'or et de miel, qui fondent dans la bouche », les amandiers, la treille « aux fines grappes », les buissons de ronces « couleur de rouille », le « parfum du thym » qui « monte de la garrigue »...

L'environnement du mazet, c'est aussi ce que Marc Bernard appelle « un horizon de pierres » : « Amoncellement de rocs éclatés, brisés en menus morceaux, longues veines blanches jetées à travers la garrigue. Parfois ces larges murailles tremblent tandis qu'on avance, comme si elles allaient s'ouvrir, vous ensevelir dans un énorme éboulement.[504] » La tonalité blanche, minérale, de la garrigue en été, est particulièrement soulignée dans ce livre : crudité de la lumière, calcaire qui affleure abondamment, constructions de pierres sèches (capitelles, murs d'enclos...).

Le milieu, c'est encore, en été, les conditions climatiques : « «Mes collines rocheuses, brûlées, stériles, dit William Roustan revenu à Nîmes après son séjour parisien, [...]. Quelle chaleur ! » Jamais en effet, depuis le commencement de l'été, il n'avait fait une journée aussi accablante. Il n'y avait plus autour du mazet qu'une blanche et silencieuse fournaise.[505] »

Ce climat torride a sa faune : ses gros lézards « aplatis contre la pierre » qui « aspirent le soleil à longs traits, le ventre palpitant » ou ses reptiles : « Une couleuvre dormait sur le lit de roches brûlantes dans son étui d'écailles vertes. Le serpent paraissait mort, mais il frissonna soudain, se mit à onduler et se dressa enfin, la tête rejetée en arrière, en

---

[503] *Ibid.*, p. 113.
[504] *Ibid.*, p. 9.
[505] *Ibid.*, p. 91.

dardant la mince flamme noire de sa langue hors de sa gueule. Il se tint ainsi un instant, les paupières blanches palpitant sur ses petits yeux au regard droit, puis il coula sur le roc comme un filet d'eau verte et se glissa sous un buisson. L'extrémité de sa queue eut une dernière ondulation, puis plus rien : la pierre nue et brûlante.[506] » Sans oublier le craquètement des cigales...

La garrigue n'a cependant pas pour seul visage la brûlure d'une journée d'été. Elle a des aubes fraîches, lorsque le vent du nord se lève :

« Un rossignol chantait dans la nuit. Et, bientôt, une lueur blanche annonça l'aube. Les cyprès et les pins qui se trouvaient à la droite de Will sortirent lentement de l'ombre ; de faibles lueurs se prirent dans l'épaisseur du feuillage où leur éclat argenté s'aviva rapidement. Sur la gauche, les arbres serrés dressaient leurs hautes masses sombres. De lourds nuages cachaient la marche du soleil, mais on voyait leurs bords s'éclairer, blanchir d'instant en instant, se gonfler comme d'énormes voiles. Will sentit sous ses pieds la terre rouler ; il la voyait présenter peu à peu son immense rondeur au jour, et il eut la sensation, nette à lui donner le vertige, d'une chute en avant : les arbres, les collines, [...] s'inclinèrent vers le soleil avec une douce lenteur.

Les nuages à présent avaient disparu : il ne restait plus que cette mer bleue suspendue sur le monde. Le vent gagnait en violence ; ses vagues puissantes, venues du fond de la vallée, montaient au flanc de la colline, envahissaient la terrasse dans un cliquetis de branches secouées, emportant des feuilles arrachées qui tournoyaient sur le ciment avec un bruit d'insectes. [...]

Il [William] ferma les yeux pour ne rien perdre de sa joie, pour se confondre avec le monde, pour que le chant qu'il portait se joignît au chant qui montait de la terre, et il sourit[507] » Nous retrouvons, ici encore, cette profonde symbiose entre l'homme et la Nature, chère à Marc Bernard.

Les crépuscules sur la garrigue sont aussi un enchantement :
« [William] demeura là à contempler le paysage et, peu à peu, le monde allégé de son manteau de feu se remit à vivre : les cigales, les oiseaux reprirent leurs chants, les collines les plus lointaines apparurent avec une netteté qui tenait du prodige. Le soleil descendit dans la vallée et toutes les couleurs dévorées par la lumière ressurgirent. Will vit alors

---

[506] *Ibid.*, p. 57.
[507] *Ibid.*, pp. 45-46.

de longues bandes de ciel d'un bleu pur ou tirant sur le vert se tendre, brillantes et souples, d'une cime à l'autre, et à mesure que le crépuscule avançait, chacune passait par une infinité de perfections, de nuances adorables. William n'épuisait pas le ravissement que lui donnait ce ciel enchanteur. Pour la première fois il s'abandonna d'un plein consentement à cette oisiveté qui le comblait de tant de richesses [...].[508] » C'est là encore l'émerveillement que suscite chez Marc Bernard le spectacle de la nature, le spectacle de cette garrigue qu'il aime. Une oisiveté contemplative qui le comble de richesses intérieures.

Un autre compagnon de cette bohème, Jacques Pujol, « traîne » lui aussi son existence dans ce paysage aride : « Il se retourna vers la vallée. Les champs pierreux, incultes – oliviers et ronces – dévalaient vers la route. Le flanc de la colline paraissait s'être figé durant une avalanche, un mouvement torrentiel qui aurait entraîné le paysage. Les oliviers plantaient les griffes de leurs racines qui affleuraient au sol, pour s'y cramponner, dans la mince couche de glèbe d'un rouge sang qui recouvrait la roche. Tout ceci était planté en vignes il y a ... cinquante ans. Quel boulot ! Deux anchois, de l'huile, deux gros oignons blancs et doux, un demi-litre de piquette. C'était leur repas. Après chaque orage, ils remontaient la terre dans des paniers. Peuple fin et grossier. Spirituel et vulgaire. Les rachalans.[509] »...

Le rachalan était un ouvrier agricole pauvre qui se louait chez les mazetiers de la garrigue nîmoise, pour effectuer quelques travaux d'entretien de jardins ou de petites vignes. Il possédait parfois une parcelle de terre qu'il cultivait. Généralement accompagné d'un âne, il travaillait avec des outils rudimentaires semblables à ceux qu'utilisaient les paysans gallo-romains. C'était un homme indépendant mais bon et serviable, aux mœurs simples et honnêtes. Il a été chanté par les poètes locaux dont Antoine Bigot. La caste des rachalans a peu à peu disparu dans les années 1930.

François Cazenave, artiste sculpteur qui est allé lui aussi tenter sa chance à Paris, va souvent passer la journée au mazet. Il habite dans un appartement du quai de la Fontaine mais le mazet est un endroit idéal pour exercer l'art de la sculpture en toute liberté. Le soir, il redescend vers la ville :

---

[508] *Ibid.*, pp. 204-205.
[509] *Ibid.*, p. 41

« François regardait la ville, au milieu de la vallée, avec ses maisons rangées autour des Arènes, resserrées, puis de plus en plus espacées, avec de larges trouées de verdure. [...]

Quand il entra dans les premières rues du faubourg les gens étaient assis sur le seuil de leur porte, après-dîner. Les hommes sans veste, le col de la chemise largement ouvert, les manches retroussées ; les femmes en lâches robes d'intérieur qui cernaient des rondeurs molles.

François, un peu intimidé, s'avança entre cette double rangée de spectateurs. Les conversations cessaient, puis reprenaient derrière lui. [...]

Toute la ville ouvrière et ménagère jacassant sur le bord des trottoirs, sous le ciel rosissant ; toute la marmaille prolétarienne lâchée, piaillante dans les rues, fesses à l'air; la ville en savates, pieds nus, débraillée, dépoitraillée, suante, le ventre plein, viande étalée sous la douceur de la nuit d'été commençante, cela aussi le remplissait de joie, le François, cette espèce d'énorme intimité qui débordait de rue en rue, de quartier en quartier, kermesse grouillante de 14 juillet, toute en tripes, qui rafraîchissait contre les murs, sous les premières étoiles.[510] »

Les rues populaires de Nîmes s'animent en effet, les soirs d'été, de ses habitants qui s'assoient devant leurs maisons pour « prendre le frais » et parler de la pluie et du beau temps, surtout de la chaleur difficile à supporter...

Avec François Cazenave nous sommes descendus de la garrigue à la ville. Nous voici donc à Nîmes, avec le deuxième roman de la trilogie nîmoise, *Une journée toute simple*. Nous avons lu ce livre à sa parution, en 1950 (cf. chapitre VI, 3). Avec le petit peuple nîmois que Marc Bernard fait vivre avec réalisme (boutiquiers, artisans, petits salariés, marginaux...), nous retrouvons dans ce livre les personnages des *Exilés*. Mais ces artistes sans avenir ont dû prendre une autre voie : Émile Deleuze tient, boulevard Alphonse Daudet, un magasin spécialisé dans le café et l'huile ; Jacques Pujol est devenu caissier de banque... Seul François Cazenave continue la sculpture, mais la sculpture funéraire, dans les cimetières de Nîmes...

Cette « journée toute simple » commence tôt le matin :

« La haute Tour de l'Horloge sonna six heures. [...]
Sur l'Esplanade le cygne sortit de sa niche, vint en se dandinant

---

[510] *Ibid.*, pp. 170-173.

au bord du bassin et entra dans l'eau où il se mit à ramer avec ses palmes noires, brisant le reflet des statues de la fontaine Pradier. [...]

C'est l'heure où la Maison Carrée commence à prendre des couleurs ; le soleil touche d'abord les tuiles hérissées de trois paratonnerres, puis la lumière descend vers les chapiteaux, sculptant l'acanthe sur le mur. Le ciseau de feu taille une fois encore les colonnes et la frise dans la pierre noire.

Au sommet du mont Cavalier se dresse la Tour Magne. Offerte à tous les vents, qu'ils viennent de la plaine ou de la garrigue, elle a perdu grain à grain le sable de son mortier. Pareille à un vieillard, sa haute taille a fléchi, mais elle tient ferme encore sa tête mince qui domine les jardins en terrasses de la Fontaine et la douzaine de pins marins qui l'escortent depuis des siècles.

C'est elle qui indique le temps : « Quand la Tour Magne met son chapeau, le pâtre prend son manteau. »[511] »

Émile Deleuze qui gagne bien sa vie dans le commerce du café et de l'huile vit dans une belle villa près de la Tour Magne. Au lever, à la belle saison, il va fumer sa première cigarette sur le balcon : « La Tour Magne dardait vers l'azur son énorme phallus, la garrigue s'étendait jusqu'à la ligne nette de l'horizon avec son étagement de collines vertes où les cyprès dressaient leurs épis sombres ; un vent pur et violent, qui venait des Cévennes, apportait des bouffées de thym : Deleuze respira avec délice l'air du large.[512] » Une fois prêt, Deleuze descend la rue de la Lampèze pour aller à son magasin. « La rue de la Lampèze n'est en réalité qu'un étroit chemin dans sa partie la plus élevée, qui glisse en lacets entre deux murs ouverts de loin en loin sur un paysage de garrigue. Les amandiers aux friselis de feuilles transparentes, les figuiers dans leur carapace de feuilles rêches, les pins chanteurs, les oliviers lanceurs d'éclairs s'agitaient dans le vent au-dessus de la pierraille. Poussé par la pente, Deleuze allait bon train. De hautes maisons remplacèrent les villas, le chemin plongea vers la place de la Révolution et le boulevard Gambetta.[513] »

En fin de matinée, Jacques Pujol sort de la Société Générale, banque où il travaille. Avant de rejoindre le restaurant où il va prendre son repas, il décide de faire un tour de ville, ce qui entraîne le lecteur dans d'autres

---

[511] Marc Bernard, *Une journée toute simple*, op. cit., pp. 20-21.
[512] *Ibid.*, p. 24.
[513] *Ibid.*, p. 48.

lieux familiers aux Nîmois : le Palais de Justice, avec son péristyle et sa colonnade à l'antique, l'Esplanade avec sa Fontaine Pradier, l'avenue Feuchères, remarquable entrée de Nîmes en sortant de la gare...

La connotation huguenote de Nîmes ne fait pas défaut à l'évocation de cette ville. En début d'après-midi, le sculpteur François Cazenave se dirige vers le cimetière protestant où il sculpte, sur la stèle d'une tombe, le visage d'une jeune défunte. Il entre dans le cimetière et, s'engageant dans « la grande allée bordée de cyprès », parvient à la tombe où il travaille. Il regarde longuement la sculpture, avec à l'esprit ce qui s'était passé quelques jours auparavant : examinant son travail, il avait alors constaté que la bouche du visage sculpté souriait. Sur le médaillon jauni dont il s'inspirait pour réaliser la sculpture, la défunte, « une jolie fille », ne montrait pas ce sourire. Il avait ciselé cette expression des lèvres par méprise... L'homme qui avait commandé la sculpture étant un protestant d'apparence austère, François eut peur que son travail déplût. Car ce client, par la classe qu'il démontrait, l'intimidait. Celui-ci était donc venu voir l'avancement de la sculpture et, appréciant la représentation de la jeune fille dans la pierre, avec ce sourire étrange, son visage s'était crispé et ses sourcils froncés. François, embarrassé, avait bafouillé quelques explications mais l'homme s'était rapidement détendu et avait serré amicalement la main du sculpteur. Depuis ce jour, les deux hommes étaient devenus amis...

Dans l'après-midi, Liautaud, un Nîmois du microcosme culturel local, ancien élève des Chartes, sort de chez le marquis de Milhaud. Le Conseil municipal ayant à désigner le nouveau conservateur du Musée de Peinture, Liautaud vise ce poste, d'autant plus qu'il vit pauvrement. Il est donc venu demander à M. de Milhaud, qui préside la Commission des Beaux-Arts, d'appuyer sa candidature. En laissant les rues de Bernis et de La Madeleine, « Liautaud descendit le boulevard Victor-Hugo. Garçons et filles se zieutaient, se frôlaient, ceux des écoles, des bureaux, des ateliers. [C'était ce que les jeunes désignaient, à Nîmes, par l'expression « faire le boul' «.] Comme il passait devant l'horloge du lycée six heures sonnèrent, six coups profonds, telle une hache plantée dans l'épaisseur de l'airain. La vibration couvrit la rumeur du boulevard. Hirondelles et martinets entraient sous les arches des Arènes, ailes immobiles, portés par le vent ; la vieille muraille continuait à brûler dans les hauteurs vertes du ciel où des centaines d'oiseaux noirs tournaient en piaillant.[514] »

---

[514] *Ibid.*, p. 199.

Le soir, dès les beaux jours, la rue appartient au peuple nîmois qui s'y retrouve pour bavarder tout en profitant de la fraîcheur, comme nous l'avons déjà évoqué.

Dans cette soirée nîmoise, un autre personnage, Georgy, un travesti, «enveloppé dans sa cape des nuits d'été, marche le long du canal de la Fontaine, sous les platanes dont le feuillage a la densité d'une voûte. Ses petits pas sonnent sur le ciment. À peine distingue-t-on l'eau morte que le pont de Vierne, léger comme une passerelle, enjambe. Mais Georgy connaît sa ville, il sait que les ouvriers de la rue Titus ont gravé un phallus sur le quai, et il lui plaît de le savoir là, dans la pierre, glissant sous la main[515] »...

Alors, conclut Marc Bernard, « la Nîmes romaine, protestante, catholique, avec ses Arènes, ses temples, sa cathédrale, entrait dans la nuit profonde, bâbord enfoncé dans la plaine, proue montant vers les garrigues, avec ses hautes voilures de pierres, d'arbres, son silence étoilé[516] ». Jusqu'au lendemain, où «une nouvelle journée toute simple commencera[517] ».

Une journée toute simple fera l'objet d'une adaptation pour la télévision en 1968.

Dans le troisième roman qui va terminer ce triptyque nîmois, *Les marionnettes*, nous allons retrouver les principaux personnages des deux premiers livres, mais à l'âge (cinquante-soixante ans) où ils ont acquis une aisance qui peut les conduire à rechercher la reconnaissance sociale. Un théâtre de marionnettes ouvre ainsi son rideau.

Jacques Pujol, la cinquantaine, est devenu conseiller fiscal. Il s'est fait construire une villa derrière la Tour Magne. Et, n'ayant jamais trouvé une femme qui veuille de lui, il a épousé une prostituée, Mado, une jolie femme de trente-cinq ans qui voulait, désormais, se ranger, se caser. Jacques n'est peut-être pas tout à fait l'homme qu'elle souhaitait, mais une maison avec «une cuisine dernier cri», une femme de ménage, une Peugeot 403, la télévision..., après tout il ne faut pas cracher dans la soupe... Par contre, Jacques est fou de Mado, lui qui avait si peur de finir sa vie sans une femme dans son lit :

---

[515] *Ibid.*, p. 249.
[516] *Ibid.*, p.279.
[517] *Ibid.*, p.302.

«Quand il la voyait nue, ce qui était souvent, il flambait. Il n'avait jamais connu de femme dans cette tenue, sous son toit. Une statue qui va et vient, les fesses épanouies en forme de huit, les cuisses musclées, le ventre plat, avec sa toison frisante, le dos large, aux épaules rondes, et son odeur de blonde, tout l'enivrait. Mado [...] emplissait tout de la splendeur de son corps, de la sensualité qui émanait d'elle. Jacques suivait en frétillant, ivre. Elle était au moment où le mûrissement est un charme, un attrait de plus.[518] »

Mais ce qui a fait jaser les gens, c'est leur mariage avec toute la pompe : ils ne sont pas allés jusqu'au blanc, mais cérémonie religieuse à la cathédrale, avec les grands orgues, et repas à l'Imperator, «dans la vaste salle du rez-de-chaussée qui a de grandes baies qui ouvrent sur le jardin». Un repas «à tout casser avec des vins à n'en plus finir, [...] qui a duré quatre heures[519] ». Les anciens souteneurs de Mado, Mme Louisette et son mari Fredo, étaient aussi de la noce, «vous auriez cru qu'elle [Mme Louisette] mariait sa fille» précise Marc Bernard. Ce qui amusait la société, c'est que Mado, avant d'entrer à la cathédrale avait dû se faire baptiser, se confesser, communier. «Mais elle était tombée sur un jeune curé, un guérillero, disait Jacques, de ceux qui font sauter les évêchés, de sorte que la confession a duré trois ou quatre minutes. Qu'elle ait vécu en maison, il paraissait trouver ça normal, que ce sont des choses qui se font, ou presque. Trois Pater et deux Ave, et barca ! vous sortez de la boîte rincée, remise à neuf, amidonnée. Enfin c'est Jacques qui le disait, parce que Mado, elle, trouvait que ça ne fait pas sérieux. Elle n'y croyait pas à ces histoires ; elle se disait que pour la nettoyer il aurait fallu une drôle de lessive.[520] »... Les notables de la ville, par contre, ont jugé Jacques Pujol avec beaucoup de tolérance, car celui-ci, dans son travail de conseiller fiscal, «en savait trop sur la comptabilité en partie double» de ces personnes... Mado s'adaptera vite à sa nouvelle vie de «femme d'intérieur» et les deux époux s'attacheront sentimentalement l'un à l'autre, Jacques Pujol reconnaissant même qu'elle lui avait donné «courage et confiance en la vie».

Émile Deleuze, lui, ancien compagnon de bohème de Jacques Pujol, a fait fortune dans le commerce du café. C'est le type même du parvenu. Grisé par sa réussite, il vit dans une villa de douze pièces, avec un jardin

---

[518] Marc Bernard, *Les marionnettes*, Paris, Gallimard, 1977, pp.21-22.
[519] *Ibid.*, p. 21.
[520] *Ibid.*, p. 19.

ayant l'allure d'un parc et une piscine « où personne ne se baigne ». Il avait toujours voulu éblouir les copains : « Il ne lui manquait que le chapeau à plumes et les talons rouges du bourgeois gentilhomme à cet épicier enrichi, bedonnant, à chevalière, nœud papillon, aux pattes récurées de la terre des légumes, mais avec encore un arrière-relent de saumure et de poireau.[521] » D'ailleurs, ne va-t-il pas chez un coiffeur où, pendant la coupe, une fille lui polit les ongles... Et la réussite matérielle ne lui suffit pas, après l'argent, « [...] ce qu'il voulait, ce qu'il exigeait comme un dû c'était le prestige, la considération, le rayonnement, la juste récompense de l'élan qu'il avait donné au commerce de la ville, du département, une fleur rouge au canon de son tromblon pour avoir vendu tellement de tonnes d'huile, de café, de sucre[522] ». Il rêve donc de légion d'honneur...

Et maintenant, à soixante ans, il a une autre préoccupation : conserver une allure jeune : « Il frétille, conduit une Porsche, se fait masser, porte des chemises à la torero[523] », d'autant plus qu'il fréquente une jeune femme de vingt ans, Elyane. Sa femme, Marcelle, le sait, mais elle ferme les yeux en bourgeoise blasée. Lorsqu'elle meurt, d'une maladie cardiaque peut-être aggravée par les écarts de conduite de son mari, celui-ci montre une douleur exagérée, par exemple lorsque son ami, Jacques Pujol, vient lui présenter ses condoléances :

« Mon cher Jacques, qu'est-ce qu'il m'arrive ! », lui lance-t-il. Et, le faisant asseoir dans le salon, il ne peut retenir de longs sanglots. « Qu'est-ce que je vais devenir ! poursuit-il. Près de quarante ans d'un bonheur parfait. [...] Mon personnel m'a fait promettre de ne pas me tuer. Tant de gens dépendent de moi ! Je me dois à eux, sinon... Et encore, je ne sais vraiment pas si je tiendrai parole, car comment continuer à vivre ? Mon cher Jacques, tu ne peux pas savoir ce qu'est devenue cette maison tout à coup. Il ne me reste rien, [...].[524] »

Percevant dans l'expression de cette souffrance un manque de sincérité – nous jouons la « scène de condoléances », pense-t-il – Pujol se lève pour mettre fin à sa visite. « C'est alors que, à une distance qui lui parut infime, il aperçut dans un miroir florentin au cadre de vieil or, une ravissante fille blonde, à demi nue, qui paraissait sortir de la salle

[521] *Ibid.*, p. 80.
[522] *Ibid.*, p.89.
[523] *Ibid.*, p. 42.
[524] *Ibid.*, pp. 199 à 201.

de bains. Comme glissant sur le tapis, elle disparut.[525] » Émile avait donc déjà installé Elyane chez lui... Jacques Pujol quitte alors rapidement son ami, pris d'un fou rire irrépressible...

Ce même Jacques Pujol parviendra, lui, à se faire décerner la légion d'honneur, alors que, jusque-là, il critiquait ceux qui l'obtenaient et surtout l'acceptaient. Après tout, s'est-il dit, « [...] lorsqu'on honore quelqu'un, il y a une foule de gens pour chercher le mérite et le trouver. On allait le voir désormais sous une face brillante qu'on ne connaissait pas jusque-là mais qui devait exister puisqu'en haut lieu on l'avait découverte[526] ». Pour l'instant il sera chevalier de la légion d'honneur, mais il commence à s'intéresser à toute la pyramide de cet ordre : « officier, commandeur, grand officier, grand-croix, chancelier. Et au-dessus : Dieu[527.] Et il n'est pas mécontent, non plus, d'exciter la jalousie de son « ami » Émile qui désire ardemment cet honneur, mais ne le recevra pas...

Bien d'autres personnages de cette comédie humaine animent la scène : Lapeyre, le politique, par exemple, « un homme grand, gros, aux yeux charbonneux, aux cheveux taillés en brosse, plein de sa grandeur[528] « qui avait su « [contourner] les obstacles un à un pour faire une carrière politique » et « [s'installer] à la présidence du Conseil général d'où plus personne ne pouvait le déloger. Les préfets passaient, députés et maires tombaient dans une espèce de néant, lui demeurait, avec son troupeau de fidèles qu'il savait peloter, défendre, avantager, et qui se serraient autour de lui comme jadis l'auraient fait autour du gouverneur du Languedoc feudataires et clients[529] ». Ou encore le marquis de Milhaud, résidu de l'ancienne aristocratie, qui cherche à montrer une puissance qu'il ne possède plus guère. Ce marquis vit dans un hôtel particulier de la rue du Chapitre, une architecture ancien régime comme on en trouve dans le centre historique de Nîmes, demeure où l'on remarque « la grâce du perron, les fenêtres cernées de vigne vierge, le puits surmonté d'un arceau de fer forgé », où l'on peut « jouir de l'harmonie du lieu » que le temps a patiné, où « le silence de la cour, de l'hôtel, les fenêtres à meneaux, la mousse des pavés[530] » invitent à la rêverie... Ainsi, Milhaud, dans une

---

[525] *Ibid.*, p. 204.
[526] *Ibid.*, p. 99.
[527] *Ibid.*, p. 104
[528] *Ibid.*, p. 79.
[529] *Ibid.*, pp. 78-79.
[530] *Ibid.*, p. 114.

hypocrite suffisance, promet à Liautaud, chartiste au chômage qui vit misérablement, de lui faire obtenir une place de conservateur, mais la promesse ne sera pas tenue. Ce qui amène Marc Bernard à cette réflexion qui résonne comme une diatribe :

« [...], le monde est ainsi fait que la plupart des hommes qui disposent des places, de la sécurité, sont plus ou moins de la race des Milhaud, la sélection se faisant à rebours, grâce à l'ambition, la ruse, l'absence de gêne qu'entraîne toute rêverie, parce qu'ils ont le goût de la puissance, de l'argent, et que de quelque côté qu'on se tourne c'est toujours eux qu'on a devant soi, assurés, le verbe haut, flairant le vent, remontant toujours d'une manière ou d'une autre à la surface, projetés par une force ascensionnelle irrésistible, les ayants droit de toute éternité, les Deleuze, les Milhaud et tous les autres juchés sur les marches du pouvoir, de la combine, qui ont les yeux bien en face des trous, des mains furtives, raflant une «dignité», une dot, un « honneur », une affaire en moins de deux. Ce sont eux qui ont la provende et la jettent où bon leur semble, selon leur intérêt, leur caprice, leur exigence.[531] »

La ville de Nîmes est toute aussi présente dans le troisième roman de cette trilogie. Les déplacements des personnages sont toujours l'occasion, pour l'auteur, d'évoquer une rue ancienne, un boulevard, une architecture prestigieuse, une curiosité locale.

Le mistral, ce vent puissant qui gifle la Provence, fait lui aussi partie des personnages nîmois : «Un mistral à décorner les taureaux de Camargue; il descend la vallée du Rhône, file sur Avignon, Arles, et quand il arrive à Nîmes les marronniers et les platanes passent un mauvais moment, surtout en cette saison où les feuilles commencent à battre de l'aile.[532] »

Au-delà de l'assise nîmoise sur laquelle sont bâties *Les marionnettes*, Marc Bernard nous offre donc, avec ce roman, la chronique humoristique d'une bourgeoisie de province qu'il observe dans la vie quotidienne, avec le souci d'une approche psychosociologique, même d'une pénétration dans la part instinctive, animale de l'homme. Ces hommes qui sont parvenus à détenir quelques parcelles de pouvoir, se fixent toujours une nouvelle ambition : coudre un ruban rouge à la boutonnière, devenir président

---

[531] *Ibid.*, pp. 118-119.
[532] *Ibid.*, pp. 154-155.

de la Chambre de commerce, occuper un poste prestigieux..., aussi les voyons-nous évoluer dans l'atmosphère de leurs mesquineries, jalousies, rancunes, petites trahisons, bouffonneries..., de leur hypocrisie, car dans cette classe sociale, le port d'un masque est essentiel : «Elle [la mère de Jacques Pujol] ignorait [...] qu'il suffit d'un masque et que, dissimulé là derrière, on peut tout se permettre, tout exiger, que chacun n'a que les droits qu'il s'accorde dans l'étrange carnaval, et que c'est seulement déguisé ainsi que les pourvus vous considèrent comme leur égal, nul n'ayant ni le goût ni le temps d'aller voir ce qui se cache derrière, là où le mensonge est roi, où le verbe se suffit à lui-même.[533]»

Marc Bernard est un subtil observateur de la vie de tous les jours et il nous montre combien les contingences les plus simples, les plus spontanées de l'existence sont révélatrices de la psychologie humaine. Mais c'est un spectateur de la scène sociale qui pose toujours sur les personnages qui la composent, quels que soient leurs comportements, un regard qu'adoucit la bienveillance. Même si certains portraits sont moqueurs, si quelques jugements sur la race des arrivistes ont une expression mordante (il ne faut pas oublier que l'écrivain fut, à l'époque de la revue *Monde*, un critique virulent) Marc Bernard montre qu'au-delà de ses défauts, de ses faiblesses, et même de ses bassesses, l'homme sait aussi démontrer de la sensibilité, de la tendresse, de l'humanité. Un sourire éclaire donc le plus souvent les yeux bleus de l'écrivain. D'ailleurs celui-ci ne manque pas, à l'occasion et avec le même sourire, de se moquer de soi-même, dans cette scène des *Marionnettes*, par exemple, où Jacques Pujol est en train de lire un livre :

«De temps à autre il sursautait et Mado [sa femme] l'entendait crier : «Ah le voyou ! Ayez des copains ! Il nous a tous arrangés.»» Mado se demande donc ce que contient ce livre. À la fin de sa lecture, Jacques le lui explique : «Vous vivez, vous parlez devant un copain sans vous méfier, vous vous laissez aller et lui enregistre tout, qu'il arrange à sa sauce, bien entendu. Il se met à table, noircit son papier et vous avec. Vous vous retrouvez là-dedans – il a tapé sur le livre – sans pouvoir vous défendre, vous justifier, sans pouvoir dire : «Minute, ça ne s'est pas passé du tout comme ça. Il y a telle chose que tu as oubliée, que tu n'as pas vue ou que tu n'as pas voulu voir, qui change tout.» [...]
- Eh bien, cet affreux, lui, s'est imaginé qu'en trempant sa plume dans l'encrier, en dessinant ses pattes de mouches, on croirait que les gens

---

[533] *Ibid.*, p. 86.

245

dont il parlait – dont ton serviteur – seraient là de pied en cap, grandeur nature. Laisse-moi rire ! Naturellement on est un peu gêné de se voir amoché par quelqu'un qu'on prenait pour un ami. On se dit : pas possible, il te voit avec cette bouille ? Alors, les autres aussi peut-être te voient comme ça. Parce que la glace c'est bien joli mais c'est toujours toi qui regardes. (Il est devenu grave.) Tu vois, Mado, c'est pour ça qu'un jour je n'ai plus voulu peindre, quand je me suis aperçu que c'est du tape-à-l'œil. Au fond tous ces scribouillards c'est des concierges, des exhibitionnistes et des flics. Tu les reçois à ta table, tu te déboutonnes, tu fais un extra, et dès rentrés ils sortent leurs petits papiers du tiroir et ils écrivent que votre gigot sentait le suif, que les vins étaient minables, que votre femme a pris de la bouteille, et vous un coup de vieux, que vous êtes plus moche que jamais, qu'on aurait jamais cru que vous puissiez le devenir à ce point. Aussi, désormais, plus un de ces cafards ne passera la porte. (Il l'a montrée du doigt) Et si je l'engueule, il me dira : «Mais ce n'est pas toi. Qu'est-ce que tu vas t'imaginer. Je ne savais pas que tu faisais un complexe d'infériorité. Naturellement on se sert un peu des décors, mais c'est tout. Chaque fois que je publie un livre il y en a une douzaine qui se reconnaissent et qui rouspètent ».[534] » Jacques Pujol n'est-il pas en train de lire Les Marionnettes ?... Que d'humour ! Et l'humoriste a la modestie de montrer que, dans la vie, personne n'est irréprochable.

Le manuscrit des Marionnettes, achevé en 1965, ne sera publié qu'en 1977. Ce retard, expliquera Marc Bernard, n'a tenu qu' «à l'événement qui m'a frappé [la disparition d'Else] et rejeté aussi loin que possible de ce livre». Et il précisera : «Mais le relisant un jour comme on lit un manuscrit étranger, un reste de tendresse m'est revenu pour ces personnages ; [...].[535] » C'est bien ce que cet écrivain éprouve pour ses personnages, un sentiment de tendre humanité.

5

L'ÉPREUVE DE LA SÉPARATION

Respectant leurs habitudes estivales, Marc et Else vont passer l'été 1969 sur l'île de Majorque. Avant de s'y rendre, ils ont fait un détour par la Bretagne... Marc Bernard en conservera ces images :

---

[534] *Ibid.*, pp. 128-130.
[535] *Ibid.*, p. 9.

« Les églises basses, moussues, flanquées de petits cimetières ; les bateaux puissants, tantôt reposant sur la terre, tantôt se balançant sur l'eau, les plages immenses où nous étions seuls avec les oiseaux de mer innombrables, d'où nous descendions vers la mer comme si elle eût été au fond d'un énorme puits ; tout ce que ce pays a de grandiose, et ses villes : Concarneau, Douarnenez ; ses lieux étranges : la pointe du Raz, Saint-Malo, moi Méditerranéen de naissance et Else d'adoption, nous les découvrions avec émerveillement. Nous étions presque toujours seuls dans ces paysages verts, à odeur d'océan, d'une blondeur d'ajoncs sur les landes. Tombeaux géants aux parois hérissées de goélands piailleurs, remuants, qui sentaient la tempête, car la mer était partout, et son souffle très avant dans les terres. Nous étions ivres de joie, d'air salant, d'espaces qui ne ressemblaient à rien de ce que nous avions vu jusque-là ; aussi allions-nous d'un endroit à l'autre, comme nous serions allés de salle en salle dans un château enchanté. » Et il ajoute : « Ce devait être le dernier cadeau royal que nous faisait la vie [...].[536] »

Un fait survient en effet au cours de ce printemps 1969 : Else ressent une gêne au côté droit, mais le médecin et le radiologue qu'ils ont consultés sont rassurants... Le 9 juillet, ils arrivent donc à Cala. Le séjour s'annonce, comme toujours, enchanteur : bains de mer et de soleil, transparence de l'eau et de la lumière, douceur de la nonchalance, vie au plus près d'une nature hospitalière. Ainsi passent les mois de cet été, jusqu'à octobre où Marc Bernard constate une modification du caractère d'Else. « Elle ne voulait plus se baigner, confiera-t-il, et je devais insister pour qu'elle m'accompagne. Je la voyais perdre sa joie sans que j'en comprisse la raison. [...] Elle ne m'apparaissait que dolente, comme ennuyée d'être là, [...].[537] »

« Et puis, poursuit-il, ce fut la terrible soirée où tout me fut, non pas révélé encore, mais durant laquelle je commençai à pressentir notre drame. Nous fêtions, le 25 octobre, son anniversaire sous la tonnelle du petit restaurant de Cala. Else faisait un immense effort pour ne pas assombrir le plaisir de nos amis, mais c'est à peine si elle pouvait manger et boire. On remportait son assiette pleine.[538] » Même si, au cours de cette soirée partagée avec des amis, Else s'efforce de sourire,

[536] Marc Bernard, *La mort de la bien-aimée*, op. cit., pp. 21-22.
[537] *Ibid.*, p. 23.
[538] *Ibid.*, p. 24.

c'est d'un sourire ombré d'inquiétude, car elle n'a plus de doute sur la nature de son mal. Deux jours après Marc et Else sont de retour à Paris.

Else consulte un professeur de médecine réputé. À l'issue des examens, celui-ci dit en aparté à Marc Bernard : « Il n'y a rien à espérer. Elle durera un mois, deux, trois. Pas plus.[539] » Mais le médecin cache la vérité à Else, lui parlant d'hépatite virale, « Ce sera long, douloureux, mais vous en sortirez » lui dit-il... En réalité, il s'agit d'une tumeur maligne au foie. Revenus dans leur appartement, Else dit à Marc : « Cet homme nous a menti. C'est fichu ». Et elle ne peut retenir des larmes. Devant le désarroi de son mari, elle décide : « Tu ne me verras plus pleurer. Je te le promets. C'est la dernière fois. » Elle tiendra parole. À la question de Marc, « Ne serait-il pas mieux que nous mourions ensemble ? », elle répond : « Non, je veux que tu continues à écrire.[540] » Marc et Else basculent ainsi dans l'irrémédiable.

« Alors, écrira Marc Bernard, commença l'époque de mon plus grand amour, quand le cœur s'élargit jusqu'à contenir l'univers, contrebalançant la cruauté par un surcroît de richesse, où nous quittons le contingent pour l'absolu. Durant deux mois, c'est ce que j'ai ressenti si intensément que ces journées demeurent, en même temps que les plus atroces, les plus lumineuses. Toute antinomie entre le bien et le mal s'était effacée, ainsi qu'entre la perte et le gain, le provisoire et l'éternel, la joie et la douleur. Ces journées gardent un goût de miel et de fiel si bien fondu que je ne sais encore aujourd'hui lequel l'emporte.[541] »

L'aggravation rapide de la maladie d'Else oblige celle-ci à s'aliter presque toute la journée. Marc doit donc aider son épouse dans les actes les plus simples de la vie, effectuer les tâches ménagères, même les plus rebutantes. S'il lave les draps, il y trouve, dira-t-il, une « satisfaction mystique », « comme si cela me rapprochait un peu de la misère physiologique d'Else. Je lavais comme on prie[542] ». « Mysticisme », « prier », les dernières semaines d'Else sont vécues par le couple dans l'atmosphère d'un ailleurs :

« Ce que j'ai aimé pendant ces huit semaines ce fut l'âme d'Else exaltée par le jeûne, l'immobilité, la souffrance ; gêne plutôt que souffrance. Avant

---

[539] *Ibid.*, p. 27.
[540] *Ibid.*, p. 28.
[541] *Ibid.*, pp. 28-29.
[542] *Ibid.*, p. 40.

la dernière tempête. Le mal la tirait hors de notre réalité. Son attitude ressemblait à de l'indifférence quand je baisais sa bouche et ses bras, quand je lui caressais le front, comme si déjà elle eût appartenu à un temps éternel.[543] » Marc Bernard précise encore : « Durant les trois dernières semaines je l'ai vu s'éloigner aussi nettement que si elle eût marché, à pas lents d'abord, puis de plus en plus vite. Elle ne me regardait plus avec le même regard ; tout se passait comme si ses pensées, ses sentiments fussent ailleurs, ou qu'ils se soient si atténués qu'elle ne les sentait plus que confusément.[544] »

Dans cette période douloureuse pour le couple, Marc cherche à avoir avec Else un échange qui les conduise au plus profond d'eux-mêmes. Mais Else reste silencieuse. « Il me semblait que son silence nous privait de ce qui aurait pu être l'essentiel en nous permettant d'aller au fond de nous-mêmes. Si près de la perdre, je souhaitais avoir accès au plus profond de son âme. J'avançais prudemment, timidement, sans vouloir le moins du monde violer sa réserve, comprenant qu'elle devait ne rien abandonner de sa force, mais pourtant regrettant que nous ne puissions avoir une conversation où nous aurions pu nous confier le plus précieux, le plus secret, aller au fond de notre condition, de notre malheur, [...].[545] » En réalité, Else « se taisait pour ne pas rendre sa mort plus présente en l'évoquant[546] ». Elle veut, par sa sérénité, son courage, aider Marc à « accepter sa mort ». Lui de son côté, par l'amour qu'il lui démontre, essaie de l'aider à mourir. Autant Else que Marc ne parlent donc pas, de façon claire, de leur très proche séparation. Seulement, confiera-t-il, « elle me rendait sensible que notre aventure avait été si merveilleuse, qu'elle l'était encore, que rien ne pouvait la ternir, ni diminuer l'ivresse que nous avions à être l'un près de l'autre, et que, loin de l'affaiblir, la certitude qu'il nous restait si peu de temps pour en jouir exaltait[547] ». Ils vivent ainsi ces dernières semaines dans l'intensité de l'instant.

Le 29 décembre 1969, au matin, Else est admise à l'hôpital Pasteur à la suite de l'aggravation de son état pendant la nuit. Lorsque Marc Bernard revient auprès d'elle, dans l'après-midi, elle semble avoir perdu connaissance. « C'est alors, écrira Marc Bernard, que se produisit ceci :

[543] *Ibid.*, pp. 29-30.
[544] *Ibid.*, pp. 33-34.
[545] *Ibid.*, p. 37.
[546] *Ibid.*, p. 38.
[547] *Ibid.*, pp. 40-41.

du fond de l'abîme où elle suffoquait et alors qu'elle paraissait à jamais inconsciente, dès qu'elle entendit ma voix elle ouvrit les yeux et eut un mouvement à peine perceptible de la main sur le drap comme si elle voulait me toucher. Puis elle les referma pendant que je l'embrassais, la caressais et que, ma joue appuyée contre la sienne, je lui parlais, espérant que quelques mots lui parviendraient.[548] »

Un dernier regard en entendant la voix de Marc. « Comment m'a-t-elle vu, se questionnera-t-il, que retrouvait-elle en moi, qui étais-je pour elle, plus irréel peut-être que présent, ou au contraire chargé d'une densité, d'une réalité extrêmes, devenu plus moi-même que je n'avais jamais été ? Oui, je n'en doute pas, ce regard était d'amour et de reconnaissance ; j'étais présent alors qu'il ne lui restait plus que quelques heures à vivre et un bref instant de lucidité sans doute, car ce qui s'est passé en elle ensuite, qui peut le savoir ? Ce n'était pas un regard d'adieu, mais celui de quelqu'un qui découvre enfin l'être qu'il espérait ardemment en redoutant de ne plus jamais le revoir. [Les visites des malades n'étant autorisées qu'à partir de 18 heures, Marc Bernard est revenu auprès d'Else au tout dernier moment.][549] »

Trois heures et demie plus tard, alors que Marc est toujours à ses côtés, Else s'éteint. Elle avait 66 ans. « C'est à ce moment précis, confiera Marc Bernard, que je vis passer la mort ; une ombre glissa sur le visage, lui donnant une sérénité admirable. C'était une Else que je ne connaissais pas, surgie des profondeurs où tout s'était enfin dénoué.[550] » Ainsi, poursuit-il : « C'est dans cette chambre d'hôpital que j'ai commencé à vivre sa mort, et j'allais désormais l'assumer chaque jour à chaque heure. Non pas révolté, frappé plutôt par la foudre. Un voile noir venait de s'abattre sur moi ; c'est à travers lui que je voyais toute chose. Comment cette Else toute vive, plus présente que jamais, que je retrouvais dès rentré dans notre logement, que les moindres objets, les rues, les paysages évoquaient, comment allais-je la concilier avec une absence éternelle ?[551] »

Else est inhumée au cimetière de Bagneux, le 2 janvier 1970, dans une allée plantée d'aulnes. « Rien ne me paraissait vrai[552] », dira l'écrivain.

---

[548] *Ibid.*, p. 50.
[549] *Ibid.*, pp. 106-107.
[550] *Ibid.*, pp. 53-54.
[551] *Ibid.*, p. 55.
[552] *Ibid.*, p. 59.

Dans la période suivant cette séparation, Marc Bernard se trouve dans un état « proche de la folie ». Un jour, il reproche à Else, devant sa photographie, de l'avoir abandonné, comme si elle l'avait quitté volontairement. Retrouvant son calme, il lui demande pardon. Des faits curieux, peut-être des signes, surviennent alors. Dans le buffet de la cuisine, il trouve, placés sous de la vaisselle, trois poèmes allemands avec leur traduction, faite par Else. Le premier qu'il lit est du poète Rainer Maria Rilke : *À la Mort de la Bien-Aimée*... Quelques jours après, rangeant des papiers qu'Else avait déposés dans la soupente de leur logement, il trouve la reproduction d'une peinture de Braque qui porte, en son centre, le prénom « Else »... « Faut-il ne voir là que coïncidences, hasards, ou peut-on penser y découvrir davantage ?[553] » s'interrogera Marc Bernard. Mais il y a plus étrange encore.

Dans son premier roman, *Zig-Zag*, il présente un jeune homme (nous savons qu'il s'agit de Marc Bernard) qui aime une jeune fille inaccessible. Une nuit d'hiver, celui-ci rencontre un homme âgé qui est en réalité son double et qui a donc l'apparence de ce que sera le jeune homme dans une quarantaine d'années (cf. chapitre II, 3). Le vieil homme révèle au garçon, pendant leur conversation, qu'il aime la même personne que lui, d'un même amour déçu, ce qui n'est pas anormal, puisqu'il est son double. Et cet homme raconte qu'un jour il a été attiré par la vitrine d'un opticien où se trouvaient deux yeux de verre d'une couleur identique à ceux de l'aimée. Il a acheté ces yeux. Il conclut alors ainsi son récit : « Vous imaginez ma joie ! Je tremblais de tous mes membres en les déposant sur un lit de coton qui faisait ressortir davantage encore la belle couleur de mousse noire des pupilles. J'avais un morceau d'elle. Et quelle part ! La plus précieuse ! Le morceau de roi ! Les Yeux ! Depuis ce jour je me persuade de ne pas l'avoir entièrement perdue.[554] »

Ce roman, nous le savons, avait paru en 1929. En 1962, Else, atteinte d'une tumeur à l'œil gauche, avait été énucléée. Non satisfaite de la couleur de la prothèse oculaire qu'elle avait fait faire, elle l'avait fait refaire et avait conservé la première. Quarante ans après la publication de *Zig-Zag*, peu de temps après la mort d'Else, Marc Bernard, en faisant du rangement, trouve l'œil de verre que son épouse avait gardé. Il vit donc dans la réalité la fiction qu'il avait écrite en 1929 et, comme il l'avait écrit dans ce livre, la

[553] Marc Bernard, Fonds de manuscrits de l'écrivain, Ms 835/3, Bibliothèque Carré d'Art, Nîmes.
[554] Marc Bernard, *Zig-Zag*, op. cit., pp. 116-117.

femme aimée (Else, dans la situation présente) n'était pas « entièrement perdue »... « Peut-on attribuer au hasard cette rencontre entre l'écriture et la réalité ? » se demande Marc Bernard, ajoutant : « il me semble que l'art dépasse parfois son objet, qu'il touche à un univers qui n'est plus tout à fait celui de l'homme, et qui échappe d'ordinaire à notre raison pure, à tout ce que nous connaissons, que nous croyons connaître. Et que cet univers vous révèle tout à coup de lui des aspects étranges qui font qu'il échappe à notre prise et nous permet de tout espérer de lui malgré les apparences qui prennent parfois un visage atroce.[555] »

Janvier 1970. Marc Bernard est seul, une nouvelle fois, comme il l'avait été à la mort de sa mère. Le voici dans son appartement parisien : « L'ordre me reste ; j'habite un logement étincelant, mais aussi mort qu'un astre désert. J'essaie de le peupler sans y parvenir. Else faisait foule ; on n'avait que l'embarras du choix entre la nostalgique et la gaie, la bohème et la grande dame, la silencieuse et la prolixe, entre celle qui marquait tout de sa présence et celle qui passait inaperçue, un velours sur les yeux, un doigt sur les lèvres comme quand elle dormait et paraissait vouloir garder un secret jusque dans son sommeil. Maintenant il n'y a que l'ordre, et moi, autant dire personne.[556] »

Cette solitude va peu à peu s'adoucir par une présence intérieure d'Else. Marc Bernard va la faire vivre par le souvenir :

« Je suis devenu le théâtre d'Else ; elle y entre et en sort à toute heure du jour et de la nuit. [...] La réalité me la faisait de temps à autre oublier, maintenant je la découvre aussi nombreuse que dans les jeux de miroir, gaie, calmement angoissée, ou tout argentée par son rire. Quelquefois je l'imagine dans une autre pièce. Elle va entrer, souriante [...].

C'est ainsi que nous avons de temps à autre l'impression de revivre ce que nous avons déjà vécu : objets, voix, attitudes, tout jusque dans les plus infimes détails nous le reconnaissons. Ces brefs instants – ils ne durent guère que quelques secondes – me sont devenus précieux.[557] »

Else va ainsi continuer à vivre près de lui, même s'il sait « ce qu'une telle rêverie peut avoir d'illusoire ». Retrouvant par la pensée de nombreux

[555] Marc Bernard, Fonds de manuscrits de l'écrivain, Ms. 835/3, Bibliothèque Carré d'Art, Nîmes.
[556] Marc Bernard, *La mort de la bien-aimée*, op. cit., pp. 67-68.
[557] *Ibid.*, pp 126-127.

moments de sa vie de couple, il va alors ressentir ces instants avec une plus grande conscience de leur intensité, de leur caractère merveilleux, que lorsqu'il les a vécus. L'importance que peut revêtir la vie, « tel jour, à telle heure, à tel endroit », nous ne le comprenons souvent que plus tard. Cette vie, qui lui semblait donc, jusqu'à la disparition d'Else, « aller de soi », naturelle, lui paraît maintenant « fantastique ». « Ce n'est pas la mort qui nous étonne soudain, écrira Marc Bernard ; c'est la vie, qui nous semble l'exception, le miracle. Une infinité de délices nous emplissent que nous avions savourées, certes, mais qui gagnent soudain une valeur inestimable à ne pouvoir être renouvelées, sinon en nous.[558] »

Marc Bernard est trop attaché à l'île de Majorque pour ne pas y venir passer l'été, mais son séjour sera désormais solitaire. Il retrouve cette magnifique nature qui a été, avec Else, leur paradis : « Lauriers-roses, chèvrefeuilles, mimosas parfument le jardin ; le ciel et la mer s'interpénètrent ; on ne sait où commencent l'un, où finit l'autre. Le vert des pins est aussi brillant, la chaleur aussi vive qu'il y a deux ans, pourtant je ne connais plus ces bonheurs qui me venaient soudain, en apparence sans raison. Je descendais de mon bureau, je serrais Else dans mes bras, la soulevais : « Que je suis heureux ! Que je suis heureux ! » Cri de victoire. Heureux de ce que je venais d'écrire, de l'avoir près de moi, d'être libre.[559] »

Comme il le fait à Paris depuis la disparition d'Else, il va vivre sa villégiature majorquine dans le souvenir assidu de celle-ci. Tantôt il connaît une certaine ivresse : « Hier soir, alors que la radio jouait une valse, j'ai dansé avec elle qui me regardait du dessus de la cheminée [portrait d'Else placé sur le manteau de la cheminée]. Mes tranquillisants et somnifères ont rendu ma tête chancelante ; le paysage dans la nuit, la pièce, le portrait vacillaient. Le plus drôle est que je dansais en pleurant, les bras arrondis comme si je la tenais vraiment.[560] » L'amour charnel qui l'unissait à Else peut même l'amener à un onirisme sensuel : « [...] parfois je fais l'amour avec elle ; il arrive que cela se termine dans les larmes, les cris. Je crie dans la chambre vide, dans un des lits où nous nous sommes si souvent aimés.[561] » Parfois sa solitude pèse : « Journée abominable, à mourir de tristesse, d'ennui. La solitude a quelque chose de fascinant et de rongeur à la fois. Le seul témoignage humain a été celui d'un couple

---

[558] *Ibid.*, p. 126.
[559] *Ibid.*, p. 130.
[560] *Ibid.*, pp.130-131.
[561] *Ibid.*, p. 131.

qui m'a salué de la main, de son hors-bord, au moment où je sortais de l'eau. Et le bain même était insipide avec tout son sel. Tourné vers le passé, je suis moins encore qu'une membrure demeurée d'un naufrage, qui monte et descend avec la vague ou est étale, incrustée dans la mer. Une telle journée n'est faite que de néant. Else même s'éloigne. Je lui parle, l'embrasse, mais du bout des lèvres.[562] »

Un soir, un élan mystique le plonge dans le mystère : « Hier soir j'ai regardé longuement son portrait [Else] ; il est placé sous une grande glace ronde, au cadre de grosse paille tressée en torsades, sur le manteau de la cheminée, [...]. J'ai braqué sur l'image la lumière d'une lampe de poche ; dans la pièce noire il n'y eut plus que ce faisceau de clarté et, derrière la baie de Cala, la confuse lueur de la lune voilée par les nuages.
Else et moi étions seuls comme jamais nous ne l'avions été ; autour de nous il n'y avait que la campagne silencieuse, sans même le crissement des grillons ; pas un murmure, pas un souffle ne venait de la mer. Nous étions dans un monde dont tous les vivants avaient fui.
Qu'espérais-je une fois de plus, sinon qu'à force de regarder et de le vouloir un signe allait apparaître ; il était impossible que ce visage n'ait été que le reflet d'un instant comme si Else s'était penchée sur une eau qui aurait gardé son double que rien désormais ne pourrait tirer de son immobilité.[563] »

Ainsi passe l'été à Cala, en absence de la « bien-aimée » : bains de mer, lectures, écriture, méditation, entretien du petit jardin afin qu'il demeure comme Else l'a connu :

« Je m'inquiète pour une bougainvillée qui perd ses ergots et un citronnier ses feuilles grasses, vernies, odorantes quand on les écrase entre les doigts. Je me fais du souci pour le pêcher qui avait des fruits gros comme des prunes, [...]. Les géraniums ont les joues pâles, les chèvrefeuilles sont desséchés, les lauriers roses et blancs sucés par une vermine molle qui s'incruste là où la sève est la plus abondante. [...] Vous allez d'un malade à l'autre exactement comme s'il était important que le monde continue, et vous le faites parce qu'elle aussi [Else] l'a fait, [...].[564] » « Que le monde continue », « Parce qu'elle aussi l'a fait ». Continuer à vivre, comme si rien ne s'était passé, avec les mêmes gestes que ceux de l'être disparu...

---

[562] *Ibid.*, pp. 137-138.
[563] *Ibid.*, pp.157-158.
[564] *Ibid.*, pp.149-150.

Parmi ses lectures, se trouve le *Port-Royal* de Sainte-Beuve :

« Ces croyants, à la fois jubilants et angoissés, je me suis senti hier tout près d'eux. [...] il y a eu dans la foi de ces femmes et de ces hommes un tremblement joint à l'espoir qui me les rend fraternels. [...] Ce qui me touche c'est l'intensité de leur interrogation, leur regard tourné vers la part d'ombre qui est au cœur de notre condition comme le noyau dans le fruit. [...] Or, chez les jansénistes, je trouve, au-delà de leur rigorisme et de leurs craintes, cette jubilation qui s'exprime par des chants et des pleurs de joie. Ils avaient la larme facile ; cela aussi me rapproche d'eux depuis deux ans. Ce que je ressens pour une créature, ils l'éprouvaient pour leur Créateur, et après tout l'écart n'est sans doute pas si grand de l'admiration de l'œuvre à celle qu'on a pour l'artiste. Il se pourrait que le corps ne soit que l'appât.[565] »

Une lecture propre à nourrir l'inclination mystique (fût-elle panthéiste) que la mort d'Else a développée chez Marc Bernard. Disposition de l'esprit qui le conduit à une possible existence divine :

« Ton souvenir est mêlé aux fleurs que j'embrasse, aux nuages, à la lumière, à mes rêveries sur un Dieu que je crois possible. Il me semble que c'est en lui que tu es, qui contient, est, anime tout, le ver et la Voie lactée, qui fait chaque jour alterner les ténèbres et la lumière, qui donne à l'univers sa palpitation, son tournoiement, ses spirales, ses écartèlements de feu.

Je me réconcilie avec la vie et c'est toi [Else] qui m'y aides, qui continues à me presser la main comme tu le faisais quand tu voulais me faire partager ton admiration. [...]

Nous avons vécu une toute simple, banale, magnifique aventure, étrangement singulière malgré les apparences. Nous seuls en connaissions les secrets, les prolongements, et c'est depuis que tu n'es plus là que j'en mesure la grandeur. Quoi d'étonnant si, à travers toi, un objet plus grand m'est apparu, si tout a fini par se mêler dans ma tête, la créature et ce qui lui a permis d'être, l'extraordinaire suite de « hasards » qui t'ont conduite dans mes bras ?

C'est un chant de grâce qui retentit parfois en moi, quels qu'aient été la fin et les maux qui l'ont précédée. Ce qui importe c'est que j'ai eu l'honneur, le bonheur de te connaître, que je n'en aie pas été jugé indigne.[566] »

[565] *Ibid.*, pp. 138 à 140.
[566] *Ibid.*, pp. 196-197.

Marc Bernard conclut ainsi le livre qu'il vient de terminer, deux ans après la mort d'Else. C'est un récit auquel il donne pour titre *La mort de la bien-aimée*, en écho au poème de Rainer Maria Rilke. Il paraît, chez Gallimard, en 1972. Nous venons d'en lire des extraits. L'événement douloureux que Marc Bernard venait de vivre avait transformé le besoin d'écrire de cet écrivain en nécessité : faire le récit de la mort d'Else et nous livrer les troubles, les sentiments, les pensées qu'il avait eus, qu'il a encore. Peut-être dans un but d'exorcisme. Mais c'est un texte dont la résonance humaine, jaillie de la gravité du sujet, nous apparaît immédiatement comme exceptionnelle. Cela tient peut-être à la profondeur des sentiments, à la franchise parfois directe du narrateur, à une réflexion sans entraves, à une sincérité forte. Cela tient certainement à l'histoire d'un grand amour.

Ce livre qui attire rapidement l'attention du public, suscite son intérêt, sera épuisé trois mois après sa sortie. Il a un retentissement que ne prévoyait peut-être pas son auteur, alors en grand désarroi. Des lecteurs ayant vécu une souffrance semblable veulent rencontrer Marc Bernard. Peut-être pourrait-on dire qu'il fait rebondir l'écrivain, si la source n'en était le malheur. Succès que vient conforter l'attribution du Prix Le Métais-Larivière 1973 de l'Académie française, pour l'ensemble de son œuvre.

Dans une réédition de *La mort de la bien-aimée*, aux Éditions Rombaldi, en 1977, Marc Bernard apportera ces précisions dans la préface constituée par des questions posées à l'auteur :

« Je n'ai rien voulu d'autre que dire ce que je ressentais, comme si c'était une question de vie ou de mort. Et en vérité c'en était une, car je connaissais une période de dépression abominable et le suicide avait pour moi une attirance folle. Je n'avais donc pas le temps de penser aux autres, de me demander quelles sortes de réflexions leur inspirerait ce récit qui à vrai dire était tout autre chose à mes yeux qu'un livre, plutôt un exorcisme, une tentative de libération, de surmonter mon désarroi, une manière d'exprimer ce dont j'avais la gorge et le cœur pleins et qui m'étouffait. Le besoin aussi de comprendre ce qui venait de m'arriver et pour cela, de le revivre. Le mélange de bonheur et d'horreur que m'avaient donné les dernières semaines d'Else me demeurait une énigme et c'est pour tenter de l'élucider que j'écrivais si vite, que les pages paraissaient se couvrir seules, sans que j'y sois pour rien. Je me laissais guider par Else qui m'avait dit [...] : «Je veux que tu continues à écrire». [...] Je n'ai rien voulu faire d'autre que le récit fidèle d'une réalité intensément vécue.[567] »

Sur le succès de ce livre, il confie : « Je ne crois pas et n'ai jamais cru à la célébrité, ou plutôt elle me semble si dérisoire qu'elle est à mes yeux sans valeur réelle. Autant en emporte le temps qui, lui, est illimité. Ce que nous faisons n'a dans les meilleurs cas qu'un éclat passager, qui équivaut au néant si on a quelque peu le sens de l'absolu. Non, ce qui me donne vraiment de la joie c'est que tant de gens m'écrivent qu'ils sont contents d'avoir fait la connaissance d'Else, et qu'ils l'aiment. Cela, oui, compte. Et cela seul.[568] »

Au cours d'une émission littéraire, à la télévision, à laquelle participe Marc Bernard pour parler de *La mort de la bien-aimée*, une spectatrice demande à l'écrivain : «Comment se fait-il qu'après avoir écrit un livre pareil, vous puissiez continuer à vivre ?» C'est mal connaître l'homme qui, malgré le malheur qui l'a frappé et les pensées suicidaires qui ont pu le tourmenter, reste résolument tourné vers la vie, cette vie qui le fascine au point qu'il lui est impossible d'y porter atteinte, fût-ce contre la sienne. «Je suis resté sur l'autre rive, écrira-t-il alors qu'il séjourne à Majorque, trouvant en ce moment même à l'air un goût de fruit et de fleurs, assis devant le jardin de Cala.[569] » Tout simplement un goût de vie, dont il ne peut se défaire.

Au-delà de la disparition d'Else, Marc Bernard a donc choisi la vie. Mais l'absence de la femme aimée ne peut se dissiper. La détresse morale persiste. Alors il reste l'écriture, seul moyen, pour lui, de transcender un destin adverse. Il écrit donc une suite à *La mort de la bien-aimée*. Il lui donne pour titre *Au-delà de l'absence* et le dédie «A tous ceux qui refusent de désespérer». Le livre paraît en 1976. Il commence par ces mots : «Depuis la mort d'Else je n'ai pas touché une femme. Quel sens a une fidélité à qui n'est plus ? [...] Les jouissances perdues le sont à jamais. Le dernier moment venu, ne regretterai-je pas de m'être tenu à l'écart ? C'est ce que me murmure parfois mon double. Qu'y puis-je ? Rien n'est de propos délibéré, mais je suis heureux de voir les choses s'ordonner ainsi.

---

[567] Marc Bernard, Fonds de manuscrits de l'écrivain, Ms 835/16.2, Bibliothèque Carré d'Art, Nîmes.
[568] *Ibid.*
[569] Marc Bernard, *La mort de la bien-aimée*, op. cit., p. 31.

Else m'a apporté le calme des profondeurs.[570] » Ces quelques phrases contiennent le fond du livre : rester fidèle à Else, vivre avec elle, dans un souvenir toujours vif, sublimer cet amour et « au-delà de l'absence », retrouver la sérénité.

Sa fidélité à l'épouse devient une fin : « Ce sombre et clair attachement à Else est ce qui donne un sens à ma vie.[571] » Une fidélité que conforte la présence lancinante de la disparue et qui aide Marc Bernard à reprendre le cours de la vie : « Else est en moi, ou chez nous où tout me la rappelle : le tableau qu'elle a peint avec une maladresse d'enfant, les meubles qu'elle a choisis, les rideaux, l'escalier qu'elle a monté et descendu tant de foi, le lit d'où elle n'est sortie que pour mourir le même jour...[572] » Ou encore, lorsqu'il est dans sa maison de Cala d'or, à Majorque : « Else ajoute à la beauté de ce qui m'entoure ; elle est dans l'arbre et le feuillage, dans le violet ou le bleu de la mer, sur la terrasse ocre et dans l'oiseau qui vole, dans la goutte de miel de la figue et l'éclat sombre de la caroube. C'est pour elle que les chats jouent sur la terrasse ou dans le jardin, qu'ils feignent de se battre. S'il m'était permis d'oublier, tout cela n'aurait aucun sens.[573] » Il nous confie aussi : « Sa sagesse [Else], sa douceur, son amour me permettent de continuer à vivre ; son courage, elle me le dispense d'une façon aussi évidente que le soleil sa lumière et sa chaleur. Elle veille sur moi, car sinon d'où me viendraient les moments de joie qui font que je dure contre toute logique ?[574] » Une profonde communion spirituelle lie ainsi le vivant à la défunte. D'ailleurs, n'affirme-t-il pas « ce livre a été écrit sous la dictée ; l'ordre d'Else me stimulait, [...].[575] »

Marc Bernard est un être d'une grande sensualité, mais ce n'est pas un libertin. L'amour vécu avec Else était un amour à la fois charnel et spirituel, un amour qui unit le corps et le cœur. C'est sa conception de la vie amoureuse et il la réaffirme dans ce livre. Alors qu'il séjourne à Cala, il nous raconte cette scène :

« Deux filles splendides sont chez moi depuis trois jours ; elles prennent des bains de soleil nues. Je les regarde comme des statues.

---

[570] Marc Bernard, *Au-delà de l'absence*, op. cit., p. 9.
[571] *Ibid.*, p. 23.
[572] *Ibid.*, pp. 40-41.
[573] *Ibid.*, p. 46.
[574] *Ibid.*, pp. 9-10.
[575] *Ibid.*, p.21.

Pourquoi ? Il me semble que c'est le naturel avec lequel elles se montrent qui me laisse indifférent, à l'admiration près que j'ai pour des corps aussi parfaits. Je crois voir des bêtes, grandes, puissantes. Oui, c'est cela, nous sommes dans l'animalité ; aucune place n'est laissée à l'imagination. C'est la deuxième fois que pareille aventure m'arrive, et je retrouve l'impression de jadis ; d'une part la pureté où l'on s'attendait le moins à la trouver, mais aussi l'impossibilité où je suis de séparer le désir de l'amour. Ou peut-être est-il des corps qui n'émeuvent en nous que le sens esthétique. Bien des hommes seraient sans doute enivrés, assis sur une terrasse ensoleillée, entourée de verdure et de fleurs, avec à leurs pieds deux filles nues, à un ruban près qui leur enserre les reins. » Et il précise alors sa pensée: « Mais le corps n'est rien si l'esprit et le cœur n'y ont part ; ce n'est pas seulement la chair qui nous émeut mais une façon d'être, une voix, un regard, un sourire, un rire, une âme[576] » Marc Bernard sacralise l'Amour, tel qu'il l'a connu avec Else. Cet amour, conservé dans toute sa force, toute sa sublimité, devient un facteur d'espoir, et, plus tard, de sérénité.

Mais cet espoir naît aussi, chez Marc Bernard, de la contemplation de la Beauté, dans toutes ses harmonies : nature, amour, création artistique... Comment ne pas avoir espoir lorsque l'on ressent au plus profond de soi les charmes de la Création. Sur l'île de Majorque, au déclin du jour, par exemple :

« En ce milieu d'octobre, l'île est silencieuse, les chemins sont déserts, les couleurs plus pures ; le soleil chauffe, il ne brûle pas ; l'eau est fraîche. Mayorca est plus belle ainsi, plus aimable. Dans deux, trois mois, elle sera échevelée, furieuse, inconstante ; d'épaisses pluies la parcourront de Porto Petro à Formentor, d'Andrax à Porto Colon.
Nous sommes dans la lune de miel ; c'est la couleur exacte qu'elle avait hier. À ma gauche, la mer, au-dessus de laquelle la lune montait nonchalamment, un bandeau sur les yeux, grise d'abord, puis d'un blond d'abeille. Le ciel était divisé aussi nettement que les volets d'un diptyque : d'un côté la nuit, tous les romantiques allemands, des châteaux de brume, des dames dans leurs tours, des cygnes qui glissent, l'île des morts. Et l'on se prend à rêver avec au cœur cette ensorcelante mélancolie ; [...].
Au-dessous : la mer, d'instant en instant plus sombre, comme si un liquide noir l'eût envahie, à peine agitée, à un mince liséré d'écume près, à la frontière des lauriers roses. Et de l'autre côté, des éclaboussements de

---

[576] *Ibid.*, pp. 106-107.

lumière irradiant les montagnes ; un concert de joie, des nuages en lettres chinoises, un soleil saignant.

Une fois encore j'ai eu envie de m'agenouiller. La signature m'apparaissait partout, dans chaque ombre, dans chaque rayon. Tous les tableaux de tous les musées étaient réduits à rien par la tempête de beauté qui soufflait là-haut, par la perfection des détails, la majesté de l'ensemble, la richesse infinie des nuances, grandeur et minutie mêlées. Ce spectacle se poursuivit après que le soleil eut disparu ; ce fut alors le triomphe de la clarté lunaire, irréelle.

Je suis rentré chez moi l'âme pleine. Non, Else ne peut être perdue dans un monde qui contient de telles splendeurs. Rien n'est absurde. Et quand je me suis couché, revoyant toutes ces lumières jetées à la volée, je me suis mis à rire.[577] »

« Non, Else ne peut être perdue dans un monde qui contient de telles splendeurs » a pensé Marc Bernard. Et il affirme encore son espoir dans d'autres formulations : « [...] un univers matériel serait sans problème moral, mais la présence de la pensée en transforme l'essence ; elle nous situe dans un monde spirituel où l'espérance nous est large offerte ; elle ouvre une brèche dans la matière, elle se sert d'elle pour la dépasser, pour nous hisser hors d'elle et nous faire découvrir un autre univers.[578] » Ou encore : « [...] l'homme serait-il doué de raison uniquement pour découvrir que l'univers n'en a pas ?[579] »... Marc Bernard ne peut accepter l'idée qu'Else soit définitivement perdue. Cette « foi » que lui procure la capacité de création illimitée de l'univers (tout est possible), le conduit à un panthéisme que domine un Dieu/Nature, une Force supérieure qui est du seul domaine de la pensée et qu'il nomme aussi Poésie, non dans le sens littéraire mais dans celui d'élévation de l'esprit. Si *Au-delà de l'absence* poursuit la réflexion sur la mort de la femme aimée engagée dans le livre précédent, c'est surtout un livre d'espoir. C'est un livre d'une grande qualité, autant par la délicatesse de son écriture que par sa force spirituelle.

Dans cette décennie 1970, Marc Bernard réaffirme donc son nom, dans la création littéraire, avec ces deux livres. La disparition d'Else et, consécutivement, l'écriture de ces deux récits ont été au centre de

---

[577] *Ibid.*, pp. 200-201.
[578] *Ibid.*, p. 70.
[579] *Ibid.*, p. 71.

sa vie affective, bien sûr, mais aussi créatrice. Sa présence dans le domaine journalistique ou audiovisuel est donc plus discrète. Il aura cependant, à partir de mars 1976, une tribune libre dans le quotidien *Midi Libre*. Les sujets de ces chroniques seront variés, allant d'un fait de société à des souvenirs, d'un impromptu à une réflexion, de l'évocation d'un lieu à un portrait, ... Et il écrit encore quelques articles pour la *Nouvelle Revue Française*, sur divers sujets : *Le peintre Joseph Sima* (février 1972), *La littérature prolétarienne* (février 1975), à la suite de la parution du livre de Michel Ragon (*Histoire de la littérature prolétarienne en France*), *Une lecture de Neel Doff* (juin 1975), *Bêtes et gens* (juin 1976), *Majorque et le souvenir* (septembre 1976). Deux, parmi ces derniers articles donnés à la *N.R.F.*, sont à remarquer, car ils évoquent des souvenirs chers à l'auteur :

L'*Histoire de la littérature prolétarienne en France*, de Michel Ragon, ramène Marc Bernard à ces années 1930, où « l'écrivain prolétarien » qu'il était alors, ferraillait avec certains « écrivains bourgeois ». Mais ce jeune ouvrier avait rapidement compris qu'un écrivain d'origine prolétarienne ne pouvait pas être « entièrement, continûment, le porte-parole d'une classe. [...] ; si son premier livre a été la description d'un milieu prolétarien c'est parce qu'il a puisé dans les matériaux que le hasard de sa naissance lui a donnés, et en cela il n'a rien fait d'autre que quelque écrivain que ce soit, d'où qu'il vienne. Quand un livre tout à fait différent est sorti de ses mains, cela lui a paru aller de soi [il pense à son récit *Anny* (1934)] ; il était aussi vivant, aussi vrai que le précédent [*Au secours !* (1931), récit prolétarien]. Il ne pouvait le renier. C'est en ne l'écrivant pas qu'il se serait trahi. S'il a parlé d'amour c'est parce qu'il en avait le cœur plein et le besoin de l'exprimer, comme on chante. Il ne pouvait garder tout ce bonheur, cette inquiétude pour lui seul. C'est dans la joie qu'il a écrit.[580] » Quarante ans après la parution d'*Anny*, Marc Bernard ne semble pas avoir « digéré » l'incompréhension inepte qu'avait suscitée ce livre dans les milieux littéraires prolétariens, qualifiant celui-ci de « roman bourgeois »...

Le dernier article que Marc Bernard donne à la *N.R.F.* est consacré à ce qui a été, pour lui, un paradis : l'île de Majorque. Il s'intitule *Majorque et le souvenir* et paraît en septembre 1976. L'écrivain nous parle, une fois encore, de l'enchantement du lieu, dans un texte qui est un chant à la beauté que nous offre la nature. C'est un nouvel hommage (l'un

---

[580] Marc Bernard, *La littérature prolétarienne*, *N.R.F.* n° 266 de février 1975, p. 90.

des derniers...) à l'île catalane, qu'il goûte toujours avec délices... En voici un extrait :

« Jamais octobre ne fut plus beau, c'est un chef-d'œuvre qui se prolonge et il a ceci qui lui ajoute quelque chose de poignant : ce sont les derniers jours avant le froid et les pluies torrentielles cachées derrière ce bleu sans un pli.

Tous les après-midi je suis longuement la mer d'une cala à l'autre. La chaleur serait insoutenable si le vent venu du large n'apaisait la brûlure du soleil sur mon corps nu. Cette alternance de fraîcheur et de feu est l'une des plus vives jouissances que l'on puisse éprouver.

Les inégalités de la roche rappellent l'époque où l'île émergea, dans quel fracas et quel bouillonnement ! À droite, jusqu'à Cala Egos, s'étend une garrigue broussailleuse, des pins couchés à toucher le sol tant ils sont harcelés par les tempêtes. À gauche, la mer ronde, veloutée ou écumante, silencieuse ou hurlante, s'engouffrant dans les plis de la côte pour en ressortir toute blanche et s'élancer une fois encore. Jamais en cette saison elle n'est semblable ; ou elle s'étend platement avec ses chemins blancs jusqu'au cintre céleste, ou elle ondule ainsi qu'une monstrueuse chenille. Il est des voiliers qu'elle n'intimide pas si facilement ; ils jouent avec elle, s'inclinant avec une grâce d'oiseau jusqu'à toucher le sommet de la vague, puis leurs ailes remontent dans l'azur où elles restent droites et fermes comme des faux.

Les crevasses les plus proches de la mer sont des réceptacles de blancheur miroitante ; je les effleure du doigt, porte le sel à mes lèvres. Il n'en est pas d'aussi savoureux. [...]

Et peu à peu un état de grâce vous gagne à quoi contribue la fatigue. Vous ne sauriez tout embrasser, tout voir ; votre admiration ne saurait être à la mesure de ce qui s'offre, comme s'il allait de soi que les deux bleus s'harmonisent si parfaitement, que le ciel et la mer, le vent et le soleil s'accordent comme larrons, que l'odeur de la saumure et celle des résineux se fondent en un mélange aussi exquis. [...]

Poursuivant ma promenade, j'entre dans des bosquets de figuiers. En ce début d'automne la plupart des fruits pourrissent en arrivant à maturité ; ils mollissent, leur peau éclate et par la plaie coule un liquide doré. Mais il en est de sains qui, inclinés sur leur pédoncule, comme s'ils étaient las de vivre, s'offrent à qui voudra les cueillir ; ils ont la douceur de la brûlure de l'été, l'attrait des choses dernières, qui croirait-on jamais plus ne reviendront. [...][581] »

---

[581] Marc Bernard, *Majorque et le souvenir*, *N.R.F.* n°285 de septembre 1976, pp. 35 à 38.

Mais l'absence d'Else vient souvent rompre ce charme: « Else est près de moi; [...] Mais il arrive aussi qu'elle soit soudain absente : sous trois mètres de terre, à Bagneux.[582] »...

Marc Bernard travaille aussi, de façon épisodique, à des adaptations de son œuvre écrite pour l'ORTF. Son enfance est, pour lui, un sujet privilégié. Il écrit ainsi une « pièce », ayant pour titre *Le Réveillon*, réalisée en 1973 par Agnès Delarive pour la 3e chaine de télévision. *Le Réveillon* met en scène un enfant de 8 ans et sa mère, la veille de Noël. Dans cet enfant et cette femme, de condition pauvre, on reconnaît Marc et sa mère. La scène s'inspire du livre *Pareils à des enfants*. Cette veille de Noël sera une soirée comme les autres, la mère n'ayant pas assez d'argent pour préparer un repas de fête. Un dialogue s'instaure entre ces deux personnages sur la misère du foyer :

« L'enfant : - Et pourquoi nous sommes si pauvres ?
La mère : - Il y a des gens qui savent se débrouiller et d'autres non.
L'enfant : - Tu devrais apprendre.
La mère : - C'est une vocation, les uns l'ont, les autres non.
L'enfant : - Et mon père non plus ne l'avait pas ?
La mère : - Oh, pas du tout. Et je ne crois pas que tu fasses mieux que nous.
L'enfant, fâché : - Tu n'en sais rien !
La mère : - Ça se voit à ton nez.
L'enfant : - À mon nez ?
La mère : - À ta figure, à ton allure. Tu sens le pauvre.
L'enfant, inquiet : - Ça se sent ?
La mère : - De loin. À la manière de parler, de marcher, de se tenir dans un coin, de se faire tout petit partout et toujours. Et parfois c'est héréditaire. Je crois que c'est ton cas.
L'enfant, avec une profonde conviction : - C'est embêtant ça !
La mère : - Mais tu auras peut-être autre chose.
L'enfant, avidement : - Quoi ? Qu'est-ce que je peux avoir ?
La mère : - Ce sera à toi de répondre.
L'enfant : - Qu'est-ce que je devrai répondre ?
La mère : - Ce sera à toi à le trouver. Viens ici. Je vais te dire une chose à l'oreille, rien que pour toi. Tu me promets de ne pas le répéter ? La plupart de ceux qui ont beaucoup, beaucoup d'argent, ne savent pas s'en servir. Il les embarrasse plus qu'il ne les sert. Et il y a pis encore : ils

---

[582] *Ibid.*, p. 30.

font toutes sortes de bêtises avec. Tout ce qu'ils veulent, ou presque, ils peuvent l'acheter, sauf... sauf le plus important, le meilleur de la vie. Parce que ça, ça ne se vend pas, ça se donne ou ça se refuse, qu'on soit riche ou pauvre. Ton père et moi étions pauvres mais aussi les plus riches de la terre. Toute la richesse du monde, tant qu'il a vécu, nous l'avions.

L'enfant : - Alors, moi non plus, je ne veux rien avoir.

[Et l'enfant poursuit] : - Si on jouait au réveillon ?[583] »...

Le film montre alors, dans un climat de rêve, l'enfant et la mère faisant un somptueux réveillon : nappe luxueuse, vaisselle bourgeoise, bougies, fleurs, sapin illuminé, repas savoureux... Mais le rêve ne dure pas et le repas ne sera composé que de boudin et de pommes de terre frites... Dans cette création pour la télévision, Marc Bernard revient sur deux sujets qui lui tiennent à cœur : son enfance pauvre et la quête du « meilleur de la vie » en dehors de la richesse matérielle. Son enfance pauvre, soixante-cinq ans plus tard et après une vie riche de « vraies valeurs », lui colle toujours à la peau. Bien que n'ayant jamais renié, bien au contraire, ces « humbles » dont il « descend », il ressent toujours « une certaine honte », « une angoisse », lorsqu'il pense à son enfance. Même si, dans ce texte, lorsque la mère dit à l'enfant (Marc Bernard) qu'en naissant dans cet humble foyer il a tiré le mauvais numéro, celui-ci répond : « Ça ne fait rien. Je suis quand même content d'être là.[584] » Il est vrai que sa mère est sa raison d'être. S'agissant de savoir trouver le « meilleur de la vie », Marc Bernard le démontre continûment, autant comme goûteur, palpeur de vie que dans l'ordonnance de sa vie (dilettantisme, création littéraire sans contraintes, choix libre de sa vie en corrélation avec un désintérêt matériel, richesse intérieure, vie sentimentale forte, épanouissement de sa personnalité, amitiés sincères, voyages...). Il connaîtra, dans son existence adulte, des périodes de difficulté matérielle, mais, écrit-il : « C'est ainsi que nous sommes allés, peu soucieux du jour présent et du lendemain. Aussi avons-nous vécu souvent modestement, avec de magnifiques vadrouilles pourtant qui faisaient dire à nos amis que nous étions des pauvres qui vivaient comme des millionnaires. Else mettait toujours – Dieu sait comment – l'argent de côté pour nos voyages, qu'elle sortait de dessous un tiroir avec orgueil, celui de la poule qui pond. Avec des sommes relativement modestes nous partions trois ou

---

[583] Marc Bernard, *Le Réveillon*, Fonds de manuscrits de l'écrivain, Ms 835/19.2, Bibliothèque Carré d'Art, Nîmes.
[584] *Ibid.*

quatre mois là où nous poussait notre instinct de pigeons voyageurs. »
Dans le domaine de l'art de vivre, Marc Bernard est aussi un artiste.

Toujours pour la radio, Marc Bernard, l'aficionado, réalisera huit émissions sur le thème de : « Toros, Musique et Poésie ».

Chapitre 8

AU CRÉPUSCULE DE LA VIE

1
LA SAGESSE

Août 1976. Marc Bernard est venu passer un nouvel été aux Baléares. Chaque année, il a besoin de ce séjour majorquin, parce qu'il y trouve une vie simple, «ancestrale», au plus près de la nature, une vie qu'il aime. Ce paysage sauvage, calme (sauf lorsque la tempête se déchaîne dans les calanques...) est aussi propice à l'écriture. Il aime donc y écrire. En ce mois d'août, il commence ce que l'on peut appeler un journal. À 76 ans il se sent vieux, peut-il encore avoir un projet de livre très accompli ? D'autant plus qu'il souffre d'une coronarite, affection cardiovasculaire qui ternit l'avenir d'incertitude. Alors que «tout semble normal» explique-t-il, «l'artère peut se boucher entièrement ; une douleur fait irruption dans le bras gauche, fulgurante ; elle ne dure pas d'ordinaire mais il vous reste l'angoisse et une fatigue mortelle.[585] » Toutefois, «l'avantage avec la coronarite c'est qu'avec un peu de chance on peut être foudroyé[586] », fin dont la rapidité lui conviendrait. Mais son optimisme lui fait admettre que « la vie est mystérieuse dans ses ressources » et que l'espérance de vivre doit être entretenue.

Le moment est donc venu de confier à un journal, comme il le ferait à un ami, dit-il, son existence de vieil écrivain, ses derniers plaisirs, ses dernières réflexions, la richesse intérieure et la sagesse qu'il a acquises. Et son souhait est de nous faire partager cette richesse. Il confiera aussi ses pensées ainsi que quelques moments privilégiés de son quotidien à un autre «journal», mais celui-ci concernant le quotidien *Midi Libre,* auquel il donne une chronique dominicale mensuelle.

Il commence donc ce 26 août 1976 :

« Quelle splendeur après ces deux orages à allure de cataclysme ! Un ciel pur, des arbres étincelants, un soleil orangé qui se dore tandis qu'il s'élève, échappé une fois encore à la noyade, se hérissant de rayons, répandant sa chaleur retrouvée.

---

[585] Marc Bernard, *Les marionnettes*, op. cit., p. 194.
[586] Marc Bernard, *Tout est bien ainsi*, op. cit., p. 178.

Un jeu, sans doute, tout en a l'apparence. Tragédie et tendresse se succèdent de la nuit au jour, de la pénombre déchirée de coups de feu, de traînées folles sous les nuages si bas qu'ils pendaient jusque sur la terre, couvercle de marmite infernale, retentissant d'un tumulte grondant qui n'en finissait pas de courir au hasard comme si les cieux entiers étaient pris de panique, pluie et trombe. Et à présent, dans le petit matin, un silence absolu, sans même un chant d'oiseau, sans la moindre fêlure. N'est-ce pas miraculeux que le spectacle qui nous est offert soit si divers, que ses ressources soient infinies, qu'il passe de la brutalité à la plus exquise douceur, qu'après nous avoir inquiété par sa fureur ruisselante, une sorte de sourire paraisse, que sa voix énorme prenne soudain le ton de la complicité, de la confidence, qu'elle nous parle au plus secret et nous rassure comme si elle nous murmurait une fois encore que rien jamais n'est désespéré.

Tout à coup nous voici proches du monde, éperdus d'admiration, de reconnaissance : c'est le moment de la force, de la réconciliation, où tout nous paraît en ordre, où nous avons l'impression de comprendre ou plutôt de ressentir tout ce qui est et pourquoi tout existe. Nous sommes réhabilités et la vie avec nous. Et pour cela rien ne nous est exigé, que de nous abandonner, de ne pas nous refuser. C'est alors que non, mille fois non, le monde ne nous semble pas dénué de sens, mais magnifiquement présent et justifié par sa beauté même. Il est un mysticisme, que l'on peut appeler esthétique si l'on veut, et qui vaut bien les autres, dont les vitraux de Chartres et de Notre-Dame de Paris sont les reflets, les témoignages humains.[587] »

Comment ne pas penser, à la lecture de ces premières lignes, à la poésie du poète romantique italien Giacomo Leopardi, *Le calme après l'orage* ? Après un orage, le ciel redevient serein, le soleil « sourit », l'animation du village reprend. « [...] La joie est dans les cœurs, écrit Leopardi. / La vie peut-elle / être plus douce et bonne qu'aujourd'hui ? [...] » Et il poursuit : « Ô nature gracieuse, / ce sont là tes présents, / ce sont là les délices / que tu réserves aux mortels. [...][588] » Si, chez le poète italien, la nature offre à l'homme des moments de bonheur, la douceur après l'orage par exemple, elle peut être aussi une force hostile qui apporte l'inquiétude (l'orage) et parfois la douleur.

---

[587] *Ibid.*, pp. 9-10.
[588] Giacomo Leopardi, *Le calme après l'orage*, dans *Leopardi* de Mario Maurin, Paris, Pierre Seghers, (« Poètes d'aujourd'hui »), 1961, p. 188.

Marc Bernard au contraire, dans cette manifestation atmosphérique de la nature, est admiratif autant devant le spectacle puissant de «l'orage à allure de cataclysme» (la force de la Nature) que devant la pureté et la douceur du paysage après l'orage. De cet émerveillement naît l'idée fondamentale de l'écrivain : cette force et cette beauté qu'offre à notre regard fasciné la Nature, appartiennent à un Univers que l'on sait encore plus prodigieux. Comment alors ne pas ressentir d'espérance en cette puissance qui génère tant de diversité, tant de transformations, tant de vies. Réflexion qui conduit à cette conclusion : notre connaissance des ressources de cet Univers étant bien incomplète, comment celles-ci n'alimenteraient-elles pas nos espoirs et nos rêves, même les plus insensés ? Cette «foi» a été avivée, bien sûr, par la mort d'Else. Nous savons que Marc Bernard n'accepte pas qu'une femme aussi merveilleuse ait disparu définitivement...

Le 1er septembre, il note qu'il aura 76 ans dans cinq jours. Cet anniversaire l'amène à parler de son âge, de son état de santé. «[...] depuis la dernière Noël la mort a fait vers moi un bond de fauve.[589]» Il a «peu de douleurs», «tout au plus des malaises», mais ce qui l'ennuie le plus, c'est de ne pas pouvoir se baigner comme autrefois, car la nage était parmi ses «plus grandes joies». Les interdictions physiques que lui impose sa maladie l'importunent, heureusement il lui reste la marche, activité qu'il aime : « [...] je vais à Porto Petro en traversant la forêt et reviens par la route en longeant les montagnes tandis que le soleil s'incline. Nu ou presque j'avance, cueillant au passage des figues qui penchent un peu leurs têtes blondes, vertes ou noires. Ce sont mes heures de béatitude, de pleine, franche réalité, la vraie.[590]» Au cours de ces promenades, son admiration est aussi pour les oiseaux, «qui vont et viennent, parfois de très loin, et qui se sentent partout chez eux, sans frontières, sans obligations, sans provisions de route, à qui il suffit de vivre pour être comblés, en accord avec tout ce qui les environne[591]». Être en accord avec la Nature, n'est-ce pas ce que démontre Marc Bernard ?

Ces balades ne sont pas pour lui une activité purement physique, elles stimulent aussi ce «monologue intérieur» cher à James Joyce. Et Marc Bernard découvre, en définitive, que cette disposition de la conscience n'existe pas : «[...] ce qui est constant c'est le dialogue. Demandes et

---

[589] Marc Bernard, *Tout est bien ainsi*, op. cit., p.15.
[590] *Ibid.*, p. 16.
[591] Marc Bernard, *Salut à l'été*, (chronique), journal *Midi Libre* du 25/07/1976.

269

réponses, nous suffisons à tout, nous jouons tous les rôles. C'est avec nous-mêmes que nous avons les plus passionnées discussions avec leur enchaînement d'arguments, de réfutations, d'approbations, de moqueries. Nous tenons de vrais discours, à la fois décousus et logiques, où nous sommes nos plus acharnés contradicteurs. Il arrive que les mots me sortent de la bouche comme une écume et cela paraît n'étonner aucun de ceux que je rencontre, ou peut-être pensent-ils que je suis fou. Ce qui est, dans une certaine mesure, de plus en plus vrai.[592] »...

Ces pensées « dialoguées » le conduisent souvent à des considérations sur la brièveté de la vie, la vieillesse, la mort, celle-ci ayant pris dans sa pensée beaucoup de place. « Pourquoi ? », se demande-t-il. « À cause de celle d'Else ? » Bien sûr. « [...] si c'est celle [la mort] de l'être qui nous est cher entre tous, alors seulement nous savons de quoi elle est faite, ce qu'elle nous retire et nous donne, comment elle nous ruine et nous enrichit du même mouvement ; par quel subterfuge elle fait qu'une réalité succède à une autre, et comment l'espoir peut prendre le relais de la désespérance, ou plus exactement comment les deux s'interpénètrent durant les longues heures de l'agonie.[593] »

« Mais encore et surtout, précise-t-il, peut-être parce qu'elle [cette mort] a mis au premier plan ce qui, jusque-là, était en retrait et que je ne voyais que de loin en loin. Le si bref hiatus de la vie me cachait presque entièrement le commencement et la fin, si différents et si semblables. Durant notre présence nous avons tant à voir, à découvrir, tant de raisons de nous indigner, de nous enthousiasmer, nous sommes pris par tant de préoccupations, d'espoirs, de déceptions, que nous en oublions le plus important : ce qu'a de furtif notre présence.

Tout homme me semble-t-il, contrairement à ce qu'affirme Spinoza, devrait consacrer chaque jour un instant de méditation à sa fin. Il gagnerait, durant ce moment d'éloignement de lui-même, en même temps qu'il s'en rapprocherait plus que jamais, une sorte de dépouillement de sa condition en la voyant dans une plus juste perspective. Il s'y perdrait et s'y retrouverait dans le même instant.[594] »

Quant à la vieillesse, elle ne lui permet plus qu'une existence dans deux dimensions, le passé et le présent ; la troisième, l'avenir, est trop

---

[592] Marc Bernard, *Tout est bien ainsi*, op. cit., p. 16.

[593] *Ibid.*, p. 24.

[594] *Ibid.*, pp. 22-23.

incertaine. « Nous ne pouvons plus vivre qu'au jour le jour, juge-t-il. Demain est trop fragile, trop menacé pour que nous osions l'imaginer.[595] »

Les réflexions qui alimentent sa pensée, au cours de ces promenades, n'explorent pas seulement la grisaille de l'âge, d'autres sujets peuvent affleurer inopinément, le bonheur par exemple :

« Nos vrais bonheurs sont de hasard et en apparence sans cause le plus souvent ; du moins ne la découvrons-nous pas ; ils sont fugitifs, aériens ; ils partent comme ils sont venus, à la façon d'un papillon qui traverse une pièce, volette çà et là et sort. [...]

Quelle est la part du corps et celle de l'esprit dans nos plénitudes et nos chutes ? C'est quand nous devrions être abattus que parfois tout s'éclaire, et lorsque tout nous est favorable que l'accablement nous gagne, que nous allons nous perdre Dieu sait où.

[...] nous ignorons nous-mêmes de quoi il [le bonheur] est fait, et il arrive que c'est aux moments où il a le moins de justification, aux instants les plus incongrus qu'il surgit, que nous nous mettons à rayonner, comme si la lumière venait d'ailleurs, qu'elle ait une source secrète.[596] »

À l'automne, Marc Bernard revient à Paris. Il retrouve la capitale, trop bruyante et polluée à son goût, comme toutes les grandes villes, mais il y apprécie les jardins et les parcs où il aime s'abandonner à une douce indolence. Ainsi, un bel après-midi de novembre, il va flâner au jardin du Luxembourg :

« Jamais les jardins du Luxembourg n'ont été aussi flamboyants, avec leurs parterres de fleurs multicolores et la haute stature de leurs marronniers caparaçonnés de cuivre. L'automne est la saison qui nous donne d'une façon dramatique, le sens de la fuite du temps : le printemps frémit, l'hiver dort, l'automne rêve. Dans ces jardins, alors qu'il fuit si somptueusement en tourbillons dorés, en nuées d'oiseaux végétaux aux couleurs admirables, le temps me semble plus calme que partout ailleurs. C'est que ce jardin est un endroit privilégié, celui de la nonchalance, du farniente, hors de l'événement, du tumulte, où l'on cesse d'avoir honte de vivre pour rien.[597] »

---

[595] *Ibid.*, p. 17.
[596] *Ibid.*, pp. 21-22.
[597] Marc Bernard, *Le Temps* (chronique), journal *Midi Libre* du 25/12/1977.

Ses sorties le conduisent parfois au parc de Sceaux, autre espace vert qu'il privilégie. Aux plaisirs simples de la promenade au jardin s'ajoute le large choix d'événements culturels qu'offre la capitale : expositions, spectacles, concerts, conférences... Marc Bernard en subit l'attrait, mais, dans ce domaine aussi, il choisit souvent les délices les plus simples, les plus pures. Un concert d'orgue à Notre-Dame peut ainsi le remplir de joie :

« [...] durant trois quarts d'heure l'orgue répand ses vagues dans la nef, tantôt violentes, soulevées par la tempête, ou légères, glissant au-dessus des têtes, battant les piliers, planant avant de s'immobiliser tout-à-coup, ainsi qu'un oiseau énorme qui fermerait brusquement ses ailes. Mais le final s'achève toujours dans le tumulte, tous tuyaux tonnants. Suit un silence qui surprend chaque fois, bien que la résurrection des lumières ait signalé que le havre est proche.[598] »

Il faut dire que, depuis la mort de d'Else, Marc Bernard entre plus facilement dans une église. « [...] peut-être nul endroit n'est-il mieux à même de nous rattacher à la mort qui n'est plus immobilité mais courant. Les siècles se sont accumulés dans les murs de la forteresse, des millions de personnes y sont venues, d'autres suivent, d'autres encore suivront ; elles y recherchent un certain état d'esprit, d'âme, qui n'est pas celui du dehors ; dès passé le seuil elles sont ailleurs et tout, autour d'elles, en témoigne. C'est le domaine par excellence où le rêve se matérialise, devient colonnades, vitraux bleuissants, rougeoyants, où se dresse une imagination millénaire dont témoignent les voûtes, l'érosion des piliers où tant de gens s'appuyèrent : bourgeois, nobles, écoliers en franchise, dans un carnaval de costumes. Dans un monde où tout passe, où tout est retranché, y compris ce qui nous est le plus cher, il y a ce môle, cette ancre qui plonge dans le passé, ce puissant anneau où certains peuvent s'amarrer, reprendre des forces.[599] » Peut-être reprend-il quelques forces lorsque, avant de quitter la cathédrale, il allume un cierge, « une flamme, dit-il, en souvenir d'Else »...

Au cours des derniers mois de cette année 1976, une circonstance va amener Marc Bernard à une période singulière de sa vie affective : il retrouve par hasard Snoes, c'est-à-dire Anny, l'héroïne du roman éponyme que nous avons lu lors de sa parution en 1934 (cf. chapitre IV, 2). Rappelons-nous que c'est avec cette femme qu'il avait vécu à Paris et à Nîmes, dans

---

[598] Marc Bernard, *Notre Dame de Paris* (chronique), journal *Midi Libre* du 25/12/1977.
[599] Marc Bernard, *Tout est bien ainsi*, op. cit., p. 74.

les années 1930-1936, une liaison amoureuse qu'il a lui-même qualifiée de « folle » tant elle était charnellement passionnée. Une fille Annie était née de cette union. Mais ils étaient jeunes et surtout différents. « Snoes/ Anny » était enfant, coquette, charmeuse, parfois aguicheuse, terre-à-terre... Marc était rêveur, poète, bohème, jaloux, parfois un peu machiste... Des différences difficiles à harmoniser. À force de tensions, il avait suffi d'un malentendu pour que le couple se désunisse. Deux ans après leur rupture (1936), Marc rencontrait Else...

Plus de quarante ans sont donc passés sur le goût rude de leur passion. Snoes a 71 ans et Marc 76. « Plus de quarante ans, écrit Marc Bernard, les jeunes amants sont devenus des vieillards ; pour abominable que soit ce mot il n'en est pas d'autre. Présentables, certes, mais vieillis tout de même, ayant fait chacun une longue expérience.[600] » Ils vivent seuls, à Paris, et leurs domiciles sont assez proches. Alors pourquoi ne pas se lier une nouvelle fois, mais à présent d'amitié, ce qui n'exclut pas un peu de tendresse. « [...] la difficulté, observe Marc Bernard, est sans doute de trouver l'exact rapport entre un homme et une femme qui veulent s'en tenir à l'amitié alors que tant de souvenirs demeurent entre eux. L'âge pourrait y aider, croirait-on, mais la sensualité est encore trop vive en elle et moi pour céder entièrement la place. Cependant entre nous il y a la maladie [Snoes et Marc ont des maladies incommodantes], bien d'autres contraintes et surtout Else que je rappelle sans cesse, sans pouvoir m'en empêcher. » Aussi, conclut Marc Bernard : « Jamais relations ne furent plus équivoques.[601] » Ils vont donc devenir des amis, mais, comme le souhaite Marc, « avec aussi la douceur qui peut naître du souvenir d'une très ancienne passion[602] ». Aussi lointain qu'il fût, un souvenir aussi fort ne pouvait que demeurer en eux, eût-il maintenant l'apparence d'un rêve.

Ainsi, les deux anciens amants, que Marc Bernard compare « à deux voyageurs qui se retrouvent après un long et fantastique voyage » et « qui reviennent terriblement éprouvés [...], mutilés, tels de vieux corsaires qui se retrouvent par hasard dans un café du port sachant qu'ils ne reprendront plus jamais le large[603] », vont entretenir une relation cordiale qui leur fera rompre leur solitude dans un sentiment d'indéfinissable nostalgie : repas partagés, séances de cinéma, promenades dans Paris,

---

[600] *Ibid.*, p. 101.
[601] *Ibid.*, p. 145.
[602] *Ibid.*, p. 26.
[603] *Ibid.*, p. 26.

manifestations culturelles... Et peu à peu, Marc retombe sous la séduction de Snoes qui est restée «charmante, gentille quand il lui plaît de plaire, naturellement coquette, terriblement féminine[604]»... Au cours de leurs discussions, il va mieux comprendre la «raison profonde» qui les avait séparés : «[...] nous appartenons à deux races différentes, confie Marc Bernard. La vie a des détours bizarres, et peut-être nous sommes-nous revus pour que je fasse cette découverte. Ce qui me demeurait obscur s'est brusquement éclairé[605]».

Cette femme lui apparaît maintenant, avec netteté, comme un être ne retenant de la vie que sa réalité, sa matérialité, ses aspects pratiques. Marc Bernard se situe, lui, à l'opposé : «devant les gens de cette sorte j'avance à tâtons. Nous avons toujours, mon père, mon frère, ma sœur et moi mieux aimé imaginer qu'observer ; nous n'avons jamais cru qu'il existait une «réalité». Même quand elle me frappe, comme pour me rappeler sa présence, elle devient autre ; elle n'est plus tout à fait ce dont elle a l'air. [...] ; c'est pourquoi rien ne me désoriente plus que d'être devant quelqu'un pour qui ce qu'a de fabuleux l'univers ne mérite pas qu'on s'en étonne[606]». Le seul lien qui unissait Snoes et Marc était physique, «je n'avais pas d'autre prise sur elle que la sensualité[607]», rappelle-t-il. Avec elle, il n'avait pas trouvé cet «accord qui vient des profondeurs et éclaire tout de sa présence[608]».

Un soir, à la fin d'un dîner, Jeanne se confie un peu plus à Marc. Elle lui parle longuement, et elle lui révèle qu'elle se juge stupide par rapport aux autres, n'osant pas prendre la parole en société, par exemple. Avec Marc, se tenait-elle à un rôle de femme intellectuellement inconsistante, ne prenant soin que de sa beauté, que de sa toilette ? Et Marc, très jaloux d'elle, ne contribuait-il pas à la maintenir dans une situation d'inexistence pour la soustraire aux regards caressants des autres hommes ? Et peut-être en avait-il été ainsi avec ses autres amants. À présent, entre eux, il y a essentiellement, dans un élan chaleureux certes, un échange d'idées, de réflexions, de sentiments, ce qui émeut profondément Snoes. «Pour la première fois, dit Marc Bernard, elle avait affaire à un homme qui attachait plus de prix à son âme, à sa vie intérieure, qu'à sa chair.[609]» Cette passion

[604] *Ibid.*, p. 66.
[605] *Ibid.*, p. 65.
[606] *Ibid.*, p. 65.
[607] *Ibid.*, p. 82.
[608] *Ibid.*, p. 83.
[609] *Ibid.*, p. 155.

amoureuse interrompue il y a plus de quarante ans connaît donc un rebondissement qui ne manque pas d'humanité mais qui laisse chez les deux vieux amants le goût amer d'une vie manquée. Snoes disparaîtra au début des années 1980. Elle avait fait cette confidence à Marc : « Je n'ai pas été heureuse et si c'était à refaire je ne recommencerais pas.[610] »...

Marc Bernard vient passer les fêtes de fin d'année 1976 à Nîmes, cette ville de son enfance à laquelle il reste sentimentalement attaché. « La ville était en fête, raconte-t-il à son retour ; les boulevards, les quais de la Fontaine, les jardins eux-mêmes, les ruelles de la vieille ville avec leur allure de souks, donnaient à Nîmes l'éclat d'une cité de conte de fées.[611] » Mais à côté de la fête, des « lumières multicolores », du brillant des vitrines, il retrouve des amis... bien marqués par l'âge : « [...] Nîmes m'a mis en présence d'hommes et de femmes inconnus : aspects, caractères, tout était différent. Et il avait suffi de quelques années pour les métamorphoser. Les maladies, les infirmités faisaient des ravages ; peu de mes amis qui n'aient été marqués. Aussi ai-je ressenti un moment de panique quand, après avoir visité les uns et les autres, je retournai, à la nuit, dans la maison amie dont les hôtes, sans être indemnes, ont été moins durement frappés.[612] »

Début janvier 1977, il est de retour dans son « grenier » parisien, ainsi qu'il nomme son appartement. Il reprend aussitôt son « cahier », se demandant ce qui le pousse à « revenir obstinément » à ces pages. « Le besoin sans doute, se dit-il, de mettre quelque clarté dans ma vie, de ralentir un flot qui coule de plus en plus vite.[613] » Un autre « vieil écrivain », Jean Guéhenno, écrivait en 1971 (il avait 81 ans), dans *Carnets du vieil écrivain* : « Je voudrais écrire dans la sérénité et l'indifférence ce qui a chance d'être mon dernier livre. Il y a un ton à trouver, le ton des derniers jours. C'est la dernière chance que j'aie de rencontrer le vrai. Mais ma mémoire est de plus en plus mauvaise. [...] Il ne me reste qu'une certaine passion, qui fit le mouvement de ma vie. Cela suffira-t-il ? Je n'ai rien à demander à personne. Je n'attends plus rien de personne. Est-il, peut-il être meilleures conditions pour écrire ? Ce devrait-être vraiment le temps de la vérité.[614] » La « sérénité », une dose « d'indifférence » face au tourbillon

[610] *Ibid.*, p. 101.
[611] *Ibid.*, p. 53.
[612] *Ibid.*, p. 53.
[613] *Ibid.*, p. 54.
[614] Jean Guéhenno, *Carnets du vieil écrivain*, Paris, Grasset, 1971, pp. 73-74.

de la vie, le souvenir d'une «certaine passion» qui a fait le «mouvement de notre vie», d'ultimes réflexions comme «dernière chance de rencontrer la vérité», sans oublier les derniers plaisirs, c'est ce qu'expriment souvent les derniers écrits des écrivains âgés. Il en est ainsi de Marc Bernard remplissant avec obstination les pages de son cahier, écrivant chaque jour ce qui lui «vient à l'esprit, sans ordre, ainsi que dans le pêle-mêle de la vie». C'est là aussi, précise l'écrivain, «l'heure du recueillement où l'on écrit comme si l'on priait, en prise directe avec les êtres vivants et le souvenir de nos morts[615] ».

Marc Bernard revient donc une dernière fois sur sa vision de la vie, sa conception des choses, ses convictions. Et pour cela, il se pose des questions :

«Qu'ai-je appris dans ma longue vie ?» s'interroge-t-il : «Les hasards des rencontres, des circonstances imprévues se sont succédé ; ce qui paraissait éphémère est parfois devenu ma raison d'être. C'est ainsi que nous tous, au long de notre existence, allons d'un enfantement à l'autre, que nous naissons un nombre infini de fois. La continuité n'est qu'apparence ; nous qui sommes au cœur de la trame, nous en voyons se croiser les fils ; nous savons que ce n'est qu'une suite d'accidents qui l'ont faite telle qu'elle apparaît aux autres mais non à nous qui la voyons à l'envers, dans son tremblement, son devenir.[616] »

«Voici bientôt le moment de sortir de scène, pense-t-il. Quelle impression me reste-t-il de la pièce ?» Il répond : « Avant toute chose celle d'un incroyable désordre. Toujours – je ne vois pas d'exception – nos meilleures intentions peuvent devenir les pires, par maladresse, fanatisme, volonté de puissance, ou plus simplement parce que nous sommes des hommes. Des quantités folles de livres paraissent pour condamner, innocenter, exalter chacune de nos conduites. Et il n'est personne qui ne reconnaisse que toutes les solutions proposées ont échoué dès qu'elles ont été mises en pratique. Une fois encore il ne nous reste qu'à projeter notre espoir dans l'avenir.[617] ».

«À quoi tient notre difficulté de vivre ?» se demande-t-il.
«Nous ne savons trop quoi répondre. Est-ce à l'accumulation des

---

[615] Marc Bernard, *Tout est bien ainsi*, op. cit., p. 151.
[616] *Ibid.*, p. 125.
[617] *Ibid.*, p.109.

malheurs que nous découvrons, au désordre dont est faite la condition humaine ? Aucun de nous n'est parfaitement à l'aise dans sa peau. Pour quelques-uns les causes n'en sont que trop évidentes, et pour les autres moins discernables, y compris pour eux. Il en est qui se tuent pour une contrariété comme s'ils n'attendaient qu'une occasion. Leur dernier cri paraît être : Enfin ![618] »

Dans ce même ordre d'idées, «Pourquoi sommes-nous si tristes parfois ? », se dit-il.

« Cela se passe dans la profondeur, là où nous ne pouvons atteindre. Les faibles s'y brisent, les plus forts attendent l'aube, repliés sur eux-mêmes. C'est comme si le cœur battait plus lentement ; nous sommes en hibernation. Il faut consentir à cela aussi, sans révolte ni redonner artificiellement de la vigueur à ce qui en nous l'a perdue. [...] C'est l'heure du péché originel alors que nous n'y croyons pas. Innocents et pourtant coupables. De quoi donc ? De vivre ? Peut-être est-ce cela qui nous tourmente obscurément. Dès l'origine nous avons été liés à l'être qui est en nous, que nous n'avons pas choisi, et il faut nous en accommoder bravement ou disparaître avec courage.[619] »

Le fait que l'homme soit bien souvent désespérant n'enlèvera jamais à Marc Bernard le goût de vivre, il lui suffit pour cela de se sentir en communion avec la Nature :

« Pourquoi rechercher des paradis artificiels alors que les naturels, si nous apprenons à en jouir, peuvent nous donner une ivresse lucide, celle par exemple dont me comble la lumière d'une telle qualité qui m'entoure en ce moment. [Il est aux Baléares.] Que pourrais-je y ajouter ? Chacun de nous a ses heures noires ; il est des souvenirs qui sont autant de poignards : une phrase qui nous revient, un rire qui sonne, une image qui s'impose, nul n'en est à l'abri. Laissons la vague nous rouler dans son écume, le calme est au-delà.

C'est alors qu'il suffit souvent d'un regard sur un paysage ensoleillé ou de suivre la craquelure d'un éclair pour que l'émerveillement renaisse. Que nous puissions, et nous seuls sur la terre, lever les yeux si hauts, avoir une pleine conscience de notre extraordinaire aventure, c'est cela que je trouve fantastique.

[618] *Ibid.*, pp. 70-71.
[619] *Ibid.*, pp. 76-77.

Si j'écris ainsi c'est dans l'espoir de tenter de montrer qu'il n'est en vérité rien de désespéré [...].[620] »

Et il ne manque pas, bien sûr, de s'émerveiller devant le miracle de l'aventure humaine, « les mutations étranges, la matière qui s'anime, et plus prodigieuse encore la pensée surgie du limon, se frayant un passage d'une espèce à l'autre dans une lente, irrésistible poussée, [...].[621] » C'est en particulier cette « façon dont la matière a abouti à la pensée » qui le fascine.

Dans les pensées d'un homme âgé, l'idée de la mort est immanquablement présente. Marc Bernard y revient souvent :

« C'est une curieuse aventure que la dernière. Quelque indifférence que nous ayons eue à l'égard des croyances, il est probable qu'une indécision demeure dans un repli de l'âme et se fait jour à ce moment. [...] C'est un chemin que nous devons faire seuls, quand bien même on nous tiendrait par la main, car nous allons jusque-là où aucun vivant ne peut nous suivre. Tout aboutit à la porte étroite.

Est-ce le seuil d'où nous tombons dans l'infini, rigides, froids, les bras serrés sur la poitrine, animés uniquement désormais par le mouvement des astres et lentement nous effaçant dans l'épaisseur de la terre, ou, prodigieuse surprise, notre aventure ne fait-elle que changer de sens d'une manière inimaginable ? Rien ne permet de l'exclure. Qui oserait assigner des limites au « scandaleux » devenir, qui justement ne connaît pas d'obstacles.

Rien n'est joué ni ne peut l'être. Les lampes que nous allumons ne projettent que de faibles ronds de clarté.[622] »

Quelle que soit la réalité de la mort, son « accord avec l'univers » le laisse serein. « Les réflexions, les rêveries sur la mort peuvent suivre des voies diverses, les unes menant au nihilisme, à la contemplation du mal d'être ; les autres, chez lesquels elle exalte la hâte de vivre, donnent à chaque instant une valeur unique. Il est une troisième voie : la mienne, que je n'ai pas choisie, qui m'a été donnée : la soumission à la règle. D'accord avec l'univers, je souhaite, autant qu'il sera en mon pouvoir, m'abandonner à la mort sans amertume, ne rien lui retirer de sa grandeur et de sa banalité.[623] »

---

[620] *Ibid.*, pp. 187-188.
[621] *Ibid.*, pp. 34-35.
[622] *Ibid.*, pp. 71-72.
[623] *Ibid.*, p. 178.

Bien d'autres réflexions viennent à l'esprit de l'écrivain, sur la vieillesse (« À mesure que nous descendons, les liens qui nous attachaient si étroitement à la vie se distendent ; les sensations ne nous parviennent plus que voilées. [...] le monde dans lequel nous entrons obéit à d'autres lois.[624] »), la solitude (« La solitude est à la fois une souffrance et un plaisir, c'est ce que j'ai de plus cher, aussi de plus accablant. Mais quel réconfort, quel encouragement à vivre me donne le monde qui m'entoure ![625] »), la vanité des œuvres humaines (« [...] je suis si profondément persuadé de la vanité des créations humaines quelles qu'elles soient et de leur disparition inéluctable. Ce ne sont qu'œuvres d'un instant qu'un instant éteindra.[626] »).

Le destin éphémère des œuvres humaines est en effet un sujet de réflexion pour Marc Bernard comme pour tant d'autres créateurs. Pourquoi créer pour un artiste, pourquoi écrire pour un écrivain, si tout est voué, tôt ou tard, au néant ? C'est même pour lui le « comble de la vanité » : « Le grand vent qui souffle derrière ma baie n'est qu'une toute petite brise comparé à celui qui finira par emporter dans le néant toutes nos feuilles ainsi que celles qui tombent en ce moment des arbres par milliers. Le sachant, curieusement nous continuons nos gribouillages.[627] »

Comment êtes-vous devenu écrivain ? lui avait-on déjà demandé en 1942, alors que le prix Goncourt venait de lui être décerné. « Peut-être, avait-il répondu, écrit-on comme on rêve. Peut-être écrivons-nous parce que la vie ne nous satisfait pas entièrement, et qu'il nous arrive de vouloir prendre sur elle une revanche, de tenter de rattraper par l'écriture, dans cette sorte d'univers où nous devenons des démiurges, tout ce que nous avons laissé perdre.[628] » Il revient sur ce sujet dans une chronique publiée dans le quotidien *Midi Libre* du 13 novembre 1977, sous le titre « Pourquoi écrivez-vous ? » Il répond : « Est-ce le besoin de nous justifier qui nous y pousse ? Il se peut, mais il y a autre chose. Vivons-nous, ainsi que l'a dit Valéry, de l'opinion que les autres ont de nous ? Cela n'est pas tout à fait vrai, car c'est réduire à rien l'élan qui nous est venu un jour, ne disons pas de créer – le mot me paraît démesuré – mais plus simplement d'exprimer

---

[624] *Ibid.*, p. 144.
[625] *Ibid.*, p. 159.
[626] *Ibid.*, p. 87.
[627] Marc Bernard, *Pourquoi écrivez-vous ?* (chronique), journal *Midi Libre* du 13/11/1977.
[628] Marc Bernard, Fonds de manuscrits de l'écrivain, Ms. 835/2, Bibliothèque Carré d'Art, Nîmes.

ce dont nous étions trop pleins. Cela se mit à couler de source, nous étions à la fois acteur et spectateur de ce qui se passait en nous.[629] »

Marc Bernard compare alors l'écriture au chant de l'oiseau, musique qui vient spontanément du plus profond de l'être : « On a tenté de nous expliquer pourquoi les oiseaux chantent ; je ne suis pas sûr que les raisons qu'on nous a données soient les bonnes. Nous avons le sentiment qu'il y a autre chose au-delà de l'explication. Et ce n'est pas après tout la qualité d'un chant qui importe, mais le besoin que nous avons de chanter. Le reste est l'affaire des autres, appartient à un autre domaine : promotion, réussite, classement arbitraire, divergences sans fin, question d'œil, d'oreille, de goût du moment. Cela est secondaire ; ce qui compte seul c'est l'étonnement de soi par soi-même, la découverte de ce que l'on ne savait pas contenir. Comme dans nos rêves.[630] »

L'écriture, c'est aussi le lien humain, parfois intime, qui s'établit entre l'auteur et le lecteur et, si elle conduit au succès, elle n'est pas sans donner lieu à un abondant courrier. Il en a été ainsi pour *La mort de la bien-aimée*, il en est de même pour *Au-delà de l'absence*. Marc Bernard évoque cette circonstance dans une chronique de presse : « Dans le nombreux courrier que m'a apporté mon dernier livre [*Au-delà de l'absence*], il y a des lettres si désespérées qu'elles m'accablent... On ne conteste pas la lueur que j'ai tenté d'allumer çà et là mais on ne veut voir dans *Au-delà de l'absence* que le plus sombre, les moments de découragement qu'il nous arrive à tous d'avoir. Il en est pourtant, et c'est ce qui me touche le plus, qui me disent que cette lecture leur a fait du bien, qu'elle leur a redonné du courage. Mais comme je me sens gêné dans ce rôle pour lequel je suis si peu fait, et combien timidement il m'arrive de conseiller là seulement où je n'ai aucun doute, dans les rapports du couple par exemple. À cela près je n'avance maladroitement que de très incertaines hypothèses qu'il n'est que trop facile, j'imagine, de prendre en défaut de fragilité, de rêveries.[631] »

Le peintre nîmois Lucien Coutaud meurt à Paris le 21 juin 1977. En 1924, après des études à l'École des Beaux-Arts de Nîmes, il était venu dans la capitale, comme Marc Bernard avec lequel il partageait une amitié suivie. Sa carrière artistique remarquable a été évoquée précédemment, notamment avec la critique élogieuse de l'écrivain nîmois. Dans les

---

[629] Marc Bernard, *Pourquoi écrivez-vous ?* (chronique), journal Midi Libre du 13/11/1977.
[630] *Ibid.*
[631] Marc Bernard, *Correspondance* (chronique), journal Midi Libre du 06/03/1977.

années 1960, son amitié avec Marc Bernard s'était estompée. Malgré ce refroidissement de leur relation Marc va rendre visite à Lucien hospitalisé, peu avant la mort de celui-ci. «Mes griefs ont fondu, écrit-il à la date du 20 juin ; il est un degré de misère qui nous réconcilie.» Mais il poursuit : «Je ne ressens pas l'arrachement qu'entraînerait la fin d'un ami ; mes rapports avec L. [Lucien Coutaud], depuis des années, étaient trop distants pour que sa mort me blesse aussi profondément ; ce qui me touche c'est ce que son sort a d'inéluctable. Ce «je vais crever» qu'il a dit plusieurs fois à sa femme, mais jamais à moi, ravale sa mort à celle des bêtes. C'est la rançon de ceux qui ont vécu sans espoir, sous un ciel bas, dans une sorte de crépuscule, qu'elle qu'ait été parfois leur joie apparente et toujours provoquée, ne jaillissant jamais de source.[632]» Lucien Coutaud portait en effet son regard sur un monde sans espoir, contrairement à Marc Bernard.

À la mi-juillet 1977, Marc Bernard repart séjourner à Cala (Majorque), comme chaque été. Mais cette fois-ci, il y va plus tard. Ces vacances, depuis la disparition d'Else, lui «donnent de moins en moins de joie». La première fois qu'il était revenu seul, à sa maison de Cala, il avait trouvé des lieux sans âme, même hostiles. Peu à peu ce sentiment s'était apaisé, il s'était «réconcilié avec la mort» d'Else. Ce rivage des Baléares lui était alors redevenu ami. Mais, à présent, son affection coronarienne ne lui permet pas de profiter pleinement de cette nature méditerranéenne qu'il aime tant. «Avoir la mer à cent mètres, dit-il, et ne pas se jeter dedans, ne pas aller du soleil à l'ombre et de l'ombre au soleil sans s'en soucier, se retirer de l'univers c'est ne pas être.[633]» Ce qui ne l'empêche pas de goûter avec délices aux turbulences d'un vent marin :

«22 juillet. Rentré de Porto Petro, frappé par un vent violent. J'étais seul sur la route à avoir le torse nu, car il faisait presque froid. Jamais je n'avais été plus content de mon corps, de sa résistance. Il me semblait avancer dans une mer à la fois furieuse et douce.[634]»

Si les contraintes de sa maladie lui interdisent maintenant les activités physiques qui demandent un effort, Marc Bernard ne manque pas d'occupations : l'écriture, qu'il ressent comme un besoin obsessionnel et la contemplation de la nature qui a toujours fait partie, pour lui, des voluptés de la vie. Le voici nous livrant quelques impressions, un matin de juillet :

---

[632] Marc Bernard, *Tout est bien ainsi*, op. cit., p. 139.
[633] *Ibid.*, p. 114.
[634] *Ibid.*, pp. 158-159.

« Voilà la sorte de réflexions qui me viennent par une belle matinée de juillet, face à la mer calme et aux arbres qui, dans leurs bras ouverts, portent le ciel bleu. Les oiseaux volent de l'ombre à la lumière ; ils sont l'image même du bonheur, de la légèreté, de la grâce ; ils vont et viennent sans raison, sinon celle d'exprimer leur joie. Ce ballet est comme un chant. Pourquoi bouderais-je un tel spectacle ? Le peu de temps qu'il me reste pour en jouir me le rend plus cher encore. Demain, dans une heure, une seconde, je le perdrai ; ce n'est pas l'amertume qui l'emporte mais la béatitude d'être présent et que mon regard, par chance, me permette de n'en perdre aucune nuance. Oui, je me sens de plus en plus appartenir à un ordre contemplatif, dont je forme la communauté puisqu'il n'en est aucune autre à laquelle je puisse honnêtement m'intégrer. Mais qu'ai-je besoin de règles ? Tout est devant moi, le livre grand ouvert, enluminé somptueusement.[635] »

Parfois, autre détente, il va, à pied, jusqu'à Porto Petro. De tous les bistrots du petit port, il choisit, dit-il « le plus minable, celui où viennent des pêcheurs et quelques femmes. Presque personne ne consomme ; ces gens sont là pour être ensemble et bavarder. » Et Marc Bernard ajoute ce commentaire : « Il y a une grâce de la pauvreté qui s'ignore ; je ne prêche pas le misérabilisme, mais j'aime par-dessus tous les autres ceux qui vivent gaiement dans ce qu'on appelle communément la médiocrité et qui est parfois en réalité un bonheur comme l'air que ces hommes et femmes respirent.[636] »

Un après-midi de septembre, alors qu'il prend une consommation sur la petite terrasse de ce même bistrot, vient aborder au port un magnifique voilier d'où descendent six jeunes gens qui semblent appartenir à une classe aisée. Après quelques tâches sur leur bateau, ces navigateurs se dirigent, bien évidemment, vers le café le plus reluisant. C'est alors que, par une association d'idées, Marc Bernard se remémore un hiver de son enfance où sa mère et lui ne se sont nourris que de châtaignes blanchettes préparées dans un mélange d'eau et de lait. Et, se met-il à penser, « ma mère, le soir, sous la lampe à pétrole, avait un peu honte de me resservir la même assiettée, mais mon appétit et mon plaisir la rassuraient. [...] Les châtaignes blanchettes n'étaient-elles pas délicieuses, cuites à point ? Ne comprenant pas pourquoi j'avais tant de joie, ma mère me regardait avec curiosité, sans doute se demandait-elle : Que diable cet enfant peut-

[635] *Ibid.*, pp. 180-181.
[636] Marc Bernard, *Fin de saison* (chronique), journal Midi Libre du 23/10/1977.

il trouver de si attachant à une vie comme la nôtre ?[637] » Enfant, l'amour de sa mère avait suffi à son bonheur et l'homme qu'il était ensuite devenu n'avait rien à envier à personne. « Mais, nous dit Marc Bernard, ce sont les retours du port qui me comblaient, en cette fin de septembre, [...]. C'était l'heure la plus somptueuse pour les amateurs de draperies célestes, de circonvolutions, de gradations de lumière, de l'arrière-plan des montagnes, des champs cuivrés fourbis comme des chaudrons hollandais. Mais personne ne regardait le prodigieux spectacle. Pas même les oiseaux, plus occupés à picorer les figues qu'à admirer ces splendeurs.[638] »...

Nous sommes le 27 septembre 1977. Dans quatre jours Marc Bernard va quitter Cala pour revenir dans son « grenier ». Il écrit toujours ce journal, avec une sagesse que rien ne peut plus venir troubler :

« On se déprend de la vie un jour après l'autre, écrit-il, tel d'un tronc un lierre vieilli. Et c'est alors que l'on s'accepte, que l'on se charge entièrement et seul de soi-même. Jusque-là il nous est arrivé d'avoir des velléités d'être différent ; quand le grand âge vient nous voici réconciliés. Ce que les autres pensent de nous nous est indifférent ; nous sommes ainsi et en prenons notre parti. [...]

Le monde nous entraîne dans son gigantesque tournoiement ; je me laisse emporter. Tout ce qui m'est offert est de surcroît ; il conviendrait de n'en rien perdre. Il ne faut pas jouer sur deux tableaux ; ce qui est fait est fait. Tout a été ordonné de toute éternité pour que nous soyons à la place exacte où nous sommes ; ne tentons pas d'y échapper ; ayons la sagesse de l'enfant raisonnable. Il n'y a ni à regretter ni à s'indigner.[639] »

Ce « grand âge » qui a affaibli ses forces est dans l'ordre de la nature, ce qu'accepte Marc Bernard, sans amertume ni tourment :

« Presque tous les vivants me dépassent maintenant, leurs pas sont plus rapides que les miens, comme si la côte qui m'oblige à ralentir s'inclinait devant eux. Je les regarde avec un certain étonnement ; il ne me semble pas que leur marche soit tellement plus vive, pourtant les voici au sommet alors que je ne suis qu'à mi-chemin. Les filles qui gravissent la montée à bicyclette, debout et déhanchées, m'amusent ; je suis content qu'elles consentent à un effort pareil qui m'est désormais interdit. Cela me paraît

---

[637] *Ibid.*
[638] *Ibid.*
[639] Marc Bernard, *Tout est bien ainsi*, op. cit., pp. 209-210.

un jeu. C'en est un. Je n'ai pas le regret d'en être retranché. Je découvre le monde de la place qui m'est assignée et cela me paraît juste ; j'ai le sentiment d'aller rejoindre Else à pas lents et que tout est bien ainsi.[640] »

« J'ai le sentiment que tout est bien ainsi », réflexion de sagesse et de sérénité. Ce journal s'arrête en cette fin septembre, au moment où il termine son séjour d'été aux Baléares. Il aura pour titre *Tout est bien ainsi* et sera publié en 1979.

2
DERNIERS REGARDS

Le 23 décembre 1980, à 11 h 30, l'Hôtel de Ville de Nîmes accueille, dans sa salle d'honneur, une réception officielle. Le Député-maire de Nîmes, Émile Jourdan, prend la parole devant l'assemblée :

« La simple réception qui nous rassemble, ce matin, en notre vieil Hôtel de Ville, autour de Monsieur Marc Bernard, est due à l'initiative opportunément conjuguée de la Société littéraire « La Tour Magne » et de notre Conseil Municipal.

[...] cette manifestation est surtout – elle est d'abord – destinée à fêter un anniversaire. Et quel anniversaire dans une vie d'homme, puisqu'il s'agit du quatre-vingtième de l'auteur de *Pareils à des enfants*... : on me permettra donc, très simplement, de le marquer du signe d'une déférente, sincère et heureuse sympathie envers son bénéficiaire, Marc Bernard.

Elle entend, encore, honorer un écrivain dont une très grande partie de l'œuvre témoigne des travaux et des jours de notre peuple, avec une générosité, un sens de l'humain et une sensibilité assez rares dans notre littérature contemporaine pour qu'on les signale, d'entrée de jeu, comme un éclairage essentiel. Je placerai donc aussi cet hommage sous les signes liés de l'estime et de la reconnaissance, pour ces voix venues « d'en bas » et que l'on n'entend jamais assez haut dans notre société.

Enfin, Marc Bernard est Nîmois : et c'est même peu que de dire ainsi. Il l'est par la naissance, il l'est par les relations et les séjours qu'il n'a cessé d'y faire ; il l'est par l'écriture et par les multiples résonances que

---

[640] *Ibid.*, p. 210.

la Cité des Antonins découvre dans ses livres ; mais plus et mieux : il l'est Nîmois, par toutes ses fibres et toute son âme... [...][641] »

En effet, ce 23 décembre, Nîmes fête les 80 ans de Marc Bernard et célèbre le jubilé littéraire de celui-ci, c'est-à-dire ses cinquante ans de vie consacrée à la littérature.

Dans sa réponse au maire, Marc Bernard rappelle son attachement à Nîmes en se référant au séjour qu'il fit au Maroc, en 1946. « De longs séjours à l'étranger ou à Paris m'ont séparé de Nîmes durant des années, à quelques retours près et d'un séjour de deux ans durant la période d'Occupation. Mais il m'a été ainsi donné de vérifier qu'on n'emporte pas sa patrie à la semelle de ses souliers, mais bien dans son cœur, que c'est à cet ensemble d'images, de souvenirs, que nous sommes le plus profondément attachés, que le temps n'a pas de prise sur eux : ceux de notre enfance, de notre adolescence, de nos premières ambitions, de nos premières amours, de l'éveil de notre vocation, et que c'est là ce qui nous lie à jamais à notre sol, à notre ville. Jamais je n'avais ressenti cela que lorsque je suis allé pendant un an vivre au Maroc, où m'avait entraîné le goût du dépaysement, de l'exotisme, sans autre raison que l'envie qui m'en vint subitement. [...][642] »

Marc Bernard exprime alors que, cherchant l'inspiration d'un roman dans cet exotisme nord-africain, il avait finalement écrit *Une journée toute simple*, roman qui se déroule entièrement à Nîmes... Alors qu'il cherchait à écrire sur le Maroc, l'écrivain nîmois revenait instinctivement à sa ville natale (cf. chapitre VI, 1).

À midi un apéritif d'honneur est servi aux invités.

L'après-midi, à 17 heures, dans la salle des mariages de l'Hôtel de Ville, le docteur Jean Paradis fait une causerie intitulée « Mon ami Marc Bernard » :

« Tous les Nîmois, tous les Gardois, tous les méridionaux connaissent l'auteur. Ils ont tout lu de lui, avec sympathie, beaucoup avec passion. [...]

---

[641] Jubilé littéraire de Marc Bernard, le 23/12/1980 à Nîmes. Allocution de M. Émile Jourdan, maire de Nîmes. Fonds de manuscrits Marc Bernard, Ms 835/.2, Bibliothèque Carré d'Art, Nîmes.

[642] *Ibid.*, Allocution de Marc Bernard.

Ce que je voudrais, c'est vous parler de l'homme profond, puisque les hasards de la vie m'ont permis de l'approcher, et peut-être, mais ce n'est pas sûr, de le comprendre. [...]

L'homme est calme et réservé ; avec l'âge un peu olympien, mais ce qui le trahit lui, plus que je ne le ferais, c'est son sourire. À la fois doux et désarmant, tant il a de sensibilité et de candeur. Quand on a lu son œuvre pourtant, on sait que ce sourire cache un regard incisif, qui dissèque, met à nu, et ne laisse rien dans l'ombre. Là où nous passons indifférents, il découvre le sens caché des gens et des choses, il comprend ce qui nous échappe. Avec lui, on ne regarde pas une société en surface, on la voit de l'intérieur.

[...] il y a deux sortes d'écrivains : ceux qui écrivent avec leur esprit ; ils sont exacts, rationnels et précis. Ceux qui écrivent avec leur cœur ; ils sont humains, chaleureux et convaincants. Marc Bernard est de ces derniers. Il a de plus, le don d'émerveillement, que nous voyons sourdre à toutes les pages.[643] »

Le docteur Paradis parcourt ensuite la vie et la carrière littéraire de Marc Bernard, émaillant son discours d'anecdotes, de citations de l'œuvre, de jugements critiques, tel celui-ci :

« Psychosociologue, Bernard l'est sans conformisme ni pédanterie. D'instinct, il est psychanalyste sans référence encombrante à telle ou telle théorie. Il laboure le champ des profondeurs animales de l'homme, avec plus de sûreté et de perspicacité que certains disciples de Freud. *Les Marionnettes* en sont un bon exemple. [...] »

Et l'orateur conclut : « [...] quand il [Marc Bernard] vous dit qu'il est hésitant, faible et qu'Else le protégeait, n'en croyez rien. Il sait très bien ce qu'il veut, il a une volonté de fer. Pourquoi aurait-il besoin de faire des éclats ? Il suit sa route imperturbable, et sûr de lui. Seulement ce qui pourrait troubler l'observateur passager, c'est qu'il veut ce que peu d'hommes désirent. Alors il paraît effacé, modeste, sans ambition. Mais ce qu'il a toujours voulu, ce sont les vraies richesses : la nature, l'amour, la tendresse, l'amitié. [...][644] »

Cette manifestation propose aussi, à la bibliothèque municipale, une exposition sur l'écrivain nîmois, où sont présentés des photos, dont

---

[643] *Ibid.*, Allocution du Docteur Jean Paradis.
[644] *Ibid.*

quelques-unes d'Else faites par le photographe Izis, des lettres (Arland, Paulhan, Malraux...) adressées à Marc Bernard, des manuscrits, des livres, des illustrations...

Dans son édition du 28 décembre 1980, le quotidien *Midi Libre* souligne, dans son article «Souvenirs, souvenirs !» : «Le jubilé anniversaire de Marc Bernard a constitué, mardi dernier, une incontestable et complète réussite. Jamais M. Georges Martin, président de la société «La Tour Magne» n'aurait imaginé, quand il composa le programme, que cette journée susciterait tant d'enthousiasme et d'intérêt dans notre ville. »

Marc Bernard a ressenti avec beaucoup d'émotion et de chaleur cet hommage que vient de lui rendre sa ville. Est-ce là une dernière consécration concluant sa carrière d'écrivain ? À quatre-vingts ans, il sait que son espérance de vie, compte tenu de son affection cardiaque, est étroite. Mais un écrivain sait-il s'arrêter d'écrire ? Lui, certainement pas. Et à ce sujet, il aime à raconter cette anecdote : «J'avais vingt-cinq ans lorsqu'une fille a dit à un de mes amis – qui me l'a répété cinquante ans plus tard – «Je ne sais pas si Marc sera heureux ou non mais il écrira jusqu'à sa mort. » » Et il ajoute avec son humour habituel : «Me voici près de justifier sa prévision. Je n'étais sans doute bon à rien d'autre. Ce qu'on appelle vocation ce doit être cela, l'interdiction du choix. Vous n'avez en main qu'un numéro.[645] » En effet, jusqu'au terme de sa vie, Marc Bernard ne pourra «regarder une feuille blanche sans avoir envie de la noircir[646] ».

Revenu dans son appartement parisien, il jette ainsi sur une feuille blanche :

«L'envie m'est venue de décrire la vie d'un homme seul, sans relations, pauvre, étroitement logé, contraint de vivre sur son propre «fonds», recommençant chaque jour ce qu'il a fait la veille, sans souvenirs, sans espoir, sans foi, sans amour ni haine, vivant tel un exilé qui ne comprend pas la langue des autres, ni les mœurs de là où le hasard l'a mis, reclus en lui-même.[647] »

À son âge, évidemment, il a perdu beaucoup de proches et d'amis, «mes compagnons de jeunesse et d'âge mur son tous sous la pierre, écrit-

---

[645] Marc Bernard, *Au fil des jours*, op. cit., p. 14.
[646] *Ibid.*, p. 100.
[647] *Ibid.*, p. 9.

il, et les femmes que j'ai aimées, et la plus chère d'entre toutes». Et il poursuit : «[...] la solitude est un monde singulier ; jadis il nous arrivait de la choisir comme on fait une halte après avoir trop pressé le pas, et soudain elle nous est imposée, nous met en quarantaine. Nous n'avons plus que nous même, qui nous intéresse à peine.[648]» Mais n'est-ce là, certainement, qu'un moment de lassitude, lorsqu'il se trouve seul dans son appartement. Marc Bernard a trop le goût de la vie pour devenir, comme il le dit d'ailleurs, un «vieillard atrabilaire». Il lui suffit de sortir de son immeuble, d'aller faire quelques achats au marché en plein air de son quartier, pour se sentir à nouveau vivre, d'autant plus que, remarque-t-il, «[...] la vue des jolies femmes me comble ; elles me paraissent rayonner sur tout ce qui les entoure. [...] Mais, ajoute-t-il, le vieillard est plein de prudence, de «complexes» : que va penser cette jeune femme si nous la regardons avec une admiration trop voyante, comprendra-t-elle que nous ressentons seulement un plaisir à la fois proche et lointain, que nous ne songeons pas à tendre la main vers l'inaccessible, que, nous l'offrirait-on, nous ne saurions comment en user ?[649]»

Ses derniers regards se posent, bien sûr, sur son paradis majorquin. Il y retourne, mais ce sont les dernières fois. Assis sur la terrasse de sa maison de Cala, il jouit encore de sa calanque sauvage, du mouvement rythmé de la mer, des couleurs du ciel, du vol des oiseaux :

«Car c'est ainsi que je vois les choses : allègrement. Sur la terrasse, devant les cieux ouverts, devant tant de richesses et de beauté, jetant un dernier et reconnaissant regard sur le monde qui m'entoure, m'encercle, me limite et m'étend à la fois en liant sa grandeur à ma petitesse, sa durée aux éphémères que nous sommes, nés le matin et morts le soir. Nous regardons trop souvent ce qui est admirable et dont l'habitude, l'attention uniquement tournée vers nous, l'esprit souvent plein d'un vain tumulte, de bruits et de fureurs, de ce que nous appelons l'histoire, nous détournent ; mais à l'instant de nous y fondre, de disparaître en lui, quand nous le regardons pour la dernière fois, c'est alors qu'il nous apparaît dans tout son éclat, et c'est avec cette vision que nous prenons congé en même temps que nous le rejoignons plus étroitement en lui abandonnant ce qui fut en nous.[650]»

---

[648] *Ibid.*, p. 109.
[649] *Ibid.*, pp. 158-159.
[650] *Ibid.*, p. 97.

Au cours de ses dernières promenades, de Cala à Porto Petro, il goûte, une fois encore avec volupté, aux nourritures que lui offre la nature :

« Les amandes sont si discrètes qu'il faut qu'elles s'y mettent à plusieurs pour vous combler, sinon vous restez dans l'avant-goût. Mastiquez, broyez lentement, jusqu'à réduire les fruits en poudre d'une blancheur qui l'emporte sur celle du lait ; non pas douce, l'amande n'a pas un goût franc, net [...], cette sorte de farine ressemble gustativement à tout et à rien. C'est un premier contact, ne vous découragez pas, n'avalez pas goulûment, mâchez et remâchez encore, broyez à la façon d'un cheval son avoine ou sa paille, et c'est peu à peu, avec une lenteur calculée, pudique à sa manière, comprenant qu'elle a affaire à un connaisseur, que rien de ses richesses ne sera perdu, que soudain l'amande (dont l'origine est amygdale, ce qui vous rapproche d'elle plus encore) vous comblera de volupté. À condition bien sûr que vous soyez expert dans les nuances, que vous ne vous goinfriez pas, que vous ayez l'art, c'en est un, et des plus subtils, de savourer l'exquis, le raffiné.[651] »

Marc Bernard est, nous le savons, amateur de figues. La garrigue nîmoise lui en avait donné le goût. Majorque lui prodigue généreusement ce fruit qui ne manque ni de pulpe ni, parfois, de mordant :

« Les figues commencent à mûrir ; celle qui incline sa tête verte ou noire est à point, elle ne vous décevra pas. Chacune d'elles, fussent-elles du même arbre, a un goût singulier ; les charnues aux flancs opulents, ont une chair fondante ; d'autres, menues, atteintes de rachitisme, à peau rugueuse, craquent sous la dent, vous déchirent la langue, la porte à un rouge lumineux, vous râpent le gosier ; pourtant elles recèlent des délices cuisantes, quintessence du soleil qu'elles ont capté sous leurs dehors revêches, et dont elles vous livrent l'éclat et la chaleur. [...]

Comme il est peu de plaisirs qui ne se payent vous ne tardez pas à être secoué par le hoquet, à avoir des graines plein les gencives et jusque dans l'arrière-gorge qu'elles irritent et vous avec. Mais chacun sait qu'on ne fait pas sa part à la passion ; il faut y aller quoiqu'il en puisse coûter, et parfois contre son gré. Qu'importe donc que les spasmes vous fassent sursauter, que vos dents soient hérissées d'épines ; la concupiscence vous entraîne à croquer encore celle-ci qui vous invite voluptueusement

---

[651] *Ibid.*, p. 76.

avec sa belle chair pulpeuse, chaude de soleil, ferme et tendre sous la main, qui promet tant et tient davantage encore.[652] »

Parfois ce sont des abricots, cueillis sur l'arbre, « à la dérobée », qui vont faire le délice de cet épicurien :

« Je ne sais évidemment pas si vous avez mangé un albaricoque détaché de son pédoncule, tiédi par le soleil, bien fendu, léger, parfumé de sa délicieuse odeur albaricoquière, mais je peux vous assurer qu'il n'est rien de plus fondant, de plus sucré, de plus savoureux que ce fruit d'apparence modeste, de courte taille, à la peau douce, si, entre tous, vous le cueillez à point, lorsque sa chair onctueuse est si saturée d'elle-même que telle la pomme de Newton elle est fin prête à vous tomber dans la bouche. Elle ne vous révélera qu'une loi terre à terre : que les fruits doivent être mangés sous l'arbre même.[653] »

De retour d'une promenade, où il a certainement savouré quelques-uns des fruits dont il parle si sensuellement, Marc Bernard écrit : « J'aime la vie quand elle est ensoleillée et bleue, ce qui est ici [Majorque] la règle. Marcher longuement, quasi nu dans le vent et le soleil est la plus vive, la plus pure des voluptés. C'est une grande fête pour le corps tout entier, sans lassitude, sans remords, sans orgasme, sans équivoque. La seule peut-être que nous puissions nommer ainsi.[654] »

Tous ces instants de communion avec la Nature, de pénétration dans le mystère de la création, il s'en imprégnera jusqu'à la fin. La côte sauvage de Majorque est propice aux états d'âme de l'écrivain. Il s'y abandonne toujours langoureusement. Et il nous décrit encore sa jouissance :

« Hier soir, vers dix heures, j'étais au bord de la mer. Pas un souffle à celui près, pareil à une respiration, des vagues. Point de barque de pêche, le silence de toutes parts. Les vagues se couchaient mollement sur l'arête des rochers. Jamais le ciel n'avait été d'un noir plus épais, piqueté de clartés voilées par la brume légère. Des arbres, de hauts buissons dispersés çà et là, masses immobiles, pareils à des blocs de basalte. Et – j'y reviens – le silence, car il en est de diverses qualités ; celui-ci était du dessus du panier, ce qui se fait de mieux dans le genre, tellement qu'il

---

[652] *Ibid.*, pp. 30-31.
[653] *Ibid.*, p. 62.
[654] *Ibid.*, p. 73.

paraissait n'être pas tant il était profond, incorruptible, sans la moindre éraflure. Une énorme pierre noire.

Je virevoltais sans découvrir la plus mince imperfection, c'était comme si cet instant eût vraiment appartenu à l'éternité, qu'il dût être sans fin. Je veux croire que chacun de nous a vécu un moment pareil, encore qu'ils soient rares ; il y faut la complicité du hasard. [...]

Mais l'atmosphère endeuillée de ce couchant-là, ses crêpes sombres, ses allées, ses stèles de noire verdure, ses pointes de feu là-haut, le souffle léger de la mer, pareil à un doux halètement, la solitude [...] sont plus proches de vous que les journées blanches et bleues.

Vous êtes seul et tout est pour vous comme si, seul, vous en eussiez été jugé digne parce que, seul, vous y trouvez une certaine nostalgie, un regret et un espoir confus. Comme si vous étiez à la frontière de deux mondes, celui qui vous est montré et l'autre qui le prolonge, le magnifie ; celui de la terre et celui de Dieu, brillant comme les astres et caché comme la nuit, telle une irritante et incertaine présence. Et plus vous regardez, plus ce qui vous entoure vous paraît singulier, mais non pas démesuré, plutôt proche, intime même, et à vrai dire sans mystère comme si tout était écrit en lettres de feu dans les lumineuses ténèbres. Malgré la vastitude vous êtes chez vous ; une reconnaissance diffuse vous emplit qui n'ose pas dire son nom, par humilité et aussi de crainte de faire s'évanouir le charme qui vous tient là, au bord de la roche et de la mer. Dieu n'est plus abstrait, objet de spéculation, il est présent, et c'est comme si cette moiteur des nuits sans vent était son haleine même ; elle vous pénètre jusqu'à l'âme. Vous êtes vieux, las, et pourtant jamais vous n'avez été aussi jeune, vigoureux, confiant.[655] »

L'utilisation du mot Dieu ne signifie pas que Marc Bernard soit devenu croyant dans une acception purement religieuse. La disparition d'Else et un très intime rapport au monde l'ont amené à croire en une Puissance créatrice, un Ordre universel, auquel il faut donner un nom, fût-il celui de Dieu. Il est indéniable qu'au-delà des mots, il ressent, devant la mort, un profond sentiment d'espoir.

Ces sensations majorquines seront parmi les dernières qu'il exprimera.

Si les Baléares rallument encore, chez Marc Bernard, une lueur de jeunesse, à Paris il retrouve son âge véritable. Monter ses quatre étages devient difficile, « la montée d'escalier, jadis légère, s'est alourdie,

---

[655] *Ibid.*, pp. 51-52.

ralentie ; la main étreint la rampe de fer et chaque palier est un reposoir où le cœur ralenti ses battements tandis que les jambes retrouvent quelque vigueur[656] ». Le « grand âge » est souvent la cause de troubles de l'attention, de petites incohérences de langage. Pour sauver les apparences, conseille Marc Bernard aux personnes de son âge, « jetez-vous dans l'abstraction, le nébuleux ; faites appel aux profonds sujets ; mettez bien en évidence que si votre jeune auditrice ne comprend rien à votre discours c'est par manque de maturité, de lecture, et un rien aussi peut-être d'idiotie. Bref, vous renvoyez la balle dans son camp, et comme votre discours était pas mal embrouillé, vous avez quelque chance pour qu'on ait perdu votre trace[657] ». Mais les flétrissures de l'âge n'inclinent pas Marc Bernard à se « renier, comme si le meilleur n'avait pas été ». Il précise à ce sujet : « Les dernières heures jetteront-elles leur ombre sur un passé qui fut – et nous le réalisons aujourd'hui plus que jamais – si souvent un enchantement, qui eut quelque chose de miraculeux dans son essence même ? Pousserons-nous l'ingratitude aussi loin ? Les heures doivent-elles désormais se perdre vides et mornes ? Serons-nous si ingrats, si oublieux que de rejeter les heures pleines, lumineuses, ou l'amertume vient-elle du douloureux contraste entre hier et aujourd'hui : la plénitude et la vacuité ?[658] »

Des heures enchantées, « pleines », Marc Bernard en a tant connu. Son enfance vécue avec sa mère en fait partie. Enfance pauvre, mais lumineuse d'amour maternel. Enfance qu'il va revivre, à quatre-vingt-deux ans, dans l'adaptation de *Pareils à des enfants...* que fait Madeleine Ricaud pour France Culture. Un feuilleton de dix épisodes qui suit le déroulement du récit, c'est-à-dire l'histoire de l'enfant Léonard (Marc), encore appelé Nanay. On y retrouve sa mère, Marie-Louise, gaie, vive, expressive, son père, Juan, fier, gaillard, insouciant, ainsi que de nombreux personnages du roman. La particularité de cette adaptation est, pour chaque feuilleton, l'introduction de Marc Bernard (mais représenté à l'âge de quarante ans, lorsqu'il écrit *Pareils à des enfants...*) comme personnage « conteur », celui-ci commentant les scènes de son enfance, se souvenant des impressions, des sentiments que l'enfant a éprouvés. Ainsi, dans deux scènes où l'enfant fait face à des situations violentes (un règlement de compte entre deux escarpes et la démence d'un alcoolique), Marc Bernard commente : « Parfois me prenait comme une soif de me perdre, un besoin

---

[656] *Ibid.*, p. 157.
[657] *Ibid.*, p. 67.
[658] *Ibid.*, p. 83.

de dresser l'univers contre moi et cela m'a conduit, plus tard, à bien des difficultés dans la vie. À quarante ans, il m'arrive de ressembler encore à l'enfant impulsif que j'étais trente ans plus tôt.[659] »

Les derniers mois qu'il passe à Paris s'écouleront souvent dans la solitude. « Parfois il me semble être déjà mort ; pas de lettres, pas de visites, pas d'appels téléphoniques : la solitude absolue. Le lien de nous aux autres est mystérieux ; l'isolement qui est en nous s'étend à la manière des ondes, on le sent à distance, il est tel un cercle qu'on ne peut pas ou que l'on ne veut pas franchir.[660] » Période de fin de vie, qui invite plus encore peut-être à la réflexion sur l'existence, sur sa propre existence et que l'écrivain note inlassablement, « au fil de la plume au vent », sur des feuilles de papier réglé.

Marc Bernard réaffirme dans ces pages son espérance en la « fantastique création » : « [...] il faut s'efforcer de ne plus entendre ceux qui propagent la désespérance, le non-sens de la fantastique création ; [...] il faut ne rien renier de ce qui paraît le plus improbable ; mieux, y croire plus encore parce que cela est invraisemblable. Se faire plus humble, attendre en silence cela même qui est le plus incroyable car une très ancienne expérience nous a appris que ce sont ces vérités-là qui se réalisent. Les miracles ne sont plus uniquement dans les livres d'heures, ils sont parmi nous, plus étonnants encore que ceux que nous avions imaginés.[661] » Cependant, s'il croit en un Univers ordonné et doué de ressources encore inconcevables, son appréciation de l'homme demeure pessimiste. À la question : « Quelle opinion de la vie peut-on avoir à quatre-vingt-deux ans ? », il répond :

« Qu'elle est une foire immense où les cris retentissent de toutes parts, tous contradictoires, à moins qu'un régime de fer ne les relie à une seule pensée, à un seul but : la conquête et l'unification du monde ? Dans les pays libres cette foire rappelle les tableaux de James Ensor, le bal costumé ; chacun portant un masque opaque et transparent à la fois ; on peut voir ce qui est derrière mais on feint de n'en rien savoir. De sorte que lorsqu'on parle à quelqu'un, ou l'écoute, on ne sait jamais exactement à qui l'on a affaire. Est-ce celui d'hier, d'aujourd'hui ou de

---

[659] Marc Bernard, Fonds de manuscrits de l'écrivain, Ms 835/17.1, Bibliothèque Carré d'Art, Nîmes.
[660] Marc Bernard, *Au fil des jours,* op. cit., p. 109.
[661] *Ibid.*, p. 85.

demain ? On sait la vérité mais on feint de n'en rien connaître. Ni les sentes tortueuses qui nous ont menés là où on est.

Que reste-t-il de cette foire ? Une cacophonie, une suite de crimes d'un siècle à l'autre, avec toujours de nouvelles raisons de tuer, d'emprisonner. Est-ce là la condition humaine ? C'est ce que l'histoire, celle d'hier, celle d'aujourd'hui et celle de toujours nous enseignent. Il y a là un impératif catégorique, la résurgence des bêtes de proie qui, elles, n'obéissent qu'à la faim. La vraie cruauté, la seule qui mérite ce nom, le mal pour le mal, c'est notre exclusif apanage.[662] »...

Parfois sa pensée revient vers un passé plus troublant. Car Marc Bernard ne dissimule rien. Il n'a pas oublié Marie, cette jeune bonne de l'hôtel de Montparnasse où il louait une chambre à la fin des années 1920. Ils vivaient tous les deux une liaison amoureuse et elle lui apportait les reliefs de la table de ses patrons, ce qui permettait à Marc de moins devoir travailler et, en conséquence, de consacrer plus de temps à l'écriture de son premier roman. Une belle histoire. Mais pour lui, ce n'était qu'une aventure sans lendemain. À l'époque des Années Folles, les couples se faisaient aussi rapidement qu'ils se défaisaient. Le malheur est que Marie s'était attachée à Marc et n'aurait pas survécu à leur séparation... Au terme de sa vie Marc Bernard pense une fois encore avec émotion, à cette jeune femme, avec quelques remords même s'il plaide son innocence :

« Je refais mon procès [...] », écrit-il. « Je suis sorti indemne d'élans qui n'étaient pour moi que passagers [...]. Comment me serais-je senti coupable d'aventures qui ne devaient avoir aucun lendemain ? J'ai été pareil à un voyageur qui, tenté par un nouveau chemin, l'abandonne alors que l'autre s'y perd à jamais. Le malheur est né d'un malentendu. Chacun de nous est parfois attiré par l'inconnu sans que ce caprice aille au-delà de l'instant. Le malheur est que l'autre s'est engagé pour toujours dans ce qui pour nous n'était qu'un jeu, une expérience que nous savions être sans lendemain. »

« Je dois me rendre cette justice, poursuit-il, je n'ai jamais triché, jamais dit le mot amour, hors les deux fois où je l'ai vraiment ressenti. [...]

L'une de mes sœurs, d'une grande beauté m'a-t-on dit, a été tuée à l'âge de quatorze ans par un garçon qui en avait huit. Prenant le fusil de son père qui rentrait de la chasse, il a tiré sur ma sœur à bout portant et l'a mortellement blessée [il s'agit de Rosita, morte en 1899]. Parfois je me

---

[662] *Ibid.*, p. 98.

compare à cet enfant qui a tué en toute innocence. Moi aussi j'ignorais que l'arme était chargée, aussi m'a-t-il toujours paru que je n'étais pas responsable de la faiblesse des autres, qu'ils auraient pu se sauver tout comme moi, s'ils n'avaient pas donné à une aventure plus d'importance qu'elle n'en avait pour moi-même. Mais comment imaginer quand on est jeune, si inexpérimenté, les dangers que l'on peut entraîner ? Ainsi que je l'ai dit, et d'une certaine manière paradoxalement, j'ai horreur des roués, mais il n'y a là aucune contradiction. La pureté peut être jusque dans la chair. C'est pourquoi tout ce à quoi je viens de faire allusion ne fut pour moi qu'enfantillage ; la pureté est dans l'esprit plus que dans l'acte. Mais il est vrai que l'on peut tuer comme on écrase une fleur. Sans le savoir. » Cependant, reconnaît-il : « Le remords n'en est pas moins vif pour celui ou celle – s'ils sont bien nés – qui ont entraîné par jeu (ce qu'ils ont cru être tel) des êtres dans une voie où ils ont sombré.[663] » C'est ce que l'écrivain appelle, dans le bilan de sa vie, les « ombres ».

Quelle existence n'a pas sa part d'ombres ? On ne les efface pas si facilement. Mais le regard de Marc Bernard se porte instinctivement vers la vie :

« Hier après-midi, j'ai longuement regardé les bourgeons des marronniers du Luxembourg. À l'extrémité des branches il y avait ces gonflements d'un brun roux, luisant, doux au regard, émouvants comme l'est toute gestation, toute possibilité de vie, à la fois fragile et tenace.

Chaque année j'assiste à cette pré-éclosion avec le même émerveillement. Je songe à toutes les planètes stériles qui font partie de notre système solaire, à ces globes froids et brûlants, pestilentiels, qui ne portent rien de vivant. Nous avons imaginé le paradis alors que nous sommes dedans, et c'est la présence de celui-ci, ses couleurs, sa diversité, ses richesses, la faculté qu'il a de devenir autre avec les saisons, étincelant de neige, silencieux, sommeillant dans sa blancheur, replié sur lui-même à la façon des bêtes qui hibernent ; ou au contraire exubérant, tous pavillons déployés, claquant au vent, ayant doublé de volume, débordant de tous côtés, illuminé par les rageurs orages de l'été qui le déchirent du haut en bas avec la rapidité d'une épée, c'est tout cela qui nous est offert de notre naissance à notre mort, sur quoi se posent nos premiers regards et sur lequel notre dernier se ferme.[664] »

---

[663] *Ibid*., pp. 88 à 90.
[664] *Ibid*., p. 131.

À partir de 1982, Marc Bernard fait de fréquents séjours à Nîmes. Il est reçu chez le docteur Jean Paradis avec lequel il entretient une longue et profonde amitié. Son âge, sa solitude et surtout le pressentiment d'une fin proche, l'incitent à un retour à Nîmes, lieu de son enfance et d'un amour maternel dont il aura toujours ressenti la chaleur. Dans sa ville, il retrouve quelques anciens amis, mais c'est surtout un enfant qu'il revoit, le jeune Nanay, lui-même, qui courait dans les rues de la vieille ville, à la découverte de la vie et en apprentissage de la liberté.

Au printemps 1983, Marc Bernard est à Paris. Mais ce n'est pas pour un nouveau séjour dans la capitale. Il s'agit d'un départ, et celui-ci définitif. Ce n'est même pas un déménagement, ou presque pas. Cela ressemble plutôt à une «liquidation». Il vend les meubles de son appartement, disperse ses livres, en donne à des amis qui lui rendent visite, une dernière fois. Il prépare ses bagages, essentiellement des manuscrits qu'il veut emporter, dont ses derniers écrits, et quelques habits d'Else, qu'il a conservés presque religieusement. Ne l'a-t-il pas qualifiée de «sainte» ?

Dans son appartement maintenant vide, le critique littéraire Raphaël Sorin, un de ses amis, est venu le voir. «Il y avait, écrira celui-ci, des taches blanches sur les murs de l'appartement, à la place des tableaux déjà enlevés. De la poussière contre les plinthes. Des cartons ficelés. Les pauvres traces de quarante ans de vie, avec et sans Else. Plus une chaise pour s'asseoir. Marc Bernard avait l'air perdu, désemparé. Ses yeux bleu pâle retenaient des larmes.[665] »

Marc Bernard, revenu à Nîmes, s'installe chez son ami, le docteur Paradis, qui occupe un des beaux immeubles de l'Avenue Feuchères, au n°12. Il va y prendre ses habitudes. Dans le salon bourgeois, près de la cheminée, il a son fauteuil où il lit ou écoute de la musique classique. Il aime la musique de Beethoven. La neuvième symphonie lui rappelle qu'Else avait chanté l'*Hymne à la joie*, à Vienne, dans le chœur de l'orchestre que dirigeait Bruno Walter. Et son plaisir est encore plus grand lorsqu'il écoute la Symphonie Pastorale du grand compositeur allemand. Il peut l'écouter plusieurs fois de suite, tant il la ressent profondément. Peut-être parce que cette symphonie-poème est un hymne à la nature, une volonté, de la part de Beethoven, qui est alors affecté de surdité, de se resituer au sein de la création, de retrouver une communion mystique

---

[665] Raphaël Sorin, *Le testament de Marc Bernard,* journal *Le Monde* (rubrique « livres ») du 18/05/1984.

avec l'univers. Ce contact intime avec les harmonies de la nature – le chant des oiseaux, la flûte des bergers, les joies et la douceur de la vie pastorale ou encore la force de l'orage lorsqu'explose l'orchestre – envoûte l'écrivain. Et ce rapport du musicien au monde a un côté « religieux » ou « panthéiste » qui ne lui échappe certainement pas.

Le matin il écrit encore, sur de petits carnets. Il suit les séances de l'Académie de Nîmes dont il est membre et où il retrouve des amis. Mais à présent, il aime certainement par-dessus tout se promener nonchalamment dans cette ville de Nîmes avec laquelle il a toujours eu un lien sentimental fort. Il a plusieurs fois exprimé son attachement à sa ville natale, dans la préface de *Croquis en marge*, par exemple : « Il n'est de patrie que d'élection. Mais il se peut que celle où le hasard nous a jetés soit précisément celle-ci, que toutes nos parties vives s'enracinent dans la terre où nous sommes nés, que tout ce qui nous relie au monde parte de ce sol. De cette entente vient un accord durable avec le monde, une pesanteur qui nous tient fermes.[666] »

Il flâne donc sur les boulevards, dans les ruelles du quartier de la cathédrale et il observe, une fois encore, ces Nîmois qu'il a si subtilement fait vivre dans *Une journée toute simple* ou dans *Les marionnettes*. Son regard s'éclaire alors d'un sentiment attendri. Ses promenades l'amènent parfois jusqu'au jardin de la Fontaine. Il en aime le calme, l'atmosphère mythique du nymphée dédié à Nemausus, dieu tutélaire de la ville, l'harmonie de la composition, œuvre du siècle des Lumières, la douceur des espaces arborés supérieurs. Et il revoit, bien sûr, cet après-midi de 1917 où il avait suivi une jeune fille séduisante, Yvonne, qui avait allumé en lui un amour, hélas inaccessible mais inspirateur, quelques années plus tard, de son premier roman, *Zig-Zag*. Zigzag ? Sa vie n'a-t-elle pas été ainsi, une ligne brisée ?...

Retournant au 12 de l'Avenue Feuchères, après une de ces promenades, Marc Bernard passe, sur le boulevard Victor Hugo, devant le lycée Daudet. Les lycéens sortent de cet établissement au moment où vient à tomber une averse d'automne. Il voit aussitôt ces garçons et ces filles courir sous la pluie en criant. Arrivé « chez lui », dans le petit pavillon, au fond du jardin, que le docteur Paradis a mis à sa disposition, il note la scène, cette exultation de la jeunesse, sur son carnet. Le vieil homme reste décidément tourné vers la vie.

---

[666] Marc Bernard, *Croquis en marge*, op. cit., p. 7.

Marc Bernard est dans sa quatre-vingt-troisième année. Il tourne une fois encore le regard vers les années passées :

« «Suivons l'ordre du monde, obéissons sagement à ses lois, ne nous trompons pas sur nous-mêmes. Le temps est un grand ordonnateur, mieux que nous il sait ce qui est à notre portée et ce qui est hors d'atteinte.» J'accepte cette loi sans amertume. «Il est un temps pour naître et un temps pour mourir.» [...] Ainsi d'un pas à l'autre, d'une année à l'autre, nous descendons plus profondément ; c'est le sort commun certes, mais pour nous une réalité, à certaines heures poignantes. Notre vie est-elle si riche pour qu'elle nous retienne si étroitement ? Nous avons tant abandonné en cours de route ! Ce fut un long voyage, aux paysages, aux climats divers ; si nous nous retournons, nous le voyons dans une seule perspective dont nous ne savons si elle fut courte ou longue. Ce qui est là-bas, dans le lointain, est parfois plus net que ce que nous avons devant les yeux. La vie, un songe ? Je dirai plutôt un mirage.[667] »

« Ma mort est proche » a-t-il maintenant pris l'habitude de dire avec un pressentiment venu des profondeurs. Avec un humour qui ne l'a jamais quitté, il écrit : « Je ne serais pas mécontent de voir la mort arriver à pas de loup, se serrant contre moi comme une amante, aspirant doucement mon dernier souffle. Je me complais à la rêver ainsi, veloutée, me prenant gentiment par la main, m'éveillant sans brusquerie. «Allons, paresseux, il est temps. Tu ne t'es que trop attardé. Tu verras comme c'est reposant. Contrairement à ce que tu crois, tu ne perds rien.»[668] » Mais il ajoute que notre mort peut « nous être dérobée si nous mourons subitement[669] ». C'est certainement l'éventualité qu'il souhaite.

Sa mort lui est en effet « dérobée ». Dans la nuit du 14 au 15 novembre 1983, il s'éteint. Dans son sommeil, précise la presse.

Dans son édition du 18 novembre 1983, le quotidien *Midi Libre* relate :

« Le corps de Marc Bernard a quitté Nîmes hier matin. La cérémonie de levée de corps s'est déroulée rue Raymond-Marc, où quelques dizaines de parents, d'amis et de relations de l'écrivain s'étaient réunis.

---

[667] Marc Bernard, *Au fil des jours*, op. cit.,pp. 159-160.
[668] Marc Bernard, *Tout est bien ainsi*, op. cit., pp. 181-182.
[669] *Ibid.*, p. 139.

L'académie de Nîmes dont Marc Bernard était membre honoraire était largement représentée et c'est avec une émotion non dissimulée que M. Edgard Tailhades prononça les quelques mots d'adieu au nom de cette assemblée.

Le père Grousset, curé de la paroisse de Sainte-Perpétue avait pris auparavant la parole.

Puis le cercueil a été chargé dans une automobile et Marc Bernard a quitté pour la dernière fois cette ville à laquelle il était attaché.

Parmi les personnalités présentes se trouvaient M. Émile Jourdan, député du Gard, M. Therme, représentant le maire de Nîmes et M. Simonet, représentant le préfet. [...]

Par ailleurs, Mme Georgina Dufoix, secrétaire d'État à la Famille et aux Travailleurs immigrés, a fait parvenir un télégramme au docteur Paradis, l'ami du défunt, dans lequel elle rend hommage à Marc Bernard : « Un homme qui a consacré sa vie à la littérature et à la liberté ». »

Marc Bernard est inhumé dans la tombe où repose Else, au cimetière de Bagneux.

En mars 1984, les feuilles qu'il a « noircies » depuis son dernier livre (*Tout est bien ainsi*) deviennent la matière d'un livre posthume, auquel est donné le titre de *Au fil des jours*. Nous en avons lu quelques extraits dans ce chapitre. Ce livre se termine sur ce récit, lié à la mort d'Else.

Marc Bernard pose, une dernière fois, la question de « Dieu ». Il évoque tout d'abord les premiers temps du christianisme :

« [...] un hurluberlu est apparu, un jeune prolétaire, spécialiste du bois, des clous et du marteau, et il s'est mis à parler, à raconter des histoires et c'était comme si jamais de tels mots n'avaient été entendus. Ils sonnaient clair, leur écho n'en finissait pas de retentir dans le cœur et l'esprit de ceux qui avaient eu la chance de les entendre ; de toutes petites gens, aux petits métiers, qui permettaient seulement d'aller d'un jour à l'autre. Et la parole entrait en eux, au plus profond. Ce qui, jusqu'à ce jour, n'avait jamais été dit. Et pourtant il leur semblait la réentendre, venue de loin, de haut, encore qu'elle fût toute simple, à la portée des enfants, et de ceux qui ne savaient ni lire ni écrire. [...]

Un bouleversement de fond en comble. Il scandalisait les uns, il illuminait les autres. C'était une sorte d'aube, de rosée, un vent frais ; les gens se sentaient plus proches, ils s'appelaient frères et sœurs, mangeaient en commun. Des légendes couraient ; c'était la fête de l'imagination ; le mensonge devenait vérité : l'aveugle voyait, le paralytique marchait, le mort se relevait... Cela passait de bouche à oreille et ce que l'on souhaitait être vrai paraissait l'être devenu.

De simples, presque enfantines paroles, soit que le parleur n'en sût pas d'autres ou qu'il voulût demeurer au niveau de ceux qui l'écoutaient ; toutes simples et pourtant elles ébranlaient le monde. Jamais homme n'avait parlé ainsi. C'est pourquoi ceux qui l'écoutaient étaient changés ; [...].[670] »

Marc Bernard, au soir de son existence, reste impressionné par la foi, l'espérance qu'a suscitée ce christianisme originel, avec une parole ingénue et des images de fable. Il en ressent la chaleur et en perçoit les arcanes. Bien sûr, cette flamme « vive » et « claire » s'est, par la suite, assombrie : « [...] tout ne tardera pas à devenir trouble, regrette-t-il ; la cruauté remplacera l'amour, la licence la pureté ; les persécutés deviendront des persécuteurs ; [....].[671] » Ce qui, au début, est pur, finit souvent par se corrompre. Mais ne reste-t-il pas quelque chose de la flamme originelle ? « [...] il est des regards, des paroles, des larmes, des sourires qui la prolongent, répond l'écrivain ; un mot suffit s'il est dit avec un accent autre, comme s'il appartenait à une langue à la fois étrangère et qui nous est pourtant la plus chère. C'est cela que nous espérions, attendions, sans en avoir conscience mais dès que ces paroles ont été dites, avec une telle voix, un tel accent, elles sont devenues nôtres.[672] »

Marc Bernard nous rappelle alors ce que lui avait dit, avec des mots très simples, une religieuse qui voyait son désespoir, quelques semaines après la mort de son épouse, Else : « S'il n'y avait rien après, ce serait trop bête. » Alors, nous dit-il, « [...] il me parut à l'instant que non seulement ce serait trop bête, mais que c'était impossible, que je pleurais dans le vide. J'en eus presque honte. Cette simple phrase montrait les deux prémisses du dilemme pour le réduire à néant tant on sentait que cette religieuse ne croyait pas que cela fût possible. Une étincelle de la foi à l'état pur venait de me frapper ainsi que l'éclair d'un diamant. Et, en effet, je repris souffle à l'instant, comme il arrive pour les noyés que l'on réanime. En quelques secondes, je venais de franchir deux mille ans. C'est quand la foi resurgit dans sa pureté primitive, sa simplicité, dite à mi-voix, avec une telle

---

[670] Marc Bernard, *Au fil des jours*, op. cit., pp. 169-170.
[671] *Ibid.*, pp. 171-172.
[672] *Ibid.*

conviction malgré l'apparente équivoque de la phrase, qu'elle nous atteint le plus profondément. Cela s'est passé dans un couloir du dispensaire où nous n'étions que nous deux, la religieuse et moi ; cela me fut dit en passant, et c'est à peine si je compris sur l'instant pourquoi la douleur qui me frappait lâchait prise et que j'étais devenu autre.[673] »

Ce sont les dernières phrases d'*Au fil des jours*, dernier livre de Marc Bernard. L'histoire de quelques mots simples, mais ressentis, au plus profond de l'être, comme un signe d'espoir. L'espoir, retrouver Else. Peut-être s'est-il réalisé ?

---

[673] *Ibid.*

Marc Bernard à l'époque de son Prix Goncourt

Jean Paulhan Académicien

Jean PAULHAN et Marc BERNARD,
Nîmes, la littérature et l'amitié.

Lorsque, début novembre 1928, Marc Bernard, jeune ouvrier fraiseur, se présente au rendez-vous que lui a fixé Jean Paulhan, Directeur de la *Nouvelle Revue Française*, à la suite du dépôt du manuscrit de son roman *Zig-Zag* à la prestigieuse Maison d'Édition Gallimard, il ne peut imaginer le destin que cette rencontre va lui ouvrir.

En effet, menant à Paris une vie d'ouvrier précaire, Marc Bernard, qui voulait sortir de cette condition, cherchait sa voie. Il avait tenté le théâtre, montrant quelque inclination à jouer la comédie, mais sans résultat. Il ressentait aussi une disposition pour l'écriture. Autodidacte, il avait acquis une solide culture littéraire nourrie de ses nombreuses lectures. Un jour, il avait donc eu l'idée de commencer l'écriture d'un roman, *Zig-Zag*, un texte autobiographique et d'inspiration surréaliste, et s'était étonné, parvenu à la fin, d'avoir pu noircir autant de pages. Alors, son travail d'ouvrier occupant ses journées, il avait tout simplement demandé à un ami d'aller déposer le manuscrit chez Gallimard. Cela s'était passé ainsi, avec nonchalance.

En lisant le manuscrit de *Zig-Zag*, Jean Paulhan a immédiatement reconnu les prémices d'un talent et pris rapidement contact avec l'auteur. Les deux hommes allaient donc se rencontrer, Jean Paulhan, quarante-quatre ans, directeur littéraire influent et Marc Bernard, vingt-huit ans, jeune écrivain. Rencontrer Jean Paulhan, pour l'auteur d'un premier roman, était souvent une expérience déconcertante. « L'écrivain débutant, écrit Frédéric Badré, débarque de sa province et se retrouve dans une pièce bondée de grands aînés. Personne ne fait attention à lui, jusqu'à ce que Paulhan le remarque, et l'entraîne dans ses paradoxes ou ses canulars. S'il est question d'un manuscrit, le débutant devra être doté d'un certain sens de l'humour. Les initiations ne sont pas toujours sans risques. Paulhan avait d'ailleurs installé dans ce bureau une glace déformante, comme pour prévenir...[674] »

Jean Paulhan surprend Marc Bernard, mais celui-ci possède suffisamment d'assurance pour ne montrer aucun trouble. Et le jeune Nîmois aborde avec aisance André Gide auquel Jean Paulhan le présente.

---

[674] Frédéric Badré, *Paulhan le juste*, Paris, Grasset, 1996, p. 258.

Paulhan décide de prendre en main cet écrivain prometteur et Marc Bernard s'attache immédiatement à lui, reconnaissant aussitôt la valeur de son enseignement. Une admiration réciproque s'établit donc, entre le maître et son disciple, estime qui va rapidement s'épanouir en amitié profonde.

Le directeur de la *NRF* accompagne un auteur, le conseille, le forme au métier d'écrivain lorsque celui-ci montre une qualité d'écriture, un style. « Notre métier ? C'est d'abord le courage de refuser[675] » a écrit Bernard Grasset dans *La Chose littéraire*. Jean Paulhan sait refuser. Lorsqu'il a écrit à Marc Bernard, en juin 1928, avant leur rencontre : « [...] considérez-vous comme accueilli à la *NRF* [...]», son jugement était sûr. Et il ne sera jamais influencé par les affinités qui vont rapprocher les deux hommes.

Parmi ces «complicités», une ville, Nîmes, où ils vont retrouver, tous les deux, leur enfance et leur jeunesse.

Jean Paulhan est né à Nîmes le 2 décembre 1884, dans une famille protestante, résidant alors rue Jean Reboul, près des Arènes. Son père, conservateur de la bibliothèque de Nîmes, était considéré comme l'un des fondateurs de la nouvelle école de psychologie scientifique. Fils unique, aimé de sa famille, il va passer une enfance sereine dans cette ville dont il va observer la vie et goûter les plaisirs qu'offrent les promenades dans la garrigue nîmoise.

En 1886, ses parents quittent la rue Jean Reboul pour s'installer dans un appartement au n°1 de la rue Chaffoy. C'est un quartier bourgeois proche de l'avenue Feuchères. Il est scolarisé, en 1890, à l'école communale de la rue Montjardin et, à partir de 1892, il entre au lycée de garçons, en huitième, et obtient d'excellents résultats. Il confiera à Robert Mallet ce souvenir : «Au lycée de Nîmes, quand j'y étais élève, on se battait encore, aux récréations, entre catholiques et protestants. On se lançait des injures.[676] » C'était une époque où il y avait encore des tensions entre membres des deux communautés religieuses.

La garrigue de la région nîmoise est une terre sèche et calcaire où se développe une végétation arbustive ou arborescente dont le feuillage persistant assure une couverture toute l'année. Chênes verts, de faible

---

[675] Frédéric Badré, *Paulhan le juste*, op. cit., p. 254.
[676] Jean Paulhan, *Entretiens à la radio avec Robert Mallet*, Paris, Gallimard, 1970, p. 30.

hauteur, pins d'Alep, arbres de Judée au feuillage flamboyant, cyprès, oliviers vert argenté, figuiers, amandiers grenadiers et arbousiers aux fleurs en grelot et aux fruits rouges sont les essences les plus fréquentes. Des arbustes et buissons colorent l'atmosphère minérale, le jaune des genêts, des coronilles et des millepertuis, le bleu des lavandes et des muscaris, le pourpre des orchis, le rose des cistes et le blanc du myrte et des asphodèles. On trouve dans ce paysage un habitat rustique que l'on appelle mazet : petites maisons de deux ou trois pièces qu'ombre une tonnelle habillée de vigne vierge, bâties sur un terrain enclos de murs de pierres.

Jean Paulhan et Marc Bernard ont connu et aimé cette vie de mazet.

Le grand-père de Jean emmenait son petit-fils, le dimanche, au mazet. Jean Paulhan restitue l'image de cet habitat dans ses entretiens à la radio avec Robert Mallet : « Je prenais grand plaisir à aller le dimanche au mazet avec mon grand-père. [...] Il y avait deux ou trois arbustes, un olivier dans le bas du jardin. Surtout de la terre avec pas mal de cailloux dedans. Vous savez, la garrigue de Nîmes n'est pas une terre riche. On retirait les pierres, cela faisait à la longue des murettes. Quand le jardin était en pente, on le divisait même en étages. Les pierres peuvent servir à bien des choses. Dans le nôtre [mazet] il y avait aussi un débarras et un petit grenier où l'on montait par une échelle.[677] »

Et Jean Paulhan poursuit : « À peine arrivés au mazet, mon grand-père se mettait à fumer la pipe. Moi j'attrapais des cigales que je tâchais d'apprivoiser. Sur le midi, mes parents venaient nous rejoindre. On déjeunait tous à l'ombre de l'arbre : c'était un cyprès. Les cyprès aiment à se retrouver près des maisons.[678] »

L'enfant s'intéresse aussi aux tortues nombreuses dans la garrigue : « Ce mazet avait de remarquable la quantité de tortues qui l'habitaient. [...] J'avais commencé par leur donner à chacune un nom : la Vaillante, l'Éclair, la Locomotive. Je dus y renoncer. Je les distinguais mal ; d'ailleurs, elles devenaient décidément trop nombreuses, les nouveau-nées à peine plus grandes qu'une coccinelle. Elles allaient et venaient librement sans paraître gênées par la disposition du mazet, qui descendait en étages

[677] Jean Paulhan, *Entretiens à la radio avec Robert Mallet*, op. cit., p. 33.
[678] Christian Liger, *Histoire d'une famille nîmoise : les Paulhan*, (Cahiers Jean Paulhan n° 3 bis) Paris, Gallimard, 1984, p. 230.

de la maison jusqu'au lit du ruisseau. Alors que je savais encore les reconnaître, il m'arriva de rencontrer sur la hauteur la Locomotive ou l'Éclair, qui la veille étaient tout en bas. Comment passaient-elles les marches ?[679] »

Ce mazet était proche du Bois des Espeisses, situé à environ 4 km du centre-ville, au nord de Nîmes.

En 1894, les parents de Jean Paulhan, faisant face à une baisse de leurs revenus, quittent la rue de Chaffoy, où ils vivaient, pour résider dans un mazet proche des casernes d'artillerie, route d'Uzès, où Apollinaire avait fait ses classes. Ce mazet était situé dans une combe, au carrefour des actuelles rues Gabriel-Fauré et des Sophoras. Cette propriété comprenait deux petites maisons sur un terrain en haut de colline, arboré de pins, de chênes nains et d'oliviers et planté de buis, de lilas et d'iris.

Marc Bernard a, lui aussi, aimé cette garrigue nîmoise. À sa naissance, ses parents habitaient dans le quartier de la Croix-de-Fer qui faisait pénétrer la ville dans cette nature. Lorsque, à l'âge de huit ans, il va habiter, avec sa mère, dans le centre-ville, rue du Chapitre, il rêve à « sa garrigue soleilleuse » et il se voit courant derrière les lézards...

En 1935, séjournant à Nîmes, Marc Bernard cherche un mazet comme résidence. Il écrit à Jean Paulhan, le 2 mai 1935, « Mon cher Jean, me voici en pleine garrigue, devant un paysage splendide. [...] Le mazet est à la Gazelle [garrigue au nord de Nîmes]. Il s'appelle *Le Figaro* ; au sommet d'une colline. Mais je ne sais pas encore si le facteur vient jusqu'ici. Écris-moi Poste restante. J'ajoute une fleur de garrigue.[680] »

Pendant la Seconde guerre mondiale, résidant à Nîmes dans un appartement modeste de la rue Rangueil, il lui suffit de remonter cette rue pour pénétrer dans la garrigue et, même les jours de pluie, celle-ci ne manque pas de charme : « [...] il nous arrivait [avec Else] de sortir sous la pluie. C'est alors que la garrigue était vraiment silencieuse ; ses teintes assourdies par le ciel gris se fondaient en une seule tache laiteuse, les pierres frappées par l'eau chuchotaient autour de nous. De loin en loin une capitelle ronde et sèche nous offrait son abri. Assis sur le sol,

---

[679] Jean Paulhan, Œuvres complètes, I Récits, p.353.
[680] *Marc Bernard et Jean Paulhan, Correspondance 1928...1968*, Lettre 81, Paris, Éditions Claire Paulhan, p. 116.

gagnés par une paix singulière, née de notre lassitude et de la rêverie où nous entraînait le calme du lieu, nous regardions la campagne par-delà le balancement de la pluie. Chacun des instants avait un caractère d'éternité.[681] »

Fin décembre 1942, avec les droits d'auteur qu'il touche de son éditeur pour le Prix Goncourt dont il a été le lauréat, Marc Bernard achète un agréable mazet situé en haut de la rue Rouget de Lisle, en lisière de la garrigue. Marc Bernard et Else aiment le contact avec cette nature, mais pour son épouse c'est aussi la possibilité de fuir dans le cas où la Gestapo viendrait les arrêter...

Nîmes et sa garrigue sont un lien entre Jean Paulhan et Marc Bernard. Ils connaissent tous les deux ces moments de repos et de joies familiales et amicales que les Nîmois viennent vivre, au mazet, le dimanche. Les repas sous la tonnelle, composés de recettes locales, l'absinthe à l'apéritif pour renforcer la bonne humeur, un vin léger, le « claret », que pouvaient produire quelques pieds de vigne, les chansons à la fin du repas, le jeu de boules ou la sieste sous un arbre, un art de vivre à la nîmoise...

L'habitude méridionale du jeu de boules, l'un des divertissements du mazet, sera instituée par Jean Paulhan dans son quartier parisien. Celui-ci invitait des auteurs de la Maison Gallimard à venir faire une partie de pétanque sur le sable des arènes de Lutèce, en face de chez lui : Jean Blanzat, Jules Supervielle, Henri Michaux, ... et, bien sûr, Marc Bernard, auquel il écrit, en juillet 1951 : « [...] viens un matin à 8 heures. On fera une partie à trois avec Blanzat. [...] Ça te ferait grand bien, de venir tous les matins. Il est bien connu que les boules font un massage doux de l'estomac[682] ».

Et les deux amis ne manquent pas d'évoquer avec badinage, les caractères du Nîmois, dont son adhésion au « parti du contraire » qui fait de lui un « reboussier ». Jean Paulhan y fait allusion dans un discours prononcé le 17 mars 1962, à l'association « Les Enfants du Gard » à Paris :

« [...] j'aime bien le Languedoc en général, et le Gard en particulier, et Nîmes en plus particulier encore. Mais je ne les aime pas seulement, je les admire pour une raison que je voudrais vous dire. [...] personne

---

[681] Marc Bernard, *Vacances*, Paris, Grasset, p. 105.
[682] *Marc Bernard et Jean Paulhan, Correspondance 1928... 1968*, op. cit., Lettre 273, p. 301.

ne sait dire non comme un Nîmois quand c'est non qu'il faut dire. Ils sont reboussiers comme on dit chez nous.[683] » Le reboussier, en effet, fait tout à rebours, il est toujours à contre-courant, va dans le sens contraire des autres. Peut-être le Nîmois est-il particulièrement attaché à son libre choix ?

La littérature est un lien tout aussi fort entre les deux Nîmois, Jean Paulhan étant pour Marc Bernard, en premier lieu, un maître. Il sera, en effet, son éditeur, c'est-à-dire celui qui le conseille dans l'écriture, le corrige, le pousse à retravailler ses textes, et cela sans concession, même, parfois, avec un peu de rudesse. Mais, au-delà de ce rapport « éditeur-écrivain » leur amitié les conduira à discuter « littérature », à se conseiller mutuellement des livres, à énoncer des critiques sur les nouveaux ouvrages. Leurs échanges de lettres montrent ce dynamisme intellectuel entre les deux hommes.

Tout d'abord, au fil du temps, on constate, dans leur correspondance une amitié toujours plus cordiale. Les formules d'appel de leurs lettres sont, en 1928, « Cher Monsieur ». Elles se poursuivent par « Mon cher ami » en 1929, « Mon cher Marc » et « Mon cher Jean » à partir de 1931 et « Mon petit Jean » et « Mon petit Marc » à partir de 1942.

Cette correspondance aborde, bien sûr, le travail de Marc Bernard. Jean Paulhan apprécie l'écriture de l'écrivain nîmois surtout lorsque celui-ci s'ancre dans la peinture des vies simples. Le roman *Une journée toute simple,* pour prendre un exemple, est dans ce registre. Jean Paulhan le lui exprime dans une lettre d'avril 1947 :

« Ah, c'est très épatant ta « journée toute simple ». (Il y a une suite ? Enfin, c'est parfait ainsi.) Que je t'aime, quand tu ne prétends (ou n'a l'air de prétendre) à rien : quand on ne voit pas où tu places l'« effet » (ni même s'il doit y avoir un effet.) Voilà une grande chose, et d'autant plus que tu n'as l'air de viser à rien.[684] »

Toutefois, dans une correspondance de mai 1948, Jean Paulhan est un peu plus critique sur cette *Journée toute simple*, tout en admettant que ce sera tout de même du très bon « Marc » :

---

[683] Jean Paulhan, *Les Reboussiers ou le parti du contraire*, Mazamet, Babel Éditeur, 1996.
[684] *Marc Bernard et Jean Paulhan, Correspondance 1928...1968*, op. cit., Lettre 213, p. 254.

« Mon petit Marc, ça m'embarrasse un peu ta « journée toute simple », C'est comme si tu m'avais confié tout un paquet de notes. Bien sûr j'y trouve des choses touchantes, des choses enchantantes, mais il me semble que rien n'y est encore équilibré, ni en place, que rien ne s'achève, ni ne commence. Je nage un peu là-dedans. Mais évidemment c'est (ou plutôt ce sera) du très bon Marc : seulement je ne vois pas encore très bien comment ? [...] il y a des pointes, des éclairs, des surprises, des choses que je n'avais jamais vues chez toi. Je crois que ce sera très grand. Mais tu as bien encore dix mois de travail [...][685]

« Encore 10 mois de travail » ?... La sévérité du jugement de Jean Paulhan fait ressentir à Marc Bernard un peu d'amertume et l'inquiète aussi car, pour vivre matériellement, un écrivain a besoin d'être édité le plus vite possible. Ainsi, il écrit à Jean Paulhan, au printemps 1948 : « Je crains de n'avoir droit avec ce livre qu'à la pitié, et c'est ce dont j'ai le plus horreur. J'ai monté le calvaire des *Voix*[686] sans trop trébucher, mais cette fois le courage me manque. Comme c'est terrible d'écrire, et quelle folie de se jeter là-dedans.[687] »

Jean Paulhan encouragera toujours Marc Bernard à privilégier la peinture du monde populaire, hommes et femmes simples, pris dans leurs faiblesses comme dans leurs générosités, brossés dans leur vie quotidienne. Il en est ainsi dans la pièce de théâtre *Le Carafon*, sur laquelle Jean Paulhan écrit, le 21 octobre 1960 : « Mon petit Marc, eh bien c'est excellent le *Carafon*. Il me semble que tu y tiens tout à fait ton expression : sobre, directe, forte.[688] »

En juillet 1928, Marc Bernard avait écrit sa première critique littéraire dans la Revue *Monde* d'Henri Barbusse et il s'affirme rapidement comme un critique combatif et talentueux. Dès 1931 Jean Paulhan lui ouvre les pages de la *Nouvelle Revue Française* pour des critiques de livres. Marc Bernard qui va suivre avec intérêt et admiration la création littéraire de son ami, ne manquera pas de faire une critique (positive) des ouvrages de celui-ci.

---

[685] *Ibid.*, Lettre 227, p. 268.
[686] *Les Voix* : pièce de Marc Bernard mise en scène par Jean Vilar et jouée sur la scène du Vieux-Colombier le 10 décembre 1947. Ce fut un échec qui a profondément blessé l'auteur.
[687] *Marc Bernard et Jean Paulhan, Correspondance 1928...1968*, op. cit., Lettre 231, p. 271.
[688] *Ibid.*, Lettre 364, p. 366.

Ainsi, dans le numéro du 17 mai 1930 de la revue *Monde*, Marc Bernard publie une critique du premier récit de Jean Paulhan, *Le Guerrier appliqué* : « [...] La guerre se réfléchit dans ce livre ainsi que dans un tranquille miroir. Visiblement, l'auteur s'est efforcé d'éliminer le tumulte des sens, l'obscurcissement du sentimentalisme, les brumeuses émotions pour demeurer un spectateur lucide. [...] Ce qui lui importait, avant toute chose, c'était surtout de voir les événements, et les hommes qui vivaient atour de lui, dans la plus grande clarté. Ne pas les idéaliser, ne pas les diminuer, les placer sous nos yeux tels qu'il les a ressentis, tels qu'il les a vus, a été certainement sa plus haute ambition. Il a pensé, j'imagine, qu'après tant de combattants qui nous avaient décrit la guerre comme une atroce tragédie, il serait utile que l'un d'eux vienne la dépouiller de sa grandeur, de son lyrisme, de son cortège d'horreurs pour nous faire pénétrer dans son intimité. Pour s'adresser à notre raison pure, il était nécessaire de laver les flaques de sang, de placer dans le fond de la scène le groupe des morts, de ne pas obscurcir notre entendement par l'indignation, le dégoût ou la haine. C'est ce que Jean Paulhan a tenté de faire, et il y est en grande partie parvenu. [...] Ce qui ressort de ce livre, c'est que la plupart de ces hommes s'appliquaient naïvement et gravement à bien faire leur nouveau métier de soldat ».

Pour comprendre cet état d'esprit, il faut ajouter que ces événements se passent au début de la guerre, moment où les soldats comprennent encore le don de soi à la patrie. Mais, dans cette conjoncture, Jean Paulhan fait le récit d'une expérience étrange et troublante de la vie au front. Le personnage central, un soldat, juge ce conflit naturel et cherche, pour survivre, à mettre en harmonie son monde intérieur avec celui de la guerre, dont il va accepter l'ordre des choses. Le ton de ce texte a donc pu déconcerter car l'image que l'on avait du « poilu » était plutôt celle du héros ou du martyr. Pour Marc Bernard, certains pourront « reprocher à l'auteur son indifférence apparente, sa sérénité même devant un aussi triste spectacle ». Et il reconnaît que pour écrire ce livre, « il fallait [...] du courage et une grande probité intellectuelle, soutenue par l'horreur d'être dupe de soi ou des autres[689] ».

Marc Bernard montre toujours un vif intérêt pour la production littéraire de son ami Jean. Avant la parution des *Fleurs de Tarbes*, en août 1941, il manifeste son impatience de découvrir ce texte, car il souhaite en

---

[689] *Marc Bernard, Jean Paulhan : le Guerrier appliqué*, Revue *Monde* du 17 mai 1930.

faire une présentation dans la presse. Dans cet essai, Paulhan poursuit une réflexion sur la littérature et la langue, opposant classiques et romantiques. En réalité, il ne prend pas parti mais examine les théories de chacun. Et il admet qu'en publiant des auteurs très différents, ce n'étaient pas les théories mais les œuvres qui avaient, pour lui, de l'importance. Toutes les doctrines sont acceptables, mais elles donnent surtout des résultats lorsque leurs partisans savent les dépasser.

Marc Bernard présente *Les Fleurs de Tarbes* dans *Le Petit Méridional* du 22 décembre 1941 : « [...] Jean Paulhan présente là une vive défense des valeurs classiques, non point uniquement en tant que règles, en s'abandonnant à un paresseux esprit conservateur, mais bien en surmontant ces valeurs, en leur redonnant une vie ardente, nouvelle, joyeuse, et par là même l'attrait de ce qui nous est défendu. On trouvera dans ce livre quelques-unes des pensées les plus justes, les plus profondes qui puissent s'exprimer sur ce sujet, ainsi qu'une méthode de « reconsidération » des valeurs littéraires, suivant le terme à la mode naguère. *Les Fleurs de Tarbes,* me paraissent être l'un des plaisirs les plus aigus, les plus subtils que les lettres puissent donner, et d'une richesse qui permet de revenir sans cesse sur ces pages sans jamais les épuiser[690] ».

Marc Bernard s'enthousiasmera tout autant de la réflexion que Jean Paulhan développera sur la peinture moderne, dont son essai sur l'œuvre de Braque. Dans cet ouvrage, *Braque, le patron*, Jean Paulhan montre la beauté métaphysique de la peinture moderne. Marc Bernard exprime son admiration pour ce nouvel ouvrage dans une lettre à son ami : « Jamais peut-être, comme dans le Braque, on n'avait mesuré ton pouvoir de comprendre, d'expliquer ; il est tel qu'on a l'impression d'être devant une dimension nouvelle de la pensée. De plus, ton style atteint à une qualité « plastique » étonnante.[691] »

En 1942, l'Académie de Nîmes n'attribue pas son Prix couronnant une œuvre littéraire, peut-être à la suite de divisions internes conséquentes à la guerre. Marc Bernard pensait obtenir ce prix pour son roman *Pareils à des enfants...* Connaissant en effet des conditions matérielles difficiles, l'écrivain nîmois comptait sur ce prix pour améliorer sa situation financière. Dans un courrier du 27 juin 1942 à Jean Paulhan, Marc Bernard mau-

---

[690] Marc Bernard, *Un écrivain nîmois : Jean Paulhan*, *Le Petit Méridional*, 22 décembre 1941.
[691] *Marc Bernard et Jean Paulhan, Correspondance 1928... 1968*, op. cit., Lettre 205, p. 243.

dit la ville de Nîmes, « cette ville ingrate qui m'accuse, par la bouche de son Académie, d'immoralisme. Je la renie, je la répudie pour ma ville natale[692] » Toutefois, le Prix Goncourt qui lui sera décerné cette même année adoucira cette amertume et lui apportera quelques ressources vitales.

Toutefois, dix-sept ans plus tard, le 30 octobre 1959, Marc Bernard ne refusera pas son entrée à l'Académie de Nîmes en qualité de membre « non-résidant » et son ami Jean le rejoindra dans cette académie, en juin 1964.

Pendant les années de guerre, Marc Bernard, qui est à Nîmes jusqu'au début de l'année 1944, reste en contact épistolaire avec Jean Paulhan, mais dans des termes susceptibles de ne pas éveiller la méfiance des autorités allemandes. Entre deux sujets d'intérêt littéraire, il propose aussi à son ami l'envoi de fruits et légumes qui ne font pas défaut à Nîmes : « Avez-vous reçu les aubergines ? On trouve à Nîmes des tomates, des raisins, des melons et des aubergines à volonté. En manquez-vous à Paris ? Il me tarde de savoir ce que tu penses des « Voix[693] ». Delange t'a-t-il remis le manuscrit ? Je vais retravailler le dernier acte pour le mettre dans l'alignement. [...] Que penses-tu des nouvelles[694] que j'ai envoyées à Claude Gallimard ? Mais tu connais la plupart, bien que tu ne m'en aies jamais parlé. [...] Que Germaine[695] me dise si elle veut des légumes et des fruits.[696] »

Le lien « nîmois » de Jean Paulhan et de Marc Bernard inclura aussi l'art tauromachique. Marc Bernard est un ami d'André Castel, un Nîmois, ingénieur œnologue de profession, mais tout autant bibliophile et *aficionado* reconnu, écrivant des chroniques taurines pour des revues. C'est un personnage singulier, qui a toujours une élégance recherchée, un raffinement jusqu'à ses chemises taillées sur mesure dans les popelines les plus fines. Lors de ses séjours à Nîmes, Marc Bernard prend souvent ses repas chez lui et il lui a certainement présenté Jean Paulhan.

Dans une lettre du 14 novembre 1938, André Castel invite Jean Paulhan à « prévoir pour le printemps prochain un voyage à Nîmes à

---

[692] *Marc Bernard et Jean Paulhan, Correspondance 1928... 1968*, op. cit., Lettre 154, p. 191.
[693] *Les Voix* : pièce de Marc Bernard citée en note 12.
[694] Il s'agit de nouvelles qui paraîtront, en 1945, sous le titre de *Vert-et-Argent*. Marc Bernard les a envoyées à Claude Gallimard qui travaille avec son père, Gaston Gallimard.
[695] Germaine : épouse de Jean Paulhan.
[696] *Marc Bernard et Jean Paulhan, Correspondance 1928... 1968*, op. cit., Lettre 173, p. 211.

l'occasion d'une corrida, avec Mme Paulhan et en compagnie de M. et Mme [Michel] Leiris[697] ». André Castel précise dans ce courrier que Marc Bernard sera certainement présent lui aussi. Les relations de Castel dans les milieux littéraire et artistique, souvent facilitées par Jean Paulhan, attireront à la tauromachie Michel Leiris, Blaise Cendras, Jean Cocteau, Georges Bataille, Henry Miller, Jean Dubuffet, Édith Boissonnas[698], auxquels se joindra Pablo Picasso. Dans une lettre d'avril-mai 1961, Marc Bernard invite Jean Paulhan à la Féria de Nîmes des 20 et 22 mai 1961. D'autre part, pendant les périodes estivales, Jean Paulhan invitera Marc Bernard sur l'île varoise de Port-Cros, où il passe ses étés, et Marc Bernard invitera son ami sur l'île de Majorque qui deviendra son séjour de la saison chaude.

L'amitié liant Jean Paulhan à Marc Bernard parviendra à une complicité révélant une entente parfaite, jusqu'à des confidences sur leur vie privée. En effet, leurs vies sentimentales respectives n'ont pas toujours été sans tourments.

S'agissant de Jean Paulhan, en juin 1929, Germaine Pascal avec laquelle il a une liaison alors qu'il n'a pas encore obtenu le divorce avec Sala Prusak (sa première épouse), précise à Marc Bernard avec discrétion : « Cher Monsieur, J'ai oublié de vous dire que pour simplifier les choses, je m'appelle à Robinson Mme Paulhan[699] ». Le couple venait en effet de s'installer au Plessis-Robinson et Germaine Pascal mettait Marc Bernard dans la confidence du nom qu'elle portait dans cette commune. Marc Bernard, de son côté, aura une vie sentimentale agitée, tout au moins en ce qui concerne sa liaison avec Snoès (Zulma Habaru), jusqu'en 1939. Jean Paulhan sera dans la confidence des convulsions de cet amour. Enfin, Marc Bernard sera dans la discrétion de la liaison de Jean Paulhan avec Dominique Aury. Cette relation avait commencé en 1947, lorsque Dominique Aury avait rejoint le Comité de lecture de la *Nouvelle NRF,* et dès la fin 1948, Marc Bernard avait proposé à Jean Paulhan d'utiliser son appartement pour les rendez-vous de celui-ci avec Dominique Aury. Dans sa lettre du 14 décembre 1948, Jean Paulhan écrit à Marc Bernard : « Ton invitation pour les mercredis, ça tient toujours.

---

[697] Cité par Annie Maïllis, *Picasso et Leiris dans l'arène, Les écrivains, les artistes et les toros (1937-1957),* Pau, Éditions Cairn, 2002.
[698] Édith Boissonnas (1904-1989) : poétesse suisse. Elle a collaboré à la *NRF* en publiant des poèmes, proses et critiques d'art. C'était une amie du peintre Jean Dubuffet.
[699] *Marc Bernard et Jean Paulhan, Correspondance 1928... 196*8, op., cit., Lettre 19, p. 48.

Vers 2 h je pense. Alors j'ai grande envie de venir mercredi prochain (le 22) m'emparer de ton appartement. [...] Jusque vers 5 h 1/2[700]. » Marc Bernard prêtera ainsi « la petite chambre » de son appartement à Jean Paulhan pour ses rendez-vous discrets avec Dominique Aury.

Enfin, cette complicité et cette confiance entre les deux amis va se manifester une fois encore avec l'accomplissement d'une mystification littéraire : *Histoire d'O*. Ce roman manuscrit que Jean Paulhan dit avoir reçu d'une inconnue, Pauline Réage, raconte l'histoire d'une femme que son amant introduit dans une société d'hommes (les « Maîtres »), qui pratiquent avec les créatures qui leurs sont « livrées » (les « Esclaves ») des jeux sexuels pervertis. C'est un texte de genre érotique, réaliste certes mais très bien écrit et sans vulgarité. Gaston Gallimard refusant de l'éditer, c'est Jean-Jacques Pauvert qui le publie, en 1954, avec une préface de Jean Paulhan. Le livre fait scandale et la police mène une enquête pour savoir qui se cache derrière le nom de Pauline Réage. On pense bien sûr à Jean Paulhan qui a préfacé l'ouvrage. Celui-ci se défend d'en être l'auteur et s'amuse de cette situation, cherchant lui-aussi qui peut en être l'auteur. Il faudra attendre 1994, soit 26 ans après la disparition de Jean Paulhan, pour que Dominique Aury, alors âgée de 87 ans, avoue officiellement au titre de presse américain *The New Yorker*, être l'autrice d'*Histoire d'O*. Mais certainement avec l'aide de Jean Paulhan. La Correspondance entre Marc Bernard et Jean Paulhan, publiée en 2013 aux Éditions Claire Paulhan, nous informe, dans les notes de la lettre 332, que « Marc Bernard racontait comment en 1954, il avait été le spectateur amusé de leurs dernières retouches communes à H*istoire d'O* ». Marc Bernard, ami fidèle, était donc dans le secret de ce canular littéraire.

Une légère « brouille » avait un peu altéré l'amitié entre les deux hommes à propos de la publication d'un extrait de *Vacances* de Marc Bernard dans la *Nouvelle NRF*. Marc Bernard en vient même à faire éditer *Vacances,* par Bernard Grasset, en mai 1953, encouragé dans ce choix d'un nouvel éditeur par Jacques Chardonne. Des désaccords entre éditeurs et auteurs ne sont d'ailleurs pas rares. Mais entre Jean Paulhan et Marc Bernard, il ne pouvait s'agir que de malentendus. Jean Paulhan écrit à son ami en avril 1953 : « Mon petit Marc, je serais bien malheureux si je t'avais fâché [...]. » et le 24 mai 1953 : » Je ne comprends pas ce que tu deviens, mon petit Marc. Est-ce que tu es fâché contre moi ? Tu ne viens jamais jouer aux boules. Tu ne m'as jamais apporté l'une ou l'autre pièce promise. On

---

[700] *Marc Bernard et Jean Paulhan, Correspondance 1928... 1968*, op. cit., Lettre 240, p. 278.

ne te voit jamais à la revue... Je t'embrasse quand même. » Il faut admettre que la sévérité de Jean Paulhan dans son jugement des ouvrages de ses auteurs puisse parfois agacer Marc Bernard, jusqu'à le faire douter de la valeur du livre qu'il vient d'écrire. Mais cette mésentente ne sera que de courte durée, Marc Bernard concluant la situation par cette réflexion dans une lettre adressée à Jean Paulhan : « La littérature est une chose et l'amitié en est une autre. Et comment ![701] » L'amitié est en effet autre chose que toute activité humaine, fût-elle littéraire : un sentiment d'estime réciproque, un rapport de confiance, un soutien moral, des sentiments généreux, une sincérité partagée, une complicité naturelle... C'était surtout cela qui avait fait de Jean Paulhan et Marc Bernard deux amis.

Nîmes, été 2024

---

[701] *Marc Bernard et Jean Paulhan, Correspondance 1928... 1968*, op. cit., Lettre 304, p. 322.

ŒUVRES DE MARC BERNARD

• Romans

Zig-Zag, Gallimard, 1929.
Au secours ! Gallimard, 1931.
Anny, Gallimard, 1934 (Prix Interallié).
Les Exilés, Gallimard, 1939.
Insomnie, avec bois gravés de Georges Tautel, Éditions de l'Épervier, 1943.
La Cendre, Gallimard, 1949.
Une journée toute simple, Gallimard, 1950.
Les Marionnettes, Gallimard, 1977.

• Nouvelles

Rencontres, Gallimard, 1936.
Vert-et-Argent, Gallimard, 1945.
La bonne humeur, Gallimard, 1957.

• Récits

Pareils à des enfants..., Gallimard, 1942 (Prix Goncourt).
Croquis en marge, Éditions de la Tour Magne, 1943.
Oradour-sur-Glane, le village exterminé, Le front national de lutte, 1944.
Vacances, Grasset, 1953.
Salut, camarades, Gallimard, 1955.
Mayorquinas, Denoël, 1970.
La mort de la bien-aimée, Gallimard, 1972.
Au-delà de l'absence, Gallimard, 1976.
Tout est bien ainsi, Gallimard, 1979.
Au fil des jours, Gallimard, 1984.

• Essais

Les journées ouvrières des 9 et 12 février, Grasset, 1934.
La conquête de la Méditerranée, Gallimard, 1939.
Zola par lui-même, Éditions du Seuil, 1952.
Sarcellopolis, Flammarion, 1964.

• Théâtre

Les Voix, Gallimard, 1946.
Le Carafon, Gallimard, 1961.

• Divers

Espagne, La Guilde du Livre et Éditions Clairefontaine, Lausanne, 1958.
L'Espagne que j'aime, (illustrations légendées par Marc Bernard),
    Éditions Sun, 1961
À l'attaque ! (recueil d'articles établi par Stéphane Bonnefoi),
    Le Dilettante, 2004.
À hauteur d'homme (recueil d'articles établi par Stéphane Bonnefoi),
    Finitude, 2007.

INDICATIONS BIBLIOGRAPHIQUES

POUEY Fernand, *Un Ingénu à la Radio*, Éditions Domat, 1949.

RAGON Michel, *Histoire de la littérature prolétarienne en France*, Albin Michel, 1974.

LOFFLER Paul A. *Chronique de la littérature prolétarienne française de 1930 à 1939*, Plein Chant, 1975.

CRESPELLE Jean-Paul, *La vie quotidienne à Montparnasse à la grande époque*, Hachette, 1976.

NOGUÈRES Henri, *La vie quotidienne en France au temps du Front populaire, 1935-1938*, Hachette, 1977.

ASSOULINE Pierre, *Gaston Gallimard, Un demi-siècle d'édition française*, Balland, 1984.

MOREL Jean-Pierre, *Le Roman insupportable, L'internationale littéraire et la France, (1920-1932)*, Gallimard, 1985.

LHEUREUX Jean-Charles, *Un écrivain engagé : Marc Bernard*, Éditions Lacour, Nîmes, 1986.

GOLDMANN Annie, *Les années folles*, Casterman, 1994.

BAUDORRE Philippe, *Barbusse, Le pourfendeur de la Grande Guerre*, Flammarion, 1995.

BADRÉ Frédéric, *Paulhan le juste*, Grasset, 1996.

GRENIER Jean, *Sous l'Occupation*, Éditions Claire Paulhan, 1997.

WINOCK Michel, *Le siècle des intellectuels*, Éditions du Seuil, 1997.

SAPIRO Gisèle, *La guerre des écrivains, 1940-1953*, Fayard, 1999.

GRENIER Roger, *Fidèle au poste*, Gallimard, 2001.

CORCY-DEBEAY Stéphanie, *La vie culturelle sous l'Occupation*, Perrin, 2005.

GRENIER Roger, *Instantanés*, Gallimard, 2007.

ESTÈBE Christian, *Petit exercice d'admiration*, Finitude, 2007.

Marc Bernard & Jean Paulhan, Correspondance 1928…1968, Éditions Claire Paulhan, Paris, 2013.

BONNEFFOI Stéphane, *Marc Bernard, La volupté de l'effacement*, Éditions Le Murmure, Neuilly-lès-Dijon, 2016.

REMERCIEMENTS

Je tiens à remercier toutes les personnes qui m'accordent une aide ou un soutien dans mes travaux. Parmi celles-ci, MM. Hervé Pijac, Daniel J. Valade, Jean-Louis Meunier, Jean-Marc Canonge, Madame Claire Paulhan, MM. Bernard Bastide, Christian Estèbe, Edmond Thomas, Éditions «Plein Chant», Madame Micheline Cellier-Gelly, M. le Conservateur de la Bibliothèque francophone multimédia de Limoges, le personnel «Recherches et Patrimoine» de la Bibliothèque Carré d'Art de Nîmes, le personnel du Service «Archives et Documentation» des quotidiens *L'Humanité* et *Le Figaro*.

Mes remerciements, aussi, à mon épouse pour les heures que lui a prises Marc Bernard.